高等职业教育系列教材 经济管理类

统计基础

（附统计基础习题及实训）

（第二版）

主　编　赖文燕　王建阳
副主编　陆改红　李小凤
参　编　杜　娟　庞　华
　　　　杨　晶　陈慧君
　　　　黄秀霞　蔡火娣

扫码查看电子书

南京大学出版社

内容提要

本书从适应远程开放教育及高职高专教材改革需要出发,以全面反映当代统计理论最新内容,用实际案例解决抽象的理论问题为主要特色,是一种"讲、读、研、用、练"一体化的跨媒体教材。教材内容主要包括统计概论,统计调查,统计整理,综合指标,抽样推断,假设检验,相关与回归分析,指数分析,动态数列分析,统计综合分析。

本书将理论体系的严密性同教学上的简明通俗、由浅入深有机地结合起来,在内容编排、概念阐释、图表配备、例题选择等方面尽量与现实生活贴近。各章章前配有学习目标、导引案例,章后配有本章小结、思考题、实践技能训练以及配套的《统计基础习题与实训》,以适应教师精讲、学生多练的新型教学方式的需要。

本书主要作为开放大学、高等职业技术院校、成人教育院校财经类、管理类专业学习统计学基础理论的教学用书,也可作为本科院校非财经类专业学生普及统计知识的选修教材,以及作为从事经济管理的企事业工作人员和广大社会读者的参考资料。

图书在版编目(CIP)数据

统计基础 / 赖文燕,王建阳主编. — 2 版. — 南京:
南京大学出版社,2018.12(2022.1 重印)
ISBN 978 - 7 - 305 - 21128 - 7

Ⅰ.①统… Ⅱ.①赖… ②王… Ⅲ.①统计学-高等学校-教材 Ⅳ.①C8

中国版本图书馆 CIP 数据核字(2018)第 245288 号

出版发行	南京大学出版社
社　　址	南京市汉口路 22 号　　邮　编 210093
出 版 人	金鑫荣
书　　名	统计基础(第二版)
主　　编	赖文燕　王建阳
责任编辑	周娟　武坦　　　编辑热线 025 - 83592315
照　　排	南京开卷文化传媒有限公司
印　　刷	南京百花彩色印刷广告制作有限责任公司
开　　本	787×1092　1/16　印张 19.75　字数 518 千
版　　次	2022 年 1 月第 2 版第 5 次印刷
ISBN	978 - 7 - 305 - 21128 - 7
定　　价	49.50 元

网　　址:http://www.njupco.com
官方微博:http://weibo.com/njupco
微信服务号:njuyuexue
销售咨询:(025)83594756

＊版权所有,侵权必究
＊凡购买南大版图书,如有印装质量问题,请与所购
　图书销售部门联系调换

前　言

在当今信息社会里，作为数据分析的一种有效工具——统计方法已广泛应用于社会科学和自然科学的各个领域。统计基础是高职高专和开放教育经济管理类专业的必修课，是一门阐述搜集、整理和分析统计数据的方法论科学，其目的是探索数据的内在数量规律性，运用统计的思维去发现数据、分析数据。通过这一课程的学习，学生能够掌握统计学的有关理论和方法，具有基本的统计思维，具备搜集数据、分析数据及处理数据的实践能力。为了适应学生的学习需要，培养与经济发展要求相适应的人才，也为了满足实践性教学的需要，我们根据开放教育和高职高专教育特点及人才培养模式要求，在总结多年教学经验、吸收统计学科最新的、比较成熟的研究成果基础上，编写了这本《统计基础》教材。

本书从适应开放教育和高职教学改革需要出发，以全面反映当代统计理论最新内容，用实际案例解决抽象的理论问题为主要特色，努力从方法和形式上有所突破和创新，力求探索一种"讲、读、研、用、练"一体化的教材模式，以尽可能适应精讲多练、强调能力和能动性的新型教学方式的需要。与同类型的其他教科书相比较，本书力求突出以下几个特点。

1. 定位明确

本书是根据高职高专和开放教育的特点，以理论必需、够用为原则，以培养学生应用能力为目的，在学生掌握最基本的统计学理论的基础上，着力培养学生应用统计学的基本知识和基本原理去分析解决实际问题的能力，以满足社会经济发展和经济运行对应用型人才的需求。

2. 通俗实用

本书将理论体系的严密性同教学上的简明通俗、由浅入深有机地结合起来，在内容编排、概念阐释、图表配备、例题选择等方面尽量与现实生活贴近。全书语言通俗易懂，层次清晰，内容选择尽可能从统计岗位的实际出发，最大限度地减少现有岗位不直接应用的理论知识，减少大量的数学公式推导，尽可能地增加应用知识和技能内容。

3. 强化实践技能训练

为了更加突出对学生的实践技能训练，组织编写了与教材内容相配套的《统计基础习题与实训》，并结合章节内容在各章安排有思考题和技能训练题。通过这种形式的训练，使学生亲身经历统计活动的基本过程，在收集、整理和分析数据的统计活动中，逐步学会用数据说话，运用统计思维分析和解决问题，加深对统计思想的理解。

4. 内容新颖

为使学生更好地掌握主要的统计思想、统计方法，本书各章以案例导入，恰当地应用了经济生活中的各种实例来研讨和分析理论问题，贴近实践。各章章前配有学习目标、导引案例，章后配有本章小结、思考题、实践技能训练以及配套的《统计基础习题与实训》，集讲、读、研、用、练于一体，以尽可能适应教师精讲、学生多练的新型教学方式的需要。在教材内容上，我们力图反映当代统计学的最新进展，吸收和反映本学科新的研究成果，力求做到内容新颖，重点突出,概念准确。

本书共十章,由赖文燕、王建阳担任主编,陆改红、李小凤担任副主编,全书由赖文燕设计框架,拟定编写提纲、统稿、审核和定稿;王建阳、陆改红、李小凤参与统稿和审核;杜娟、庞华、杨晶、陈慧君、黄秀霞、蔡火娣参与编写。本书是集纸质教材、视频资源(请扫描每章前面的二维码)、电子书为一体的跨媒体教材。为了方便教学,配套有PPT电子课件和参考答案。

本书融入了我们多年的教学经验和成果,并参阅了我国学者们的专著、教材等,特附参考文献于后,谨对作者表示感谢! 由于编者水平有限,加上时间仓促,不妥之处在所难免,敬请读者斧正。

编 者

目 录

第一章 统计概论 ··· 1
  学习目标 ··· 1
  导引案例 ··· 1
  第一节 统计的研究对象和任务 ··· 3
  第二节 统计的工作过程与研究方法 ····································· 8
  第三节 统计学中的基本概念 ··· 10
  本章小结 ·· 16
  思考题 ·· 16
  实践技能训练 ·· 16

第二章 统计调查 ·· 18
  学习目标 ··· 18
  导引案例 ··· 18
  第一节 统计调查的一般问题 ·· 19
  第二节 统计调查方案 ·· 22
  第三节 统计调查的组织方式 ·· 31
  本章小结 ·· 37
  思考题 ·· 37
  实践技能训练 ·· 38

第三章 统计整理 ·· 39
  学习目标 ··· 39
  导引案例 ··· 39
  第一节 统计资料整理的一般问题 ······································ 40

第二节　统计分组 ·· 42

  第三节　分布数列 ·· 51

  第四节　统计表与统计图 ·· 55

  本章小结 ·· 59

  思考题 ·· 60

  实践技能训练 ·· 60

第四章　综合指标 ·· 61

  学习目标 ·· 61

  导引案例 ·· 61

  第一节　总量指标 ·· 62

  第二节　相对指标 ·· 64

  第三节　平均指标 ·· 70

  第四节　变异指标 ·· 85

  本章小结 ·· 91

  思考题 ·· 92

  实践技能训练 ·· 92

第五章　抽样推断 ·· 94

  学习目标 ·· 94

  导引案例 ·· 94

  第一节　抽样推断的一般问题 ·· 95

  第二节　抽样误差 ·· 100

  第三节　抽样估计的方法 ·· 106

  第四节　抽样推断的组织形式 ·· 109

  本章小结 ·· 114

  思考题 ·· 114

  实践技能训练 ·· 114

第六章　假设检验 ·· 116

  学习目标 ·· 116

导引案例	116
第一节　假设检验的一般问题	116
第二节　假设检验的方法	121
第三节　非参数检验	126
本章小结	128
思考题	128
实践技能训练	128

第七章　相关与回归分析 ... 129

学习目标	129
导引案例	129
第一节　相关的意义和种类	130
第二节　相关图表和相关系数	133
第三节　回归分析	136
本章小结	139
思考题	140
实践技能训练	140

第八章　动态数列分析 ... 142

学习目标	142
导引案例	142
第一节　动态数列的意义和种类	145
第二节　现象发展的水平指标	148
第三节　现象发展的速度指标	156
第四节　现象变动的趋势分析	162
本章小结	175
思考题	175
实践技能训练	175

第九章　指数分析 ... 178

学习目标	178

导引案例……………………………………………………………………… 178
　　第一节　指数的意义与种类…………………………………………………… 180
　　第二节　综合指数与平均指数………………………………………………… 183
　　第三节　指数体系与因素分析………………………………………………… 191
　　第四节　几种常见的经济指数………………………………………………… 198
　　本章小结………………………………………………………………………… 207
　　思考题…………………………………………………………………………… 207
　　实践技能训练…………………………………………………………………… 208

第十章　统计综合分析……………………………………………………………… 209
　　学习目标………………………………………………………………………… 209
　　导引案例………………………………………………………………………… 209
　　第一节　统计综合分析概述…………………………………………………… 214
　　第二节　统计综合分析方法…………………………………………………… 217
　　第三节　统计综合分析报告…………………………………………………… 222
　　本章小结………………………………………………………………………… 226
　　思考题…………………………………………………………………………… 226
　　实践技能训练…………………………………………………………………… 227

附录　正态分布概率表……………………………………………………………… 229

参考文献……………………………………………………………………………… 231

第一章　统计概论

请扫描二维码观看视频

学习目标

（一）知识目标

1. 了解统计的含义；
2. 掌握统计学的研究对象和统计研究的基本方法；
3. 熟练掌握统计学的基本概念。

（二）能力目标

1. 理解日常生活中主要统计指标的含义；
2. 运用统计学的基本概念去描述客观现象之间的数量关系；
3. 运用统计数据和统计指标认识问题、分析问题。

导引案例

2017年国民经济和社会发展统计公报（节选）

2017年，各地区各部门在以习近平同志为核心的党中央坚强领导下，不断增强政治意识、大局意识、核心意识、看齐意识，深入贯彻落实党的十八大和十八届三中、四中、五中、六中、七中全会精神，认真学习贯彻党的十九大精神，以习近平新时代中国特色社会主义思想为指导，按照中央经济工作会议和《政府工作报告》部署，坚持稳中求进工作总基调，坚定不移贯彻新发展理念，坚持以提高发展质量和效益为中心，统筹推进"五位一体"总体布局和协调推进"四个全面"战略布局，以供给侧结构性改革为主线，统筹推进稳增长、促改革、调结构、惠民生、防风险各项工作，经济运行稳中有进、稳中向好、好于预期，经济社会保持平稳健康发展。

初步核算，全年国内生产总值827 122亿元，比上年增长6.9%。见图1-1，第一产业增加值65 468亿元，增长3.9%；第二产业增加值334 623亿元，增长6.1%；第三产业增加值427 032亿元，增长8.0%。第一产业增加值占国内生产总值的比重为7.9%，第二产业增加值比重为40.5%，第三产业增加值比重为51.6%。

年末全国就业人员77 640万人，其中城镇就业人员42 462万人。全年城镇新增就业1 351万人，比上年增加37万人。见图1-2，年末城镇登记失业率为3.90%，比上年末下降0.12个百分点。全国农民工总量28 652万人，比上年增长1.7%。其中，外出农民工17 185万人，增长1.5%；本地农民工11 467万人，增长2.0%。

图1-1 2013—2017年国内生产总值及其增长速度

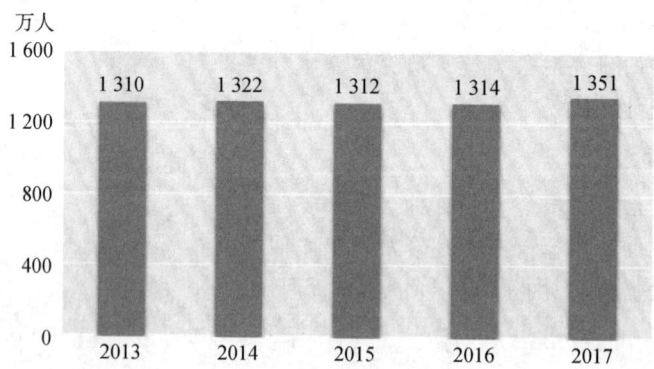

图1-2 2013—2017年城镇新增就业人数

全年居民消费价格比上年上涨1.6%。见表1-1,工业生产者出厂价格上涨6.3%。工业生产者购进价格上涨8.1%。固定资产投资价格上涨5.8%。农产品生产者价格下降3.5%。

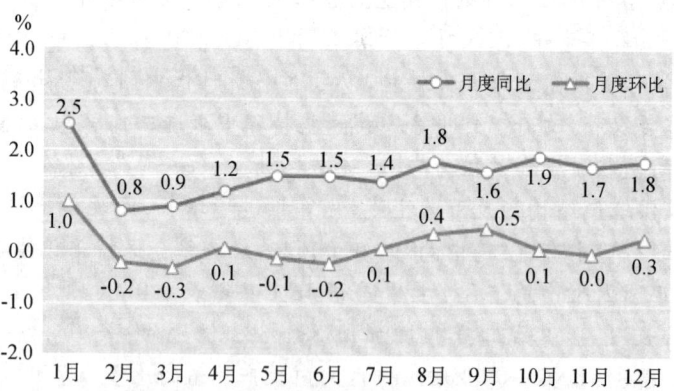

图1-3 2017年居民消费价格月度涨跌幅度

表1-1　2017年居民消费价格比上年涨跌幅度　　　　　　　　　　单位:%

指标	全国	城市	农村
居民消费价格	1.6	1.7	1.3
其中:食品烟酒	-0.4	-0.2	-1.1
衣着	1.3	1.2	1.3
居住	2.6	2.5	2.7
生活用品及服务	1.1	1.0	1.2
交通和通信	1.1	1.0	1.4
教育文化和娱乐	2.4	2.4	2.3
医疗保健	6.0	6.8	4.2
其他用品和服务	2.4	2.5	2.4

12月份70个大中城市新建商品住宅销售价格月同比上涨的城市个数为61个,比1月份减少5个;下降的为9个,增加5个。

年末国家外汇储备31 399亿美元,比上年末增加1 294亿美元。全年人民币平均汇率为1美元兑6.751 8元人民币,比上年贬值1.6%。

(资料来源:中华人民共和国国家统计局,2018年2月28日。)

根据统计公报的节选内容,可以了解到我国经济建设的基本情况。国家统计局是怎样搜集到这些统计资料的;什么是统计;统计学有哪些基本概念;统计的研究对象、统计工作的职能是什么;通过本章的学习,你将得到这些问题的答案。

第一节　统计的研究对象和任务

一、统计的含义

统计是适应人类社会生产生活的需要而产生的,并随着社会生产力的发展而发展的。在日常生活中经常会接触到"统计"这一术语。"统计"这一词由来已久,其英文表示为Statistics,最早出自拉丁语Status(状态),是指各种现象的状态和状况。汉语中"统计"原为合计或汇总计算的意思。在东汉时期,人们称"统计"为通计,在南北朝时期,人们称"统计"为总计。至清乾隆十二年(公元1747年),开始使用"统计"一词。统计是一种用以搜集数据、分析数据和由数据得出结论的社会经济活动。它涉及面很广,大至全社会的整体调查研究,小至微观事物的观察分析,包含社会、政治、经济、文化和科技等各个领域、部门、单位乃至具体的人和事。统计的含义有三种,即统计工作、统计资料和统计学。

(一)统计工作

统计工作即统计实践活动,是指为实现一定的统计目的,采用科学的方法所从事的统计设计、调查、整理和分析,以提供各种统计资料、进行统计咨询、实行统计监督等各种活动的总称。

从人类社会发展的历程看,统计的最基本含义是指人们认识和改造世界的实践活动。它早在原始社会伴随着人类的简单劳动而产生。随着社会的发展,统计工作逐渐发展和完善起来,成为国家、部门、企事业单位和个人改造客观世界和主观世界的有力工具。

(二)统计资料

统计资料即统计工作活动的成果,是统计工作取得的反映客观事物实际状况和变化过程的数据资料,以及与之相关的其他实际资料的总称。统计资料包括初次获得的原始数据资料和经过加工、整理、分析后的次级资料。统计资料是统计工作的成果,如统计年报、统计图表、统计报告、统计年鉴及其他有关统计数字信息的载体等。

(三)统计学

统计学即统计理论,是指导统计实践活动的理论科学,是对统计实践活动的经验总结和理论概括,是研究社会经济和自然现象的数量方面的方法论科学。统计学来源于统计实践活动,又应用于统计实践活动,以指导统计工作,推动统计工作不断地深化和发展。它是一门关于如何搜集、表现、分析、解释数据,从而认识客观现象数量特征和数量关系的原理原则和方式方法的科学。

统计是统计工作、统计资料、统计学的综合概括,是统计工作过程与结果、理论与实践的辩证统一。三者的关系表现为:

统计工作与统计资料是统计活动与统计成果的关系,统计工作是一种具体的社会经济活动过程,统计资料是这种活动过程的结果。一方面,统计资料的需求支配着统计工作的设计;另一方面,统计工作的质量高低又直接影响着统计资料的数量和质量。

统计工作与统计学是实践与理论的关系,统计理论来源于统计实践,反过来又为统计实践服务,统计理论与统计实践是辩证统一的。统计理论是统计工作经验的总结,只有当统计工作实践发展到一定阶段,才能形成独立的统计科学。统计工作的发展又需要统计理论的指导,统计科学研究大大地促进了统计实践工作水平的提高。

二、统计学的研究对象和特点

(一)统计学的研究对象

统计学的研究对象是大量社会经济现象总体的数量方面,即研究社会经济现象总体的数量特征和数量关系,通过这些数量方面的研究反映社会现象发展变化的规律。例如,人口统计就是通过对我国人口总体各种数量方面的调查、整理和分析研究,以认识我国人口的现状、结构、发展变化及人口生产与物质生产的关系。现象的数量方面所涉及的内容很广泛。例如,劳动力资源、社会财富、自然资源、商品的交换与流通、国民收入分配、城乡居民物资生活水平、科学技术进步与发展等,这些都是国民经济和社会发展的总体情况,是现象的基本数量特征和基本数量关系,它构成了人们对社会的基本认识。如果不能准确、及时、全面、系统地掌握这些数量及其变化的信息,就不可能有正确的政策与计划,不可能有效地调节和控制社会经济的发展,也不可能加强经济管理和经济研究,必然导致决策上的失误和行动上的失败。

（二）统计学研究对象的特点

1. 数量性

由于社会经济统计的研究对象是大量社会经济现象的数量方面，因此，数量性就成为社会经济统计的基本特点。统计侧重研究其量的特征，即现象的规模、水平、数量关系和数量界限。例如，《2017年国民经济和社会发展统计公报》中显示：全年全社会固定资产投资641 238亿元，比上年增长7.0%。其中固定资产投资（不含农户）631 684亿元，增长7.2%。分区域看，东部地区投资265 837亿元，比上年增长8.3%；中部地区投资163 400亿元，增长6.9%；西部地区投资166 571亿元，增长8.5%；东北地区投资30 655亿元，增长2.8%。统计学研究对象的数量性，是统计区别于其他调查研究活动的根本特点。可以说，不论是统计工作、统计资料还是统计学都离不开数量方面，没有数量就没有统计。

必须指出，任何事物都存在质和量两个方面，事物的质与量是密不可分的，统计研究社会经济现象的数量不是纯数量的研究，而是必须在质与量的辩证统一中进行。对客观现象数量方面的认识，是以定性认识为基础的，定量研究为目标。如果对于研究对象质的规定性没有明确的了解，那就无法研究它的数量现象。例如，要想知道国内生产总值是多少，必须认清什么是国内生产总值，国内生产总值与国民生产总值有什么区别，与社会总产值有何区别，等等。

2. 总体性

由于社会经济统计的研究对象是社会经济现象的总体的数量方面，因此总体性就成为社会经济统计的重要特点。总体是由许多性质相同的个体所组成的整体，统计研究的是大量现象整体的数量特征，而不是个别事物的个别数量。个别现象受偶然因素的影响，其数值表现对现象的数量特征没有代表性。只有以社会经济现象总体为研究对象，才能消除那些个别的、偶然因素的影响，显示出共同因素和基本因素作用的结果，正确地揭示社会经济现象的本质和规律性。例如，对职工收入的统计分析，一般并不是要分析和研究个别职工的收入，而是要反映、分析和研究一个部门、一个单位、一个行业、一个地区的总体的收入情况和显示出来的规律性。

统计也不排斥对个别典型事物的深入研究。对有代表性的个别单位做具体的分析，有助于了解事物的共性，更深刻地认识现象总体。研究社会经济现象总体的数量方面，必须从个体现象的调查研究开始，是从个体到总体的研究过程。比如，研究我国居民的生活水平，必须以所有居民户为研究对象，从个别居民户调查开始，在大量的或足够多的居民户调查资料中，才能认识到在社会主义基本经济规律的作用下，我国居民的生活水平不断提高的客观事实。

3. 具体性

具体性是指社会经济现象的数量特征是具体的，任何一个统计数字都存在于具体的时间、地点和条件下，它不是纯数量的研究，是具有明确的现实含义的，这是统计学和数学的区别。数学虽是以空间形式和数量关系为研究对象，但它是抽象的，没有具体的内容。而统计所研究的量是具体事物在具体时间、地点和条件下的数量表现，它总是和现象的质密切结合在一起。例如，《2017年中国国民经济和社会发展统计公报》中公布：全年社会消费品零售总额366 262亿元，比上年增长10.2%。按经营地统计，城镇消费品零售额314 290亿元，增长10.0%；乡村消费品零售额51 972亿元，增长11.8%。按消费类型统计，商品零售额326 618亿元，增长10.2%；餐饮收入额39 644亿元，增长10.7%。这些主要指标说明了我国2017年市场销售平稳较快增长情况，这就是统计中所说的具体数量。因此，统计工作的具体性是指在时间、地点、条件三个方面都有明确规定。

应该指出,虽然统计工作是研究具体的数量,但为了进行复杂的定量分析,还需要借助抽象的数学模型和数理统计方法,还要求遵循数学规则。因此,统计工作具体的数量研究需要密切联系抽象的数学方法。以抽象方法为手段,以具体数量为目的,体现统计工作中具体和抽象的辩证关系。

4. 社会性

统计学研究对象的社会性,是指社会经济现象的数量方面反映社会生产关系。社会经济统计以社会经济现象作为研究对象,有明显的社会性特点;社会经济统计本身也是一种社会实践活动,更具备社会性的特征。统计研究客体是社会经济现象,它包括政治、经济、文化、教育、科技等,因而具有明显的社会性。同时,统计的主体也有社会性,在人类社会认识活动的统计实践中,不同的人对社会经济现象的认识有不同的立场和观点,并总是为一定的社会集团利益服务。统计既然是一种社会认识活动,就要受到一定的社会、经济观点的影响,并为一定的社会集团利益服务。统计的社会性这一特点把社会经济统计与数学等自然科学分开了。由于统计工作存在明显的社会性,各国政府都很重视统计工作的开展。因此,特别强调要克服统计工作中的主观随意性,抑制任意夸大或缩小统计数字,歪曲反映实际的现象出现。

目前,统计已经渗透到人类活动的所有领域,而在实际统计工作过程中由于各种因素的存在,导致统计数据的来源具有偶然性和不确定性。因此,统计范围的广泛性和数据的随机性也成为统计研究对象的特点。

三、统计的任务和基本职能

(一)统计的任务

《中华人民共和国统计法》第 2 条明确规定:"统计的基本任务是对国民经济和社会发展情况进行统计调查、统计分析,提供统计资料和统计咨询意见,实行统计监督。"

统计工作的任务概括起来是"服务"和"监督"两大方面。

1. 统计服务

统计服务以国民经济和社会发展为统计调查的对象,在对其数量方面进行科学的统计分析的基础上,为国家制定政策、各部门编制计划、指导经济和社会发展及进行科学管理提供信息和咨询服务。统计资料是统计工作的主要成果,包括最初的调查资料、次级资料,以及经过加工整理和分析研究而形成的周密系统的资料。统计活动的目的之一是要提供统计资料,及时向党和国家各级领导机关提供统计资料,为决策科学化提供理论依据。依据国家定期公布的统计资料,提供咨询。

2. 统计监督

统计监督是对国民经济和社会的运行状态、国家政策、计划的执行情况等进行统计监督。实行统计监督是统计的目的之一,通过对国民经济和社会发展情况实行统计监督,可以检查国家政策和计划的实施情况,考核经济效益、社会效益和工作成绩,揭露存在的问题。通过监督还可以检查虚报、瞒报统计资料的行为,提出改进工作的建议。

提供统计资料和咨询意见与实行统计监督,即统计服务与统计监督是统计基本任务不可分割的两个方面:没有高质量的统计服务,就谈不上统计监督;没有统计监督,统计服务就失去了应有的意义。统计服务与统计监督是相辅相成的。

（二）统计的基本职能

统计职能是指统计作为一门方法论科学在社会经济管理中所具有的功能。随着社会经济的发展，国家管理系统分工的日趋完善，特别是统计信息对于国家经济决策作用的日益增强，国家统计的职能也在不断扩大。现代国家管理系统包括决策、执行、信息、咨询、监督等五大组成部分。统计部门作为国家管理系统的重要组成部分，同时具有信息、咨询和监督三种基本职能。

1. 信息职能

统计的信息职能是统计最基本的职能，它是指根据统计研究目的，对统计的研究对象，运用科学的统计调查方法，灵敏、系统地采集、处理、传递、存储和提供以数量描述为基本特征的各种各样的信息。统计信息是社会经济信息的主体，统计信息以数量性和总体性为特征，运用总量、水平、速度、结构、比例关系等特有的方法来反映国民经济和社会发展的总体情况以及国民经济和单个行业发展的总体情况。统计所提供的资料，所反馈的经济信息，所进行的统计预测，是党和国家确定战略目标，制定长远规划和经济计划的基础，是各级党政领导了解情况、制定决策的重要依据。

2. 咨询职能

统计的咨询职能是指利用统计已经掌握的丰富的统计信息资源，运用科学的分析方法和先进的技术手段，通过开展综合分析和专题研究，为社会经济活动的科学决策和管理提供各种咨询建议与对策方案的功效及作用。咨询职能是统计信息职能的延续和深化，统计所提供的统计资料、反馈的经济信息、进行的统计预测，是各级政府部门和决策者了解情况、指导工作、决定政策、确定战略目标、制定长远规划的重要依据。各级统计部门参与党政领导机关决策，定期向人民代表大会汇报经济形势，参与制定国民经济和社会发展规划，已成为国家重要的咨询机构之一。要以科学的发展观为指导，紧密围绕现阶段国民经济发展的目标和任务，及时为各级领导提供科学、可行的咨询意见，更好地服务于社会。

3. 监督职能

统计的监督职能是通过信息反馈来评判、检验和调整决策方案，它是根据统计调查和统计分析资料及时、准确地从总体上反映社会经济现象的运行状态，并对其实行全面、系统的定量检查、监督和预警，以促进国民经济按照客观规律的要求持续、稳定、协调地发展。统计监督的客体是国民经济和社会运行情况，是社会再生产的各个环节、各个要素及条件的活动状况。统计监督与其他监督相比有两个显著特点：一是数量性，即对经济和社会运行是否正常提出数量警示，进行数量监测；二是总体性，即对监督对象进行综合性的、全局性的统计监督。统计的监督职能是通过信息反馈来检验决策方案是否科学、可行，并及时对决策执行过程中出现的偏差提出改进意见。监督职能是统计职能的最高体现和升华，只有提高信息职能、咨询职能的质量，才能强化统计的监督职能。

统计信息职能、统计咨询职能和统计监督职能是相互联系、相辅相成的，构成了一个有机的整体。信息职能是统计的最基本的职能，是统计咨询、统计监督职能得以有效发挥的前提，没有统计信息，统计咨询和统计监督就无从谈起。统计咨询职能是统计信息职能的延续和深化，而统计监督职能则是在统计信息和咨询职能基础上的进一步拓展，并促进统计信息和咨询职能的优化。只有把三者结合起来，才能充分体现和发挥统计工作在宏观调控和微观管理中的重要作用。

第二节 统计的工作过程与研究方法

一、统计的工作过程

统计是认识社会的工具,统计工作是对社会经济现象数量方面进行的一种调查研究活动,也是对事物的表面、本质及其规律性的认识活动。统计的认识活动是由浅入深、由表及里、不断深化的过程。从理论上讲,一项完整的统计工作可分为四个阶段,即统计设计、统计调查、统计整理和统计分析。

(一)统计设计

统计设计是统计工作的第一个阶段,它是指根据统计研究对象的性质和研究目的,对统计工作的各个环节和各个方面进行统筹安排。统计设计的结果表现为统计设计方案。统计设计方案包括:明确统计工作的目的与任务;设计统计指标与指标体系,设计统计调查表,设计搜集统计资料的方法,设计资料汇总程序、资料整理方案;设计各阶段工作进度与力量安排;落实经费来源与物资保证等内容。统计设计是统计工作中一个重要、基础的环节。统计设计是否科学,是否具有可操作性,直接影响到统计工作的各个阶段。只有事先进行统计设计,才能做到统一认识、统一步骤、统一行动,使统计工作有秩序地协调进行,保证统计工作的质量。

(二)统计调查

统计调查是根据统计设计的要求,有计划、有组织地搜集原始资料和次级资料的工作过程,是统计工作过程的第二个阶段,即定量认识的阶段。统计用数字说话,而各种统计数字都直接来自统计调查,管理者和决策者都需要根据大量翔实的统计信息进行管理和决策,科研工作者也需要根据统计调查得到的资料进行科学研究。这一阶段是统计实践活动的开始,属于感性认识阶段,它的工作质量如何,直接关系和影响到以后各阶段的工作质量。统计调查的方式方法主要有统计报表、普查、抽样调查、重点调查、典型调查等。

(三)统计整理

统计整理的任务是根据研究的目的,将统计调查取得的各项资料进行分组和汇总,使其条理化、系统化的工作过程,是统计工作过程的第三个阶段。统计整理在统计工作过程中处于中间环节,既是统计调查的继续,又是统计分析的前提,起着承前启后的作用。这个阶段的主要任务就是为统计分析阶段准备能在一定程度上说明总体特征的统计资料。调查阶段搜集的资料既丰富也零乱,既大量也粗糙,因此,需要统计整理去粗取精、去伪存真,使大量丰富的资料条理化、系统化。这一阶段是对事物由感性认识到理性认识的连接点,对统计分析的质量有举足轻重的作用,是一个承上启下的中间环节。

(四)统计分析

统计分析是统计工作过程的最后阶段,它是在统计整理的基础上,对统计资料进行多种多样的定量和定性分析或评价,做出科学的结论,达到对事物本质和规律的认识。统计认识的结论要从分析中得出,因此,这一阶段虽然是对统计资料的计算分析,但其目的却是要揭示统计研究对象的状况、特点、问题、规律性等,所以这是统计认识的定性阶段。它的任务是根据加工整理后的统计资料,结合具体情况,运用各种分析方法进行分析研究,肯定成绩,发现问题,找出原因,探究事物的本质及其规律性,提出解决问题的办法,做出科学的分析结论。

统计工作的四个阶段是相互依存又紧密联系的。只有把各个阶段的工作做好,才能保证整个统计工作的质量。统计工作过程的四个阶段,从认识的顺序来看,是从定性认识开始,经过定量认识,再到定性认识的循环往复的过程。即从统计设计(定性认识)到统计调查和统计整理(定量认识),最后通过统计分析达到对事物本质和规律性的认识(定性认识)的过程。从理论上讲各个阶段是相互独立的,但在实际工作中,各个阶段又是经常交叉进行的。例如,在统计调查和整理过程中,又往往离不开必要的分析研究;在统计分析中可能会发现某些资料有问题或不完整,又要重新进行调查或整理等。

二、统计研究的基本方法

在调查、整理、分析的各个阶段,统计运用各种专门的方法对社会经济现象进行分析研究。统计是一门方法论科学,在长期的统计实践活动中,人们根据统计研究对象的特点和研究目的的需要,总结和创造出了一系列统计科学研究方法。其中大量观察法、统计分组法、综合指标法、归纳推断法、统计模型法和抽样推断法是最基本、最主要的研究方法。

(一) 大量观察法

大量观察法是指统计在研究社会经济现象及其发展变化过程中要从总体上加以观察,对现象总体的全部或足够多数的个体进行调查研究并综合分析,从而反映现象总体的数量特征。统计研究运用大量观察法是由社会经济现象的大量性和复杂性所决定的。大量的社会经济现象是在诸多因素的错综复杂的作用下形成的。各单位的数量特征有很大差别,不能仅取少数单位或任意抽取个别单位进行观察,必须从总体出发,搜集大量调查单位的材料,才能从中认识社会经济现象的规律性。早在300多年前,人口学家就从统计资料中发现男女婴儿出生比例为105∶100,这就是通过大量观察法,从偶然事件中发现的规律。大量观察法是社会经济统计学中的基本观察方法。通过大量观察法,一方面可掌握认识事物所必需的总体的各种总量,另一方面还可以通过个体离差的相互抵消,在一定范围内排除某些个别现象和偶然因素的影响,从数量上反映出总体的本质特征。

(二) 统计分组法

统计分组法是指根据统计研究的任务和现象本身的性质特点,按照某种标志将总体区分为若干组成部分的一种统计方法。例如,将人口按照性别分组、职工按照职业分组、学生按成绩分组、企业按经济类型分组等。社会经济现象是十分复杂的,具有多种多样的类型。从数量方面认识事物不能离开事物质的方面,将所研究的现象总体区分为不同性质的部分是统计进行加工整理和深入分析的前提。采用统计分组法可以研究现象的内部构成,区分事物的不同性质,研究现象之间的依存关系。通过统计分组可以帮助我们认识总体内部的数量差异和数量关系,有利于我们从不同的角度分析和研究问题,更全面地认识总体。统计分组法贯穿统计工作的全过程。统计调查离不开分组,统计资料加工整理中,分组是关键环节,统计分析更是时刻不能没有分组,统计分析中综合指标的应用更是要建立在统计分组的基础之上,没有科学的分组要制定正确的指标体系也是不可能的。因此,统计分组法既是统计研究中的一种基本方法,也是统计分析中的一种重要方法。

(三) 综合指标法

综合指标法是指利用各种综合指标来反映和研究客观现象总体的数量特征和数量关系的研究方法。统计指标反映的不是个别现象的数量特征,而是经过汇总、综合的总体的某项数量特征,所以统计指标也称综合指标。常用的综合指标有三类:总量指标、相对指标和平均指标。在这三类指标的基础上展开统计分析的具体形式有:对比分析、平均分析、变异分析、动态分析、指数分析、相关分析、经济模型分析。因此,综合指标法是统计分析中的基本方法,它主要应用于统计分析工作阶段。综合指标法和统计分组法之间存在着密切的关系。统计分组如果没有相应的统计指标来反映现象的规模水平,就不能揭示现象总体的数量特征;而综合指标如果不进行科学的统计分组,就无法划分事物变化的数量界限,就会掩盖现象的矛盾,成为笼统的指标。所以,一般应把统计分组和综合指标结合起来进行应用。

(四) 统计模型法

统计模型法是用一套相互联系的统计分组和统计指标,对总体及其运动过程做出比较完整的、近似的反映或描述的方法。统计模型法通常有两种表达方式:一是依据指标之间存在的明确的数量关系,建立数学方程式或方程组,一般称为统计数学模型;二是依据统计指标之间的逻辑关系,构筑框架式的物理模型,一般称为统计逻辑模型。回归分析和长期趋势分析中的最小二乘法都属于统计数学模型法。统计数学模型法可以模拟两个或两个以上现象之间的依存关系,预测现象发展变化的趋势,这些内容将在后面章节介绍。而各种统计指标体系属于统计逻辑模型。统计模型法将客观现象存在的总体内部结构或各构成因素之间的相互关系,以一定的数学公式有机地表现出来,提高了统计分析的认识能力,也扩展了统计分析的应用范围,使统计分析方法更丰富,对社会经济现象的分析研究程度也更深入。

(五) 抽样推断法

抽样推断法是指按照随机原则从总体中选择少部分单位进行调查,并根据抽样结果对总体的数量特征做出有一定把握性的估计的统计方法。它既是搜集统计资料最科学的方法,也是对调查对象进行科学估计和推断的重要方法。统计研究中,某些现象所包括的个体是有限的,另一些现象所包括的个体的量非常大或无限,对于前者可用综合指标法进行分析,而对于后者,则采用抽样推断法进行分析。这种方法主要用于难以进行全面调查的场合(如总体规模巨大或总体为无限总体等)和不宜或不能进行全面调查的场合(如对部分工业品质量性能的破坏性试验等)。当然在可以进行全面调查或进行其他非全面调查的场合,抽样调查仍然具有独到之处。随着统计抽样调查在市场经济中发挥着越来越重要的作用,抽样推断方法也越来越被广泛重视,并成为统计研究的基本方法。

第三节 统计学中的基本概念

统计学是对大量社会经济现象总体的数量特征进行计量描述和分析推断的方法论科学。在研究统计理论和方法的过程中,要运用到统计总体和总体单位,标志和标志表现,变异、变量与变量值,指标和指标体系等一系列的重要概念。

一、统计总体与总体单位

（一）统计总体

统计总体简称总体，是指根据一定的研究目的所确定的研究事物的全体。具体地说，总体是由客观存在的，具有某一相同性质的许多个别单位所构成的整体。例如，要研究某地区工业企业的生产经营情况，则该地区的所有工业企业就是统计总体，它是由客观存在的、从事工业生产活动的许多工业企业所组成；研究某校在校学生的生活情况，该校所有的在校生构成一个总体；研究某省的零售企业状况，该省的全部零售企业就形成一个总体；研究加入世界贸易组织国家的贸易状况，所有加入世界贸易组织的国家就形成一个总体。

总体按总体单位数目是否有限，可分为有限总体和无限总体。总体单位数目有限，能够计算出单位总数的总体称为有限总体，如一个国家或地区的人口总数。总体单位数目无限，不能计算出单位总数的总体则称为无限总体，如宇宙中星球的个数。社会经济现象一般都是有限总体。显然对无限总体就不能采用全面调查方法，而对有限总体则既可以用全面调查方法，也可以用非全面调查的方法。

统计总体具有同质性、大量性和变异性三个特征。

1. 同质性

同质性是形成统计总体的一个必要条件，是总体的一个重要特征。所谓同质性，是指构成统计总体的每一个单位在某一方面必须具有的共同的属性。如前例，总体的同质性是该地区从事工业生产活动的企业，不是从事农业生产活动的企业，或其他活动性质的企业，更不是事业单位。同质性是个体组成总体的前提。又如，某校所有在校生组成总体，虽然每位学生的姓名、性别、每月生活费支出、身高等各不相同，但是他们都是该校的在校生，从这一点上，他们的表现是一致的，保持了相同的性质，因而组成了一个总体。

2. 大量性

大量性即构成总体的总体单位数要足够多，这是由统计的研究目的决定的。一个或少数单位不能形成总体，因为统计研究的目的是要揭示大量事物的普遍规律性，所以统计研究的对象必须包括足够多的个体。例如，某地区的所有工业企业是统计总体，总体的大量性是指许多个企业，可能是上千个、上万个，甚至更多。个别现象由于受偶然因素的影响，不能反映总体的本质特征和发展变化的规律，只有对大量个别现象的属性和特征加以综合、汇总才能体现总体的数量特征。

3. 变异性

变异性是指构成总体的个别单位在某一性质上是相同的，但在另外一些性质上又是有差异的。例如，全国的私营企业总体，除了都是中国的私营企业这一共同点外，在生产领域、注册资本、投资规模、净利润、职工人数等方面还存在差异。同质性是构成统计总体的基础，变异性是统计研究的必要条件，有变异才需要统计，没有变异就没必要进行统计。统计研究实质上就是研究总体各单位某种品质或数量变异的程度、趋势等，从而寻找出规律性。

（二）总体单位

总体单位简称单位，是指构成总体的个体单位，它是总体的基本构成要素。例如，要研究广州市的商业企业情况,那么广州市的商业企业是总体,每个商业企业是总体单位;要研究全国钢铁企业的生产经营情况,则全国的钢铁企业就是总体,每个钢铁企业是总体单位;要研究某地区居民消费情况,则该地区的全部居民就是总体,每个居民是总体单位。随着统计研究的目的和任务的不同,构成统计总体的总体单位也不尽相同。总体单位可以是人,如一个职工;可以是物,如一台设备;也可以是企事业单位,如一个公司;还可以是一个事件、状况、行为等。因此,如果说总体是集合的概念,那么总体单位则是集合体的元素。

(三) 统计总体和总体单位的关系

在统计研究中,确定总体与总体单位的范围是十分重要的,它决定于认识对象的性质和统计研究的目的。在一次特定范围、特定目的的统计研究中,统计总体与总体单位是不容混淆的,两者的含义是确切的,是包含与被包含、全体和个体、全局和局部的关系。

统计总体和总体单位的确定是由统计研究的目的和任务决定的。因此,总体和总体单位不是一成不变的,当统计研究的目的和任务发生变化时,统计总体和总体单位必将随之而发生变化,即同一事物,在一定条件下是总体,在另一条件下可能是总体单位。例如,在研究某地上市公司的情况时,该地的每一家上市公司就是总体单位;但若研究目的改变为该地某家上市公司,这家公司就成为新问题中的统计总体了。当某地区某工业局要研究所属工业企业的生产情况,则该局所属工业企业是总体,每个企业是总体单位;当研究目的是该地区所有工业局的生产情况,则该地区所有工业局是总体,每个工业局就是总体单位。

二、统计标志与标志表现

(一) 统计标志

1. 统计标志的概念

统计标志简称标志,是说明总体单位属性和特征的名称。每个总体单位从不同角度观察,都具有许多属性和特征。例如,学生作为总体单位,他们都具备性别、民族、身高、体重、年龄、成绩等属性和特征;企业作为总体单位,具有所有制类型、职工人数、工资总额、总产值、占地面积、生产能力、经营收入、上缴税金、成本、利润等属性和特征。如果没有标志就无法表现总体单位的特征,反过来如果没有总体单位,标志也就失去了意义。所以,总体单位是统计标志的直接承担者,统计标志依附于总体单位并说明总体单位的属性和特征。

2. 统计标志的种类

(1) 标志按其性质不同可分为品质标志和数量标志。品质标志是说明总体单位属性方面的特征,只能用文字说明,不能用数值来表示,如人口的性别、民族、文化程度,企业的经济类型、产品品牌等。数量标志则是说明总体单位数量方面的特征,用数值表示的,而不能用文字表现,如人口的年龄、学生的学习成绩、企业的利润和产量等。

(2) 标志按变异情况可分为不变标志和可变标志。在一个总体中,对于一个标志来说,如果总体各单位具有相同的标志具体表现,则该标志叫不变标志。例如,要研究某年级市场营销专业同学的情况,这些同学的专业属性是相同的,专业就是不变标志;要研究全民所有制企业的生产经营情况,则每个企业的所有制形式具体表现均为"全民",那么"所有制"这个标志在这项调查中表现为不变标志。每个总体必须至少有一个不变标志,正是这个不变标志使总体具备同质性。在一个总体中,对于一个标志来说,如果总体各单位具有不同的标志具体表现,则该标志叫可变标志。某年级市场营销专业同学中,学生性别、年龄、身高、籍贯、成绩这些标志在各单位的具体表现不完全相同,所以它们在这个总体中便是可变标志。可变标志是统计研究的前提,没有可变标志,也就没有统计研究的意义,这也是前面讲的总体的差异性。

(二)标志表现

1. 标志表现的概念

标志表现是标志在各个总体单位的具体体现。例如,如人的性别:男性、女性;职工年龄:25岁、28岁、38岁、46岁、50岁。这里的性别和职工年龄是标志,男性、女性、25岁、28岁、38岁、46岁、50岁是标志表现。任何一项统计工作,首先要掌握的是现象总体的各个总体单位在特定的时间、地点、条件下实际发生的具体情况。因此,标志的具体表现便是统计最为关心的问题。如果说标志就是统计所要调查的项目,那么,标志表现则是调查所得的结果。

2. 标志表现的种类

标志表现有品质标志表现和数量标志表现之分。前者只能用文字来表现,后者可以用数值来表示。例如,性别是品质标志,而标志表现则具体为男性或女性;职业也是品质标志,标志表现则具体为公务员、工人、医生、教师等;年龄是数量标志,标志表现为15岁、23岁、35岁、42岁、48岁等。这些都体现了总体单位在具体时间、地点条件下运作的结果。总体单位是标志的承担者,标志是表明总体单位特征的,标志表现是总体各单位某种特征的具体表现形式。

三、变异、变量与变量值

(一)变异

变异是指可变标志具体表现在各总体单位间所存在的差异。无论是品质标志还是数量标志,当它们在总体各单位中表现不完全相同时,就称为变异。变异是一种普遍现象,正是源于总体中某种现象在各单位之间存在着程度不同的差异,才需要通过统计研究来发现其变化的原因、过程和规律。例如,研究我国的人口状况,则全国的全部人口构成了一个统计总体,其中每个人则为总体单位,年龄是个标志,总体各单位之间年龄的表现是不同的,有1岁、2岁等等,这就是变异。

变异分为品质变异和数量变异,品质变异表明质的差别,数量变异表明量的差别。人口总体中,性别分为男、女,是品质变异,年龄表现为1岁、2岁等等,是数量变异。全国企业总体中,所有制分为国有、集体、私营和合资,是品质变异,职工人数具体表现为10人、20人等等,是数量变异。

(二)变量与变量值

可变的数量标志和所有的统计指标称作变量,如工人的年龄、工资等。在数量标志中,不变的数量标志称为常量或参数,可变的数量标志称为变量。由于变量的函数仍为变量,所以由可变数量标志构造的各种指标也称为变量。变量的具体数值表现就是变量值,称为标志值,或指标值。例如,"产量"就是一个变量,因为各企业的产量是大小不等的,有的企业为20吨,有的企业为25吨,有的企业可能是28吨等。这都是"产量"这个变量的不同取值,也就是其变量值。

变量按其变量值是否连续可分为离散变量和连续变量。离散变量是指可以按一定顺序一一列举其整数变量值,且两个相邻整数变量值之间不可能存在其他数值的变量。例如,企业个数、设备台数、学生人数、高校总数、骰子点数等,通常用整数表示。连续变量指其取值是连续不断的,相邻两个变量值之间可做无限分割,或者说变量值可以取小数的变量。例如,销售收入、产值、利润、工资、身高、体重等,既可用小数表示,也可用整数表示。

四、统计指标与指标体系

(一)统计指标

1. 统计指标的概念

统计指标简称指标,是反映社会经济现象总体某一综合数量特征的范畴。它是运用科学的统计方法,对总体各单位的数值表现汇总得到的。例如,要研究某地区工业企业的生产经营情况,则该地区的工业企业数、工业总产值、职工人数、劳动生产率等,都是反映该地区所有工业企业这个总体数量特征的,因此,它们都是指标。统计指标一般由指标的名称和指标的数值两个部分组成,是事物量的规定性与质的规定性的统一。然而在统计实践中,要完整地表述这一统计指标,则应包括指标名称、指标数值、空间范围、时间和计量单位等构成要素。例如,我国 2017 年国内生产总值 827 122 亿元人民币。在统计设计阶段,统计指标是说明总体现象的数量特征的名称。例如,"全国的国内生产总值",它不含数值,只有名称。统计指标是统计中常用的重要概念,无论是统计研究,还是统计实践活动,自始至终都是围绕着设计统计指标、汇总形成统计指标、正确应用统计指标反映总体数量特征的。

2. 统计指标的特点

(1) 数量性。

统计指标是社会经济现象总体的数量表现。因此,任何统计指标都可用数量表现,不存在不能用数量表现的统计指标。数量性是社会经济现象的范畴转化为指标的前提,只有那些在性质上属于同类,而又可量化的大量社会经济现象,才能成为统计指标反映和研究的对象。

(2) 综合性。

综合性是指统计指标反映的对象是总体,而不是个体,它是由许多个体现象的量综合得到的结果。例如,一个人的年龄、工资不是指标,而许多人的平均年龄、工资总额或平均工资才是指标。

(3) 具体性。

统计指标是某一具体的社会经济现象的综合数量,不存在脱离了质的内容的统计指标。统计指标的具体性是指统计指标在一定时间、地点、条件下的客观事实的数量反映。

3. 统计指标的分类

(1) 统计指标按性质的不同分为数量指标和质量指标。

数量指标是反映现象总规模、总水平或总数量的统计指标,又称总量指标。数量指标用绝对数表示。例如,人口总数、国民生产总值、工业总产值、工资总额、职工总数等均是数量指标。数量指标的数值一般随着总体范围的扩大或缩小而增减,它是统计的基础数据,是认识总体数量特征的起点,借以说明事物的广度。

质量指标是反映现象总体平均水平或相对水平的统计指标,如劳动生产率、设备利用系数等。质量指标是由总量指标派生来的,用平均数或相对数表示,它是由数量指标计算出来的,用以反映现象之间的内在联系和对比关系,说明现象发展的规律性。质量指标的数值一般不随总体范围大小的变化而变化,是对总体数量特征认识的深入,说明事物的深度。

(2) 统计指标按其数值表现形式不同可分为总量指标、相对指标和平均指标。

总量指标是反映总体现象规模的统计指标,它表明总体现象发展的总成果,其数值表现为绝对数,如总人口、国内生产总值、工资总额等。相对指标是两个有联系的总量指标或平均指标相比较的结果,其数值表现为相对数,如人口增长率、成本降低率、利润率等。平均指标是由两个总量指标计算的,用来说明总体单位一般水平的统计指标,其数值表现为平均数,如平均工资、平均成绩、平均重量等。

4. 指标和标志的区别与联系

(1) 指标和标志的区别。

一是指标和标志说明的对象不同,指标是说明总体特征的,而标志则是说明总体单位特征的。二是所有指标都必须用数值表示,而标志则不一定,因为品质标志只能用文字表述,只有数量标志的表现用数值表示。

(2) 指标和标志的联系。

一是大多数指标的数值都是从总体单位的数量标志值汇总得到的。例如,某企业全部职工是总体,每个职工是总体单位,工资是数量标志,工资总额是数量指标,是由每个职工的工资汇总得到的。二是指标和标志的确定不是一成不变的,当总体和总体单位随研究目的发生变化时,指标和标志也必然随之发生相应的变化。例如,当研究某省高职院时,该省所有的高职院构成一个统计总体,每一所高职院是一个总体单位,每一个高职院的学生数就是标志,汇总得到的全省高职院学生数就是指标;当研究其中某一个高职院的学生情况时,该院全部学生就是统计总体,而该院的学生数就是统计指标。

(二) 统计指标体系

1. 统计指标体系的概念

统计指标体系是指一系列相互联系、相互制约的统计指标所构成的整体,用来说明社会经济现象发展的全貌、全过程和发展中的相互关系。一个指标只能表明社会经济现象总体在某一特征或某一方面上的情况,只有用统计指标体系才能从各个方面的相互联系中反映总体的全面情况。例如,为了全面反映工业企业生产经营的全貌,有必要设置产量、收入、成本、税金、职工人数、职工工资、劳动生产率、原材料、设备、资金等指标组成的工业企业统计指标体系。这样才能认识工业企业生产经营活动的全过程及其相互关系,以做出正确的评价。随着人们对客观存在的现象之间相互联系的认识逐渐发展和深入,结合研究问题的需要,可以设计丰富多样的统计指标体系来研究总体的复杂数量关系和规律,并用不同的分析方法分析统计指标体系中各因素的影响。

2. 统计指标体系的种类

一般来说,社会经济统计指标体系分为两大类,即基本统计指标体系和专题统计指标体系。基本统计指标体系一般又可分为三个层次:最高层是反映整个国民经济和社会发展的统计指标体系;中间层是各部门和各地区的统计指标体系;最基层是各企事业单位的统计指标体系。专题统计指标体系是针对某一社会经济现象而制定的统计指标体系。例如,有关能源问题的指标体系、经济效益的指标体系、文化教育的指标体系等。

 **本章小结**

本章主要阐述三个大问题：一是统计的研究对象、统计的任务与职能；二是统计的工作过程与方法；三是统计中常用的基本概念。

统计的含义有三种，即统计工作、统计资料和统计学。社会经济统计的研究对象是大量社会经济现象总体的数量方面，即研究社会经济现象总体的数量特征和数量关系，通过这些数量方面的研究反映社会现象发展变化的规律性。社会经济统计研究对象具有如下特点：数量性、总体性、具体性、社会性。统计的基本任务是对国民经济和社会发展情况进行统计调查、统计分析，提供统计资料和统计咨询意见，实行统计监督。统计在国民经济管理中具有信息、咨询和监督三大职能。

统计工作过程包括统计设计、统计调查、统计整理和统计分析四个阶段。四个阶段既是相互独立的，又是相互交叉、相互依存、紧密联系的。统计研究的方法归纳起来，有大量观察法、统计分组法、综合指标法、统计模型法和统计推断法。

统计中常用的基本概念包括统计总体与总体单位，统计标志与标志表现，变异、变量与变量值，统计指标与指标体系等。统计总体是根据统计研究的任务和目的所确定的研究事物的全体，是由客观存在的、具有某种共同性质的许多个体所构成的整体。总体单位是指构成总体的个体单位。标志是说明总体单位属性和特征的名称，标志可分为品质标志与数量标志、不变标志和可变标志。标志表现是标志特征在各单位的具体表现，标志表现有品质标志表现和数量标志表现之分。标志的具体表现在总体各单位间的差别，统计上把这种现象称为变异。可变的数量标志及统计指标是变量，变量按其数值表现是否连续可分为连续变量和离散变量。统计指标是反映社会经济现象总体综合数量特征的范畴。统计指标体系是指一系列相互联系、相互制约的统计指标所构成的一个整体。

 **思考题**

1. 如何理解统计的含义？统计资料、统计工作和统计学三者有何关系？
2. 统计的研究对象是什么？其特点有哪些？
3. 统计的任务与职能有哪些？
4. 一个完整的统计工作过程包括哪几个阶段？
5. 什么是统计总体和总体单位？举例说明统计总体与总体单位的关系。
6. 简述品质标志与数量标志的区别。
7. 什么是标志和指标？两者关系如何？
8. 什么是数量指标和质量指标，各有什么特点？

 **实践技能训练**

1. 某市统计局拟对该市所有工业企业的生产经营情况进行调查，试指出此项调查的总

体、总体单位、5个以上的标志和指标;并指出其中的品质标志、数量标志、变量、数量指标和质量指标。

2. 在班里组织一个8~10人的学习小组,自选课题确定调查目的并展开统计调查,列出在此目的下的统计总体、总体单位,同时列出标志(包括品质标志、数量标志、不变标志、可变标志)与标志表现,变量(包括离散变量、连续变量),变量值,统计指标(包括数量指标、质量指标)等。

3. 查阅中国最新年份的国民经济和社会发展统计公报,分小组讨论。要求:

(1) 根据统计理论指出有关统计总体、总体单位、统计指标和标志;
(2) 根据资料中的统计指标,指出我国经济总体发展的数量规律;
(3) 指出公报使用了哪些统计研究方法;
(4) 结合生活实践谈谈你对统计和统计学的认识。

第二章 统计调查

请扫描二维码观看视频

 学习目标

（一）知识目标

1. 了解统计调查在整个统计工作中的作用及其基本要求；
2. 掌握统计调查的种类；
3. 熟练掌握各种统计调查的内容；
4. 熟练掌握统计调查的方法。

（二）能力目标

1. 能够根据某一实际问题设计一个统计调查方案；
2. 会运用统计调查方法收集资料。

 导引案例

某民营化妆品企业之困境突围

该企业为一个民营化妆品连锁企业，2014年成立，在不到四年的时间里，凭借敏锐的市场洞察力、强烈的创新意识、了解消费者的需求动态、采用先进的营销模式而取得了惊人的业绩。然而，随着企业的不断发展壮大，在营销方面也凸现出不少难以解决的问题，如老顾客流失，新顾客很难引入等，这些都成了制约企业发展的"瓶颈"。

制约该企业发展的问题具体表现在以下几个方面：

（1）企业目标定位不清晰，业务定位不明确，缺乏系统的分析和论证。

（2）目标市场和目标客户不清晰，缺乏系统的市场调查研究。

（3）连锁经营体系中各单店的经营尚未形成统一的运作模式，运作机制和服务水平有待完善和提高，员工思想不统一，业绩浮动较大。

（4）连锁经营体系的激励机制不完善，美容师为追求短期利益致使客户过度消费的现象普遍存在。美容师队伍流动较大，人员归属感不强，缺乏留住和稳定员工的制度保障。

（5）店面的培训以技能培训为主，缺乏系统的店面运营管理方面的相关培训。

（6）总部与店面、店面与加盟商、总部与加盟商之间的关系不清晰，业务管理混乱。

（7）广州以外的区域市场缺乏统一规划，没有明确的市场拓展策略和模式，缺乏日常的管理和监控，目前处于放任自流的状态。

（8）原有市场部和销售部职能不健全，造成现有岗位人员任职能力较低，部分岗位人员还

未能物色到合适人选,部门职能未能得到履行,系统运营中错漏百出。

针对上述问题,该企业开展了广泛的营销调研活动,通过对消费者的细分,以及各类访谈(如电话访谈、上门访谈、小组座谈等),透过一系列的业务流程来深入了解公司现有顾客的消费心理和消费行为特点,从而找出企业客户群难以扩大的根本原因。

在此基础上,管理部门制定了相应的营销策略,采取了相应的措施,例如加强对美容师素质的考核,充实美容师的培训内容,加强现有区域市场的管理等,在短期内巩固了企业营销体系的良好运作,提高了企业的销售业绩。

(资料来源:根据 http://www.d3fang.org.cn/case/list.asp?ArticleID=51 资料整理。)

在上例中,该企业为什么要进行市场调查;它是怎样组织调查的;调查时如何设计可行的方案;调查要符合哪些要求及应注意哪些问题;等等。通过本章的学习,这些问题都会得到一一解答。

第一节 统计调查的一般问题

一、统计调查的作用及基本要求

(一) 统计调查的作用

统计调查,就是根据统计研究的目的、要求和任务,采用各种科学的调查方法,有组织、有计划、系统地向有关经济现象搜集实际资料和登记资料的工作过程。统计调查所搜集的资料,包括原始资料和次级资料。原始资料是指反映总体单位特征的、未经任何加工整理的资料。次级资料是指已经过一定的加工整理,在一定程度上说明了总体特征的统计资料。统计调查一般指的是对原始资料的搜集。

统计调查是获取感性资料的过程,是人们认识社会经济现象的基本方式,没有对实际情况的调查,就不会得到正确的结论。企业通过统计调查,研究自身优劣,掌握竞争对手的情况,知己知彼,不断修正自身的竞争策略。统计调查是统计整理和统计分析的基础环节,通过统计调查,获取有关被研究现象全面的、具体的资料,为统计整理和统计分析提供依据。统计调查获得的资料质量越高,就越有利于正确认识被研究现象的本质和规律性。统计调查的理论和方法在统计科学中占有重要地位,包括统计调查意义、原则、要求、统计方案的制订、各类调查方法的特点及综合应用等,它们构成了统计科学的基础部分。统计调查阶段是保证完成统计工作任务,提高统计工作质量的重要环节。

(二) 统计调查的基本要求

统计调查的基本任务是准确、及时、全面、系统地搜集与统计研究任务有关的实际资料。为了更好地完成统计工作的任务、发挥统计调查的作用,在统计调查过程中必须达到准确性、及时性和完整性的基本要求。

1. 准确性

统计调查的准确性是指搜集的资料必须能如实地反映客观实际,做到真实、可靠,既不修饰也不渲染。这是保证统计资料质量的首要环节,是统计工作的生命。没有准确的数字资料,统计就失去了认识社会的作用。各地方、部门和单位以及个体工商户都要严格执行《统计法》,准确地提供统计资料。统计工作者更要坚决执行《统计法》,为维护统计数字的准确性而努力。

2. 及时性

统计调查的及时性是指在统计调查规定时间内及时上报各种统计调查资料,以便满足各方面的需要。及时性关系到统计资料的使用价值,如果统计资料提供得不及时,即使统计资料准确可靠,也会失去应有的作用。因此,必须保证统计资料的及时性。同时,及时性还关系到统计工作的全局。任何一项统计任务的完成,都是许多单位协同工作的结果,其中任何一个调查单位的统计资料上报不及时,都会影响整个统计工作的进程,以致贻误良机。

3. 完整性

统计调查的完整性是指被调查单位不重复、不遗漏,所列调查项目的资料一应俱全。这是反映大量社会经济现象总体数量特征的基础。若统计资料残缺不全,就不可能反映所研究对象的全貌和正确认识社会经济现象总体的特征,最终也就难以对社会经济现象的规律性做出准确的判断,甚至会得出以偏概全的错误结论。

综上所述,统计调查资料的准确性、及时性和完整性,是对统计工作的基本要求,它们之间存在着有机的联系。准确性是统计调查工作的基础,要在准中求快、准中求全。

二、统计调查的种类

统计研究对象(即客观事物)的复杂性和统计研究目的的多样性,决定了统计调查方法的多样性。进行统计调查,必须根据统计研究目的和调查对象的特点,选择合适的调查方法。统计调查的方法,可以从不同的角度,按不同的标准进行分类。

(一)按调查对象所包含的范围不同,分为全面调查和非全面调查

全面调查是指对构成调查对象的所有总体单位全部进行调查登记的一种调查方法。全面统计报表和普查都是全面调查。例如,为了研究我国人口数量、性别比例、年龄结构、民族构成、受教育程度等人口问题而进行的第六次全国人口普查,就属于全面调查。

非全面调查是指对构成调查对象的一部分总体单位进行调查登记的一种调查方法。重点调查、典型调查和抽样调查都是非全面调查。例如,为了了解某地区居民的消费水平情况,并不需要对该地区所有的居民进行调查,只需要搜集各个收入阶层的一部分居民消费水平方面的实际资料;对某批产品进行质量鉴定,也不需要对所有产品逐个进行质量检验,只需要抽出一部分产品进行检验即可。这些调查都属于非全面调查。

(二)按调查登记时间是否连续,分为经常性调查和一次性调查

经常性调查是指随着调查对象的发展变化,连续不断地进行调查登记的方法。例如,要对某个工程的质量水平进行调查,就需要随着工程进度的延伸,连续不断地调查登记此项工程的质量情况和相关情况,直至工程全面竣工、验收。这种调查就属于经常性调查。又如,对社会商品零售价格的调查和监控,是长年累月地进行的,也属于经常性调查。

一次性调查是指间隔一定时间进行的不连续调查。例如,人口数、学校数、固定资产原值等指标,因为短时间内的变化不会太大,所以没有必要进行经常性调查。只需间隔一定时间了

解现象在一定时点上的状况,可采用一次性调查。

(三) 按调查的组织方式不同,分为统计报表制度和专门调查

统计报表制度是按一定的表式和要求,自上而下统一布置、自下而上逐级提供和报送统计资料的一种统计调查方式。我国建立了规范的统计报表制度,所有的企事业单位和基层行政机关,都要遵守《统计法》,按照上级部门规定的表式、项目、日期和程序向上级部门提交统计报表。统计报表包括国家统计报表、业务部门统计报表和地方统计报表三个层面,涉及国家和地方的政治、经济、文化生活等各方面的基本统计指标。这种调查组织方式在我国的统计工作中占有重要的地位。负责编制和报送统计报表的组织机构是常设或固定的。

专门调查是指为了研究某些专门问题而专门组织的统计调查。这种调查的组织机构不是常设的,而是根据研究目的和任务临时设置的。专门调查多属于一次性调查,包括普查、重点调查、典型调查和抽样调查等。

统计调查还可以从其他的角度分类,并且各种分类也不是相互排斥的。例如,普查,从调查对象所包括的范围来看,属于全面调查;从调查时间的连续性来看,属于一次性调查;从组织方式上看,又属于专门调查。

三、统计调查的技术

统计调查的技术是指在统计调查中搜集资料的具体方法和技术,包括传统调查和网上调查两大类。

(一) 传统调查

1. 直接观察法

直接观察法是指由调查人员亲自到调查地点对调查对象进行观察和记录,以取得第一手统计资料的调查方法。例如,对超市购买者进行调查时,为获得出向和入向人数,调查员亲自到超市的出入口实际观察,并进行记录。这种方法能够保证统计资料的相对准确。

2. 询问法

询问法是指由调查人员通过口头、书面等方式向被调查者了解情况,以取得第一手统计资料的调查方法。例如,在对超市购买者进行流动人数调查的同时,对消费者的购物金额进行调查。调查人员在出入口对顾客进行询问,根据回答一一记录,并填写相应的调查卡片或表格,据以搜集统计资料。常用的询问法有三种,即面谈访问法、电话调查法、邮寄访问法。

3. 实验法

实验法是指调查人员根据统计研究目的,通过实验对比,对调查对象某些因素之间的因果关系及其发展变化过程,进行实验观察和分析,以取得调查资料的方法。例如,若要了解饮料配方的改变对销售量的影响情况,需选定一个地区范围,将新旧两种配方的饮料投入市场进行试验对比,观察其销售量变化和消费者反映,获得数据作为是否采用新配方的依据。

实验法一般适用于对新设计、新包装、新价格、新配方、新广告等社会经济现象的实践效果资料进行搜集。

4. 报告法

报告法是指由被调查单位按照调查机关的调查方案要求,及时向调查机关报告统计资料的调查方法。统计报表就属于这种方法。报告法一般是对机关团体和企事业单位,而不是对个人或个体单位调查,下级必须按规定准确、及时、全面地向上级提供统计资料,具有法律行政的强制性。

5. 文献法

文献法是指调查人员根据调查方案的内容和要求,搜集文献资料的一种方法。文献包括报纸、书籍、数据表格等文字、数字文献,也包括影视、图画、磁带、唱片等声音、图像文献。以上调查方法中,直接观察法、询问法、实验法都是直接搜集第一手统计资料的方法,报告法和文献法则是间接搜集第二手统计资料的方法。这些调查方法在社会实践中得到了广泛的应用。

(二)网上调查

网上调查是随着互联网的发展而兴起的一种新的调查方法,分为网上直接调查和网上间接调查两种方式。前者是利用互联网直接进行问卷调查,搜集一手资料;后者是利用互联网的媒体功能,从互联网搜集二手资料。由于越来越多的报纸、杂志、电台等媒体,还有政府机构、企业等也纷纷上网,因此网络成为信息的海洋。信息蕴藏量极其丰富,关键是如何发现和挖掘有价值的信息。

(三)统计调查技巧

实施统计调查,除强调运用科学的方式、方法外,还要善于运用调查技巧,这对于提高调查能力和效果尤其重要。调查谈话是由被调查者回答调查者所提问题而获得调查信息的一种方法。其关键是谈话过程能否顺利进行。要取得成功,调查者应熟练掌握和运用各种技巧。

(1)重视调查谈话的开始。调查者要讲究仪表风度,会寻找共同话题,友好、亲切地接近被调查者。谈话头几分钟对访谈的成败至关重要。

(2)调查提问要简洁,问题要具体,态度要自然,要按照由易到难的逻辑顺序进行。

(3)通过采用多种方式提问和巧妙引导的方法,控制谈话过程。

(4)注意利用表情、动作等非语言因素引导被调查者的谈话朝着既定目标发展。

(5)做好谈话的结尾。实际调查中,要审时度势,尽量使谈话在最佳时点上结束。不要在分歧中告别,要在笑声中分手。

第二节 统计调查方案

一、统计调查方案的内容

统计调查是一种复杂而细致的工作。规模较大的调查,面广量大,需要动员成千上万的人员协同工作,才能完成。因此,进行调查之前,必须全面计划,严密组织,编制周密、完整的统计调查方案,以便统一认识,统一行动,顺利完成调查任务。统计调查方案又称为统计调查计划,是统计设计在统计调查阶段的具体化。统计调查方案的主要内容包括以下五个方面。

(一)确定调查目的

编制统计调查方案时,首先要明确调查的目的,即明确进行调查所要解决的问题。目的不明,任务不清,就无法决定向谁调查,调查什么,用什么方式方法调查。由此产生的后果必然是,搜集到的资料未必是真正需要的,需要的资料又未充分采集到,从而失去调查的意义和价值。

例如,2018 年开展第四次全国经济普查,全面调查我国第二产业和第三产业的发展规模、布局和效益,了解产业组织、产业结构、产业技术、产业形态的现状以及各生产要素的构成,摸清全部法人单位资产负债状况和新兴产业发展情况,进一步查实各类单位的基本情况和主要产品产量、服务活动,全面准确反映供给侧结构性改革、新动能培育壮大、经济结构优化升级等方面的新进展。通过普查,完善覆盖国民经济各行业的基本单位名录库以及部门共建共享、持续维护更新的机制,进一步夯实统计基础,推进国民经济核算改革,推动加快构建现代统计调查体系,为加强和改善宏观调控、深化供给侧结构性改革、科学制定中长期发展规划、推进国家治理体系和治理能力现代化提供科学准确的统计信息支持。

(二) 确定调查对象和调查单位

1. 调查对象

调查对象即统计总体,是根据调查目的所确定的研究事物的全体。统计总体这一概念在统计调查阶段称为调查对象。调查对象是由调查目的决定的。例如,人口普查,其调查对象是所有具有中华人民共和国国籍并在中华人民共和国境内居住的人。又如,调查目的是取得国有工业企业的产品产量、成本和利税等资料,调查对象就是全部的国有工业企业;要了解某企业产品质量状况,该工厂的全部产品就是调查对象。

2. 调查单位

调查单位也就是总体单位,即调查对象所包含的具体单位。例如,工业企业设备调查,调查单位是某一设备。确定调查单位,有助于我们确定要了解的有关资料所从属依附的人或物等要素,以便从那里登记这些资料。这样不仅能保证对被研究对象统计的完整性和准确性,而且关系到调查结果资料整理的正确性。

3. 报告单位

报告单位也称填报单位,它是提交调查资料的单位,一般是基层企事业组织。例如,要了解企业产品质量状况,每一个企业就是报告单位。有时报告单位可能是住户、职工、学生等。

调查单位与填报单位有时一致有时不一致。多数调查情形下是一致的。例如,工业企业调查,每一个工业企业可以既是调查单位,又是填报单位。但是,工业企业设备调查,调查单位是每一个设备,而填报单位则是每一个工业企业;当我们调查国有工业企业产品产量、成本、利税情况时,调查单位与报告单位又是一致的。

(三) 确定调查项目和编制调查表

1. 调查项目

调查目的、调查对象和调查单位确定之后,接下来所要做的工作就是要确定调查项目。调查项目又称调查纲要,就是依附于调查单位的基本标志。确定调查项目就是回答调查什么的问题,即以什么作为调查标志、调查标志选多少个、以品质标志为主还是以数量标志为主。它完全由调查的目的、任务和调查对象的性质与特点决定。通俗地说,调查项目就是一份在调查过程中应该获得答案的各种问题的清单。

调查项目的选择取决于调查目的和被研究对象的特点,总的来说应该本着"少而精"的原则,不要包罗万象。具体来说要注意以下问题:

(1) 只列入必需的调查项目。那些可有可无和备而不用的调查项目坚决不要,如果把不该列入的调查项目列入进去了,这不仅使调查内容显得很庞杂,而且会造成人力、物力、财力和时间的浪费。

(2) 本着需要和可能的原则,只列入能够得到确切答案而又能搜集到资料的项目,不要列入得不到答案或得不到圆满答案的项目。

(3) 列入的调查项目要有统一、明确的解释。列入的调查项目要明确易懂,使人一看就清楚是什么意思,该填写什么内容;必要时需要加以注释,以免被调查者按不同理解填写,造成资料失实。

(4) 调查项目之间尽可能保持相互联系,以便相互核对,检查答案是否准确。同时应尽可能做到此次调查项目与历次同类调查项目之间的联系,同样的调查项目最好保持不变,以便做动态对比。

2. 调查表

在确定了调查项目后,就需要把这些项目登载在调查表格中,以便于调查登记资料规范化、标准化。调查表就是将调查项目按一定顺序编排的纵横交错的统计表格。它是搜集原始资料的基本工具和表现统计资料的基本形式。

调查表一般由表头、表体和表脚三部分构成。表头用来表明调查表的名称以及填写调查单位(填报单位)的名称、性质、隶属关系等。表体则是调查表的主体部分,包括统计调查所要说明的社会经济现象的项目和这些项目的具体表现、栏号、计量单位等。表脚包括调查者(填报人)的签名和调查日期等,以便明确责任,如果发现问题,也便于查询。

调查表有单一表和一览表两种形式。单一表就是每份调查表格只登记一个调查单位的情况。单一表可以容纳较多的调查项目,取得比较详尽、丰富的资料,便于分类和整理。例如,新生入学时学校要求每位学生填写的学生情况登记表就是属于单一表。一览表就是每份调查表格同时登记若干个调查单位的情况。这类调查表容纳的调查项目不能过多,一览表便于汇总计算和核对差错。例如,一个学期期末,老师填写的某科学生成绩总表就是属于一览表。一般来说,调查项目较多时采用单一表,调查单位较多时采用一览表。

设计的调查表要简单明了,不能过于深奥。确定调查表后,还要编写填表说明和指标解释。填表说明用来提示填表时应注意的事项;指标解释则是为了说明调查表中每个指标的含义、范围、计算方法等。

(四) 确定调查时间和期限

1. 调查时间

调查时间是指调查资料所属的时间。如果调查的是时期现象,调查时间是资料所反映的起讫时间。例如,广州市某企业 2017 年总产值 2 亿元,调查时间为 1 年。如果调查的是时点现象,调查时间是统一规定的标准时点。例如,人口数、原材料库存额等,对它们的调查要规定统一的时点,如月末职工人数、季末库存额等。对普查来说,这一时点称为标准时点,如我国 2010 年开展的第六次全国人口普查的标准时点为 11 月 1 日零时。

2. 调查时限

调查时限是指进行调查工作的期限,包括搜集资料和报送资料的整个工作所需要的时间。例如,某管理局要求所属企业在 2019 年 1 月底上报 2018 年工业总产值资料,调查时间是一年,调查时限是 1 个月。又如某管理局要求所属企业在 2019 年 1 月 10 日上报 2018 年产成品库存资料,则调查时间是标准时间 2018 年 12 月 31 日,调查期限是 10 天。任何调查都应尽可能缩短调查时限。

(五)确定调查的组织实施计划

缜密细致的组织工作是保证统计调查顺利进行的前提条件。统计调查中复杂的工作程序和烦琐的工作任务,要求我们有必要把组织工作做详做细,以便使各道工序、各个环节互相链接起来。

调查工作的组织包括以下内容:调查工作的组织领导机构和调查工作人员的配备;调查人员的培训计划;调查方式方法的选择;调查工作步骤安排;调查前准备工作的统一布置;宣传鼓动工作;调查经费的预算、开支办法;提供或者公布调查成果的时间等等。还可以就以上的组织工作内容制定一个比较周密的工作规则,如第三次全国人口普查,运用了系统工程的原理和统筹学的原理,将整个工作分为三个阶段、24 项工作、91 个细目,并且绘制了"人口普查工作进度图""人口普查工作统筹工作示意图""人口普查各主要环节工作流程图"等。这些工作图保证了普查工作井然有序地进行。对于一定规模而又缺少经验的统计调查,在设计好统计调查方案后,还需要进行试点调查。也就是选择一小块地方做调查实验,取得经验之后再将调查方案全面实施。试点调查的目的,一是检验调查方案是否切实可行,以便加以修正和改进;二是积累组织实施的经验,使调查人员熟悉调查工作流程,提高调查工作的业务技能,高质量地完成调查任务。

二、统计调查问卷的设计

问卷调查法始于 20 世纪 30 年代的美国,一开始主要将这种方法应用于政治选举、商业推销和经济预测等方面,后来逐渐上升为调查研究中搜集资料的一种主要方式。我国从改革开放以后,也广泛采用问卷调查法来研究和分析社会经济现象中出现的各种问题。目前,问卷调查法已经成为非常受人们欢迎的一种调查方法,成为统计调查的一个重要组成部分。

(一)问卷调查法的含义和特点

1. 问卷调查法的含义

问卷调查法是调查者运用统一设计的问卷,向被选取的调查对象了解情况或征询意见的一种调查方法。它是调查者将所要研究的问题,编制成问卷,然后以邮寄方式、当面作答、追踪访问方式作答,从而了解被调查者对某一现象或问题的看法。

2. 问卷调查法的特点

问卷调查相对于其他调查方式来说,具有以下特点:

(1)问卷调查是标准化调查,即按照统一设计的有一定结构的问卷所进行的调查。

(2)问卷调查一般是间接调查,即调查者不与被调查者直接见面,而由被调查者自己填答问卷。

(3)问卷调查一般是书面调查,即调查者用书面提出问题,被调查者也用书面的形式作答。

(4)问卷调查一般是抽样调查,即被调查者是用抽样方法选取的,而且调查的主要目的是通过样本统计量推断总体。

(二)问卷调查法的类型

1. 根据传递问卷的方法不同,问卷可分为报刊问卷、邮政问卷、送发问卷

报刊问卷是将市场调查问卷登载在报刊上,随报刊发行传递到被调查者手中,并号召报刊读者对问卷做出书面回答后,按规定时间寄还给报刊编辑部或调查组织者。报刊问卷的优点:① 以报刊读者为调查对象,有稳定的传递渠道、广泛的传递面;② 费用和时间比较节省;③ 能保证匿名性;④ 回答的质量一般比较高。报刊问卷的缺点:① 调查者对被调查者无法选择;② 问卷回收率比较低;③ 调查者难于控制对问卷产生影响的各种因素。

邮政问卷是调查者通过邮局向被调查者寄发问卷,被调查者按规定填写问卷后,再通过邮局将问卷寄给调查者。邮政问卷的优点:① 可以加强对被调查者的选择性,提高回答问卷的质量;② 能保证匿名性;③ 比较节省人力和时间。邮政问卷的缺点:① 问卷回收率比较低;② 无法全面控制回答过程。

送发问卷也称留置问卷,是调查者将问卷送发给被调查者,被调查者按规定填答后,再由调查者取回问卷。送发问卷的突出优点:① 问卷回收率高;② 问卷回收及时。送发问卷的突出缺点:① 无法对填答过程进行全面控制;② 调查的费用、人力花费比较高。

2. 根据问卷的填答者不同,调查问卷可分为自填式问卷和访问式问卷

自填式问卷是指由被调查者自己填写的调查问卷。在这种情况下,被调查者可以不受其他影响,如实表达自己的意见,尤其是敏感性问题的调查,自填式问卷往往可以得到较为可靠的资料;同时这种问卷使用了标准化词语,每个调查者所面临的都是完全相同的问题,因而不存在调查人员对问卷的主观随意解释和诱导,避免了调查人员的偏见。但这类问卷还存在不足:如果问卷填写的答案含糊不清,或对某些问题拒绝回答,是难以补救的;无法知道被调查者是否独立完成答案,及其回答问题的环境,以致影响对问卷质量的判断。

访问式问卷是指由调查人员通过现场询问,根据被调查者口头回答的结果代为填写的问卷。这类问题应答率高、可控性强,调查人员可以设法确保被调查者独立回答问题,并能控制按顺序回答问题,从而保证应答的完整性;同时调查人员还可以观察被调查者的态度和回答问题的环境,有利于进一步分析、判断相关问题。但这类问卷也存在不足:一般费用高,容易受调查人员的影响,匿名性也差;当被调查者对调查人员的某些举止有偏见或不理解时,就会导致差错或者是有意说谎;调查人员有时对被调查者的意思没有正确理解或正确记录就可能出错。另外,当调查人员知道被调查者的一些情况时,有时会给被调查者带来一定的心理压力,甚至出现拒绝回答的情况。

(三)调查问卷的基本结构

调查问卷是问卷调查的主要工具,科学地设计问卷,是问卷调查关键性的环节。问卷设计的质量,直接影响到问卷调查的回收率、有效率以及被调查者的回答质量,因此,我们对调查问卷的设计应给予足够的重视。

概括地说,一份调查问卷是由调查问卷的题目、调查与填表说明信、问卷的主体内容、调查实施情况记录等四部分组成。

1. 调查问卷的题目

确定标题的原则是主题鲜明、准确,易于填答,易于理解。调查问卷与文章一样,应该用简练而准确的语言来表达问卷的性质和内容。力求观点新颖、明确具体、言简意赅,题目富于表

现力和感染力。

2. 调查与填表说明信

这一要素包含两项内容：调查说明信和填表说明信。第一个说明是关于调查的目的、内容与要求；第二个说明是告诉调查对象如何填写问卷。这两个说明既可以合一，也可逐一分述。对这两个说明要与调查内容一样对待，认真措辞，既要言简意赅、文笔亲切，又不能太随便、草率。

每一份问卷的开头，必须有一段简短的前言，说明研究的目的，指导受试者如何回答，做某些必要的说明，以解除被调查者的思想顾虑。例如，有一份关于"高中生信息技术课程调查"的调查问卷，其说明信是这样写的：

"亲爱的同学，你好！这份问卷的目的在于了解中学生对信息技术课程的学习动机、学习时间、学习需求、学习途径，为有针对性地做好教学工作提供参考。下列的问卷只是用于调研用途，你真实的回答将为我们提供建设性的信息，统计结果绝对不用作成绩参考。谢谢您的合作！"

3. 问卷的主体内容

问卷的主体内容主要是指问题和答案，这是问卷的最主要的、最基本的组成部分，调查资料的搜集主要是通过这一部分来完成的，它也是使用问卷的目的所在。这一部分设计得如何，关系到该调查能否取得满意的结果，关系到此次调查有没有价值。通常这一部分既要提出问题，又要给出相应的选择答案。问卷的主体内容最终以一个个具体问题体现出来，供填写者回答。

4. 调查实施情况记录

这项内容一般设计在整个调查问卷的尾部，用来记录该卷的调查完成情况和有关需要进一步审核、校正、复查的问题。具体来说，它要记录的内容有：调查过程中发现的一些可供参考的重要情况和问题；访问后的效果评价；调查复核后发现需要进一步复查和修正的项目等。除此之外，由于调查的需要，还可增加新的要求。例如，为便于用计算机对调查问卷做统计分析，将问卷的每一个项目都编成数字编码号。问卷编码有两种类型：第一种是在调查问卷上直接编码，这类编码比较多地用于事实性问题；第二种是在收集调查问卷的资料之后进行统计之前的编码，这类编码常适用行为性、原因性和态度性的问题，它一般是研究者亲自编码，以利于他们的分析研究。编码有利于每一种态度的人数统计和总体的分析；编码要有统计学和计算机知识做基础。

（四）调查问卷中问题的设计

1. 就内容上的类别来分类

就内容上的类别来分类可分为五种，即关于事实的、关于行为的、关于原因或理由的、关于态度或情感的、关于环境的。

（1）关于事实的（如年龄、性别、职业等等，几乎所有的问卷都会涉及这类基本资料）。

事实性问题是指要调查了解客观存在或已经发生的行为事实，它包括存在性事实和行为性事实两个方面。存在性事实问题是用于调查"是否有""有多少"这方面的事实的。行为性事实问题是用于调查曾经发生过的行为，包括发生行为的时间、地点、行为方式等多方面的内容。这类事实性资料的搜集是为以后课题研究做参考的。通过对调查资料的统计分析，调研者就可以发现事实性资料的参考价值。

(2) 关于行为的(如是否常干某事,是否干过某事,等等)。

这类问卷调查的对象有两种类型:第一种是对填答者本人行为的了解;第二种是通过填答者了解其他人的行为。

(3) 关于原因或理由的(如为什么这样,为什么去干,等等)。

这类问题常常是对某一类行为出现的进一步说明。

(4) 关于态度或情感的(如赞成、不赞成;喜欢、不喜欢;愿意、不愿意,等等)。

态度是人对某种现象的相对稳定的心理倾向。为了研究人的态度,因而要对态度进行测量,但态度作为一种心理倾向,无法进行直接测量,只能从人的语言、行为以及其他方面加以间接的推断。在问卷调查某一群体意见倾向时,这往往是最常采用的一类问题。

通常,态度性问题可以从几个不同的侧面了解被调查者的意见。

① 情感性意见。这是指人对人、人对事或物的好恶及情绪等行为事实性问题,通常用喜欢、不喜欢、有兴趣、无兴趣等一类词语表达。

② 评价性意见。这是指人对人、人对事或物的某种品质的判断。通常用很好、好、不好、优、良、中、差等一类词语来表达。

③ 认同性意见。这是指人对某一事物或对别人的某项意见的赞同倾向,通常用同意、不同意,赞成、不赞成等一类词语来表达。

④ 认识性意见。这是指人对某种事物认识、了解所表达的思想与信念。例如,对某项成果的意见用"这是教学改革的有益尝试"的语句来表达。

(5) 关于环境的(如家庭、工作单位、居住社区、学习场所等)。

对环境进行调查,是指对那些影响或涉及人们思想、观念或行为的各种各样的环境因素进行调查。

在实际操作中,以上五个方面并没有十分严格的界定,甚至可以出现重叠,具体可以根据实际工作的需要进行选择。

2. 从形式上看有开放式问题和封闭式问题之分

(1) 开放式问题是一种应答者可以自由地用自己的语言来回答和解释有关想法的问题类型。也就是说,调研人员没有对应答者的选择进行任何限制。开放式问题的优点:设计相对比较简单,易于掌握;便于回答者自由充分地表达完整意见。但缺点是:所得资料是用文字表达的,这就要求回答者具有一定文化水准;另外,资料的文字化也造成统计的困难,整理资料也要花费相当的精力和时间,同时还可能带来一些无价值的东西。

(2) 封闭式问题是一种需要应答者从一系列应答项做出选择的问题。封闭式问题的优点是:答案的可比性较强;便于统计分析;填答问题较为容易,省时省力;出现答错的废卷较少;回收率也比较高。但缺点是:所得资料比较死板,缺乏生动性和表现力;由于缺乏充分表达,所以难以发现回答的各种偏误。

(五) 调查问卷中答案的设计

采用问卷调查之前,非常重要的一个步骤是问题答案的设计,可以说问题答案设计得科学与否直接涉及问卷调查结果的可信度和有效度。第一次涉足问卷调查的人,常常由于不了解答案设计形式,往往会出现两种不正确的看法:一是忽略问题的设计形式,把调查问卷的设计简单化;二是把调查问卷设计复杂化、神秘化。实践表明,要达到调查的预期目的,就要以高质量的调查问卷为前提,这份问卷必须慎重对待每一个问题,既要考虑它的作用,还要考虑它的位置。同时，注意建立各个问题的内在逻辑联系，以便能对它们进行交互分类和相关分析。问卷的答案设计可根据具体情况采用多种设计形式，基本的形式有五种。

1. 自由式

自由式的问题答案设计是只提问不设答案，由被调查者自由回答。它适用于对所有问题提问，被调查者对这类问题的回答可以不拘形式，自由发挥，但有些调查者不愿或不便用文字形式表达自己的看法，因而影响了调查结果的全面性和准确性。此外，由于这种提问回答的内容五花八门，从而不利于进行资料的整理和统计。

2. 是否式

是否式又叫二项选择式，它是设两个极端答案，让调查者在两个可能答案中选择一个，如"是"与"不是"、"有"与"没有"等。此类方式问题设计和答案设计都较为简单，易于发问，也易于回答，且方便统计汇总，但不便于调查人员了解形成答案的原因。

3. 多选式

多项选择式是指设计了多种答案供被调查者选择，这种方式能较全面地反映被调查者的看法，又便于对答案进行整理和统计。多项选择式可以把问题设计为单选题或多选题。但在设计时供选择的答案不能太多，只要能概括各种可能情况即可。

4. 顺位式

顺位式是指让被调查者依据自己对问题的认识程度和看法，对调查项目中所列答案定出先后次序。顺位式一般分为两种：一种是预先给出多个答案，由被调查者定出先后顺序；一种是不预先给出答案，而由被调查者按先后顺序填写。这种问题的设计有一定的深度，但被调查者也要做一些深度思考才能回答出问题。

5. 赋值式

赋值式是指通过打分或定级来评价事物的好坏或优劣的一种方法。打分时一般用百分制或十分制；定级时一般用1至5级或1至10级。这种方法简便易行，评价的活动余地大，而且便于统计处理和比较。缺点是分数的多少和等级的高低不易掌握分寸，而且往往因人而异，差异很大。因此，采用这种方法时，应当对打分和定级的标准做出统一规定，以供被调查者参考。

（六）设计调查问卷要注意的问题

1. 用恰当的方式准确表述问题

问卷调查是通过问题来和被调查者沟通的。因此，如何表述问题，使被调查者能理解问题和回答问题，是十分重要而又较为困难的。一般说来，表述问题语句的基本要求是：考虑被调查者的特征及心理特点，设计较满意的问卷，可以使被调查者有兴趣和愿意回答提问。问卷语句的类型有两种：直接提问、间接提问。直接提问的运用一般有两种情况：一种是对调查内容的基本情况的了解；另一种是估计被调查对象可以直接回答的问题。间接提问则运用于被调查对象存有顾虑，怕直接回答带来利益和其他方面的伤害，而不敢或不愿说出真实想法的问题。间接提问是不直接问被调查对象而是要求他回答其他人的态度、想法的提问方式。间接提问可以得到较为客观的资料。此外，还有一些问卷的设计为了全面地了解被调查者的情况，往往通过假设的方式向调查对象提问。

2. 问卷不宜过长

问卷太长，容易导致填写者产生焦躁情绪。一般来说，自填式问卷应控制在半小时至1小时内、访问式问卷应控制在半小时内为宜。

3. 问题应简洁易懂,定义清楚

用词要通俗、易懂、准确、简短,不要使用那些被调查者陌生的、过于专业化的术语。

4. 问题要具体

问题要具体,不要提出那些笼统的或定义不明确的抽象问题。

5. 问卷回答要选择简单的回答方式

问卷最好采用画圈、打勾等选择形式,不要求填写人书写过多,以免被调查者因占用较多时间而失去填写问卷的兴趣。

6. 必须围绕主题设计

语句中所运用的概念要明确、具体,不要使用那些模棱两可、含混不清或容易产生歧义的词或概念。

7. 问卷语句要防止诱导性

问卷语句不要使用诱导性或倾向性的用词,避免被调查者在这些词语的诱导下产生趋同心理,违背真实意见而做了附和的回答。所谓诱导性问题是指问句本身包含某种倾向来引导被调查者的回答方向。例如,设计问卷时,问"××牌号的旅游鞋质优价廉,您是否准备选购?",这样的问题将容易使填表人由引导得出肯定性的结论或对问题反感,从而简单得出结论,这样不能反映消费者对商品的真实态度和真正的购买意愿,所以产生的结论也缺乏客观性,结果可信度低。受此类影响最大的是对调查者或调查问题顾虑较大的人,他们总是考虑哪种回答危险性小,不是考虑何种回答最真实。设计者常见的错误是用权威的话或多数人的意见作引语。比较恰当的方式是,用中性的方式提问,可以尽量避免出现诱导性问题。

8. 对敏感性问题要讲究处理的技巧

对于那些敏感性强、威胁性大的问题,应在文字表述上努力减轻敏感程度和威胁程度,使被调查者敢于坦率地做出自己真实的回答。所谓敏感性问题是指人们不愿意公开披露影响到个人利益、前途、声誉以及自尊的问题。设计者可采用一些技术性处理的方式,如提出可假定敏感性问题有多种回答形式,使回答者放弃一些顾虑;淡化敏感性,指出某些行为、态度或观念带有普遍性;用尊敬的口吻称谓社会地位比较低的阶层和职业,也是防止出现敏感性问题的有效方法。

9. 注意问卷问题的编排

对问卷中所涉及的问题进行编排,一般应遵循以下原则:

(1) 先易后难。第一个问题应是关于一般事实的问题,而不是问一个看法或表明态度,不需要做什么考虑就可作答。

(2) 敏感性问题和开放性问题应放在问卷的后面。敏感性问题应放在问卷的较后部分,以便使被调查者能通过前面回答而对调查的意义有所了解和支持的心情下考虑敏感性问题。

(3) 按一定的逻辑顺序排列问题。

(4) 为了帮助回忆和联想可先问具有启发性的问题。

(5) 尽量使问卷的安排在形式、长度、回答的方式上具有多样性和主动性。

10. 问卷要进行反复的修改和试调查

问卷设计出来后,还需要谨慎地检查几遍。修改问卷一般是以问卷的总体框架为依据对每一个问题进行审查,确定以后将如何分析这些问题、用何种统计分析方法以及资料如何发表或报告。当问卷设计好后,还必须进行预先测试。在没有进行预先测试前,不应当进行正式的询问调查。通过访问寻找问卷中存在的错误解释、不连贯的地方、不准确的措辞,为封闭式问题寻找额外的选项以及应答者的一般反应。预先测试也应当以最终访问的相同形式进行。如果访问是入户调查,预先测试应当采取入户的方式。

在预先测试完成后,任何需要改变的地方都应当切实修改。在进行实地调研前应当再一次获得各方的认同,如果预先测试导致问卷产生较大的改动,应进行第二次测试。

第三节 统计调查的组织方式

统计调查是整个统计工作的基础,只有通过切实可行的统计调查取得真实的客观材料,才能充分发挥统计的作用。所以,必须科学地确定统计调查的组织方式,才能保证统计调查获得反映客观实际的材料。而组织方式要适应客观形势要求,随着社会主义市场经济体制的建立和发展,面对多种经济成分、多种经济类型、多种经营方式等复杂多样的调查对象,在经济结构复杂化和利益主体化的格局下,统计调查必须建立以周期性普查为基础,以经常性的抽样调查为主体,以必要的统计报表、重点调查和综合分析为补充,搜集、整理基本统计资料的统计调查方法体系。

一、统计报表

统计报表是依照国家有关法规的规定,自上而下地统一布置,以一定的原始记录为依据,按照统一的表式、统一的指标项目、统一的报送时间和报送程序,自下而上地逐级定期提供基本统计资料的一种调查方式。统计报表所包括的范围比较全面,项目比较系统,分组比较齐全,指标的内容和调查周期相对稳定。因此,它也是我国统计调查体系中取得统计资料的一种重要的调查方式。

(一) 统计报表的特点

统计报表在各种统计调查的组织方式中的显著特点是:

(1) 统计报表可以根据研究任务事先布置到基层填报单位,基层单位可以根据报表的要求,建立健全各种原始记录。这种方式可以使统计报表的资料来源建立在可靠的基础上,保证统计资料的准确性、及时性、系统性、完整性。基层单位也可以利用统计报表资料,对生产、经营活动进行科学管理。

(2) 由于统计报表是逐级上报、汇总,各级领导部门都能得到管辖范围内的统计报表资料,可以经常了解本地区、本部门经济和社会发展情况。

(3) 由于统计报表属于经常性调查,内容相对稳定,有利于经常搜集和积累资料,可以系统地进行历史资料的对比,研究经济建设和社会发展变化的规律性。

(二) 统计报表的种类

按照不同的角度,统计报表可进行各种分类。

1. 按调查范围不同分类

按调查范围不同,统计报表分为全面调查的统计报表和非全面调查的统计报表。全面统计报表要求调查对象的全部单位填报;非全面的统计报表只需要调查对象中的部分单位填报。

非全面统计报表又可采用重点的、抽样的和典型的调查方式。

2. 按报送周期不同分类

按报送周期不同,统计报表分为定期报表和年报。日报、旬报、月报、季报、半年报均属于定期统计报表。

3. 按报送的方式不同分类

按报送的方式不同,统计报表分为邮寄和电讯两种。电讯报表又可分为电报、电话、电传和网络数据传输等。

4. 按填报单位不同分类

按填报单位不同,统计报表分为基层报表和综合报表。基层报表主要由基层企事业单位填报,它是统计调查的基础资料;由主管部门根据基层报表逐级汇总填报的统计报表即为综合统计报表。填报基层报表的单位称为基层填报单位,填报综合统计报表的单位称为综合单位。

5. 按实施的范围不同分类

按实施的范围不同,统计报表分为国家统计报表、部门统计报表和地方统计报表。

6. 按性质和内容不同分类

按性质和内容不同,统计报表分为基本统计报表和专业统计报表。基本统计报表由国家统计部门制定和发送,在全国范围内执行,用来搜集整个国民经济与社会发展的基本资料。专业统计报表是由各业务主管部门为适应本部门业务管理的需要而制定的,主要用来搜集本部门系统内的统计资料。

(三) 统计报表制度

统计报表按国家统计法制定、实施和管理的一整套办法,称统计报表制度。为提高统计报表的质量,制定了统计报表制度。首先,制定统计报表制度要遵循适用与精简的原则。也就是说,必须把统计报表指标内容、分类、表式的确定建立在适用与精简的基础上,既能满足统计任务要求,适应经济建设需要,又要力求简明扼要,切实可行;其次,统计报表的制定和发送,只能由统计部门或业务部门的综合统计机构统一组织,严禁滥发报表,避免各种各类统计的差异性;再次,基层统计报表应逐步做到统一、配套,并保持相对稳定;最后,对已审核的统计报表必须严格执行,要严肃填报纪律,凡统计报表中的有关规定,各填报单位不得擅自更改,应如实填写,不允许弄虚作假,虚报瞒报。

(四) 统计报表资料来源

统计报表资料来源于基层单位的原始记录。从原始记录到统计报表,中间还要经过统计台账和企业内部报表。原始记录是基层单位通过一定的表格形式,对生产经营活动的具体内容和状况进行的最初的数字和文字记载。统计台账是基层单位根据统计报表要求和基层经营管理需要而按时间顺序设置的一种系统积累统计资料的表册。

二、普查

(一) 普查的意义

普查是根据统计任务的特定目的(如为详细了解国情、国力)而专门组织的一次性全面调查。它主要用来搜集某些不能够或者不适宜用其他方式搜集的统计资料,一般用来调查属于一定时点的社会经济现象的总量，如全国人口、全部生产设备、科技人员总数、第三产业状况等。普查也可以用来反映一定时期的现象的总量，如出生人口总数、死亡人口总数等。

普查是一种很重要的调查方式方法，是其他方式不可代替的。虽然有些情况下可以通过统计报表来搜集全面的基本统计资料，但它不能代替普查。因为有些社会经济现象，如人口增长及其构成变化、物资库存、耕地面积、工业设备等情况，不可能也不需要组织经常性的全面调查，而国家为了进行社会主义建设，又必须掌握这些方面的比较全面详细的资料，这就需要通过普查来解决。为了搞清有关国情、国力的重要数字，要分期分批进行专项普查。根据社会主义现代化建设的需要，我国于1977年进行了全国职工人数普查，1978年进行了全国科学技术人员和基本建设项目普查，1982年进行了第三次全国人口普查，1990年进行了第四次全国人口普查，1993年进行了全国第三产业普查，2000年又进行了第五次全国人口普查，2010年又进行了第六次全国人口普查。

（二）普查的组织

普查的组织方式，基本上有两种：一种是通过专门组织的普查机构，配备一定数量的普查人员，对调查单位直接进行登记（如人口普查，工业普查，基本建设停、缓项目的普查等，都属于这种普查形式）；一种是利用调查单位的原始记录和核算资料，颁发一定的调查表格，由调查单位进行核实填报来进行。新中国成立以来历次物资库存普查都属于这种形式。但是，即使后一种方式，也仍需组织一定的普查机构，配备一定的专门人员，对整个普查工作进行组织领导。

普查是一次性全面调查，多在全国或很大范围内进行，涉及面广，工作量大，调查内容要求高、时效性强，通常需要动员和组织许多人力、物力和财力，组织工作是很繁重的。普查的组织，必须注意以下几点：

(1) 建立统一的组织领导机构，同时进行广泛的宣传；
(2) 设计详细的调查方案；
(3) 组织培训专门的调查队伍；
(4) 做好物资准备和经费预算；
(5) 系统有序地组织登记与汇总；
(6) 严格审核普查资料，进行整理和分析；
(7) 公布资料并进行总结。

普查要求有较高的准确性和时效性，因而普查工作必须有统一领导、统一要求和统一行动。在具体组织普查时必须遵守以下几项基本原则：

(1) 要确定一个统一的调查时点，也叫标准时间，所有调查资料都必须反映这一时点上的状况。标准时间的选择，要根据研究对象性质和实际条件来确定。

(2) 在普查范围内的各调查单位或调查点要同时行动，在方法、步调上保持一致，要力求在最短的期限内完成，以保证调查材料的时效性，避免发生重复或遗漏。

(3) 普查项目要有统一的规定，不能任意改变或增减，以免影响汇总和综合，降低资料质量。性质相同的普查，其各个时期的普查项目也应尽可能保持相同，便于对比分析。

(4) 根据普查任务，选择最适当的普查时间。普查时间的间隔，应当尽可能保持一定的周期，以便进行动态分析，观察现象的发展变化情况及其规律性。

三、抽样调查

（一）抽样调查的概念

抽样调查是按随机原则，从总体中抽选部分单位进行观察，并根据这部分单位的调查材料，从数量方面推断总体指标的一种非全面调查。例如，从某地区全部职工当中随机抽取部分职工，以家庭为单位按月调查取得有关收入、支出等方面的资料，并依据这些资料推断出全区职工的收支情况，这就是一种抽样调查。

（二）抽样调查的特点

对于无限总体或总体单位分散的调查来说，抽样调查有着其他调查无法代替的优越性。抽样调查具有以下特点。

1. 按随机原则抽取调查单位

抽样调查从总体中抽取调查单位，是按随机原则进行的，完全排除调查者的主观意识。所谓随机性原则，就是总体中调查单位的确定完全由随机因素来决定，单位中选或不中选不受主观因素的影响，以保证每一个单位被抽中的机会是均等的。因此，由调查单位构成的样本更能反映总体的数量特征，估计误差也相对较小。这与重点调查和典型调查是不同的。

2. 根据部分推算总体

抽样调查的任务是通过对部分调查单位的调查来推算总体资料。

并非所有统计调查都能做到对总体中的每个单位进行全面调查，有时认识总体也未必需要对每个单位进行全面调查。例如，要衡量某市居民的收入水平，我们没必要调查城市中每一户居民的收入情况。没有样本资料对总体数量特征的推算，抽样调查也就失去了意义。抽样调查是一种代表性调查，既是非全面调查，又要达到对总体数量特征的认识，这一特点使它不同于全面调查，也与其他非全面调查有显著区别。

（三）抽样调查的优越性

1. 经济性

抽样调查的单位少，大大减轻了工作量，调查、登记和汇总都可以专业化，因而节省人力、物力和费用开支。这是普查所无法比拟的。例如，在美国，要对所有企业进行全面的调查，约需 25 万名调查员；而采用抽样调查，仅需 1 000 多名就可以了。

2. 时效性

由专业的抽样调查组织直接取样、现场观测，可减少中间环节，提高时效，所以特别适宜时间性要求很强的调查项目。例如，在我国进行城市住户的调查，采用固定样本的连续调查，每月均可取得必要的住户资料和需求资料；如果进行普查，则至少需要一年以上的时间才能得出结论，而居民的消费需求的变化是相当快的，如果一年甚至两年才能得出结果，显然无法满足市场调查对信息的要求。

3. 准确性

抽样调查是自上而下进行的，而不是自下而上层层填报，根据随机原则取样，排除了主观因素的影响，使样本具有比较高的代表性。且抽样调查只调查部分单位，数目小，参加调查的人员较精干，也较好控制，调查误差小，准确性高。

4. 灵活性

抽样调查组织方便灵活,调查项目可多可少,考察范围可大可小,既适用于专题的研究项目,也适用于经常性的调查项目。只要统计工作需要,抽样调查就可以组织实施。

四、重点调查

(一)重点调查的意义

重点调查,是指在调查对象中,只选择一部分重点单位而进行的非全面调查。这些单位可能数目不多,但就调查的标志值来说,却在总体标志总量中占有很大比重。调查这部分单位的情况,即可反映被研究现象的基本情况和基本趋势。可见,重点调查中的重点单位并非是战略目标的重点建设项目、重点工程的单位。这里的重点单位是从现象数量方面考虑的,即这些单位的标志值之和占总体全部单位标志总量的绝大部分。例如,要及时了解全国原油生产的基本情况,只要调查占全国原油产量比重很大的大庆油田、大港油田、胜利油田等的原油产量即可,虽然只有几个单位,但原油产量却占全国很大比重。重点调查由于调查单位少,因此比全面调查省时、省力,能用较少的代价及时搜集到总体的基本情况、基本趋势。重点调查的重点单位,虽然不完全等于工作重点,但这些单位的基本情况对全局工作的影响却有举足轻重的作用。因此,重点调查对于领导及时了解情况,掌握基本趋势指导全局有重要的作用。

(二)重点调查的方法

重点调查的具体做法可以根据调查任务需要灵活选择。当调查任务只要掌握基本情况、基本趋势,调查对象又具有明显的重点单位时,一般可以采用重点调查。它既可以用于一次性调查,对重点单位的某些数量标志值组织专门机构进行调查,也可以用于经常性调查,对重点单位布置统计报表,经常取得资料,以便做系统的观察和研究。重点单位的选择确定,应着眼于调查目的和调查单位本身的条件。重点单位可以是一些单位,也可以是一些城市或地区。重点单位选多选少,要根据调查任务来确定。一般说来,选出的单位应尽可能少些而其标志值在总体标志总量中所占比重应该尽可能大些。选中的单位,管理应比较健全,统计力量应比较充实,统计基础应比较巩固,这样才能准确、及时地取得资料。

(三)重点调查与抽样调查的区别

抽样调查和重点调查都是专门组织的非全面调查,具有调查单位少、省时省力的特点,在选择调查单位时不受主观因素的影响,但二者之间有明显的区别。首先,调查单位的意义和取得方式不同。重点调查是选择为数不多但标志量占总体标志总量绝大比重的单位进行调查;抽样调查中的样本单位是按照随机原则从研究总体中抽取的,具有较高的代表性。其次,二者研究目的的不同。重点调查是为了了解现象总体的基本情况,但不能推断总体总量;抽样调查的目的在于以样本量来推断总体总量。再次,适用场合不同。重点调查适用于部分单位能比较集中地反映所研究的项目或指标的场合;抽样调查最适合于不能或很难进行全面调查,而又需要全面数值的场合,在能进行全面调查的场合也有独到的作用。

五、典型调查

典型调查是根据调查目的和要求,在对所研究总体全面分析的基础上,有意识地从中选择少数具有典型性的单位进行深入调查研究的一种非全面调查。其特点是：① 调查单位是根据调查目的有意识选择出来的少数具有典型性的单位，便于从典型入手，逐步扩大到认识事物的一般性和普遍性。② 典型调查单位少，调查方法可以机动灵活，省时省力，提高调查效果。③ 典型调查是一种深入、细致的调查，通过深入细致的调查，既可以搜集有关数字资料，又可以掌握具体、生动的情况，探索事物发展变化的规律性。

在统计工作中，典型调查既可以作为统计搜集资料的一种调查方式，也可以进行分析研究。其主要作用是：① 可用以研究新生事物，抓住苗头，认真地进行调查研究，探索它们的发展方向，形成预见加以推广；② 可以补充全面调查的不足；③ 可以利用典型资料，结合基本统计数字，估计推算有关数据。

搞好典型调查的关键是根据研究目的选择具有典型性的单位。通常可选先进典型、后进典型和一般典型。搜集典型材料的方法有很多，其中最主要、最基本的方法是调查人员深入实际，邀请一部分深切了解情况的人开展讨论式的研究，搜集丰富的感性认识材料。

六、统计调查体系

随着我国经济体制改革的不断深入，以往适应于计划经济模式的统计调查体系，已远远不能适应社会主义市场经济发展的需要。为此，必须按照市场经济发展的客观要求，充分发挥统计在我国社会主义市场经济建设中的信息、咨询和监督的整体功能，进一步解放思想，更新观念，以加快建立适应社会主义市场经济体制和符合中国国情的统计调查体系。根据我国的国情，结合国际国内的统计工作经验，我国统计调查体系的目标模式是：建立一个以周期性普查为基础，以经常性抽样调查为主体，以必要的统计报表、重点调查和典型调查等为补充的统计调查体系。

（一）建立周期性的普查制度

普查在统计调查体系中居于基础地位，必须根据需要与可能相结合的原则统筹安排。普查的主要项目有人口、工业、农业、第三产业和基本统计单位。在非普查年度里，一般采用抽样调查取得资料。随着社会主义市场经济体制的建立和发展，今后各项普查都要逐步形成完善的制度，从普查内容、普查时间到组织实施、经费保障等，都要以法律、法规的形式确定下来。根据 1994 年 7 月国务院《批转国家统计局关于建立国家普查制度和改革统计调查体系请示的通知》中的要求，人口普查、第三产业普查、工业普查、农业普查每 10 年进行一次，分别在尾数逢 0、3、5、7 的年份实施；基本统计单位的普查，每 5 年进行一次，在尾数逢 1、6 的年份实施。

（二）开展经常性的抽样调查

在国际上，抽样调查不仅已成为各国通行的一种统计调查方法，而且抽样调查的应用水平已成为评价一国统计工作水平高低的标志之一。我国统计调查制度中所包括的统计指标，依靠抽样方法取得资料的已达 1/3 左右，随着市场经济和统计信息咨询服务业的迅速崛起，抽样调查在统计调查体系中的地位必将进一步提高。为此，要大力普及、广泛应用抽样调查技术。最为紧迫的任务是，在工业、商业、建筑业和固定资产投资统计中深入研究、广泛应用抽样调查方法，努力改变过分依赖全面定期统计报表的状况，抓紧建立适合中国国情的抽样调查制度，并确定抽样调查的主体地位。

（三）逐步缩小全面统计报表的范围

实施全面统计报表是依据定期统计报表制度，全部由基层填报逐级汇总上报、层层取得统计资料的一种全面统计调查。当前，对统计报表这种调查方式必须大力精简。首先，在年度统计调查中进一步精简现行的全面统计报表制度，同时对进度性统计调查要逐步减少以至基本取消全面统计报表，做到基本上不依靠层层汇总上报的方式取得统计资料，取而代之的是重点调查或抽样调查。

（四）应用科学的综合分析推算方法

近年来，科学推算在我国国民经济核算、社会购买力和消费品零售额统计中发挥了重大的作用。但从总体上说，这一方法在我国统计工作实践中的应用还很不够，还必须在实践中不断探索，在理论上不断完善，并大胆应用。进行科学推算必须注意防止两种偏向：一种是被陈规所束缚，不敢或不能理直气壮地运用；另一种是滥用这种方法，甚至专门迎合某种需要，以"科学推算"为名，篡改统计数据之实。因此，在实际运用过程中，既要充分发挥综合分析推算的作用，又要遵循科学规范的要求。

本章小结

本章主要阐述三个大问题：一是统计调查的一般问题；二是统计调查方案；三是统计调查的组织方式。

统计调查是根据统计研究的目的，统计工作的任务和要求，运用各种调查方法，有计划、有组织地搜集资料的过程。统计调查是统计整理和统计分析的前提。准确性、及时性、完整性是统计调查的三个基本要求。

统计调查按调查对象的范围不同，分为全面调查和非全面调查；按登记时间是否连续，分为经常性调查和一次性调查；按组织方式不同，分为统计报表和专门调查。

统计调查方案的主要内容有：① 明确调查目的；② 确定调查对象和调查单位；③ 确定调查项目；④ 设计调查表；⑤ 确定调查时间；⑥ 制定调查工作的组织实施计划。

统计调查方法主要有：普查、抽样调查、重点调查、典型调查、统计报表等。普查是根据特定的目的专门组织的一次性全面调查，如人口普查。抽样调查是按照随机原则，形成样本并具其资料推断总体数量特征的调查方法。重点调查是对总体的重点单位进行的调查。典型调查是有意识地从被调查对象中选择少数有代表性的单位进行调查。统计报表是自下而上逐级提供统计资料的调查方式，是一种定期的统计报告制度。

思考题

1. 什么是统计调查，它有哪些基本要求？
2. 统计调查有哪些种类？基本内容是什么？
3. 什么是统计调查技术，它包括哪些方法和技巧？
4. 简述统计调查方案的基本内容。
5. 在具体组织普查时必须遵守哪几项基本原则？

6. 简述普查和全面统计报表的异同。

7. 什么是抽样调查、重点调查和典型调查？它们有哪些异同？

 **实践技能训练**

1. 为了做好大学生的困难补助与助学贷款工作，引导学生正确消费，学校拟对在校学生的生活消费进行一次调查。在班里组织一个8～10人的学习小组，根据本次调查的目的，为其设计一个初步的调查方案。

2. 现拟针对本校学生手机消费的现状和需求进行调查，弄清楚当前大学生在手机性能、款式、价格、服务等方面的消费特点，为手机生产厂商的新产品研发和营销策略的制定提供决策依据（注意调查的内容是手机而不是手机卡，注意手机生产商和运营商的区别）。请针对上述目的，设计出调查方案和调查问卷。

3. 结合自己的调查经历，并搜集相关资料，说明所采用的主要的调查方法及问卷调查技术。

第三章　统计整理

请扫描二维码观看视频

 学习目标

（一）知识目标

1. 了解统计整理的含义和内容；
2. 掌握统计分组的概念、类型和分配数列的概念、类型；
3. 熟练掌握选择分组标志的原则、统计分组的方法；
4. 熟练掌握分布数列的编制方法；
5. 了解统计表的编制与统计图的绘制方法。

（二）能力目标

1. 能够根据实际资料进行统计分组、编制分布数列；
2. 能够分析和绘制日常生活中的统计表和统计图；
3. 会运用统计整理的技术做好实际资料的整理工作。

 导引案例

一家市场调查公司为研究不同品牌饮料的市场占有率，对随机抽取的一家超市进行了调查。调查员在某天对 50 名客户购买饮料的品牌进行了记录，如果一个客户购买某一品牌的饮料，就将这一饮料的品牌名字记录一次。表 3-1 就是调查员记录的原始数据。

表 3-1　原始数据

	A	B	C	D	E
1	王老吉	可口可乐	王老吉	汇源果汁	露露
2	露露	王老吉	可口可乐	露露	可口可乐
3	王老吉	可口可乐	可口可乐	百事可乐	王老吉
4	可口可乐	百事可乐	王老吉	可口可乐	百事可乐
5	百事可乐	露露	露露	百事可乐	露露
6	可口可乐	王老吉	王老吉	汇源果汁	汇源果汁
7	汇源果汁	王老吉	可口可乐	可口可乐	可口可乐
8	可口可乐	百事可乐	露露	汇源果汁	百事可乐

续表

	A	B	C	D	E
9	露露	可口可乐	百事可乐	可口可乐	露露
10	可口可乐	王老吉	百事可乐	汇源果汁	王老吉

通过统计调查，可以获取大量的数据和信息。但是这些资料往往是零星的、分散的，反映的是各个总体单位的情况，不能直接反映出总体的数量特征和规律。因此，在统计调查之后，必须对获得的统计资料进行整理，使之条理化、系统化，为下一步的统计分析提供有效的信息。

如何根据统计调查的原始数据进行统计整理，这将是本章要介绍的内容。

第一节　统计资料整理的一般问题

一、统计整理的意义

统计整理就是根据统计研究的目的和任务的要求，对搜集得到的初始数据进行审核、分组、汇总，使之条理化、系统化，变成能反映总体特征的综合数据的工作过程。对已整理过的资料(包括历史资料)进行再整理也属于统计整理。

(1) 通过统计调查可以取得第一手资料，但这些资料只能反映总体各单位的具体情况，是分散的、零碎的、表面的。要说明总体情况，揭示出总体的内在特征，还需要对这些资料进行加工整理，使之系统化，以便通过综合指标对总体做出概括性的说明。

(2) 统计整理是整个统计工作和研究过程的中间环节，起着承前启后、承上启下的作用。统计整理是统计调查的继续，又是统计分析的基础。统计调查所搜集到的资料，只有通过科学的审核、分类、汇总等整理工作，才能使统计在认识社会的过程中，实现由个别到全体、由特殊到一般、由现象到本质和由感性到理性的转化，才能从整体上反映出事物的数量特征。否则，统计调查所得的资料再丰富、再完备，其作用也发挥不出来，统计调查就将徒劳无益，统计分析也将无法进行。

(3) 统计整理还是积累历史资料的必要手段。统计研究中经常要进行动态分析，这就需要有长期累积的历史资料，而根据积累资料的要求，对已有的统计资料进行筛选，以及按历史的口径对现有的统计资料重新调整、分类和汇总等，都必须通过统计整理工作来完成。

例如，通过人口普查，我们可以取得每个居民的性别、年龄、职业、民族和文化程度等原始资料。这些大量分散的资料，不能集中反映出我国人口的数量、地区分布、男女的性别比例和人口的发展变化趋势。只有把大量人口资料进行科学的加工，加以分组、汇总，才能得出反映我国人口的数量地区分布、男女的性别比例等各项综合指标。

二、统计整理的内容

统计整理的全过程包括对统计资料的审核、分组、汇总和编制统计图表四个环节，由此构成了统计整理的主要内容。

（一）审核

对搜集到的资料进行全面审核，如发现问题，及时加以纠正，以确保统计资料准确无误。统计资料的审核，包括汇总前的审核和汇总后的审核。

汇总前审核的主要内容有三个方面：一是审核资料的完整性。主要检查被调查单位是否有遗漏，调查的内容是否齐全。二是审核资料的及时性。主要检查资料是否按规定时间报送，以及未按时报送的原因。三是审核资料的准确性。

汇总后的审核主要从以下几个方面进行：一是复计审核，即对每个指标数值进行复核计算；二是表表审核，即审核不同统计表间重复出现的同一指标数值是否一致，对于同一表中互有联系的各个指标数值，则审核它们之间是否衔接和符合逻辑；三是对照审核，即对某些统计、会计、业务三种核算都进行计算的指标数值，进行相互对照检查，发现可能出现的错误，四是表实审核，即把汇总得到的指标数值，与了解的实际情况联系起来进行检查。

（二）分组

根据研究目的要求和统计分析的需要，对原始资料进行划类分组。统计分组是统计整理的重要内容和统计分析的基础；只有正确地分组才能整理出有科学价值的综合指标，并借助这些指标来揭示现象的本质与规律。

（三）汇总

在分组的基础上，将各项资料进行汇总，得出反映各组和总体的总量指标。统计资料经过审查无误后就要进行汇总。选用合适的汇总统计资料的技术方法，可以提高汇总工作的效率和质量。

在统计汇总实践中，采用的统计汇总技术主要有手工汇总和电子计算机汇总。

1. 手工汇总

手工汇总就是以算盘和计算器为手段，通过手工操作方式对统计资料进行汇总。常用的汇总方法有划记法、过录法、折叠法和卡片法四种。由于手工汇总速度慢、容易出差错，逐渐被现代化的汇总技术——电子计算机汇总所代替。

2. 电子计算机汇总

运用电子计算机进行数据汇总，其工作过程大致分为编程、编码、数据录入、逻辑检查（也称编辑）及制表打印几个步骤。应用电子计算机进行统计资料的汇总，不仅具有计算容量大、速度快、准确程度高的特点，还可以进行各种逻辑判断和数据储存，因而计算机汇总是统计资料汇总工作的发展方向。

（四）编制统计图表

通过编制统计表、统计图，将整理出来的资料简明扼要、系统有序地显示出来。

上述内容中，审核是统计整理的前提；分组是统计整理的基础；汇总是统计整理的中心；编制统计表则是统计整理的结果。各个环节紧密联系，缺一不可，共同构成统计整理的工作内容。

第二节　统计分组

统计研究的目的，在于反映所研究总体的状况和特征。统计为了认识总体，不仅要研究总体的一般特征，还需要对总体内所有单位在质量与数量上存在的差异进行分析。统计分组就是基于这种需要而产生的。

一、统计分组的概念

统计分组就是根据统计研究的需要，按照一定的标志，将统计总体划分为若干个组成部分的一种统计方法。总体的这些组成部分，称为"组"，也就是大总体中的小总体。通过统计分组，使同一组内的各单位在分组标志上的性质相同，不同组之间的性质相异。对统计总体进行分组，是由统计总体中各个总体单位所具有的"差异性"特征所决定的。统计总体中的各个单位，一方面，在某一个或几个标志上具有相同的性质，可以被结合在同一性质的总体中；另一方面，又在其他标志上具有彼此相异的性质，从而又可以被区分为性质不同的若干个组成部分。例如，在全部国有工业企业这个总体中，我们可以按照企业生产规模将企业划分为大型企业、中型企业、小型企业和微型企业四个组，每一组内各企业生产规模相同，而组与组之间的企业生产规模不同。

可见，统计分组实质上是对统计总体内部进行结构分类。它是统计特有的方法，在统计工作中发挥着重要作用。只有对总体进行科学分组，才能对社会经济现象进行分门别类的研究，通过对现象各个局部的了解，可以更加深刻地认识事物的本质。

在统计分组中，必须遵循两大原则：完备原则和互斥原则。完备原则是指要使总体中的每一个单位都应有组可归，或者说每个分组的空间能够容纳所有的总体单位。例如，我们将从业人员按文化程度分组时，分为研究生教育、高等教育和中等教育三组，那么，那些文盲或小学初中毕业的人就无组可归，所以在按这个标志分组时须加入"初等教育"这一组。互斥原则是指在一定的分组标志下，总体中的一个单位只能归属于某一组，不能同时或可能归属于几个组。例如，商场把服装分为男装、女装和童装三类，这不符合互斥原则，因为童装也有男装、女装之分。如先把服装分为成人和儿童两类，然后每类再分为男装、女装两组，这就符合互斥原则了。

二、统计分组的作用

统计分组在统计整理和统计分析中具有重要的作用，主要表现在以下几个方面。

（一）零星分散的统计资料，经过统计分组后，可以发现其特点及规律性

【例 3-1】　某公司有 100 名工人，分成 10 个小组，生产定额为每人每天生产零部件 500 件。某日每个工人完成生产定额的情况如下（单位：件）：

一组：520　520　520　520　550　550　580　580　580　580
二组：540　540　540　540　540　540　540　540　540　540
三组：540　540　540　540　540　540　540　540　580　580

四组：520 520 520 520 530 500 500 500 500 500
五组：510 510 520 520 520 500 510 510 500 500
六组：530 530 530 540 620 620 620 620 720 720
七组：720 720 630 630 630 630 620 620 620 620
八组：650 650 650 650 650 650 650 650 650 650
九组：580 580 580 580 580 580 580 580 580 580
十组：480 480 480 480 480 450 450 420 430 430

从上面资料中，我们只能大体看出各组完成生产定额情况有高有低，在400～800件之间，但很难看出100人任务完成的具体总体情况及差别。下面将资料进行分组并汇总进行观察，见表3-2。

表3-2　某公司工人完成生产定额情况

按完成件数分组（件）	工人人数（人）
500以下	10
500～550	46
550～600	18
600～650	12
650～700	10
700以上	4
合　　计	100

从表3-2的资料中，我们可以对该车间生产情况做出综合评价，指出其特点：① 90%的工人完成了生产定额；② 在完成生产定额的工人中，略超过生产定额的工人（完成500～550件）占46%，超过生产定额较多的工人占44%。总的结论是该公司工人生产定额完成得比较好，绝大部分能完成或超额完成生产定额。如果不经过上述分组，就难以观察出这些特点。

（二）把复杂现象总体区分为各个性质不同的组成部分，可以认识现象之间质的差别

社会经济现象是极其复杂多样的，客观上存在着各种不同类型，各种不同类型的现象在规模、水平、速度、结构、比例关系等方面的数量表现有所不同或具有差异。利用统计分组就能根据统计研究的目的，将总体区分为各种性质不同的类型，来研究各类现象的数量差异和特征以及相互关系。例如，产业可以划分为第一产业、第二产业、第三产业；经济类型可以划分为国有、集体、民营、合营、个体、外资、中外合资等多种类型；农业又可以划分为农、林、牧、渔四大类型。表3-3列示了2017年我国居民消费价格比上年涨跌幅的基本情况。

表3-3　2017年我国居民消费价格比上年涨跌幅　　　　　　　　单位：%

指　　标	全　国	城　市	农　村
居民消费价格	1.6	1.7	1.3
其中：食品烟酒	−0.4	−0.2	−1.1
衣着	1.3	1.2	1.3

续表

指标	全国	城市	农村
居住	2.6	2.5	2.7
生活用品及服务	1.1	1.0	1.2
交通和通信	1.1	1.0	1.4
教育文化和娱乐	2.4	2.4	2.3
医疗保健	6.0	6.8	4.2
其他用品和服务	2.4	2.5	2.4

(资料来源:《2017年国民经济和社会发展统计公报》。)

从表3-3中可以看出,2017年我国居民消费价格总体趋势是上升的。但八大类的商品和服务项目有升也有降,而城市与农村居民消费价格也不完全一致。所以通过将全国消费品和服务经过分组,同时区分农村和城市消费价格,不仅可以对全国居民消费价格总水平有基本了解,同时也能够对城镇和农村、不同类别的消费价格的差别有了更深的了解。

(三) 把不同时间的同一总体的内部结构资料排列起来,可以反映总体内部结构的变化

利用统计分组,将社会经济现象总体按照某个标志分成若干组成部分,计算出各组数值在总体中所占比重,对社会经济现象的内部结构进行研究,揭示总体内部的构成,可以说明现象总体的基本性质和特征。同时,对现象内部结构的变化进行动态研究,还可以反映现象总体发展变化的过程、趋势和规律。例如,表3-4反映了我国2017年国内生产总值的产业构成。

表3-4 我国2017年国内生产总值的产业构成

产业	增加值(亿元)	比重(%)
第一产业	65 468.0	7.9
第二产业	334 623.0	40.5
第三产业	427 032.0	51.6
合计	827 123	100

(资料来源:《2017年国民经济和社会发展统计公报》。)

(四) 可以揭示现象之间的依存关系

一切社会经济现象都不是孤立的,而是互相联系、互相依存、互相制约的。例如,在工业企业中劳动生产率与利润的依存关系,在商业企业中商品销售额与流通费用的关系,在人口统计中吸烟者与肺癌患者的关系等,都可以通过分组来解释。

例如,观察企业的生产成本与利润的关系,是将企业按成本水平的高低分组,计算每组企业相应的利润。又如,观察商品销售额与商品流通费用的依存关系,可以将商店按商品销售额分组,计算每组相应的商品流通费用。

下面根据表3-5的分组资料,分析销售额与每百元商品销售额中支付的流通费用之间的关系。

表 3-5 某地区 100 个百货商店的月销售额与流通费用情况

按销售额分组(万元)	商店数(个)	商品流通费用率(%)
50	12	13
50～100	21	10
100～200	32	9
200～300	20	8
300 以上	15	7

根据表 3-5 的分组资料可以看出,销售额越大,每百元商品销售额中支付的流通费用越小。这种依存关系,只有通过分组才可以观察得到。

三、分组标志的选择

统计整理的关键在于统计分组,而统计分组的关键又在于分组标志的选择。所谓分组标志,就是将统计总体划分为几个性质不同部分的标准或依据。分组标志选择的正确与否,是统计分组能否充分发挥其作用的前提。因为分组标志一经确定,必然突出了总体各单位在该标志下的差异,也就掩盖了总体各单位在其他标志下的不同。所以,同一总体由于选择的分组标志不同,对其认识可能会得出不同甚至相反的结论。为此,一定要遵循以下三个方面的原则。

(一)要根据统计研究的目的和任务来选择分组标志

我们之所以选择一定的标志对总体进行分组,是为了达到一定的研究目的、完成一定的研究任务。统计研究目的和任务不同,选用的分组标志也有所不同。例如,以某地区全部居民为总体,如果要研究其生活水平情况,则应将户均收入或人均收入等作为分组标志;如果要研究其居住的情况,则用人均居住面积等作为分组标志。根据不同的研究目的,选择合适的分组标志,才能使统计分组的资料更好地满足研究的需要。

(二)要选择现象中最具有本质特征的标志作为分组标志

在一定的统计研究目的下,往往会有若干个与研究目的有关联的标志可供我们选择。这时,就应选择与研究目的关系最密切、最能反映现象本质特征的标志作为分组标志。例如,研究职工生活水平情况,可以用职工的总收入作为分组标志,也可以用职工家庭成员人均收入作为分组标志。究竟选用哪个分组标志更能充分反映职工的生活水平呢?我们知道,职工的总收入并不能确切反映职工的生活水平,还要看其赡养的家庭人口数以及其他家庭成员的收入。因此,选用职工总收入水平作为分组标志不够恰当,而应选用职工家庭成员人均收入水平作为分组标志。

(三)要根据现象的历史条件及经济条件来选择分组标志

历史条件和经济条件的变化,会使一些过去能较好体现现象本质特征的分组标志变得不再适用了。所以,研究同一问题时,应根据历史的发展,视具体情况的变化来选择分组标志。例如,研究工业企业的生产能力问题,在机械化程度低下的情况下,生产能力的大小主要取决于企业劳动力的数量,那时要反映企业生产能力的大小可以把职工人数作为主要标志。但在现代化工业企业中,随着机械化程度的提高,职工人数的多少不再是决定企业生产能力的最重要因素,而是以企业固定资产代之,因此固定资产成为研究工业企业生产能力的一个重要分组标志。

四、统计分组的方法

分组标志确定以后,接下来就是解决分组方法问题。根据分组标志的不同特征,统计总体可以按品质标志分组,也可以按数量标志分组。分组方法论就是阐述这两种分组的具体方法。

(一) 按品质标志分组

按品质标志分组,就是根据统计研究的目的,选择反映事物性质属性差异的品质标志作为分组标志,在品质标志变异的范围内划定各组的性质界限,将总体划分为若干个性质不同的组成部分。例如,研究国民经济总体时,按"经济类型"分组,划分为国有经济、集体经济、个体经济、股份制经济等;按"国民经济部门"分组,划分为工业企业、商业企业、金融企业、乡镇企业等。再如,研究人口构成状况时,按"性别"分组,划分为男和女;按"文化程度"分组,划分为大学及其以上、高中、初中、小学、半文盲和文盲。

按品质标志分组在有些情况下比较简单,分组标志一经确定,组名称和组数也就随即确定下来,不存在组与组之间界限区分的困难。例如,人口按性别分为男女两组,又如工业企业按经济类型分为国有企业、民营企业、私有企业等。但在有些情况下,按品质标志分组显得比较复杂,组与组的界限不易划分。对这些复杂现象总体进行分组,统计上称为分类。分类不仅涉及复杂的分组技术,也涉及国家的政策和科学理论,因而要十分慎重。为了保证各种分类的科学性、统一性和完整性,便于各个部门掌握和使用,国家统计局会同有关部门制定了统一的分类目录,在全国范围内实行,如商品分类目录、工业产品分类目录、工业部门分类目录等(可参见国家统计局网站 www.stat.gov.cn)。

(二) 按数量标志分组

按数量标志分组,就是根据统计研究的目的,选择反映事物数量差异的数量标志作为分组标志,在数量标志值的变异范围内划定各组的数量界限,将总体划分为若干个性质不同的组成部分。例如,研究居民家庭贫富状况时,按恩格尔系数分组,可将其在60%以上的划分为贫困家庭,50%~60%的为温饱家庭,40%~50%的为小康家庭,40%以下的为富裕家庭。数量标志反映的是事物特定内容的数量特征,其概念是具体明确的。但按数量标志分组,并不是单纯地确定各组间的数量差异,而是要通过分组体现的数量变化来确定现象的不同性质和不同类型。因此,根据变量值的大小来准确划分性质不同的各组界限并不容易,这就要求我们在按数量标志分组时,首先分析总体中可能有多少种性质不同的组成部分,然后再研究确定各组成部分之间的数量界限。

按数量标志分组存在组距问题,所以比较复杂,以下分几个方面来说明。

1. 单项式分组和组距式分组

(1) 单项式分组。

对于离散型变量,如变量值变动幅度较小,则我们可依次将每一个变量作为一组,这种分组称为单项式分组。例如,某企业工人按看管机器设备台数分组,如表3-6所示。

表3-6　某企业工人看管设备台数情况表

按工人看管机器台数分组(台)	工人数(人)	工人数比重(%)
2	20	20
3	50	50
4	15	15
5	15	15
合　计	100	100

但是,如离散型变量的变量值变动幅度很大,项数又很多,采用单项式分组,势必使分组数太多,各组没有几个单位,从而失去分组的意义。在某些场合,离散型变量就不能做单项式分组。例如,将全国所有城市按人口数进行分组,由于各城市人口差别很大,城市人口相同的情况几乎是不存在的,因此就不存在单项式分组的问题。因此,大多数离散型变量采取组距式分组。

组距式分组就是把整个变量值依次划分为几个区间,各个变量值则按其大小确定所归并的区间,区间的距离称为组距,这样的分组称为组距式分组。例如,企业按工人人数进行如下分组:

$$99 人以下$$
$$100～499 人$$
$$500～999 人$$
$$1\ 000～1\ 999 人$$
$$2\ 000 人以上$$

(2) 组距式分组。

连续型变量由于不能一一列举变量值,故不能做单项式分组,只能进行组距式分组。例如,工人按工资分组,可做如下组距式分组。

$$1\ 300～1\ 400 元$$
$$1\ 400～1\ 500 元$$
$$1\ 500～1\ 600 元$$
$$1\ 600～1\ 700 元$$
$$1\ 700 元以上$$

按组距式分组会使资料的真实性受到一些损害。假定上例中工人工资为1 500～1 600元的有125人,这125人的实际工资情况可能是：大多数偏于1 500元、大多数偏于1 600元、集中在1 550元左右或均匀分布于1 500～1 600元之间。所有这些情况均被抽象了、掩盖了。在统计研究中,我们只好假定工资在各组内部分布都是均匀的。这显然与客观资料的真实情况是相矛盾的。

进行组距式分组,组距分组以后各组内部各单位的次要差异被抽象去了,而各组之间的差异则突现出来,这样,各组分配的规律性就更容易地显示出来。根据这个道理,缩小组距,增加组数,往往会产生相反的效果,即分组过细容易使属于同类的单位划分到不同的组,因而显示不出现象类型的特点;另一方面,我们也不应该不适当地扩大组距,减少组数,把不同性质的单位归并在一组中,失去区别事物的界限,这样也达不到正确反映客观事实的目的。确定组距的大小、组数的多少应该全面分析资料所反映的社会经济内容、标志值的分散程度等因素,不能强求一致。

2. 等距分组和不等距分组

(1) 等距分组。

在变量分组中区分等距分组和不等距分组是一个重要的问题。等距分组即标志值在各组保持相等的组距(是指一组变量值的区间长度,也就是每一组的上限与下限之间的差),也就是说各标志值的变动都限于相同的范围。在标志值变动比较均匀的情况下,我们可采用等组距分组,如工人的年龄、工龄、工资的分组,零件尺寸的误差,加工时间的分组,单位面积产量、单位产品成本的分组等。等距分组便于各组单位数和标志值的直接比较,也便于计算各项综合指标,如标志值的平均数。

(2) 不等距分组。

各组起点与终点之间距离不全相等的分组称为不等距分组。当标志值变动很不均匀,如急剧增长或急剧下降,变动幅度很大时,我们就应采用不等距分组。如上例,企业按工人人数分组,就是不等距分组。

在不等组距中,如果标志值是按一定比例发展变化的,则我们可以按等比的组距间隔来分组。以下是高炉按有效容积的不等距分组:

$$100 \text{ 立方米以下}$$
$$100 \sim 200 \text{ 立方米}$$
$$200 \sim 400 \text{ 立方米}$$
$$400 \sim 800 \text{ 立方米}$$
$$800 \sim 1\,600 \text{ 立方米}$$
$$1\,600 \text{ 立方米以上}$$

这里,组距间隔的公比为2,我们称为等比组距分组。

更多情况下,我们要根据事物性质变化的数量界限来确定组距。例如,为分析人力资源的劳动能力,做如下分组:

$$0 \sim 14 \text{ 岁}$$
$$15 \sim 64 \text{ 岁}$$
$$65 \text{ 岁及以上}$$

总之,不等距分组和组数应根据研究现象本身质量关系的分析来确定,我们也应从不相等的组距来区分现象的类型和性质。

3. 组限和组中值

(1) 组限。

组距两端的数值称为组限。其中,每组的起点数值称为下限,每组的终点数值称为上限。下限和上限表示各组标志值变动的两端界限。例如,上例中,高炉按有效容积分组,第二组的下限为100立方米,上限为200立方米;第三组的下限为200立方米,上限为400立方米等。这些有上限无下限或有下限无上限的组,称为开口式分组。通常情况下,组距式分组依组限从小到大顺序排列。

由于变量有离散型与连续型两种,因此,其组限的划分也有所不同。

离散型变量可以一一列举,而且相邻两个数值之间没有中间数值。因此,各组的上下限都可以用确定的数值(整数)表示。例如,上面列举过的工业企业按职工人数分组可表示为:100~499人、500~999人、1 000~1 999人、2 000人以上等。

连续型变量在两个数值之间可能有无限多个中间数值,不可一一列举,因此相邻组的上限和下限无法用两个确定的数值分别表示。在这种情况下,上一组的上限同时也是下一组的下限,我们称之为重叠组限。例如,上面列举过的工人按工资水平所做的等距分组,相邻的组限是重叠的,如1 500元是第二组的上限,也是第三组的下限等。在分组时,凡遇到某单位的标志值刚好等于相邻两组上下限的数值时,我们一般把此值归并到作为下限的那一组,如把工资为1 500元的工人归到第三组中,把工资为1 600元的工人归到第四组中。

(2) 组中值。

组中值即上下限之间的中点数值。经过组距式分组,各个单位具体标志值抽象掉了,只有这些标志值变化的区间。但是,在许多情况下,仅大概地了解这些标志值变化的区间是不够的,还需要确定一个能代表各组标志值一般水平的数值。这个数值就是组中值,它在统计分析中使用得很广泛。

在组距分组中,通常假定组距内的标志值是均匀分布的,则组中值的计算公式为

$$组中值 = \frac{下限 + 上限}{2}$$

当遇到开口式分组的情况时,其组中值以相邻组组距为依据计算,即

$$缺下限组的组中值 = 上限 - 邻组组距/2$$

$$缺上限组的组中值 = 下限 + 邻组组距/2$$

例如,上例工人按工资分组中,第二组1 400~1 500元,组中值为1 450元。最后一组1 700元以上,组中值为1 750元。

有时候,连续型变量按离散型变量表示,组距式分组的组限采取相邻组限重叠的形式,组中值的确定应考虑到连续型变量自身的特点。年龄就是比较典型的例子,它实质上是连续型变量,习惯于用整数表示。例如,一群大学生分为17~19岁和20~22岁两组,则组距3岁,组中值分别为18.5岁和21.5岁。因为第一组应包括年满19岁又不到20岁的大学生,上限应为20岁。同样道理,第二组上限应为23岁。

组中值是用来代表各组实际变量值的一般水平的,其前提条件是:各组的变量值在其组内是均匀分布的,或在组中值两侧呈对称分布。事实上,完全满足这一条件的可能性很小,所以组中值实际上只是各组变量值实际平均水平的近似代表值。因此,进行组距式分组时,应充分考虑到这一因素,尽可能减少其代表性误差。同时,为了计算的方便,应力求使组中值能取整数。

五、统计分组的形式

统计分组按其分组标志数目的多少及其排列形式,可以分为简单分组、复合分组和分组体系。

（一）简单分组

对总体采用一个标志进行的分组称为简单分组。这种分组比较简单，它只能说明社会经济现象某一方面的状况。例如，用"工资"对工人所进行的分组就是属于简单分组。

（二）复合分组

对同一个总体采用两个或两个以上的标志结合起来所进行的分组，称为复合分组。具体地说，它是先按一个标志分组，然后再按另一个标志将已分好的各组又划分成为若干个组。复合分组的排列形式既可以是层叠式又可以是交叉式的。例如，某高校在校学生可以按"学科类别"，也可以按"学历层次"进行分组，如表3-7和表3-8所示。

表3-7 2017年某高等学校分科在校学生数（层叠式）

指标	在校学生数（人）
总计	3 295
本科	1 907
专科	1 388
经济学	1 181
本科	657
专科	524
管理学	2 114
本科	1 250
专科	864

表3-8 2017年某高等学校分科在校学生数（交叉式）

	总计（人）	管理学（人）	经济学（人）
合计	3 295	2 114	1 181
本科	1 907	1 250	657
专科	1 388	864	524

表3-7和表3-8的内容来自同一现象总体，均为复合分组，只是排列的形式不同，一个层叠式，一个交叉式。在分组总体是一个（即全部本、专科在校学生数）的情况下，采用交叉式比较恰当，因为从纵横排列状况看，表3-8比表3-7均匀美观。

（三）分组体系

分组体系，就是采用一系列相互联系、相互补充的标志对被研究总体分别进行的分组，这些相互联系和相互补充的分组，就构成了分组体系。应用分组体系，可以从不同角度、不同方面对某一社会现象做出比较全面的说明。例如，在研究企业生产情况时，可按生产能力、总产值、劳动生产率、单位原材料消耗量、利润等多种标志并列进行分组，从多方面反映企业的生产情况，从而得到全面的认识。

第三节　分布数列

分布数列是统计整理的一种重要形式,也是统计描述和统计分析的重要内容。它可以表明总体各单位的分布特征和内部结构,并为研究总体中某种标志的平均水平及其变动规律提供依据。

一、分布数列的概念和分类

(一)分布数列的概念

分布数列又称分配数列、次数分布、统计分布,是在统计分组的基础上,将总体的所有单位按组归类整理,形成总体中各单位在各组间的分布。通过统计分组,可将总体中所有单位进行归类,各组分配的单位数叫作次数,又称频数;各组单位数占总体单位数的比重,称为频率。次数和频率从不同角度反映了各组标志值出现的频繁程度,说明总体各单位在各组间的分布状况。

(二)分布数列的类型

根据分组标志类型的不同,分布数列可分为两种:一种是按品质标志分组而形成的品质分布数列,简称品质数列,如企业按经济类型分组,而形成的数列即为品质数列;二是按数量标志分组而形成的变量分布数列,简称变量数列。

变量数列按其分组方式不同又有两种,即按单项式分组而形成的单项式数列和按组距式分组而形成的组距式数列,这与变量分组分为单项式分组和组距式分组是一致的。

对于品质数列来说,如果分组标志选择得好,分组标准定得恰当,则事物性质的差异也会表现得比较明确,总体中各组如何划分这一难题也较易解决。因而,品质数列一般比较稳定,通常能够准确反映总体的分布特征。对于变量数列来说,事物性质的差异表现得不甚明确,决定事物性质的数量界限往往因人的主观认识而异,因此按同一数量标志分组有出现多种分布的可能。

分布数列中各组单位数表示我们所要考察的标志值在各组中出现的次数,所以被称为次数或频数。各组次数占总次数的比重称为频率。

二、变量数列的编制

由于品质数列和单项式变量数列的编制相对比较简单,因此,我们着重研究组距式变量数列的编制方法和步骤。下面拟结合实例具体说明变量数列的编制过程。

【例 3-2】　某班 40 名学生的数学考试成绩如下:

　　　　82　79　88　86　75　80　89　74　85　69
　　　　35　75　86　75　66　78　82　70　76　97
　　　　72　79　99　84　75　61　64　80　85　74
　　　　60　60　91　79　90　76　76　83　85　52

以上这些资料杂乱无章,很难从中看出什么特征,因而需要对其进行统计整理。

首先,将这些资料按大小进行排列,以便观察其变动范围。由此得到:

```
35  52  60  60  61  64  66  69  70  72
74  74  75  75  75  75  76  76  76  78
79  79  79  80  80  82  82  83  84  85
85  85  86  86  88  89  90  91  97  99
```

经过初步整理,可以看出资料的某些特征:该班数学考试成绩分布在 35~99 分之间,最高分为 99 分,最低分为 35 分,$R = x_{max} - x_{min} = 99 - 35 = 64$,波动幅度较大;多数学生的成绩集中在 70 分到 90 分之间。

其次,确定数列的类型。由于变量值个数很多,因此,这一资料不适宜编制单项式数列,只能编制组距式数列。

第三,确定组距和组数。编制组距式数列的关键是确定组距和组数。通过分析资料的特点,参照前面所说的一系列分组方法原理,我们可将组距定为 10 分,组数定为 5 组,于是各组就依次表现为 60 分以下,60~70 分,70~80 分,80~90 分,90~100 分等。

最后,计算每一组的学生数及其比重,就形成分布数列,见表 3-9。

表 3-9 学生按成绩分组表

学生按成绩分组(分数)	学生数(人)	比重(%)
60 以下	2	5.0
60~70	6	15.0
70~80	15	37.5
80~90	13	32.5
90~100	4	10.0
合　　计	40	100

从这一变量数列可看出,这 40 位学生的成绩呈现"两头小,中间大"的分布,规律性很明显。

有时编制组距式数列,对该用多大组距、组数多少,可能有些盲目,不妨先按小组距分组,然后逐步合并组距,从比较中择其优者。就上例来说,如果我们先按 5 分为组距来编制分配数列,将会发现各组单位数很分散,规律性不太明显;如将组距扩大到 10 分,规律性就十分明显了。

分布数列的编制,特别是组距式变量数列的编制,其灵活性较大,即使对于同一研究目的和同一原始资料,由于研究者的认识水平和工作习惯不同,也会得出不同的结果。但必须强调,编制组距式变量数列一定要客观反映现象的总体特征。

三、分布数列的表示方法

分布数列是统计分组的一种重要形式,对于研究总体单位分布的状况和规律,有重要的意义。因此,需要采用正确的具有综合性和总结性的方法加以反映。列表法和图示法就是常用方法。

(一)列表法

列表法即用统计表格形式表述分布数列的内容,这种表式也叫作次数分布表,如表 3-9

所示。

为了便于分析问题和计算各种指标,需要列入累计次数和累计频率。现以【例3-2】资料说明,见表3-10。

表3-10 学生按成绩分组累计次数分布表

学生按成绩分组(分)	学生数(人)	频率(%)	向上累计		向下累计	
			次数	频率(%)	次数	频率(%)
60以下	2	5.0	2	5.0	40	100.0
60～70	6	15.0	8	20.0	38	95.0
70～80	15	37.5	23	57.5	32	80.0
80～90	13	32.5	36	90.0	17	42.5
90～100	4	10.0	40	100.0	4	10.0
合　计	40	100	—	—	—	—

向上累计是以变量值最小一组的次数为始点,逐项累计各组的次数和频率;每组的累计次数或累计频率,表示小于该组变量值上限的次数或频率合计有多少。向下累计则是从变量值最大一组的次数或频率开始,逐项累计各组的次数和频率;每组的累计次数或累计频率,表示大于该组变量值下限的次数或频率合计有多少。

(二)图示法

图示法即利用几何图形描述分布数列,以表明总体单位的分布状况和规律,这些图形也叫作次数分布图。

根据一定的次数分布表,可以绘制相应的次数分布图。最常用的有次数折线图和次数直方图。此外,还可以绘制累计次数分布图。绘制这类统计图的基本方法就是先画出直角坐标系,横轴代表各组的标志值或组距,纵轴代表各组次数或频率。必要时,以左侧的纵轴表示次数,而以右侧的纵轴表示频率。

1. 次数折线图

现以单项式变量数列为例,说明绘制方法。以变量值为横轴,以次数为纵轴,在坐标上找出各组的变量值和相应的分配次数所对应的坐标点,并用折线连接起来,即得到次数分布折线图。图3-1就是根据表3-6绘制的次数分布折线图。

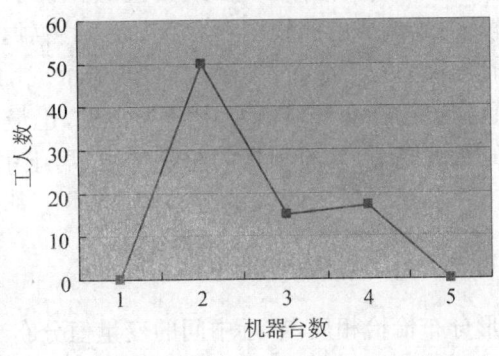

图3-1 次数折线图

2. 次数直方图

在等距分组的条件下,图上横轴的划分应标明各组组限,以直方形的高度表示各组次数,其宽度与各组组距相适应,这样绘制的各直方图的面积可以用来表示各组次数的分布状况,称为次数直方图。

如果用直线连接直方图中各个直方形顶端的中点(即各组的组中值),并在直方图形左右两侧各延伸一组,使折线与横轴相连接,即成次数折线图。在这种折线图的基础上,稍加修匀,即连接各组次数坐标点的线段用平滑曲线,就成为次数分布曲线图。图 3-2 就是根据表 3-9 绘制的次数直方图。

3. 累计次数分布图

这是根据累计次数分布表制成的,绘制方法与次数分布折线图基本相同,向上累计以各组上限为横坐标,向下累计以各组下限为横坐标,其纵坐标都是累计次数。如果纵轴采用百分数为单位,则可以制成累计百分数折线图。图 3-3 就是根据表 3-10 绘制的。

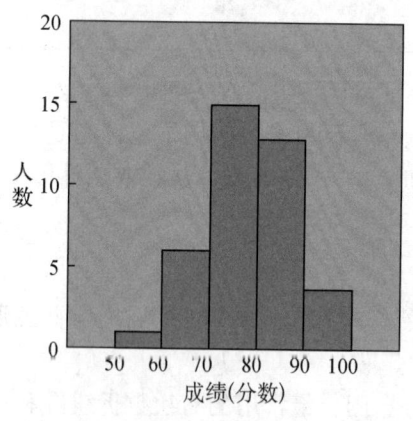

图 3-2 次数直方图

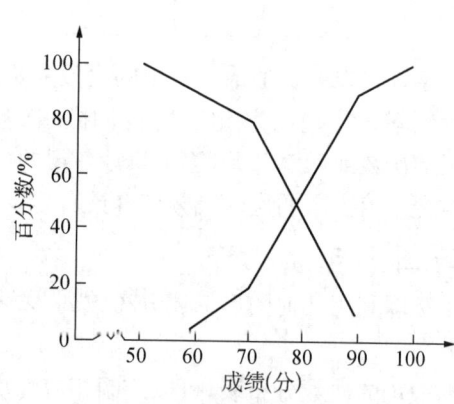

图 3-3 累计百分数折线图

4. 次数分布曲线图

由上述变量数列的图示法可以看出,当变量数列的组数无限增多时,折线近似地表现为曲线。社会经济现象的次数分布曲线多种多样,人们通过长期的观察和总结,将其归纳为三种类型。

(1) 钟形分布。

如果一个次数分布数列呈现这样的特征:较大变量值和较小变量值的分布次数都较少,中间变量值分布次数较多,绘制成的曲线图形状宛如一口古钟,这时就可以称该现象的次数分布为钟形分布,有时也称为丘形分布,如图 3-4(a)所示。由此可见,钟形分布的特征是"中间大,两头小"。钟形分布在社会经济现象中最为常见,也最符合人们认识问题的习惯。例如,一个班级学生的考试成绩,差的和好的总是少数,居于中游者人数最多。再如农作物单位面积产量的分布、一般社会居民收入的分布等,基本上都表现为钟形分布或接近钟形分布的分布特征。

(2) U 形分布。

U 形分布的特征与钟形分布恰恰相反,靠近中间的变量值分布次数少,靠近两端的变量值分布次数多,分布特征是"两头大,中间小"。绘成的曲线图,形如英文字母"U",如图

3-4(b)所示。例如,人口在不同年龄上的死亡率一般近似地表现为 U 形分布。因为在正常情况下的人口总体中,幼儿死亡率和老年人死亡率较高,而中青年人死亡率较低。

(3) J 形分布。

J 形分布有正 J 形分布和反 J 形分布两种情况。次数随变量值增大而增多,绘成的曲线如英文字母"J",称为正 J 形分布,如图 3-4(c)所示;次数随变量值增大而减少,绘成的曲线犹如反写的英文字母"J",称为反 J 形分布,如图 3-4(d)所示。

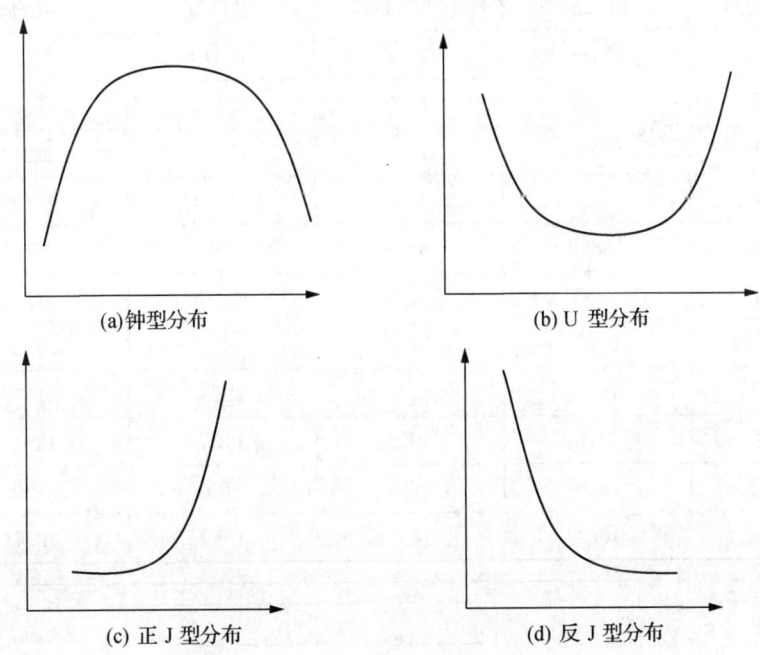

图 3-4 次数分布曲线图

第四节 统计表与统计图

一、统计表

(一)统计表的结构

1. 统计表的形式

从统计表的形式看,统计表由四部分构成,如表 3-11 所示。

(1) 总标题。它是统计表的名称,用以概括表中统计资料的主要内容。

(2) 横行标题。它是各组的名称,反映总体单位的分组情况。

(3) 纵栏标题。它是统计指标的名称,说明纵栏所列各项资料的内容。

(4) 数字资料。也称指标数值,它是统计表的具体内容,每一项指标数值都由相应的横行标题和纵栏标题加以限定。

2. 统计表的内容

从统计表的内容看，统计表包括主词和宾词两个部分，如表3-11所示。

表3-11　2017年我国对主要国家和地区货物进出口情况　　单位：亿美元

国家和地区	出口额	比上年增长(%)	进口额	比上年增长(%)
欧盟	25199	12.6	16543	20.2
美国	29103	14.5	10430	17.3
东盟	18902	11.9	15942	22.8
日本	9301	8.9	11204	16.3
中国香港	18899	−0.4	495	−54.9
韩国	6965	12.6	12013	14.4
中国台湾	2979	12.2	10512	14.5
巴西	1962	35.2	3974	31.4
印度	4615	19.8	1107	42.4
俄罗斯	2906	17.8	2790	31.0
南非	1004	18.4	1649	12.1

（资料来源：《2017年国民经济和社会发展统计公报》。）

主词是统计表所要说明的总体以及总体的各单位、各组的名称，或者各个时期。宾词是统计表用来说明主词的各个指标，包括指标名称、指标数值和计算单位。

（二）统计表的种类

统计表的种类可根据主词的结构来决定，按照主词是否分组和分组的程度，分为简单表、分组表和复合表。

1. 简单表

简单表是主词未经任何分组的统计表。例如，主词是由总体单位名称组成的一览表；主词是由地区、国家、城市等目录组成的区域表；主词是按时间顺序组成的编年表等等。表3-11就是简单表的一个例子。

2. 分组表

分组表是主词按一个标志进行分组的统计表，利用分组来揭示现象的不同特征，研究总体的内部构成，分析现象之间的依存关系。表3-9就是分组表的一个例子。

3. 复合表

复合表是主词按两个或两个以上标志进行复合分组形成的统计表，如表3-12所示。

表 3-12　2017 年我国主要农产品产量　　　　　　　　　　　　单位：万吨

产品名称	产　量	比上年增长（%）
粮食	61 791	0.3
夏粮	14 031	0.8
早稻	3 174	−3.2
秋粮	44 585	0.4
谷物	56 455	−0.1
稻谷	20 856	0.7
小麦	12 977	0.7
玉米	21 589	−1.7
棉花	549	3.5
糖料	12 556	1.7
油料	3 732	2.8
茶叶	255	6.0

（资料来源：《2017 年国民经济和社会发展统计公报》。）

（三）统计表的编制规则

为使统计表的设计合理、科学、实用、简明、美观，在编制统计表时，必须遵守以下规则：

（1）统计表的各种标题，特别是总标题的表达，应该十分简明、确切，能够概括地反映出统计表的基本内容，总标题还应该标明资料所属的时间和空间。

（2）统计表的左右两端习惯上均不画线，采用开口式。表的上下横线最好用粗线，纵栏之间用细线分开，横行之间可以不划线。

（3）如果统计表的栏数较多，通常要加以编号，主词和计量单位等栏用（甲）、（乙）、（丙）等文字标明；宾词指标各栏用（1）、（2）、（3）等数字编号。各栏之间若有计算关系，可以用数字符号表示，如（3）＝（2）×（1），表示第（3）栏等于第（2）栏乘以第（1）栏。

（4）表中数字应该填写整齐，对准位数，当数字为 0 或因数小可忽略不计时，要写上 0；当缺乏某项资料时，用符号"…"表示；不应有数字时用符号"—"表示。

（5）表中的横行"合计"，一般列在最后一栏（或最前一栏），表中纵栏的"合计"一般列在最后一行。

（6）统计表中必须注明数字资料的计量单位，当表中只有一种计量单位时，可以把它写在表头的右上方。如果表中需要分别注明不同的单位，横行标题的计量单位可以专设一栏；纵栏标题的计量单位，要与纵栏标题写在一起，用小字标写。

（7）必要时，统计表应加注说明或注解，例如，某些指标有特殊的计算口径，某些资料只包括一部分地区，某些数字是由估算来插补的，这些都要加以说明。此外，还要注明统计资料的来源，以便查考。说明或注解一般写在表的下端。

二、统计图

(一) 统计图的概念

统计图是利用几何图形或具体形象表现统计资料的一种形式。用统计图表现统计资料，具有鲜明醒目、富于表现、易于理解的特点，因而绘制统计图是统计整理的重要内容之一。

统计图可以表明现象的规模、水平、结构、对比关系、依存关系、发展趋势和分布状况，有利于进行统计分析和研究。目前主要利用 Excel 绘制统计图。

(二) 统计图的种类

常用的统计图主要有条形图、饼图、曲线图等。

1. 条形图

条形图是用宽度相等、高度或长短不同的条形来表示现象之间对比关系的统计图。如图 3-5 所示。

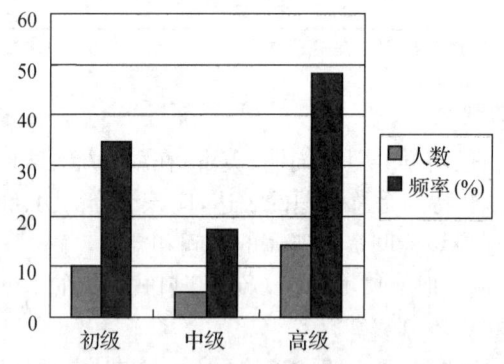

图 3-5 某系教师职称分布图

2. 饼图

饼图是以圆形面积或以圆内各扇形面积的大小来表示指标数值大小的图形，如图 3-6 所示。它用于比较指标和反映总体的内部结构。

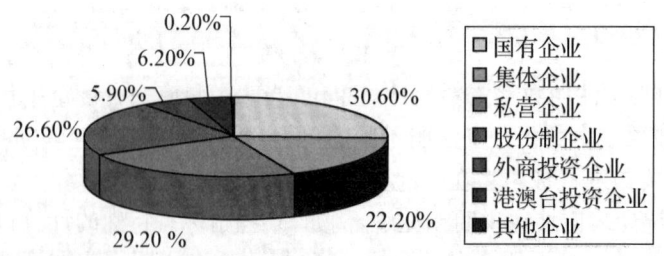

图 3-6 第二次基本单位普查按企业组织形式分组的从业人员分布

3. 曲线图

曲线图是用曲线的升降来表示数值大小和发展变化的图形。如图 3-7 所示。

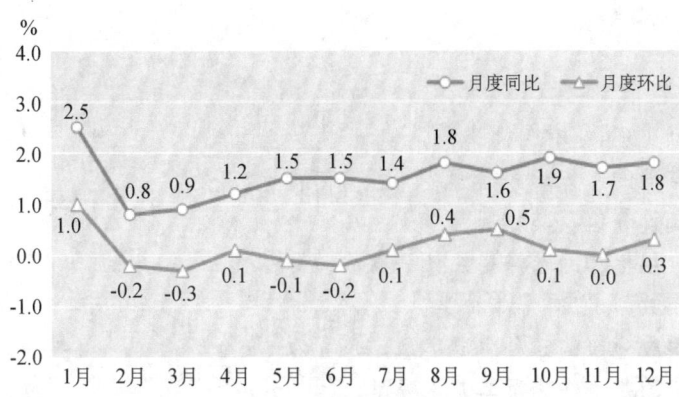

图 3-7 2017 年居民消费价格月度涨跌幅度

（数据来源：《2017 年国民经济和社会发展统计公报》。）

 **本章小结**

统计整理是统计调查的继续，又是统计分析的前提和基础。统计调查所搜集到的资料，只有通过科学的审核、分类、汇总等整理工作，才能使统计在认识社会的过程中，实现由个别到全体、由特殊到一般、由现象到本质和由感性到理性的转化，才能从整体上反映出事物的数量特征。

统计整理是根据统计研究的目的要求，对统计调查所得的原始资料进行科学的分类、汇总，或对已初步加工的资料进行再加工，使之成为系统化、条理化的综合资料，以反映现象总体特征的工作过程。其内容包括对资料的审核、分组、汇总和编制统计表等几个主要环节。资料审核包括审核资料的完整性、及时性和准确性，其准确性是重点。资料汇总主要有手工汇总和计算机汇总两种。

统计分组就是根据统计研究的需要，按照一定的标志，将统计总体划分为若干个部分的一种统计方法。选择分组标志是统计分组的关键，一般要考虑统计研究的目的、现象的本质特征及其所处的历史条件来确定。

按品质标志分组有的比较简单，有的比较复杂。按数量标志分组并不是单纯地确定各组之间的数量差异，而是要通过分组体现现象内部的不同性质和不同类型。按数量标志分组有两种方法，一种是单项式分组，另一种是组距式分组，前者在特殊情况下使用，后者运用范围广泛。组距式分组要解决好组限、组距、组数和组中值等分组的技术问题。统计分组有简单分组、复合分组和分组体系三个层次。

分配数列是在统计分组的基础上形成的，是反映总体单位在各组中分布状况的统计数列。它可以是品质数列，也可以是变量数列。变量数列可以编制成次数分布表和分布图。次数分布一般有钟形分布、U 形分布和 J 形分布三种类型。

统计表是把统计数据按照一定的结构和顺序，用表格显示出来的一种形式。它具有突出的优点，运用相当广泛。统计表是由总标题、横行标题、纵栏标题和数字资料等四部分构成，可分为简单表、分组表和复合表等类型。编制统计表还必须注意编制规则，这是正确使用统计表的关键。

思考题

1. 什么是统计整理，它有何意义？
2. 统计资料整理的组织形式有哪些？各有何特点？
3. 举例说明统计分组及其作用。
4. 为什么说分组标志的选择是统计分组的关键？
5. 什么是分布数列，它有哪些种类？
6. 举例说明次数分布的三种主要类型。
7. 简述统计表的基本结构及其基本分类。

实践技能训练

1. 试通过对次级资料的收集，绘制 2010—2015 年我国国内生产总值(GDP)的曲线图(按当年价格计算，单位：亿元)。

2. 请你对本班全体同学上学期的经济学基础考试成绩进行统计整理，分析本班该课程考试情况。

（1）根据本班实际人数情况确定样本容量。

（2）将该班学生分为不及格、及格、中、良、优五组，编制一张频数分配表。

其中学校规定：60 分以下为不及格，60～70 为及格，70～80 分为中等，80～90 分为良，90 分以上为优。

3. 某公司所属 20 家企业某月工业增加值资料如表 3-13：

表 3-13　　　　　　　　　　　　　　　　　　　单位：亿元

企业编号	工业增加值	企业编号	工业增加值
A	46	K	24
B	68	L	78
C	118	M	92
D	33	N	57
E	79	O	40
F	50	P	60
G	89	Q	72
H	27	R	58
I	127	S	66
J	99	T	74

要求：进行汇总，编制组距数列。

第四章 综合指标

请扫描二维码观看视频

学习目标

（一）知识目标

1. 了解总量指标的概念和种类；
2. 了解几种常用的相对指标的概念、计算方法；
3. 掌握算术平均数和调和平均数的计算方法，掌握众数和中位数的确定方法；
4. 掌握极差、平均差、标准差和变异系数的计算方法。

（二）能力目标

1. 会区分几种常用的相对指标；
2. 能根据各种应用场合灵活应用各种平均指标；
3. 能根据实际情况选用合适的变异指标去分析问题；
4. 具备运用四大综合指标分析社会现象的能力。

导引案例

Small Fry Design 公司

Small Fry Design 成立于 1997 年，是一家设计和进口婴幼儿玩具及附件的公司。该公司的生产线包括玩具熊、汽车、音乐玩具、发声的玩具盒、安全垫等，并以高质量软玩具的设计为特色，强调颜色、质地和声音。产品在美国设计，在中国生产。

Small Fry Design 通过个人代表把产品销售给婴儿用品零售商、儿童饰品及服装店、礼品店、面向高消费阶层的百货公司和主要的目录公司。Small Fry Design 的产品目前分布在全美 1 000 多个零售直销中心。

在这家年轻的公司的日常经营中，现金流管理是最重要的一环。能否确保充足的现金流入以偿还当前或正在进行中的债务责任意味着业务的成功与失败的差异。现金流管理的一个要素是应收账款的分析与控制。通过权衡/测度未付标的平均账龄和美元值，管理人员可以预测可用现金，监控应收账款状态下的变化。公司设定下列目标：发票的超期时间平均不能超过 45 天。超过 60 天的发票的美元值不能超过所有应收账款美元值的 5%。

在最近一次应收账款状况的汇总中，为未付发票的账龄提供了下列描述性统计数字：

平均数　　　　40 天
中位数　　　　35 天

众数　　　　　31 天

这些统计数字表明,发票的平均账龄是 40 天。中位数表明一半的发票是 35 天或更长时间未付。众数 31 天是最常见的发票账龄,表明发票未付最常见的时间长度是 31 天。统计概括也显示了所有应收账款的美元值只有 3%超过了 60 天。基于这些统计信息,管理人员可以感到满意:应收账款和现金流入量都在控制中。

(资料来源:《现代商务统计》,张慧卉等译,清华大学出版社。)

在本章中,你可以了解到如何计算和解释 Small Fry Design 所使用的一些统计指标。除了平均数、中位数、众数之外,你还可以了解到其他一些(如极差、方差、标准差和变异系数等)统计指标。这些数值指标有助于理解和解释数据。

本章从各种数值指标的作用和方法特点的角度可概括为四类:总量指标、相对指标、平均指标和变异指标。这四种指标作为统一的静态分析指标,可以把它看作是统计整理的结果,同时又是进行统计分析的基础和工具。

第一节　总量指标

一、总量指标的意义

(一) 总量指标的概念

总量指标是反映现象在一定时间、地点条件下所达到的总规模、总水平的统计指标。它的表现形式是绝对数,因此也称为绝对指标。例如,我国土地面积为 960 万平方公里;2010 年 11 月 1 日零时,我国第六次全国人口普查人口总数为 133 972 万人。这两个绝对数表现了我国幅员辽阔、人口众多的基本特点。另外,国民经济发展情况也往往直观地表现为总量指标。例如,2016 年我国经济总量具体如下:国民生产总值 740 598.7 亿元,国内生产总值 743 585.5 亿元,第一产业增加值 63 672.8 亿元,第二产业增加值 296 547.7 亿元,第三产业增加值 383 365.0 亿元。

(二) 总量指标的作用

总量指标在统计分析中有重要的作用,表现在三个方面。

1. **总量指标是认识社会现象的起点**

总量指标可以反映一个国家的基本国情和国力,反映某部门、某单位、某地区等人、财、物的基本数据指标。例如,国内生产总值、进出口总额等总量指标,可以表明一个国家或地区的经济发展水平,还可以用作国际间、地区间经济实力的比较分析;又如,企业产值、职工人数、固定资产总额等总量指标,可以说明一个企业的生产能力,是企业制定计划和相关决策方案的基本依据。

2. **总量指标是编制计划实行经营管理的主要依据**

总量指标是进行经济分析、研究平衡供需关系、实行社会管理和经济管理的依据。例如,进行国民经济的供给与需求的平衡、物资的收支平衡、财务的借贷平衡与核算,都需应用总量指标。又如,要分析某种重要物资的生产、分配、消费、积累的平衡关系,首先就需要掌握上述各个环节的总量指标,否则无法进行具体的分析。

3. 总量指标是计算相对指标和平均指标的基础

相对指标和平均指标一般是在有关总量指标的基础上计算出来的,是总量指标的派生指标。例如,人口性别比是男性人口与女性人口之比等等。

二、总量指标的种类

(一) 按反映内容的不同,总量指标可分为总体单位总量和总体标志总量

总体单位总量即总体本身的规模大小,表示一个总体内所包含的总体单位总数。而总体标志总量是指总体各单位某一数量标志值的总和。例如,研究某个班级的情况,总体为整个班级,总体单位为该班级的每一个学生,则该班级的学生总数便是总体单位总量,而班级学生的总分数、总身高、总体重,便是总体标志总量。

一个总量指标到底属于总体单位总量还是总体标志总量,并不是固定不变的,它随着研究目的的不同而变化。研究目的变了,总体和总体单位、总体单位总量、总体标志总量都会随之而变。例如,学生人数这一个总量指标,在学校作为总体时,它是总体标志总量;如果学生作为总体时,它是总体单位总量。

在一个特定的总体内,只存在一个单位总量,而同时并存多个标志总量,构成一个总量指标体系。

(二) 按时间状态的不同,总量指标可分为时期指标和时点指标

时期指标反映客观现象在某一时期活动过程的总数量,即流量指标。例如,产品的产值、商品的销售额、工资总额等。

时点指标反映社会现象在某一时点(时刻)所达到的数量状态,即存量指标。例如,年末人口数、商品库存数、流动资金额等。

时期指标和时点指标都是总量指标,这是它们的共同点,但它们又各有不同的特点:

(1) 时期指标具有累加性,即各期数值相加可以说明现象在较长时期内发生的总量,如一年的总产值是各月产值之和;而时点指标不具有累加性,即各时点数值相加是没有意义的。

(2) 时期指标数值的大小受时期长短的影响,如一年的总产值必定大于一个月的总产值;而时点指标数值的大小与时间的间隔长短无直接的关系,如年末的职工人数不一定比某一月末的职工人数多。因此,在应用时期总量指标时,应明确统计数字所属的时期范围。例如,某企业利润额 30 万元,应说明这是哪一段时期的利润。而对时点总量指标,则要注意它的时刻特性。例如,某企业 4 月初职工人数 600 人,指的是 3 月 31 日和 4 月 1 日之间的人数,所以它和上月末人数是同一数字,而 4 月 1 日的人数是指 4 月 1 日末的人数,经过 4 月 1 日一天的变化,该企业的人数已经不一定是 600 人。

三、总量指标的统计要求

总量指标的统计绝不是一个简单汇总的技术问题,而是一个理论问题和实践问题。

首先,必须注意现象的同类性。即不同种类的实物总量指标的数值不能加总,只有同类现象才能计算总量。例如,计算工业产品产量时,不能简单地把原煤产量、石油产量、自行车产量、电视机产量等相加;又如,不能把粮食作物和经济作物混合加总。

其次,必须明确每项总量指标的统计含义。例如,在计算工业总产值、净产值和增加值时,只有明确这些指标的社会经济范畴,然后才能正确计算这些总量指标。

最后,必须做到计量单位一致,即同类现象的总量指标的数值,其计算单位必须一致才能加总,否则,在统计汇总时,先要换算成统一的计量单位。

第二节　相对指标

总量指标虽然可以综合反映客观现象的总规模、总水平,但要深入了解事物的状况,仅了解总量指标还是远远不够的,还要在总量指标的基础上进行对比分析。相对指标是在总量指标的基础上进行对比而产生的统计分析指标,它有利于反映现象之间的联系状况。

一、相对指标的意义

(一) 相对指标的概念

相对指标是两个有联系的统计指标之比,也称为相对数。例如,人口的性别比例和年龄构成、人口的出生率和死亡率、人口密度、铁路密度等。相对指标把两个具体数值抽象化,使人们对现象之间所存在的固有联系有较为深刻的认识。

(二) 相对指标的作用

1. 能具体说明社会现象之间的数量对比关系

总量指标反映现象总的规模、水平的情况,其发展速度是快、是慢、是大、是小难以看出,而相对指标是把有关指标联系起来进行比较分析,就能把问题的实质和全貌反映出来。例如,计算一个地区第一、第二、第三产业的比例,可以说明该地区社会经济发展的情况;计算人均国民生产总值、人均钢铁产量等指标,可以反映一个国家或地区的国情国力,表明经济实力的相对水平;计算一个企业产品的一级品率,可以从总体上鉴别该企业产品质量的优劣等等。

2. 能把社会经济现象的绝对差异抽象化,使原来不能对比的统计指标可以进行对比

例如,甲、乙两个企业,甲企业生产服装,乙企业生产化妆品,我们不能根据两个企业的生产水平直接评价它们经营的好坏。但是,通过产值计划完成程度、设备利用率、产值发展速度等相对指标,就使它们有了共同的比较基础,从而能相互比较。

(三) 相对指标的表现形式

相对指标一般有两种表现形式:无名数和有名数。

1. 无名数

无名数是一种抽象化的数值,常用倍数、系数、成数、百分数、百分点和千分数来表示。

(1) 倍数和系数。

倍数和系数是将对比的基数抽象化为1来计算的相对数。当分子数值比分母数值大得很多时,一般用倍数表示。当分子、分母数值差别不大时,常用系数表示,系数可以略大于1,也

可以小于 1。

(2) 成数。

成数是将对比的基数抽象化为 10 来计算的相对数,如某县粮食产量 2008 年比 2007 年增长一成,即增长十分之一。

(3) 百分数、百分点、千分数。

百分数(%)是将对比的基数抽象为 100 来计算的相对数,百分数是相对指标中最常用的表现形式。当分子、分母数值差别不大时可用百分数表示,如某企业计划完成程度为 110%,学生出勤率为 99%。

百分点是百分数的另一种表述形式,它是百分数中以 1% 为单位,即 1 个百分点等于 1%。它在两个百分数相减的情况下应用。例如,原来银行活期储蓄利率为 2.1%,现在下调一个百分点,说明现在银行活期储蓄利率为 1.1%。

千分数(‰)是将对比的基数抽象为 1 000 来计算的相对数。一般在两个数值对比中,如果分子比分母的数值小很多时,则用千分数表示,如人口出生率等。

2. 有名数

主要用于强度相对指标的数值,用分子与分母的双重单位计量表示。例如,人均国内生产总值指标的计量单位是元/人,人口密度指标的计量单位是人/平方千米等。

二、相对指标的种类

由于统计研究的目的和任务不同,对比的基数不同,相对指标就产生了不同的种类和计算,通常分为:结构相对数、比例相对数、比较相对数、动态相对数、强度相对数和计划完成相对数。

(一) 结构相对数

结构相对数是总体中某部分数值与该总体数值对比的比值。它反映总体内部构成情况,其计算方法为

$$结构相对数 = \frac{总体某部分数值}{总体全部数值} \times 100\% \qquad (4-1)$$

例如,2018 年 2 月 28 日国家统计局公布的《中华人民共和国 2017 年国民经济和社会发展统计公报》里的数据显示,中国最新的人口数量是 13.9 亿人,具体的年龄、男女及城乡人口比例见表 4-1。

表 4-1 2017 年年末中国人口数及其构成数据统计   单位:万人

指标	年末数	比重(%)
全国总人口	139 008	100.0
其中:城镇	81 347	58.52
乡村	57 661	41.48
其中:男性	71 137	51.2

续表

指　标	年末数	比重(%)
女性	67 871	48.8
其中:0~15岁(含不满16周岁)	24 719	17.8
16~59岁(含不满60周岁)	90 199	64.9
60周岁及以上	24 090	17.3
其中:65周岁及以上	15 831	11.4

以上数据说明了目前我国人口的构成状况。

又如,若某地区2017年国内生产总值为1 841.61亿元,其中第一产业增加值为88.88亿元,则

$$第一产业增加值所占比重 = \frac{88.88}{1\ 841.61} \times 100\% = 4.83\%$$

结构相对数一般用百分数表示。因为总体的全部数值等于总体内部各部分数值之和,所以总体各部分占总体的比重之和等于100%或1。应注意,结构相对数的分子分母位置不能互换。

结构相对数在统计分析中的应用非常广泛,常用于消费结构分析。消费结构是指各类消费支出在总消费支出中所占的比重。19世纪德国统计学家恩格尔根据对英国、法国、德国、比利时等国居民家庭收支的分析研究,指出随着家庭收入增加,家庭收入或总支出中用于食品方面的支出比重越来越小,即恩格尔定律。反映这个定律的结构相对数,称为恩格尔系数。其表达式为

$$恩格尔系数 = \frac{食品支出总额}{消费支出总额}$$

【例4-1】 我国城镇和农村居民家庭恩格尔系数指标如表4-2所示。

表4-2　我国城乡居民家庭恩格尔系数

指　标	2008年	2009年	2010年	2011年	2012年
城镇居民家庭恩格尔系数(%)	37.9	36.5	35.7	36.3	36.2
农村居民家庭恩格尔系数(%)	43.7	41.0	41.1	40.4	39.3

(资料来源:国家统计局。)

从表4-2数据可看出,我国城乡居民家庭恩格尔系数逐步下降。说明这五年期间我国经济发展较好,人民生活水平提高较快。

(二)比例相对数

比例相对数是同一总体某一部分数值与另一部分数值对比的比值。它反映总体各部分间的内在联系和比例关系,一般用比数表示。其计算公式为

$$比例相对数 = \frac{总体中某一部分数值}{同一总体另一部分数值} \qquad (4-2)$$

注意:比例相对数的分子分母必须同属一个总体,而且分子与分母的位置可以互换。

【例 4-2】 某地区 2017 年工业总产值为 2 106.96 亿元,其中轻工业产值为 1 397.31 亿元,重工业产值为 709.65 亿元,则

$$轻重工业比例 = \frac{1\,397.31\ 亿元}{709.65\ 亿元} = 1.97:1$$

比例相对指标对于国民经济宏观调控具有重要意义。例如,人口的性别比例、积累与消费比例、固定资产与流动资产的比例等社会活动中许多重大比例关系,都是通过计算比例相对数来反映事物内部各组成部分的内在联系和比例关系的。利用比例相对指标可以分析国民经济中各种比例关系,从而调整不合理的比例,促使社会主义市场稳步协调发展。

(三) 比较相对数

比较相对数是同一时间的同类指标在不同总体对比的比值。它反映不同国家、不同地区或不同单位之间的差异程度,一般用百分数或倍数表示。其计算公式为

$$比较相对数 = \frac{甲地区(单位)某指标数值}{乙地区(单位)同一指标数值} \quad (4-3)$$

比较相对数与比例相对数类似,分子与分母也可以互换。两者的差别为比例相对数是同一总体的不同部分比较,而比较相对数是同类指标的不同总体的比较。

【例 4-3】 2017 年某省两个市有关资料如表 4-3 所示。

表 4-3 2017 年两城市相关资料对比

市 名	人口数(万人)	国内生产总值(亿元)	人均国内生产总值(元/人)
甲	725	280	3 862
乙	340	192	5 647
比较相对数(以乙市为100)	213.24	145.83	68.39

表中数据表明:乙市经济发展和人民生活水平较高。甲市虽然国内生产总值比乙市多 45.83%,但由于甲市的人口数比乙市多 113.24%,所以甲市的人均国内生产总值比乙市少 31.61%。甲市必须在发展生产的同时严格控制人口的增长。

(四) 动态相对数

动态相对数是某一社会经济现象在不同时期两个数值对比的比率。它反映该现象在时间上的发展变化方向和程度,也称为发展速度和指数。其计算公式为

$$动态相对数 = \frac{报告期数值}{基期数值} \times 100\% \quad (4-4)$$

公式中报告期指要研究或计算的时期,基期指作为比较基础的时期。动态相对数一般用百分数表示,也可用倍数或千分数表示。

【例 4-4】 某地区粮食产量 2018 年为 49 746 万吨,2017 年为 48 401 万吨。则

$$动态相对数 = \frac{49\,746\ 万吨}{48\,401\ 万吨} \times 100\% = 102.78\%$$

计算结果表明 2018 年某地区粮食产量比 2017 增长 2.78%。它反映了该地区粮食产量在两年间的变化情况。

(五) 强度相对数

强度相对数是两个性质不同而又有联系的指标对比的比率。它反映现象的强度、密度和普及程度,是一种特殊形式的相对数。计算公式为

$$强度相对数 = \frac{某一指标数值}{另一有联系的指标数值} \quad (4-5)$$

【例 4-5】 2017 年末我国人口数为 139 008 万人,我国国土总面积为 960 万平方千米,计算强度相对数。则

$$我国人口密度 = \frac{139\ 008\ 万人}{960\ 万平方千米} = 144.8(人/平方千米)$$

强度相对指标和其他相对指标的区别在于它不是同类现象指标的对比。而且强度相对数常带有"平均"的含义,但由于它的分子分母分属两个不同总体,所以它与平均指标不同。同时,有些强度相对数的分子与分母可以互换,因此,它有正指标和逆指标之分。强度相对指标数值的大小与现象的强度、密度和普遍程度呈正比的是正指标;强度相对指标数值的大小与现象的强度、密度和普遍程度呈反比的是逆指标。例如,在医疗卫生统计中,每千人拥有的医生数是正指标,每个医生所服务的人口数是逆指标。一般来说,正指标越大越好,逆指标越小越好。

(六) 计划完成相对数

1. 计划完成相对数的计算

计划完成相对数是用来检查、监督计划执行情况的相对指标,通常以"%"表示,又称计划完成百分比。其基本计算方法为

$$计划完成相对数 = \frac{实际完成数}{计划数} \times 100\% \quad (4-6)$$

【例 4-6】 某地区 2018 年第一季度工业总产值实际完成为 5 178 万元,计划任务数为 5 091 万元,则

$$计划完成程度 = \frac{5\ 178\ 万元}{5\ 091\ 万元} = 101.71\%$$

这就是说该地区 2018 年第一季度工业总产值超额完成计划 1.71%。

评价一项指标是否完成了计划,完成的程度如何,要具体问题具体分析。对于计划数以最低限额提出的反映收益、产出的指标,如产品产量、产值、销售额、利润额等,其计划完成相对数越大,表示计划完成程度越高;对于计划数以最高限额提出的反映成本、消耗的指标,如单位产品成本、商品流通费用等,其计划完成相对数越小,表示计划完成程度越高。

以上计划任务都是以绝对数的形式提出的。在实际应用中,有时计划任务又以相对数的形式提出,即以要求提高或降低的百分比提出,如劳动生产率提高率计划、成本降低率计划、原材料利用率降低率计划等。为检查这类计划指标的完成程度,又产生了计算计划完成相对数的派生公式。

根据指标性质的不同,派生公式有不同的表达形式。

(1) 对于产量、产值增长百分数,计算公式可写成

$$计划完成相对数 = \frac{100\% + 实际增长\%}{100\% + 计划增长\%} \times 100\% \qquad (4-7)$$

【例 4-7】 某企业 2017 年计划劳动生产率比上年提高 10%,实际提高 15%,则

$$劳动生产率计划完成程度 = \frac{100\% + 15\%}{100\% + 10\%} = 104.55\%$$

计算结果表明,该企业超额 4.55%完成了劳动生产率计划。

(2) 对于产品成本降低百分数,计算公式可写成

$$计划完成相对数 = \frac{100\% - 实际降低\%}{100\% - 计划规定降低\%} \times 100\% \qquad (4-8)$$

【例 4-8】 某企业 2017 年某产品单位成本计划规定比上年降低 5%,实际降低 6%,则

$$产品单位成本计划完成程度 = \frac{100\% - 6\%}{100\% - 5\%} = 98.95\%$$

计算结果表明,该产品单位成本实际比计划超额 1.05%完成。

在应用派生公式计算计划完成相对数时,必须注意不能直接用增加(或降低)的百分数进行对比,否则,其计算结果和意义将完全不同。

2. 短期计划的检查

可以有两种不同算法表示其计划完成的不同方面。其一是计划数与实际数是同期的,可以直接用某计划数与该期实际数对比,说明某一时期计划执行的结果。

其二是计划期中某一段实际累计数与全期计划数对比,用以说明计划执行的进度如何,为下阶段的工作安排做准备。其计算公式为

$$计划执行进度 = \frac{累计实际完成数}{全期计划数} \times 100\% \qquad (4-9)$$

【例 4-9】 某企业 2017 年的计划销售额为 6 000 万元,该年上半年实际实现销售额为 3 300,则计算截止到 2017 年上半年的计划执行进度为

$$计划执行进度 = \frac{3\,300\,万元}{6\,000\,万元} \times 100\% = 55\%$$

3. 长期计划的检查

长期计划一般是指超过一年的计划,如五年计划。下面以五年计划为例来说明长期计划的检查这个问题。根据客观现象的性质不同,五年计划指标数值的规定有水平法和累计法两种方法,即有的规定计划期末应达到的水平,有的规定全期应完成的累计总数,因而统计上检查 5 年计划的完成情况,亦有水平法和累计法之分。

(1) 水平法。

当计划任务数是以计划期的末期应达到的水平规定的,则用水平法检查长期计划的完成情况。这类指标比较普遍,如各种产品的产量、商品销售额、工业总产值等。其计算公式为

$$计划完成程度 = \frac{计划期末年实际达到的水平}{计划期末年应达到的水平} \times 100\% \qquad (4-10)$$

【例 4-10】 某工业企业计划甲产品产量 2017 年达到 50 万吨,2017 年实际达到 55 万吨,则

$$计划完成程度 = \frac{55 \text{ 万吨}}{50 \text{ 万吨}} \times 100\% = 110\%$$

水平法确定提前完成计划的时间,是在计划期内有连续一年时间(不论是否在一个日历年度,只要连续 12 个月或 4 个季度即可)的实际完成数达到了最末一年计划规定的水平,就算在这连续一年的最后一天完成计划任务,剩余的时间就是提前完成计划的时间。如【例 4-10】中,若 50 万吨的产量计划是在 2016 年 6 月到 2017 年 5 月完成的,那么,就可以说提前 7 个月完成计划。

(2) 累计法。

累计法是在 5 年计划规定 5 年累计完成量应达到的水平,如基本建设投资额、新增生产能力、新增固定资产等。用累计法检查 5 年计划执行情况的公式为

$$计划完成程度 = \frac{计划期间实际累计完成数}{计划期内规定的累计数} \times 100\% \qquad (4-11)$$

提前完成 5 年计划的时间:在 5 年中,从期初往后连续考察,只要实际累计完成数达到计划规定的累计任务数,即为完成 5 年计划,所余时间为提前完成 5 年计划的时间。

【例 4-11】 某地区"十二五"期间计划的基建投资总额为 2 200 亿元,5 年内实际累计完成 2 240 亿元,则

$$5 \text{ 年计划完成程度} = \frac{2\ 240 \text{ 亿元}}{2\ 200 \text{ 亿元}} \times 100\% = 101.82\%$$

假定 2011—2015 年间基建投资总额计划为 2 200 亿元,实际至 2015 年 6 月底止累计实际投资额已达 2 200 亿元,则提前半年完成计划。

由以上分析可知,计划完成程度指标不仅可以检查计划执行的结果,更重要的是可以检查和分析计划执行的进度,反映计划执行的均衡性。

第三节 平均指标

一、平均指标的特点

平均指标又称平均数,是最常用的统计指标之一。平均指标是说明同质总体内某一数量标志在一定历史条件下达到的一般水平,是总体的代表值,反映数量分布的集中趋势。如职工的平均工资、商品的平均价格、某个班级统计学的平均分数等等。

平均指标有以下的特点:

(一) 将数量差异抽象化

平均指标是把各个变量之间的差异抽象化了,从而说明总体的一般水平。如某企业的平均工资就是把职工之间不同工资的差异抽象化,用以说明该企业职工工资的一般水平。一般

来说，只有数量标志才能求其平均数，品质标志不能计算平均数，但个别能以数量大小来表示其变异的品质标志，如产品质量登记用自然数表示，可求其平均等级指标，来反映质量变动情况。

（二）只能就同类现象计算

计算平均指标的各单位必须具有同类性质，这是计算平均指标的前提。它意味着只有同质总体计算平均数，才有经济意义。社会经济现象总体的同质性是计算或应用平均指标的基本要求。科学的平均指标应建立在分组法的基础上，借助于分组法来区分不同性质的总体，然后就同类总体计算和运用平均指标。例如，在研究职工平均货币工资时，不能将农民收入和个体经营者收入包括在内计算，也不能把职工的非工资收入包括在内，否则就会夸大或缩小职工平均货币工资水平，以致做出错误的判断和分析。

（三）能反映总体变量值的代表水平

平均数反映被研究总体的一般水平，它反映的是事物的共性，是总体的代表值，具有代表性。在社会经济活动中，要研究总体的综合特征和总体的一般水平，必须计算平均数。个别单位的标志值，只反映个别单位的数量特征，不能代表总体的数量特征。例如，某机械厂去年采购某种电子元件共8万件，支付采购款共2800万元，该电子元件的平均采购价格是每只350元。但该电子元件是分批采购的，采购单价各不相同，有的每只高达500元，有的却低至每只180元。这里，最高采购价格和最低采购价格都不能代表该机械厂去年这种电子元件采购价的一般水平，只有平均采购价格350元才能代表该厂去年电子元件采购价的一般水平。

在统计研究中，常用的平均指标有算术平均数、调和平均数、众数、中位数等。算术平均数、调和平均数是根据分布数列中各单位的标志值计算而来的，称数值平均数；众数、中位数是根据分布数列中某些标志值所处的位置来确定的，称位置平均数。各种平均指标不仅计算方法不同，而且指标的含义、应用场合应用条件也有所不同，下面将依次介绍如下。

二、数值平均数——算术平均数和调和平均数

（一）算术平均数

算术平均数是一种应用最广泛、最基本的平均数。其基本计算公式为

$$算术平均数 = \frac{总体标志总量}{总体单位总数} \tag{4-12}$$

在运用以上公式计算平均数时，要注意分子和分母在总体范围的可比性，就是两者必须属于同一总体，这也是算术平均数和强度相对数的区别所在。前面介绍的强度相对数是两个有联系的指标之比，往往也具有平均的意味，但公式中的分子和分母不属于同一个总体。例如，人均粮食消费量是平均指标，人均粮食产量却是强度相对指标，二者在表现形式上虽然十分相似，在实质上却有很大区别。

算术平均数由于掌握的资料不同，可分为简单算术平均数和加权算术平均数两种。

1. 简单算术平均数

如果掌握的资料是总体各单位的标志值，而且没有经过分组，则可先将各单位的标志值相

加得出标志总量,然后再除以总体单位数,这种计算平均数的方法为简单算术平均数。其计算公式为

$$\bar{x} = \frac{x_1 + x_2 + \cdots + x_n}{n} = \frac{\sum x}{n} \tag{4-13}$$

式中:$\bar{x}$ 代表算术平均数,x 代表各单位的标志值,n 代表总体单位数,$\sum$ 为总和符号。

【例 4-12】 假设某大学的就业办公室给商学院的毕业生们发了一张调查表,调查学生对起薪要求的信息。表 4-4 显示了收集到的数据。

表 4-4 12 个毕业生每月起薪的数据

毕业生	月薪(元)	毕业生	月薪(元)	毕业生	月薪(元)
1	2 350	5	2 255	9	2 440
2	2 450	6	2 210	10	2 825
3	2 550	7	2 390	11	2 420
4	2 380	8	2 630	12	2 380

则 12 个毕业生每月起薪的平均数计算如下:

$$\bar{x} = \frac{\sum x}{n}$$
$$= \frac{2\,350 + 2\,450 + 2\,550 + 2\,380 + 2\,255 + 2\,210 + 2\,390 + 2\,630 + 2\,440 + 2\,825 + 2\,420 + 2\,380}{12}$$

$= 2\,440(元)$

2. 加权算术平均数

当被研究的现象总体单位数相当多,而且各单位又有相同或相近的标志值时,在资料整理过程中,往往将其分组并编制成变量数列。在这种情况下,掌握的资料是经过分组整理编成了的变量数列,则需要采用加权算术平均数的方法计算算术平均数。

由于变量数列有单项数列和组距数列之分,所以它们的计算方法也不同。下面分别介绍根据单项数列和根据组距数列计算加权算术平均数的方法。

计算加权算术平均数时有两种情况:一是根据单项式变量数列计算,二是根据组距式变量数列计算。

(1) 根据单项数列计算加权算术平均数。

在单项式变量数列的情况下,已知各组的变量值(x)和各组的次数(f),且各组的次数又不相等,则要用加权算术平均法计算平均指标。其计算公式为

$$\bar{x} = \frac{x_1 f_1 + x_2 f_2 + \cdots + x_n f_n}{f_1 + f_2 + \cdots + f_n} = \frac{\sum xf}{\sum f} \tag{4-14}$$

式中,f 代表各组次数,其余符号同前。

【例 4-13】 某机械修配厂有 50 个工人,他们每人每日加工的某种零件数如表 4-5 所示。

表 4-5 某厂工人生产情况

工人按日产量零件分组	工人人数(f)	总产量(xf)
20	1	20
21	4	84
22	6	132
23	8	184
24	12	288
25	10	250
26	7	182
27	2	54
合　计	50	1 194

则工人平均日产量为

$$\bar{x} = \frac{\sum xf}{\sum f}$$

$$= \frac{20 \times 1 + 21 \times 4 + 22 \times 6 + 23 \times 8 + 24 \times 12 + 25 \times 10 + 26 \times 7 + 27 \times 2}{1 + 4 + 6 + 8 + 12 + 10 + 7 + 2}$$

$$= \frac{1\ 194}{50}$$

$$= 23.88(件)$$

也可以这样理解：上述 50 个工人的总产量为 1 194 件，所以每个工人平均日产量为

$$\bar{x} = \frac{1\ 194}{50} = 23.88(件)$$

从上述计算过程可看出：平均日产件数的大小，不仅取决于各组变量值(x)的大小，同时也决定于各组单位数(f)即各个变量值个数的多少，某组出现次数多，平均数受该组的影响就较大；反之，次数少，对平均数的影响也小。次数(f)在这里起着权衡轻重的作用，所以，统计上把次数称为权数。

如果各组次数相等，则各组单位数占总体单位数的比率相等，即各组比率权数相等，则对各组标志值来说失去了权衡轻重的作用，权数的作用也就没有了。这时，可直接将各组标志值相加之和除以组数求得。即当各组次数相等时，加权算术平均数等于它的简单算术平均数。用公式表示如下

$$f_1 = f_2 = \cdots = f_n = A$$

$$\bar{x} = \frac{\sum xf}{\sum f} = \frac{x_1 f_1 + x_2 f_2 + \cdots + x_n f_n}{f_1 + f_2 + \cdots + f_n} = \frac{x_1 A + x_2 A + \cdots + x_n A}{\underbrace{A + A + \cdots + A}_{n \text{个}}} \quad (4-15)$$

$$= \frac{A \sum x}{n \cdot A} = \frac{\sum x}{n}$$

可见，简单算术平均数是加权算术平均数的特例。

有时候,掌握的变量数列中的各组单位数不是绝对数(频数)的形式,而是以各组单位数所占比率(频率)的形式出现时,也可直接用比率权数计算加权算术平均数。

权数采用频率的形式计算时,表现为 $\bar{x} = \sum x \dfrac{f}{\sum f}$。用频率计算的公式和直接用次数计算的公式在内容上是相等的。现在仍以表4-5的资料为例,用权数的形式计算加权算术平均数,见表4-6所示。

表4-6 某厂工人生产情况

工人按日产量零件分组(x)	工人人数		$x\dfrac{f}{\sum f}$
	绝对数(f)	频率 $f/\sum f$	
20	1	0.02	0.40
21	4	0.08	1.68
22	6	0.12	2.64
23	8	0.16	3.68
24	12	0.24	5.76
25	10	0.20	5.00
26	7	0.14	3.64
27	2	0.04	1.08
合计	50	1.00	23.88

$$\bar{x} = \sum x \dfrac{f}{\sum f} = 23.88(件)$$

其计算结果与用次数公式计算的结果完全一样。

(2)根据组距数列计算加权算术平均数。

如果我们掌握的资料,是组距变量数列,则计算算术平均数的方法与上述方法基本相同,所不同的只是要利用各组的组中值进行计算。具体方法是,必须先算出组距数列各组的组中值,以各组中值代表该组的标志值,然后再来计算加权算术平均数。

【例4-14】 某企业工人日产量如表4-7所示,计算工人平均日产量。

表4-7 某企业工人日产量的算术平均数计算表

按日产量分组(千克)	工人数(人)f	组中值 x	xf
60以下	10	55	550
60～70	19	65	1 235
70～80	50	75	3 750
80～90	36	85	3 060
90～100	27	95	2 565
100～110	14	105	1 470
110以上	8	115	920
合计	164	—	13 550

则工人平均日产量为

$$\overline{x} = \frac{\sum xf}{\sum f} = \frac{13\,550}{164} = 82.62(千克)$$

有必要提一下,这种计算方法具有一定的假定性。即假定各单位标志值在组内是均匀分配的,但实际上要分配得完全均匀是不可能的。这样,用组中值计算出来的算术平均数一般只能是近似值。

综上所述,加权算术平均数与简单算术平均数不同之处在于:加权算术平均数受到两个因素影响,即变量值大小和次数多少的影响;而简单算术平均数只反映变量值大小这一因素的影响。

另外,在运用算术平均数计算做统计分析时,还应该注意到,那就是算术平均数容易受极端值的影响。当一个总体中,各总体单位标志值中有极大或极小值时,平均数的代表性就会受到很大影响。因此,统计实务中,往往将总体中的极端值剔除后,再计算算术平均数,以提高算术平均数的代表性。

3. 算术平均数的两个主要数学性质

为了在实际应用中更好地计算和分析算术平均数,我们有必要了解算术平均数的数学性质。

(1) 各个变量值与算术平均数的离差之和等于零。

简单算术平均数:$\sum(x-\overline{x}) = 0$

加权算术平均数:$\sum(x-\overline{x})f = 0$

(2) 各个变量值与算术平均数的离差平方之和等于最小值。

简单算术平均数:$\sum(x-\overline{x})^2 = $ 最小值

加权算术平均数:$\sum(x-\overline{x})^2 f = $ 最小值

(二)调和平均数

调和平均数是平均指标的一种,又称"倒数平均数",它是各个变量值倒数的算术平均数的倒数。具体基本计算方法如下:

(1) 计算各个变量值的倒数,即 $\frac{1}{x}$;

(2) 计算上述各个变量值倒数的算术平均数,即 $\frac{\sum \frac{1}{x}}{n}$;

(3) 计算这种算术平均数的倒数,即 $\frac{n}{\sum \frac{1}{x}}$,就是调和平均数。也即 $\overline{x} = \frac{n}{\sum \frac{1}{x}}$。

式中:$\overline{x}$ 代表调和平均数。

由于所取得资料的具体内容不同,调和平均数也有简单调和平均数和加权调和平均数两种。

1. 简单调和平均数

其计算基本公式为

$$\overline{x} = \cfrac{1}{\cfrac{\cfrac{1}{x_1}+\cfrac{1}{x_2}+\cdots+\cfrac{1}{x_n}}{n}} = \cfrac{n}{\cfrac{1}{x_1}+\cfrac{1}{x_2}+\cdots+\cfrac{1}{x_n}} = \cfrac{n}{\sum \cfrac{1}{x}} \quad (4-16)$$

式中：$\overline{x}$ 代表调和平均数，x_i 代表各单位标志值，n 代表标志值的项数。

【例 4-15】 市场上某种商品的价格为甲级每千克 1.0 元，乙级每千克 0.8 元，丙级每千克 0.5 元，现各花 1 元购买各级商品，则购买该商品的平均价格为

$$\text{平均价格} = \cfrac{1}{\cfrac{\cfrac{1}{1}+\cfrac{1}{0.8}+\cfrac{1}{0.5}}{3}} = \cfrac{1+1+1}{\cfrac{1}{1}+\cfrac{1}{0.8}+\cfrac{1}{0.5}} = \cfrac{3}{4.25} = 0.71 (\text{元}/\text{千克})$$

上述购买该商品的平均价格的计算过程应用的就是调和平均数法。

从上面的简例中可以看出，调和平均数与算术平均数的计算形式虽有明显的区别，但从计算内容上看，两者是一致的，均为总体标志总量与总体单位总数之比，如【例 4-15】中的平均价格是购买额与购买量之比。

2. 加权调和平均数

若各变量值对平均数起的作用大小不同，则应对各变量值赋以不同的权数，这时计算加权调和平均数。其基本公式形式为

$$\overline{x} = \cfrac{m_1+m_2+\cdots+m_n}{\cfrac{m_1}{x_1}+\cfrac{m_2}{x_2}+\cdots+\cfrac{m_n}{x_n}} = \cfrac{\sum m}{\sum \cfrac{m}{x}} \quad (4-17)$$

式中，m 代表总体各组标志总量。

【例 4-16】 某公司某月购进商品 3 批，每批的单位价格以及购进总额如表 4-8 所示。求这 3 批商品的平均价格。

表 4-8 购进商品平均价格计算表

商 品	价格(元/件)	购进总额(元)	购进量(件)
	x	m	$\cfrac{m}{x}$
第一批	18	3 600	200
第二批	15	7 500	500
第三批	12	1 200	100
合 计	—	12 300	800

$$\text{平均价格} \; \overline{x} = \cfrac{\sum m}{\sum \cfrac{m}{x}} = \cfrac{12\,300}{800} = 15.38 (\text{元}/\text{件})$$

加权调和平均数的被平均对象，除了绝对数形式的变量值以外，还有以相对数和平均数表现的变量值。

【例 4-17】 某公司所属企业的实际产值、产值计划完成百分比及有关计算资料见表 4-9。

表 4-9 某公司所属企业产值计划完成情况

计划完成程度(%)	实际产值(万元)	计划产值(万元)
x	m	$\dfrac{m}{x}$
80	4 000	5 000
100	400	400
120	720	600
合 计	5 120	6 000

则该公司平均每个企业产值计划完成百分比

$$\bar{x} = \frac{\sum m}{\sum \dfrac{m}{x}} = \frac{5\ 120}{6\ 000} = 85.33\%$$

【例 4-18】 某区甲、乙、丙三乡的粮食平均亩产量和粮食总量如表 4-10 所示,求全区平均亩产量。

表 4-10 某区粮食产量情况表

乡 名	平均亩产量(公斤)	粮食产量(吨)
甲	500	1 300
乙	700	3 500
丙	800	3 600
合 计	—	8 400

则该区平均亩产量:$\bar{x} = \dfrac{\sum m}{\sum \dfrac{m}{x}} = \dfrac{1\ 300\ 000 + 3\ 500\ 000 + 3\ 600\ 000}{\dfrac{1\ 300\ 000}{500} + \dfrac{3\ 500\ 000}{700} + \dfrac{3\ 600\ 000}{800}} = \dfrac{8\ 400\ 000}{12\ 100}$

$= 694.21$(公斤)

值得一提的是,在我们的现实生活中,直接用调和平均数的地方很少遇到,而在社会经济统计学中经常用到的仅是一种特定权数的加权调和平均数,一般是把它作为算术平均数的变形来使用的,而且两者计算的结果是相同的,仅计算的过程不同而已。即有以下数学关系式成立:

$$\bar{x} = \frac{\sum m}{\sum \dfrac{m}{x}} = \frac{\sum xf}{\sum \dfrac{xf}{x}} = \frac{\sum xf}{\sum f} = \bar{x} \qquad (4-18)$$

式中,$m = xf, f = \dfrac{m}{x}$。m 是一种特定权数,它不是各组变量值出现的次数,而是各组标志总量。但是 m 具有加权算术平均数权数的数学性质,即各组权数 m 同时扩大或缩小若干倍数,平均数值不变。

在[例 4-16]中,用加权算术平均数求平均价格,则

$$\bar{x} = \frac{\sum xf}{\sum f} = \frac{18 \times 200 + 15 \times 500 + 12 \times 100}{200 + 500 + 100} = 15.38(元/件)$$

由此可见,调和平均数作为算术平均数的变形,虽然它与算术平均数计算方法不同,但其实质是一样的,都是标志总量除以总体总量,所以计算的结果也完全相同。

调和平均数有如下特点:① 如果数列中有一标志值等于零,则无法计算 $\bar{x}$;② 它作为一种数值平均数,受所有标志值的影响,它受极小值的影响大于受极大值的影响,但较之算术平均数,$\bar{x}$ 受极端值的影响要小。

三、位置平均数——众数、中位数

(一)众数

1. 众数的概念

众数是总体中出现次数最多的标志值,即是总体中最常遇到的最普遍、最一般的变量值,通常以 M_0 来表示。它能直观地说明数据分布中的集中趋势。在实际工作中,有时要利用众数代替算术平均数来说明社会经济现象的一般水平。例如,集贸市场上某种商品一天的价格可能有几次变化,其中成交量最多的那一个价格就是众数价格;再如,在大批量生产的女式皮鞋中,有多种尺码,假设其中 37 码是销售量最多的尺码,则这个 37 码也就是众数,可代表女式皮鞋尺码的一般水平,宜大量生产,而其余尺码生产量就要相应少一些,这样才能满足市场上大部分消费者的需要。

众数是质量数据位置的一个测度。例如,我们来看看如表 4-11 所示的购买软饮料的频数数据。

表 4-11 人们购买软饮料的频数

软饮料	频数	软饮料	频数
可口可乐	19	百事可乐	13
健怡可乐	8	雪碧	5
彭伯碳酸饮料	5	芬达	7

从表中数据可知,众数,或最经常购买的软饮料就是可口可乐。对于这种类型,很显然,计算平均数没有什么意义。众数提供了所关心的信息,即最频繁购买的饮料。

2. 众数的确定

为了说明众数的确定方法,我们举例介绍如下:

(1) 单项式数列确定众数的方法。

若掌握资料为单项式数列,则可以通过观察次数得出,出现次数最多的标志值就是众数。

【例 4-19】 设某商店某月女式棉毛衫销售量资料如表 4-12 所示,试确定棉毛衫尺码的一般水平。

表 4-12 女式棉毛衫销售情况

尺码(厘米)	销售量(件)	比重(%)
80	6	5.45
85	8	7.28
90	48	43.64
95	30	27.27
100	12	10.91
105	6	5.45
合　计	110	100

因为 90 厘米的销售量 48 件,占 43.64%,为最多;
所以尺码的众数 $M_0=90$(厘米)。
式中:M_0 代表众数。
(2) 组距数列确定众数的方法。
若掌握的资料为组距数列,则可以首先通过观察次数,由最多次数来确定众数所在组,然后通过公式推算众数的近似值。其计算公式分有上限公式和下限公式。

下限公式

$$M_0 = L + \frac{\Delta_1}{\Delta_1 + \Delta_2} \times d \qquad (4-19)$$

上限公式

$$M_0 = U - \frac{\Delta_2}{\Delta_1 + \Delta_2} \times d \qquad (4-20)$$

式中:M_0 为众数;U 为众数组的上限;L 为众数组的下限;Δ_1 为众数组次数与下一组次数之差;Δ_2 为众数组次数与上一组次数之差;d 为组距。

众数的上限公式和下限公式是等价的,用两个公式计算结果完全相同,但一般采用下限公式。下面举例说明组距数列计算众数的方法。

【例 4-20】 某地区职工家庭人均月收入资料如表 4-13 所示。计算该地区职工家庭人均月收入的众数。

表 4-13 某地区职工家庭人均月收入资料

人均月收入(元)	家庭数(户)
300 以下	260
300～400	660
400～500	1 800
500～600	3 200
600～700	2 000

续 表

人均月收入(元)	家庭数(户)
700～800	1 000
800～900	800
900～1 000	600
1 000 以上	400
合 计	10 720

从表 4-13 中可知,家庭户数最多的是 3 200 户,它所对应的人均月收入 500～600 元为众数所在组,然后利用公式计算众数的近似值。

按下限公式:

$$M_0 = 500 + \frac{3\,200 - 1\,800}{(3\,200 - 1\,800) + (3\,200 - 2\,000)} \times (600 - 500)$$

$$= 500 + \frac{1\,400}{1\,400 + 1\,200} \times 100 = 553.85(元)$$

按上限公式:

$$M_0 = 600 - \frac{3\,200 - 2\,000}{(3\,200 - 1\,800) + (3\,200 - 2\,000)} \times (600 - 500)$$

$$= 600 - \frac{1\,200}{1\,400 + 1\,200} \times 100 = 553.85(元)$$

3. 众数的特点及应用众数应注意的问题

(1) 由于众数是根据变量值出现次数的多少来确定的,不需要通过全部变量值来计算,因此称其为位置平均数,它不受极端变量值的影响。

(2) 在组距数列中,各组分布的次数受组距大小的影响,所以,根据组距数列确定众数时,要保证各组组距相等。

(3) 在一个次数分布中有多个众数时,称为多重众数,此时说明总体内存在不同性质的事物。

(4) 当数列没有明显的集中趋势而趋于均匀分布时,不存在众数。

(二)中位数

1. 中位数的概念

如果将总体各单位标志值按大小顺序排列,居于中间位置的那个标志值就是中位数。通常以符号 M_e 表示。可见,中位数把全部标志值分成两个部分,一半标志值比它小,而且比它大的标志值个数等于比它小的标志值。中位数和众数一样,有时可代替算术平均数来反映现象的一般水平。

用中位数表示现象的一般水平,在许多场合有其特殊的意义。例如,在进行产品质量控制中,对生产的产品随机进行观察,若计算其平均数则较麻烦,而只要看中位数的大小就可知道其一般水平如何了。又如,据我国 2000 年和 2010 年两次人口普查资料显示,这两次我国人口年龄的中位数分别为 30.8 岁和 34 岁,这反映了我国人口年龄结构水平的变化趋势。

2. 中位数的确定

(1) 由未分组资料确定中位数，首先把标志值按大小顺序加以排列，然后确定中位数的位置。如果总体单位数是奇数，则处于 $\frac{n+1}{2}$（n 代表总体单位数）位置的那个标志值就是中位数。如果总体单位数是偶数，那么中位数为 $\frac{n}{2}$ 和 $\frac{n}{2}+1$ 两个位置的标志值的算术平均数。

【例 4-21】 有 5 个工人生产某产品的件数，按序列排列如下：

$$20,23,26,29,30$$

中位数位置 $= \frac{n+1}{2} = \frac{5+1}{2} = 3$

这表明第三位工人日产 26 件产品为中位数，即 $M_e = 26$（件）。

【例 4-22】 上例中，假如有 6 个工人生产产品件数排序如下：

$$20,23,26,29,30,32$$

中位数位置 $= \frac{n+1}{2} = \frac{6+1}{2} = 3.5$

这表明中位数是第三位和第四位工人产品件数的算术平均数，即 $M_e = \frac{26+29}{2} = 27.5$（件）。

(2) 由单项式数列确定中位数。

由单项式数列确定中位数的方法比较简单：① 求中位数位置 $= \frac{\sum f + 1}{2}$（$\sum f$ 为总体单位数之和）；② 计算各组的累计次数（向上累计次数或向下累计次数）；③ 根据中位数位置找出中位数。

【例 4-23】 企业两组工人生产零件数资料如表 4-14 所示，求中位数。

表 4-14 工人按生产零件数分组表

按生产零件数分组（件/日）	工人数（人）		人数累计（人）	
	甲组	乙组	甲组	乙组
20	10	15	10	15
21	20	20	30	35
22	30	30	60	65
23	20	32	80	97
24	15	19	95	116
25	5	14	100	130
合 计	100	130	—	—

甲组工人生产零件的中位数为 $\frac{\sum f + 1}{2} = 50.5$，说明它们在第 50 个与 51 个工人之间。根据累计次数可知，第 50 个与 51 个工人都在第三组，其标志值相同，都为 22 件，因此不需再做平

均计算就可确定为中位数为22件。

乙组的中位数位置为 $\frac{130+1}{2}=65.5$，说明它位于第65与66个工人之间。对照累计次数可知,这两个工人分别属第三组与第四组,因此应取这两组标志值的算术平均数为中位数,即中位数为 $\frac{22+23}{2}=22.5$（件）。

（3）由组距数列确定中位数。

由组距数列确定中位数,应先按 $\frac{\sum f}{2}$ 的公式近似地求出中位数所在组的位置,然后通过公式计算确定中位数的值。

下限公式（向上累计时用）：

$$M_e = L + \frac{\frac{\sum f}{2} - s_{m-1}}{f_m} \times d \qquad (4-21)$$

上限公式（向下累计时用）：

$$M_e = U - \frac{\frac{\sum f}{2} - s_{m+1}}{f_m} \times d \qquad (4-22)$$

式中：L、U 分别表示中位数所在组的下限、上限；f_m 为中位数所在组的次数；s_{m-1} 为中位数所在组以前各组的累计次数；s_{m+1} 为中位数所在组以后各组的累计次数；$\sum f$ 为总次数；d 为中位数所在组的组距。

【例4-24】 仍以表4-7资料为例,整理如表4-15所示。

表4-15 某企业工人日产量的中位数计算表

按日产量分组（千克）	工人数（人）	向上累计次数	向下累计次数
60以下	10	10	164
60～70	19	29	154
70～80	50	79	135
80～90	36	115	85
90～100	27	142	49
100～110	14	156	22
110以上	8	164	8
合　计	164	—	—

第一步,确定中位数所在的组。

中位数位置 $= \frac{\sum f}{2} = \frac{164}{2} = 82$

这说明这个组距数列中的第 82 位工人的日产量是中位数。从累计(两种方法)工人数中可见,第 82 位工人被包括在第 4 组,即中位数在 80~90 组距内。

第二步,确定中位数的近似值。

按下限公式:

$$M_e = 80 + \frac{\frac{164}{2} - 79}{36} \times 10 = 80.83 (千克)$$

按上限公式:

$$M_e = 90 - \frac{\frac{164}{2} - 49}{36} \times 10 = 80.83 (千克)$$

无论用下限公式还是用上限公式都可以得到相同的结果。

3. 中位数的特点

(1) 与众数一样,它也是一种位置平均数,不受极端值及开口组的影响,具有稳健性。

(2) 各单位标志值与中位数离差的绝对值之和为最小值。利用中位数的这一性质,可解决一些实际问题。例如,要在一条长街上设个居民生活燃料供应站,使该站到各用户的距离总和为最短,等等。

(3) 对某些不具有数学特点或不能用数学测定的现象,可用中位数求其一般水平。例如,印染厂对某种颜色按不同深浅排列后,可以求出其中位数色泽。

四、平均指标的应用原则

平均指标在统计分析中应用十分广泛,为了正确计算并充分发挥其作用,在具体应用时应注意以下几个问题。

(一) 平均指标只能运用于同质总体

总体的同质性是计算平均指标的前提。平均数之所以能作为总体的代表值,是因为总体各单位间具有某种性质的一致性,只有同质总体计算出来的平均数,才能真正反映事物的真实情况和本质。因此,不能把不同质的总体单位标志值加以平均,也不能把不同性质的标志值加在一起平均,否则会歪曲事物的真相。例如,计算 2017 级会计 1 班统计学的平均分时,既不能包括其他班级学生的统计学分数,也不能包括该班学生其他学科的成绩。否则,计算出来的平均分就不能真正反映该班的统计学分数的平均水平。

(二) 与组平均数结合应用说明平均数

许多平均指标的计算,是在科学分组基础上进行的。平均指标虽然是在同质的前提下计算出来的,但它掩盖了总体内部的差别。因此,我们利用总平均数进行统计分析时,还要计算组平均数,以补充说明总平均数,以便进一步深入地反映被研究现象的特征和内部结构的影响。

例如,某工业企业两个小组工人的工资情况如表 4-16 所示。

表 4-16 各类人员工资情况统计表

按熟练程度分组	甲 组				乙 组			
	人数(人)	比重(%)	工资总额(元)	平均工资(元)	人数(人)	比重(%)	工资总额(元)	平均工资(元)
技术工	12	40	12 960	1 080	28	70	28 560	1 020
学徒工	18	60	15 120	840	12	30	9 360	780
合　计	30	100	28 080	936	40	100	37 920	948

表 4-16 的资料说明,该企业乙组平均工资比甲组高 12 元(=948-936),但从技术工或学徒工的平均工资来看甲组均高于乙组。之所以会出现这种组平均数和总平均数不一致的情况,其主要原因就是各组具有不同工资水平的技术工和学徒工的比重不同。甲组中工资水平较高的技术工的人数比重比乙组少 30 个百分点,而工资水平较低的学徒工的人数比重甲组比乙组多 30 个百分点。在这种情况下,只有用技术工和学徒工各自的平均工资补充说明总平均工资,才能得出正确的结论。

(三)用分配数列补充说明平均数

由于平均数把总体各单位的数量差异给掩盖了,无法反映总体各单位的分布状况。因此,根据分析研究的需要,可以用分布数列补充说明平均数,以便多视角地观察问题。

例如,某年某市商业局所属各商业企业商品销售计划完成情况如表 4-17 所示。

表 4-17 某年某市商业局所属各商业企业商品销售计划完成情况

按计划完成程度分组(%)	商业企业数(个)
80 以下	3
80~90	4
90~100	8
100~110	50
110~120	30
120~130	10
合　计	105

根据该市各商业企业的全部实际销售额和全部计划销售额计算,其总平均计划完成程度为 108%,这说明该市商业企业的商品销售计划完成得比较好,平均超 8% 完成销售计划任务。如果结合分布数列观察,有 15 个企业没有完成销售计划,有 40 个企业超额 10% 以上完成了销售计划。用分布数列补充说明平均计划完成程度,便于我们进一步研究后进企业的问题,总结推广先进企业的经验。

第四节 变异指标

一、变异指标的意义

前面讲述的平均指标,是将总体中各单位的标志值差异抽象化,以反映各单位在这一标志上的一般水平。通过它只看出被研究现象的共性,而看不出差异性。但是,在同质总体中各单位标志值的差异还是客观存在的,因此还必须进一步对被抽象化的各单位标志值的变异程度进行测定。

例如,假设你是一家大生产公司的采购代理商,你定期向两个不同的供应商订购货物。经过几个月的交易后,你发现两个供应商供货时间的平均数都是10天。概括供应商供货的工作日数量的直方图如图4-1所示。虽然两个供应商供货的平均数都是10天,但在按期交货方面,两个供应商是否具有同样程度的可靠性?注意直方图中显示的在交货时间内的离散度或变异性。你愿意选择哪个供应商?

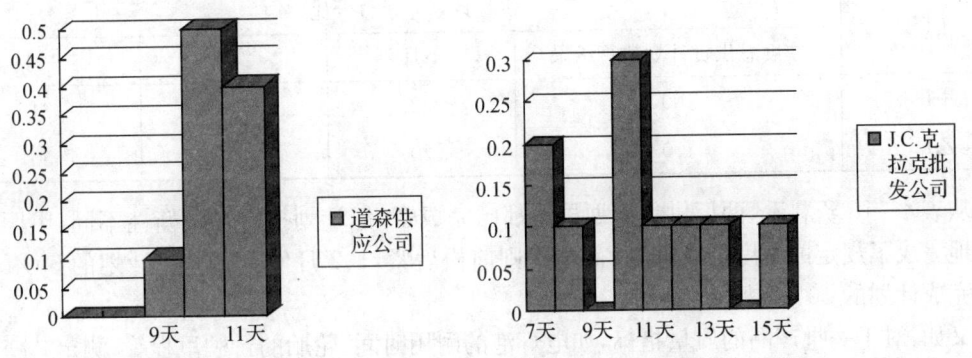

图4-1　显示供应货物所需天数的历史数据

对大多数公司来说,按时收到材料和供货是很重要的。图中显示的J.C.克拉克批发公司7天或8天的交货时间看起来非常有利,但是少数拖后13~15天的交货对于保持劳动力繁忙和按期生产来说却是灾难性的。这个例子说明,对交货时间来说,变异性是选择供应商的重要因素。对大多数采购代理商来说,道森供应公司表现出的变异性较低,这将使道森公司更具有连贯性并且将更受欢迎。

现在我们来具体讨论变异性指标的相关内容。

(一)变异指标的概念

变异指标是综合反映总体中各单位标志值差别大小程度的统计指标,又称离散程度或离中程度指标。

(二)变异指标的作用

变异指标在统计研究中具有重要意义。除了前例所说的用来衡量供应商供货时间的变异性这类具体问题,我们总结出它的一般作用如下:

(1)变异指标是评价平均数代表性的依据。变异指标愈大,平均数代表性愈小,反之平均数代表性愈大。

【例 4-25】 甲、乙、丙三组工人日产量（件）资料如下：

甲组：24　24　24　24　24
乙组：20　22　25　26　27
丙组：10　20　25　30　35

这三组的平均每人日产量都是相等，即 $\overline{X_甲}=\overline{X_乙}=\overline{X_丙}=24$（件）。但各组的离散程度大小不同，意味着平均数的代表性不同。甲组工人日产量均为 24 件，与平均数离差为 0，平均数有完全的代表性；乙组各工人日产件数相差不大，分布相对集中，各标志值与平均数的离差较小，平均数有一定的代表性，但不及甲组平均数的代表性高。而丙组各工人日产件数相差很大，最多的为 35 件，而最少的为 10 件，分布很分散，其平均数的代表性比甲、乙组的都差。

（2）变异指标可用来反映社会生产和其他社会经济活动过程的均衡性或协调性，以及产品质量的稳定性程度。

【例 4-26】 甲、乙两钢厂某年第一季度供货计划完成情况如表 4-18 所示。

表 4-18　甲、乙两钢厂某年第一季度供货计划完成程度统计表

工厂	供货计划完成百分比（%）			
	季度总供货计划执行结果	1 月	2 月	3 月
甲厂	100	32	34	34
乙厂	100	20	30	50

从表 4-18 资料看，两厂供货计划虽然都已完成了，但计划执行的均衡性不同，甲厂按月均衡地完成了规定的季度供货计划，而乙厂则前松后紧，1、2 月份总共完成计划的 50%，3 月份再完成计划的 50%，缺乏均衡性。

又如，对于一批产品的质量指标，如电灯泡的耐用时间、轮胎的行驶里程等，测定其变异程度，如果变异程度大，则说明产品质量不稳定；如果变异程度小，则说明产品质量比较稳定。

二、变异指标的计算方法

测定变异程度的方法主要有：极差、平均差、标准差、变异系数等。

（一）极差

极差又称"全距"，它是总体各单位标志的最大值和最小值之差，用以说明标志值变动范围的大小，通常用 R 表示极差。即

$$R = X_{\max} - X_{\min} \tag{4-23}$$

【例 4-27】 上例所举甲、乙、丙三个生产小组工人日产量的平均数都是 24 件，而极差分别为

甲组日产件数的 $R=0$（件）
乙组日产件数的 $R=27-20=7$（件）
丙组日产件数的 $R=35-10=25$（件）

从 R 的计算可看出,乙组工人日产量差异大于甲组工人日产量差异,丙组工人日产量差异大于甲、乙组工人日产量差异。极差数值愈小,反映变量值愈集中,变异程度愈小;极差数值愈大,反映变量值愈分散,则变异程度愈大。

对于根据组距数列求极差,可以用最高组的上限与最低组的下限之差,求极差的近似值。但当有开口组时,若不知极端数值,则无法求极差。

【例 4-28】 某车间工人日产量资料如表 4-19 所示。

表 4-19 某车间个人日产量表

日产量(件)	工人数(人)
5~10	10
10~20	24
20~30	40
30~40	20
40~50	6
合 计	100

最高组上限=50,最低组下限=5,则

$R = 50 - 5 = 45(件)$

极差的优点是计算方便,意义明确。在工业生产过程中,极差常被用来检查产品质量的稳定性和进行质量控制。在正常生产条件下,产品的质量性能指标(如强度、浓度、长度等)的误差总在一定范围内波动,如果误差超出了一定范围,就说明生产中可能出现了问题。利用极差指标可以及时发现生产中存在的问题,采取相应措施,保证产品的质量。

极差的缺点是易受极端数值的影响,它只能反映最大值和最小值之间的差距,而不能反映其内部各项数值的差异状况。因此,它只能粗略地用来说明标志值的变动幅度和范围。

(二) 平均差

1. 平均差的概念和计算

平均差是总体各单位标志值对其算术平均数的离差绝对值的算术平均数,常用 A.D 表示。由于各标志值对算术平均数的离差之和等于零,因此,计算平均差时,一般采用离差的绝对值($|x-\bar{x}|$)。平均差能够综合反映总体中各单位标志值变动的影响。平均差愈大,表示标志变动度愈大,则平均数代表性愈小;平均差愈小,表示标志变动度愈小,则平均数代表性愈大。

由于掌握的资料不同,计算平均差时可有简单平均式和加权平均式两种方法。

(1) 未分组资料的简单平均式计算公式为

$$A.D = \frac{\sum |x-\bar{x}|}{n} \qquad (4-24)$$

【例 4-29】 以【例 4-25】所举的甲、乙、丙三个生产小组工人日产量的资料为例,分别计算三组的日产量差异程度。

前面已根据三个生产小组资料计算得出:$\overline{x_甲} = \overline{x_乙} = \overline{x_丙} = 24(件)$。

甲组 5 个工人每人日产量都是 24 件,各单位标志值之间和各单位标志值与平均数之间无差异,所以按平均差公式计算,该组日产量平均差也为 0。

而乙、丙两组的平均差分别为

$$乙:A.D = \frac{\sum |x - \bar{x}|}{n}$$

$$= \frac{|20-24|+|22-24|+|25-24|+|26-24|+|27-24|}{5} = \frac{12}{5} = 2.4(件)$$

$$丙:A.D = \frac{\sum |x - \bar{x}|}{n}$$

$$= \frac{|10-24|+|20-24|+|25-24|+|30-24|+|35-24|}{5} = \frac{36}{5} = 7.2(件)$$

计算结果表明,三个生产小组中,甲组工人日产量无差异,乙组工人日产量平均差异程度为 2.4 件,大于甲组小于丙组;丙组工人日产量平均差异程度为 7.2 件,是三个生产小组中差异程度最大的。这与极差反映的三个生产小组的差异程度是一致的。

(2) 分组资料的加权平均式计算公式为

$$A.D = \frac{\sum |x - \bar{x}| f}{\sum f} \tag{4-25}$$

【例 4-30】 某工厂包装车间有甲、乙两个班组,工人对某产品的日包装量情况是:甲班组工人的平均日包装量为 57 件,工人日包装量的平均差为 12 件;乙班组工人的日包装量及有关计算资料如表 4-20 所示。

表 4-20 加权式平均差计算表

按日包装量分组(件)	工人数(人)	组中值	日包装总量(件)	离差	离差绝对值	以工人数加权的离差绝对值
乙	f	x	xf	$x-\bar{x}$	$|x-\bar{x}|$	$|x-\bar{x}|f$
40 以下	5	35	175	-22	22	110
40~50	13	45	585	-12	12	156
50~60	18	55	990	-2	2	36
60~70	15	65	975	8	8	120
70~80	7	75	525	18	18	126
80 以上	2	85	170	28	28	56
合 计	60	—	3 420	—	—	604

乙组工人平均日包装量:

$$\bar{x} = \frac{\sum xf}{\sum f} = \frac{3\ 420}{60} = 57(件)$$

乙组工人日包装量的平均差:

$$A.D = \frac{\sum |x - \overline{x}| f}{\sum f} = \frac{604}{60} = 10.07(件)$$

通过计算可看出,甲、乙两个班组工人的平均日包装量均是 57 件,但甲班组工人日包装量的平均差大于乙班组的,所以,甲班组工人平均日包装量的代表性比乙班组的低。

2. 平均差的特点

平均差把所有标志值都考虑在内,测度了各个标志值之间的差异,因而能准确综合地反映总体中各单位标志值的差异程度,但由于平均差是取绝对值计算的,不便于各种代数的运算,所以在统计实际工作中应用较少。

(三) 标准差

各种变异指标中,应用最广泛的是标准差和方差,下面介绍这种指标的计算和应用。

标准差是各单位标志值与其算术平均数的离差平方的算术平均数的平方根,又称"均方差"。其意义与平均差基本相同,也是根据各个标志值对其算术平均数求其平均离差后再来进行计算的,但由于采用离差平方的方法来消除正负差,因此在数学处理上比平均差更为合理。通常以 σ 表示标准差,标准差的平方即方差,用 σ^2 表示。

根据标准差的概念,计算标准差的一般步骤是:① 算出每个变量对平均数的离差;② 将每个离差平方;③ 计算这些平方数值的算术平均数;④ 把得到的数值开方,即得到 σ。

根据掌握的资料不同,计算标准差时有简单平均和加权平均两种方法。

1. 简单平均法

如果掌握的是未分组的资料,则采用简单平均法,计算公式为

$$\sigma = \sqrt{\frac{\sum (x - \overline{x})^2}{n}} \tag{4-26}$$

【例 4-31】 仍以【例 4-25】中甲、乙、丙三个生产小组日产量资料为例,计算它们的标准差。

甲组各个工人的日产量都是 24 件,与本组的算术平均数相等,所以甲组的方差和标准差均为 0。

乙组和丙组的标准差列表计算如表 4-21 所示。

表 4-21 乙、丙组标准差计算表

乙组			丙组		
日产量(件) x	离差 $x-\overline{x}$	离差平方 $(x-\overline{x})^2$	日产量(件) x	离差 $x-\overline{x}$	离差平方 $(x-\overline{x})^2$
20	−4	16	10	−14	196
22	−2	4	20	−4	16
25	1	1	25	1	1
26	2	4	30	6	36
27	9		35	11	121
合 计	—	34	—	—	370

根据上表资料计算：

$$\sigma_乙^2 = \frac{\sum(x-\bar{x})^2}{n} = \frac{34}{5} = 6.8 \quad \sigma_乙 = \sqrt{6.8} = 2.61(件)$$

$$\sigma_丙^2 = \frac{\sum(x-\bar{x})^2}{n} = \frac{370}{5} = 74 \quad \sigma_丙 = \sqrt{74} = 8.6(件)$$

计算结果表明，甲组标准差为0，说明该组工人日产量无差异；乙组标准差为2.61件，说明乙组工人日产量有差异，平均相差2.61件，其差异程度明显大于甲组但小于丙组；丙组标准差为8.6件，说明丙组工人日产量水平平均相差8.6件，为三组中差异程度最大的班组。

2. 加权平均法

如果掌握了已分组资料，则要用加权平均法计算总体标准差。计算公式为

$$\sigma = \sqrt{\frac{\sum(x-\bar{x})^2 f}{\sum f}} \quad (4-27)$$

【例4-32】 前【例4-30】的某工厂包装车间甲、乙两个班组，工人对某产品的日包装量情况是：甲班组工人的平均日包装量为57件，工人日包装量的标准差为14.73件；乙班组工人的日包装量及有关计算资料如表4-22所示。

表4-22 加权式标准差计算表

按日包装量分组(件)	工人数(人)	组中值	日包装总量(件)	离 差	离差平方	以工人数加权的离差平方
甲	f	x	xf	$x-\bar{x}$	$(x-\bar{x})^2$	$(x-\bar{x})^2 f$
40以下	5	35	175	-22	484	2 420
40~50	13	45	585	-12	144	1 872
50~60	18	55	990	-2	4	72
60~70	15	65	975	8	64	960
70~80	7	75	525	18	324	2 268
80以上	2	85	170	28	784	1 568
合 计	60	—	3 420	—	—	9 160

乙组工人平均日包装量：

$$\bar{x} = \frac{\sum xf}{\sum f} = \frac{3\,420}{60} = 57(件)$$

乙组工人日包装量的标准差：

$$\sigma = \sqrt{\frac{\sum(x-\bar{x})^2 f}{\sum f}} = \sqrt{\frac{9\,160}{60}} = 12.36(件)$$

通过计算可以看出,甲、乙两班组工人的平均日包装量均是 57 件,但甲班组工人日包装量的标准差大于乙班组的,所以,甲班组工人平均日包装量的代表性比乙班组的低。

(四)变异系数

以上计算的各种变异指标,包括极差、平均差、标准差,都是绝对指标,都有与平均指标相同的计量单位。各种变异指标的数值大小,不仅受离散程度的影响,而且还受各单位标志值平均水平高低的影响。因此,在统计研究中,分析不同现象间总体的差异程度,或分析同类现象但平均水平不同的总体的变异度时,不宜直接用上述各种变异指标来做对比分析,必须用反映变异程度的相对指标来比较,即用变异系数进行比较。

变异系数也称为标志变异系数。各种变异指标都可以计算变异系数,来反映总体各单位标志值的相对离散程度,但最常用的是根据标准差与算术平均数对比的变异系数,称作"标准差系数",用 V_σ 表示,其计算公式如下

$$V_\sigma = \frac{\sigma}{\bar{x}} \times 100\% \tag{4-28}$$

【例 4-33】 以下是两个不同水平的工人日产量(件)资料:

$$甲组:60,65,70,75,80$$
$$乙组:2,5,7,9,12$$

由此计算得:$\bar{x}_甲 = 70$ 件,$\sigma_甲 = 7.07$ 件;$\bar{x}_乙 = 7$ 件,$\sigma_乙 = 3.41$ 件。

标准差反映平均指标代表性的高低,在本例中,若根据 $\sigma_甲 > \sigma_乙$ 而断言甲组离散程度大于乙组,或乙组的平均数代表性高于甲组都是不妥的。因为这两组工人的平均日产量水平相差悬殊,所以应根据其变异系进行比较。

$$V_甲 = \frac{7.07}{70} \times 100\% = 10.1\%$$

$$V_乙 = \frac{3.41}{7} \times 100\% = 48.7\%$$

计算结果表明,并非甲组离散程度大与乙组,而是乙组大于甲组,或者说,乙组的平均日产量代表性低于甲组。

本章小结

综合指标是指通过对同一时间内现象的汇总、相关现象之间的计算对比分析而形成的一系列的统计指标,本章主要讲授了总量指标、相对指标、平均指标和变异指标。

总量指标是反映总体的总规模和总水平的统计指标。其表现形式是绝对数,故又称绝对指标或绝对数。总量指标有总体单位总量和总体标志总量,时期指标和时点指标。时期指标和时点指标的区别是:时期指标的数值大小与时期长短有直接关系,时点指标的数值大小与时点的间隔长短没有直接关系;时期指标数值可加,时点指标数值不可加。

相对指标又称相对数,是两个有联系的统计指标数值的比值。常用的相对指标有结构相对数、比例相对数、比较相对数、强度相对数、动态相对数和计划完成程度相对数。

平均指标是用来反映同质总体各单位某一数量标志值一般水平的统计指标。本章主要讨论的是算术平均数、调和平均数、众数、中位数。

算术平均数是实际中最常用、最基本的平均指标,主要有简单算术平均数和加权算术平均数。加权算术平均数受变量值和次数两个因素的影响。在变量值既定的情况下,次数对平均数的大小起着权衡轻重的作用。因此,将次数称为权数。权数有两种表现形式:一种是绝对数,另一种是比率。调和平均数可看作是算术平均数的变形,相应地有简单调和平均数和加权调和平均数。众数是总体中出现次数最多的标志值。中位数是总体各单位标志值按大小排列后,居于中间位置的那个标志值。众数和中位数都可以用来说明客观现象各单位标志值的一般水平。

变异指标是反映总体各单位标志值之间差异程度的统计指标。它是衡量平均数代表性的尺度,平均数的代表性高低与变异指标的数值大小呈反比关系。

常用的变异指标有极差、平均差、标准差和标准差系数。当两个总体平均数相等时可以使用前三种变异指标来说明平均数的代表性高低;当两个总体平均数不等时,必须使用标准差系数来说明平均数的代表性高低。

思考题

1. 举例说明时期指标与时点指标的特点及其区别。
2. 结构相对数和比例相对数有什么区别和联系?
3. 强度相对指标与平均指标有哪些区别?
4. 在什么情况下简单算术平均数和加权算术平均数的计算结果一致?
5. 什么是权数?有几种表现形式?如何选择权数?
6. 算术平均数、众数、中位数各用于什么场合?
7. 什么是标准差和标准差系数?应用二者说明平均数代表性的条件是什么?

实践技能训练

1. 查阅广州统计信息网里的《2017年上半年广州市经济运行情况》报告,讨论:报告中所提到的经济指标,分别属于哪一类综合指标?这些经济指标所表达的意义是什么?

2. 请阅读下面材料:

1994年1月6日,山西日报的两位记者撰文"平均数掩盖贫困户"。文章反映,在一个户人均收入声称达千元的村里,71%的户人均纯收入不到500元,其中不到350元温饱线的占32%。作者指出,平均数之所以高,是因为村里有6户个体建筑大户的人均收入在3万元以上。1994年3月4日,中国信息报记者撰文:"根据调查测算,1993年我国农民人均纯收入的平均线已向千元大关冲刺,达921.4元,比上年增长137.4元,增长17.5%。值得注意的是,收入水平达此线的只有11个省份,占38%,这一百分数比去年下降了三个百分点。这表明,农民人均收入的平均线并不代表大多数农民的收入水平。"又如中国经济时报2002年3月1日的"质疑'人均'统计数字"一文中报道说,中国房地产协会会长杨慎谈到,"15年来,我国一直用:人均居住面积"来反映居民的住房水平,这一指标是很不科学的。当官的,有钱的永远住的都是大房子,有的别墅售楼广告牌标明 200 到 400 平方米,把那些官人和富人阶层的住房面积平均到普通老百姓的头上,这能算得上居民住房水平提高吗?"

以上材料中提到的情况用算术平均数来量度合适吗?请结合上述资料谈谈您对平均数代表性的理解。

3. 投资的收益与风险分析:

在正常的市场环境经济下,投资的高收益总是伴随着高风险的。所以,投资理财专家总是提醒人们:不仅要看到收益率的高低,还要注意到风险的大小。投资人在做出将资本用于哪类投资的决策时理解这一点极其必要。具有不同风险承受能力的投资人往往有不同的投资决策。

有研究者为了比较不同类型投资基金的收益率水平并说明收益率高低与风险大小的关系,收集了 30 只投资基金某年的收益率数据,其中偏债券型投资基金 8 只,中间型和偏股票型投资基金各有 11 只,它们的收益率数据如表 4-23 所示。

表 4-23 30 只投资基金某年的收益率表

偏债券型	中间型	偏股票型
6.3	10.8	13.9
6.0	6.9	18.7
5.2	9.8	5.1
8.1	7.2	−1.8
7.5	11.5	9.6
3.9	2.3	8.4
4.8	4.1	7.6
5.9	8.7	12.0
	7.4	10.5
	7.3	14.3
	8.1	11.4

(资料来源:《统计学基础》,罗洪群等,清华大学出版社。)

问题:

(1) 三种类型投资基金的收益率的高低应该用什么指标来反映?试计算有关指标的数值?

(2) 各种类型投资基金的风险大小又该如何度量?试比较各类基金收益率的波动大小。

(3) 根据上述指标的计算结果可以得到什么结论?对于一个稳健型的投资者,应建议其倾向于购买哪一类投资基金,为什么?

第五章 抽样推断

请扫描二维码观看视频

学习目标

（一）知识目标

1. 了解抽样推断的含义及特点以及各种抽样组织形式的特点；
2. 理解抽样误差产生的原因和计算方法；
3. 熟练掌握总体指标的抽样估计方法；
4. 掌握必要样本单位数的确定方法。

（二）能力目标

1. 能够运用抽样误差的计算方法；
2. 能够熟练运用总体指标的抽样估计方法；
3. 能够运用必要样本单位数的确定方法。

导引案例

2017年安徽省人口变动情况抽样调查主要数据公报

2018年2月22日

2017年全省人口变动情况抽样调查，是依据省政府决策部署，由省统计局具体组织实施的一项重大省情省力调查。这次调查以2017年11月1日零时为标准时点，采取分层、整群、概率比例抽样方法，共调查登记人口80万人。在各级政府的统一领导下，在调查对象的支持配合下，经过全省5 000余名调查工作人员的艰苦努力，顺利完成了人口变动情况抽样调查工作。现将根据本次调查推算的人口主要数据公布如下：

一、常住人口

2017年末，全省常住人口6 254.8万人，比上年增加59.3万人，增长0.96%，同2010年安徽省第六次全国人口普查的5 950.1万人相比，共增加304.7万人，年均增加43.5万人，年平均增长率为0.7%。

二、城乡人口

全省常住人口中，居住在城镇的人口为3 345.7万人，占总人口的53.49%；居住在乡村的人口为2 909.1万人，占总人口的46.51%。同2016年相比，城镇人口占总人口的比重上升1.5个百分点。

三、性别构成

全省常住人口中,男性为 3 158.7 万人,占总人口的 50.5%;女性为 3 096.1 万人,占总人口的 49.5%。性别比(以女性为 100,男性对女性的比例)为 102.06。

四、年龄构成

全省常住人口中,0~14 岁人口为 1 163.4 万人,占总人口的 18.6%;15~64 岁人口为 4 317.1 万人,占总人口的 69.02%,其中 15~59 岁人口为 3 955.5 万人,占总人口的 63.24%;60 岁及以上人口为 1 135.9 万人,占总人口的 18.16%,其中 65 岁及以上人口为 774.3 万人,占总人口的 12.38%。同 2016 年相比,0~14 岁人口的比重上升 0.29 个百分点,65 岁及以上人口比重上升 0.38 个百分点。

五、各种受教育程度人口

全省 15 岁及以上常住人口中,大学(指大专以上)文化程度人口占 15.3%,高中文化程度人口占 16.6%,初中、小学文化程度人口占 61.0%,人均受教育年限为 9.27 年,比 2016 年增加 0.04 年。全省总人口文盲率为 5.45%,比 2016 年下降 0.15 个百分点。

六、人口自然增长

2016 年 11 月 1 日至 2017 年 10 月 31 日,全省常住人口中,出生人口为 87.6 万人,死亡人口为 36.7 万人,自然增长人口为 50.9 万人。出生率为 14.07‰,死亡率为 5.90‰,自然增长率为 8.17‰。

(资料来源:安徽省统计局。)

通过安徽省统计局公布的 2017 年我国安徽省人口变动情况抽样调查数据,我们可了解到 2017 年末安徽省人口总数为 6 254.8 万人、2016 至 2017 年安徽省人口增长率、城乡人数的占比、性别结构、年龄结构、受教育程度构成等。那么,这些数据是如何一一得来的呢?通过本章学习,同学们将学习到用样本数据(指标)推算总体数据(指标)的相关方法和推断过程。

第一节 抽样推断的一般问题

一、抽样推断的含义及特点

(一)抽样推断的含义

抽样推断又称为抽样估计,它是在抽样调查的基础上,利用样本实际资料计算样本指标数值,并对总体的数量特征做出具有一定可靠程度的估计和推断,以认识总体的一种统计研究方法。在实际工作中,许多情况我们并没有可能对总体的所有单位进行全面调查,来达到对总体数量特征的认识,如商品需求量调查、城镇居民家庭收支调查、民意测验等等。抽样调查通过对其中一部分单位进行调查,取得实际资料,来估计和认识总体的数量特征。所以抽样调查的目的不在于了解样本本身的数量特征,而在于借助样本的数量特征,估计总体的相应数量特征。

（二）抽样推断的特点

抽样推断是应用统计学的一种重要方法，在统计调查研究活动中广为应用。其主要特点有：

（1）抽样推断是一种由部分推算总体的重要统计方法，即用样本指标推断总体指标。这种方法中，样本指标和总体指标是手段和目的的关系。就研究手段而言，我们只能掌握部分（样本）的实际资料，但目的是要认识总体的数量特征，这就形成了全局与局部之间的矛盾。这种矛盾大量存在于实际生活和工作中，如要了解小麦的质量，我们不可能对每一粒小麦都进行检验；又如要某种种子的发芽率，我们不可能对所有的种子都进行催芽试验；再如要检测灯泡的寿命，我们也不可能对所有的灯泡都通上电进行试验；等等。抽样推断解决了实际工作中遇到的这些矛盾。这种方法的科学之处，在于它论证了样本指标和相应总体指标间的内在联系，有效地解决了用所获得的部分信息来推断总体的数量特征。

（2）建立在随机抽样的基础上。这是抽样调查与其他非全面调查方式的主要区别之一。所谓随机原则是指在抽取调查单位时，完全排除调查者的主观判断，总体中每个单位都有同等被抽中或不被抽中的机会，哪个单位抽中与否，纯粹是随机的、偶然的。按随机原则抽取调查单位是进行抽样推断的基本要求。只有按随机原则抽取样本，才能保证总体每个单位有同等中选的机会，从而使被抽中的单位对总体具有充分的代表性，以保证推断结果的精确度和可靠性。

（3）运用概率估计的方法。利用样本指标推断总体指标，不能运用确定的数学分析方法，只能通过不确定的概率估计方法。这是因为，样本数据与总体指标间并不存在确定的自变量和因变量关系，因此，一般的数学方程是不能推算出总体指标数值的。抽样推断的原则是，把样本指标即统计量看作随机变量。在实际工作中，从总体中抽取一个样本，并计算样本指标来代表相应总体指标的估计量，然后研究用这样的样本指标代表相应总体指标的可靠程度有多大，这是概率估计所要解决的问题。概率估计的基本思路是，随机抽样并计算样本指标的实际值，来回答它与总体指标之间的误差不超过一定范围的可能性有多大。如果估计的可靠性和准确性达到了所允许的要求，人们会接受这一结果，否则就要改善抽样组织，重新取样，直到符合要求为止。

（4）抽样误差可以事先计算并加以控制。抽样调查是根据对部分单位调查所取得的资料来推断总体指标数值的，推断结果不可避免会有误差。但抽样推断中的抽样误差是可以在推断之前事先估计出来的，也可以根据调查目的和任务的要求，采取一定的组织措施加以控制，从而保证抽样推断结果的精确度和可靠性。

二、抽样推断的作用

抽样调查是一种科学、灵活、实用的调查方法，在社会经济各个领域的应用越来越广泛。其作用主要包括以下几点：

（1）对某些不可能进行全面调查而又需要了解全面情况的社会经济现象，可以采用抽样推断。例如，对产品的质量进行检验，其中对某些物品的质量检验是属于破坏性或消耗性的检验。譬如对灯泡使用寿命的检验，材料抗拉强度的检验，对饮料、罐头等食品的质量检验等，一经检验就将消耗或破坏它们的使用价值。在这种情况下，只能采用抽样调查方式。另外，对于无限总体也不可能进行全面调查,只能采用抽样调查方式。

(2) 对于某些不必要或在经济上不允许经常采用全面调查的社会经济现象,最适宜采用抽样推断。例如,对于人口数量的调查,对于城乡居民的家计调查,对于旅游客源的调查等。虽然有些调查理论上可以采用全面调查,但由于总体涉及的范围较大,采用全面调查要花费大量的人力、物力、财力和时间,有时没有必要,有时条件也不允许。这时采用抽样推断方式,便可以同时达到节省人力、物力、财力和时间,并获得全面调查效果的目的。

(3) 对于需要及时了解情况的现象,也经常采用抽样推断。因为全面调查浪费人力、物力和财力,资料也不易及时取得,而抽样推断方式不仅节省人力、资金,且时间快,方式灵活,能够及时满足了解情况的需要。例如,为了及时对旅游者的旅游目的、停留天数、购物等情况进行调查,需在旅游者启程之前和旅游过程中进行调查,就应采用抽样推断方式,以便及时获取所需的统计资料。

(4) 对全面调查的资料进行评价和修正,也适用于抽样推断。全面调查由于范围广、工作量大、参加的人员多,发生登记性误差的可能性就大。因此,为了保证全面调查资料的准确性,检验全面调查资料的质量,在全面调查之后,一般都要进行抽样推断。在总体中再抽取一部分单位重新调查,然后将两次调查的资料进行比较,计算出差错率,并据此对全面调查的资料加以修正。例如,我国人口普查规定,在人口普查工作完毕后,还要按照规定的调查方案抽取若干个地区进行复查,根据抽样调查的资料,计算人口普查重复和遗漏的差错率,根据这个比率去修正普查资料,从而保证人口普查数据的质量。

(5) 抽样推断还可以用于工业生产过程中的质量控制。对于成批或大量连续生产的工业产品,在其生产过程中采用抽样推断,可以检查生产过程是否有异常情况,并及时提供有关信息,有效地实施产品质量控制。这种质量控制在产品质量检验中的作用比事后检验要优越得多,它可以通过随时跟踪、抽查来保证质量。

三、抽样推断中的基本概念

(一) 总体和样本

总体又称为全及总体,是所要认识的研究对象的全体,也就是第一章所讲的统计总体,是由调查对象范围内具有共同性质的个别单位所组成的整体。组成总体的个别事物叫总体单位。总体单位数目通常都是很大的,甚至是无限的,这样才有必要组织抽样调查,进行抽样推断。总体单位数一般用符号"N"表示。

样本又称子样,是从总体中随机抽取出来的部分调查单位所组成的集合体。样本的单位数是有限的。样本单位数一般用符号"n"表示,也称样本容量。

对于某一特定研究问题来说,作为推断对象的总体是确定的,而且是唯一的。但由于从一个总体中可以抽取许多个样本,所以作为观察对象的样本,不是唯一的,而是可变的。明白这一点对于理解抽样推断的原理是很重要的。

(二) 参数和统计量

1. 参数

参数即总体指标,也称为全及指标。它是反映总体数量特征的综合指标。在一个抽样调查的总体中,参数是唯一的确定量,而且是一个未知数,需要通过样本资料进行推算。常用的参数有总体平均数、总体方差(或总体标准差)、总体成数和总体成数的方差(标准差)。

设总体变量的取值为 $X_1, X_2, X_3, \cdots, X_n$,则

总体平均数为

$$\overline{X} = \frac{\sum X}{N} \quad \text{或} \quad \overline{X} = \frac{\sum XF}{\sum F} \tag{5-1}$$

总体方差为

$$\sigma^2 = \frac{\sum (X - \overline{X})^2}{N} \quad \text{或} \quad \sigma^2 = \frac{\sum (X - \overline{X})^2 F}{\sum F} \tag{5-2}$$

对于总体中的某些品质标志,可以把总体分为"是"或"非"两种类型。例如,产品质量的标志表现为合格和不合格,人口性别的标志表现为男性和女性。由于总体各单位品质标志表现不能用数量来表示,则可以把"是"的标志表现量化表示为1,把"非"的标志表现表示为0。那么,总体成数就是总体中具有某种标志表现的单位数占总体单位数的比重,是(0,1)分布的相对数。这样就可以计算总体成数、总体成数方差(或标准差)。

设 P 表示总体中具有某种性质的单位数在总体单位数中所占的比重,Q 表示总体中不具有某种性质的单位数在总体单位数中所占的比重。设总体单位数为 N,具有某种标志表现的单位数为 N_1,不具有某种标志表现的单位数为 N_0,则

$$N = N_1 + N_0, P = \frac{N_1}{N}, Q = \frac{N_0}{N}, P + Q = 1$$

那么,总体成数的平均数为

$$\overline{X}_P = \frac{\sum XF}{\sum F} = \frac{0 \times N_0 + 1 \times N_1}{N_0 + N_1} = \frac{N_1}{N} = P \tag{5-3}$$

总体成数的方差为

$$\sigma_P^2 = \frac{\sum (X - \overline{X})^2 F}{\sum F} = \frac{(0-P)^2 N_0 + (1-P)^2 N_1}{N_0 + N_1} = \frac{P^2 N_0 + Q^2 N_1}{N}$$
$$= P^2 Q + Q^2 P = PQ(P + Q) = PQ = P(1 - P)$$

则总体成数的标准差为

$$\sigma_P = \sqrt{P(1-P)} \tag{5-4}$$

在抽样推断中,总体指标的意义和计算方法是确定的,而且是唯一的,但总体指标的具体数值事先是未知的,需要用样本指标来估计它。

2. 统计量

统计量又称为样本指标。它是根据样本各单位的标志值或标志特征计算的、反映样本数量特征的综合指标。在抽样调查中,样本指标是根据样本资料计算得来的,主要用于推断总体

数量特征。统计量与参数的计算原理相同,为了与总体指标相区别,用小写字母表示。统计量主要有四种,现分述如下。

样本平均数为

$$\overline{x} = \frac{\sum x}{n} \text{ 或 } \overline{x} = \frac{\sum xf}{\sum f}$$

样本方差为

$$\sigma^2 = \frac{\sum (x-\overline{x})^2}{n} \text{ 或 } \sigma^2 = \frac{\sum (x-\overline{x})^2 f}{\sum f}$$

样本成数为

$$p = \frac{n_1}{n}$$

样本成数的方差为

$$\sigma_p^2 = p(1-p)$$

样本成数的标准差为

$$\sigma_p = \sqrt{p(1-p)}$$

在抽样推断中,样本指标的计算方法是确定的,但它的取值随着样本的不同,有不同的样本变量,即样本是不确定的,不是唯一的。所以,样本指标本身是随机变量,用它作为总体指标的估计值,有时误差大些,有时误差小些;有时产生正误差,有时产生负误差。

(三)样本容量与样本个数

样本容量是指一个样本所包含的单位数,用 n 来表示。对比总体单位数 N 来说,n 则是个很小的数,它可以是 N 的几十分之一、几百分之一、几千分之一、几万分之一。一般地讲,样本单位数达到或超过 30 个的样本称为大样本,而在 30 个以下称为小样本。社会经济统计的抽样推断多属于大样本,而科学实验的抽样观察则多取小样本。

样本个数又称样本可能数目,是指在一个抽样方案中从总体中所有可能被抽取的样本总数。一个总体可能抽取多少个样本,和样本的容量大小有关,也和抽样的方法有关。在样本容量确定之后,样本的可能数目便取决于抽样方法,即样本的可能数目取决于是采用重复抽样还是采用不重复抽样。

(四)重复抽样和不重复抽样

在抽样调查中,从总体中抽取样本单位的方法有两种:重复抽样和不重复抽样。

1. 重复抽样

重复抽样也称回置抽样、放回抽样等。它是指从总体 N 个单位中随机抽取容量为 n 的样本时,每次抽取一个单位,把结果登记下来后,重新放回,再从总体中抽取下一个样本单位。在这种抽样方式中,同一单位可能有被重复抽中的机会。

重复抽样的特点是:① 在抽样过程中,各次抽样相互独立,每次供选取的总体单位数始终不变,都为 N;② 总体各单位被抽中的概率在每次抽样中都一样,都为 $1/N$;③ 所有可能被抽取到的样本个数为 N^n 个,每个样本被抽取的概率都相同。

例如,总体由 A、B、C 三名技术人员组成,用重复抽样的方法从中随机抽取 2 名技术人员构成样本。首先从 3 人中抽取 1 人,登记后放回总体中,然后再从这 3 人中抽取 1 人,将 2 次抽取到的单位构成一个样本,这就是重复抽样。在重复抽样条件下,所有可能的样本组合为:AA,AB,AC,BA,BB,BC,CA,CB,CC,则全部可能被抽取的样本个数为:$3^2=9$ 个。

2. 不重复抽样

不重复抽样也称不回置抽样、不放回抽样等,它是指从总体 N 个单位中随机抽取容量为 n 的样本时,每次抽取一个单位后,不再放回去,下一次则从剩下的总体单位中继续抽取,如此反复,最终构成一个样本。在这种抽样方式中,同一单位不可能有被重复抽中的机会。

不重复抽样的特点是:① 在抽样过程中,各次抽样不是相互独立的,每一次抽样结果都影响下一次抽样,每抽一次,总体单位数就减少一个;② 总体各单位被抽中的概率在各次抽样中是不同的;③ 所有可能被抽取到的样本个数为:$N(N-1)\cdots(N-n+1)$,每个样本被抽取的概率都相同。

前例中,用不重复抽样的方法从中抽取 2 个单位构成样本,所有可能的样本组合为:AB,AC,BA,BC,CA,CB,则全部可能被抽取的样本个数为:$3\times 2=6$(个)。

由此可见,在相同样本容量的条件下,从同一个总体中用不重复抽样方法可能得到的样本个数比重复抽样方法可能得到的样本个数少。由于不重复抽样简便易行,所以在实际工作中经常被采用。

第二节 抽样误差

一、抽样误差的含义及特点

(一) 抽样误差的含义

抽样误差是指在随机抽样的前提下,由于样本与总体在内部结构上有差异而引起的样本指标与总体指标之间的绝对离差。例如,从 100 个同学中抽取 10 个同学作为样本,用这一样本来估计 100 个同学这一总体的统计学成绩。这 10 个同学的内部构成与总体的内部构成不可能完全一致,因而样本指标与总体指标间客观上存在着一定的差异,这种差异是无法消除的。用公式可表示为

$$平均数的抽样误差 = |\bar{x} - \bar{X}|$$

$$成数的抽样误差 = p - P$$

抽样误差虽然可以表示为样本指标与总体指标的离差,但要依据上述公式计算抽样误差是不可能的。事实上,由于总体指标($\bar{X}$ 或 P)的真实值是未知的,所以,抽样误差的确切数值也是无从知道的,我们只能用一定的方法去估计它,并可采取相应的措施对它加以控制。另外,由于总体指标是确定的量,而样本指标是随机变量,所以,抽样误差也是随机变量。

（二）抽样误差的特点

在抽样调查中，由于各种原因，统计结果与现象实际数值之间往往会存在一定的差异，我们称为统计误差。其来源主要有两个方面：一是登记性误差，即在调查和整理资料的过程中，由于主、客观因素的影响而引起的误差。如重复登记、遗漏、计算错误、弄虚作假等等。二是代表性误差，即由于样本的结构情况不足以代表总体特征而导致的误差。

代表性误差的产生又有两种情况：一种是违反了抽样推断的随机原则，如调查者有意地多选较好的单位或多选较差的单位来进行调查，这样计算出来的样本指标必然出现偏高或偏低的情况，造成系统性误差，也称为偏差。另一种情况是遵守了抽样推断的随机原则，但由于从总体中抽取样本时有多种多样的可能，当取得一个样本时，只要被抽中样本的内部结构与被研究总体的结构有所出入，就会出现或大或小的偶然性的代表性误差，也称为随机误差。系统性误差和登记性误差都是由于抽样工作组织不好而导致的，应该采取预防措施避免发生。而偶然性的代表性误差是无法消除的。

抽样误差就是指偶然性的代表性误差，即按随机原则抽样时，单纯由于不同的随机样本得出不同的估计量而产生的误差。抽样误差是抽样推断所固有的，虽然它无法避免，但可以运用大数定律的数学公式加以计算，确定其具体的数量界限，并通过抽样设计加以控制。所以这种抽样误差也称为可控误差。

二、抽样平均误差

（一）抽样平均误差的含义

抽样误差描述了样本指标与总体指标之间的离差绝对数，在用样本指标估计相应的总体指标时，它可以反映估计的准确程度。但是，由于抽样误差是随机变量，具有取值的多样性和不确定性特点，因而就不能以它的某一个样本的具体误差数值来代表所有样本与总体之间的平均误差水平，并且每一次抽样的实际误差大小是不知道的，这是由总体指标的未知性决定的，所以应该用抽样平均误差来反映抽样误差的一般水平。

所谓抽样平均误差，就是所有的样本指标与总体指标之间的平均离差，也可以理解为所有可能出现的样本指标（平均数或成数）的标准差。我们所说的抽样误差可以事先计算和控制，就是针对抽样平均误差而言的。抽样平均误差是用样本指标推断总体指标时，计算抽样误差范围的基础。

（二）抽样平均误差的计算

从理论上说，抽样平均误差可由抽样平均数的标准差（或抽样成数的标准差）来反映，其公式为

$$\mu_{\bar{x}} = \sqrt{\frac{\sum (\bar{x} - \overline{X})^2}{M}}$$

$$\mu_p = \sqrt{\frac{\sum (p - P)^2}{M}}$$

式中：$\mu_{\bar{x}}$ 代表抽样平均数的平均误差；μ_p 代表抽样成数的平均误差；$\bar{x}$ 代表样本平均数；$\bar{X}$ 代表总体平均数；p 代表样本成数；P 代表总体成数；M 代表全部可能的样本个数。

上述公式从理论上说明了抽样平均误差的计算，但由于总体平均数和总体成数是未知的，而且也不可能计算出全部的样本指标，所以按上述公式来计算抽样平均误差是不可能的。在实际工作中，通常采用以下计算公式来计算抽样平均误差。

抽样平均误差的计算，与抽样方法和抽样组织形式有直接关系，采用不同的抽样方法和抽样组织形式计算抽样平均误差的公式是不同的。在这里主要以简单随机抽样为例说明其计算方法。

1. 抽样平均数的平均误差

(1) 在重复抽样条件下，抽样平均数的平均误差的计算公式为

$$\mu_{\bar{x}} = \sqrt{\frac{\sigma^2}{n}} = \frac{\sigma}{\sqrt{n}} \tag{5-5}$$

式中：$\mu_{\bar{x}}$ 代表抽样平均数的平均误差；σ^2 代表总体平均数的方差；σ 代表总体平均数的标准差；n 代表样本单位数。

由公式可看出，抽样平均误差的大小与总体标准差呈正比，而与样本单位数呈反比。

(2) 在不重复抽样条件下，抽样平均数的平均误差的计算公式为

$$\mu_{\bar{x}} = \sqrt{\frac{\sigma^2}{n}\left(\frac{N-n}{N-1}\right)}$$

在总体单位数 N 很大的情况下，上述公式可近似地表示为

$$\mu_{\bar{x}} = \sqrt{\frac{\sigma^2}{n}\left(1 - \frac{n}{N}\right)} \tag{5-6}$$

上式中，$1 - \frac{n}{N}$ 称为修正系数。

从上述公式中可以看出，修正系数的值一定是大于 0 而小于 1 的正数，所以，在相同条件下，不重复抽样平均误差必然小于重复抽样平均误差。但在抽中单位占总体单位的比重很小时，这个系数接近于 1，对于抽样平均误差所起的作用不大。因而，在实际工作中，为减轻计算的工作量，不重复抽样有时仍按重复抽样的公式计算。

应用上述公式时应注意：公式中的 σ 是指总体指标的标准差。事实上，总体指标是未知的，所以通常都用样本总体的标准差来代替。实践证明，用样本的标准差来代替总体的标准差，只要组织工作得当，抽样数目足够，一般都能获得满意的效果。

【例 5-1】 对某市 1 500 名消费者进行购物消费支出调查，随机抽取其中 5% 的消费者作为样本，调查所得的资料如下：样本单位数为 75 人，平均每人购物消费支出为 434.4 元，购物消费的标准差为 46.8 元，要求计算抽样平均数的平均误差。

已知：$n=75$，$\bar{x}=434.4$ 元，$\sigma=46.8$，则抽样平均数的平均误差的计算如下

重复抽样：$\mu_{\bar{x}} = \frac{\sigma}{\sqrt{n}} = \frac{46.8}{\sqrt{75}} = 5.38(元)$

不重复抽样：$\mu_{\bar{x}} = \sqrt{\frac{\sigma^2}{n}\left(1 - \frac{n}{N}\right)} = \sqrt{\frac{46.8^2}{75} \times (1 - 5\%)} = 5.27(元)$

2. 抽样成数的平均误差

（1）在重复抽样条件下，抽样成数的平均误差的计算公式为

$$\mu_p = \sqrt{\frac{P(1-P)}{n}} \tag{5-7}$$

式中：μ_p 代表抽样成数的平均误差；n 代表样本单位数。

在计算成数的平均误差时，其计算公式原理和平均数的平均误差的原理相同。由于成数的方差 $\sigma_p^2 = p(1-p)$，代入抽样平均数的平均误差的公式得上述公式。同样，因为总体成数 P 是未知数，可用样本成数 p 来代替。

（2）在不重复抽样条件下，抽样成数的平均误差的计算公式为

$$\mu_p = \sqrt{\frac{P(1-P)}{n}\left(1-\frac{n}{N}\right)} \tag{5-8}$$

【例 5-2】 从某商场购进的某批 2 000 条毛巾中随机抽取 10% 进行质量检验，其中合格产品为 196 条，要求计算合格率的抽样平均误差。

根据已知资料计算得知：$n = 2\,000 \times 10\% = 200$，$n_1 = 196$，则：$p = \frac{n_1}{n} = \frac{196}{200} = 98\%$。

抽样合格率的平均误差的计算如下

重复抽样：$\mu_p = \sqrt{\frac{P(1-P)}{n}} = \sqrt{\frac{98\% \times 2\%}{200}} \approx 0.99\%$

不重复抽样：$\mu_p = \sqrt{\frac{P(1-P)}{n}\left(1-\frac{n}{N}\right)} = \sqrt{\frac{98\% \times 2\%}{200} \times (1-10\%)} = 0.94\%$

抽样平均误差的计算，在抽样调查中占有相当重要的地位。抽样调查的优点在于它能计算出抽样平均误差，且以抽样平均误差作为用样本指标推断总体指标的重要补充指标。

（三）影响抽样平均误差的因素

影响抽样平均误差的主要因素有四个方面。

1. 总体各单位标志值的变异程度

在其他条件不变的情况下，抽样误差的大小与总体标志变异的程度成正比。变异程度越大，则抽样误差越大；反之，抽样误差就越小。这是因为全及总体标志变异小时，表明各单位的标志值之间的差异也小，样本指标与总体指标之间的差异也就小。如果总体各单位的标志值都相等，即标志变异程度等于零，这时样本指标和总体指标的差异也就不存在了。

2. 样本单位数的多少，即样本容量的大小

在其他条件不变的情况下，所抽取的样本单位数越多，则抽样误差越小；反之，抽样误差就越大，即样本单位数与抽样误差呈反方向变化。如抽样数目为 N，则抽样调查就变为全面调查，抽样误差就不存在了。

3. 抽样方法

抽样的方法不同，抽样误差也不同，一般说来，重复抽样的抽样误差比不重复抽样的抽样误差要大些。

4. 抽样的组织形式

不同的抽样组织形式有不同的抽样误差。因为抽样组织形式合理程度不同，必然会产生

不同的抽样效果。一般来说,类型抽样是由于将总体进行分组,同组内各单位之间的差异比较小,因而,它的抽样误差要比简单随机抽样误差和等距抽样误差小;而整群抽样的误差受抽样单位分布极不均匀的影响,其误差是最大的;等距抽样由于实行的是等距离抽样,总体中被抽中的单位分布比较均匀,因此其抽样误差较小。

了解影响抽样误差的因素,对于控制和分析抽样误差十分重要。在上述影响抽样误差的三个因素中,标志变异程度是客观存在的因素,是调查者无法控制的,但样本单位数、抽样方法及抽样的组织形式却是调查者能够选择和控制的。因此,在实际工作中,应当根据研究的目的和具体情况,做好抽样设计和实施工作,以获得经济有效的抽样效果。

三、抽样极限误差

抽样极限误差是从另一个角度来考虑抽样误差问题的。用样本指标推断总体指标时,要想达到完全准确和毫无误差,几乎是不可能的。样本指标和总体指标之间总会有一定的差距,所以在估计总体指标时就必须同时考虑误差的大小。我们不希望误差太大,因为这会影响样本资料的价值。误差愈大,样本资料的价值便愈小,当误差超过一定限度时,样本资料也就毫无价值了。所以在进行抽样推断时,应该根据所研究对象的变异程度和分析任务的需要确定允许的误差范围,在这个范围内的数字就算是有效的。这就是抽样极限误差的问题。

抽样极限误差是调查者根据抽样推断结果的精确度及可靠性要求确定的样本指标和总体指标之间误差的最大允许范围,也称为允许误差或容许误差。由于总体指标是一个确定的数,而样本指标则是围绕着总体指标左右变动的量,它与总体指标可能产生正离差,也可能产生负离差,样本指标变动的上限或下限与总体指标之差的绝对值就可以表示抽样误差的可能范围,用"Δ"表示。

抽样平均数的允许误差

$$\Delta_{\bar{x}} = |\bar{x} - \bar{X}|$$

抽样成数的允许误差

$$\Delta_p = |p - P|$$

就是说,根据对推算结果精确度的要求,应事先确定样本指标与总体指标之间误差的最大允许值。如果抽样误差超过此值,就达不到既定的精确度的要求了。

由于总体指标是未知的,所以,样本指标与总体指标之间的误差是否不超过既定的允许误差,也无从可知。因此,上述不等式只是用来表明极限误差含义的定义公式,实际中无法用来计算允许误差。但是,我们可以将其变换为如下完全等值的不等式

$$\bar{x} - \Delta_{\bar{x}} \leqslant \bar{X} \leqslant \bar{x} + \Delta_{\bar{x}}$$
$$p - \Delta_p \leqslant P \leqslant p + \Delta_p \tag{5-9}$$

由此可见,确定极限误差 Δ,实际上是希望以样本指标($\bar{x}$ 或 p)为中心,长度为 Δ 的区间能够包含总体指标($\bar{X}$ 或 P)。只要总体指标被包含在该区间内,样本指标与总体指标之间的误

差就不会超过极限误差 Δ,抽样推断就符合既定的精确度要求。

由于上述不等式可以作为区间估计公式使用,所以,在确定了极限误差后,我们就完全可以根据该不等式给出总体指标的估计区间了。例如,【例 5-1】中,根据样本平均数为 434.4 元,可以推算总体 1 500 名消费者平均每人的购物消费支出。如要求误差不超过 10 元,即 Δ=10 元。那么,总体平均每人购物消费支出的估计区间就可以确定为[(434.4－10)元,(434.4＋10)元],即(424.4 元,444.4 元)。

四、抽样推断的概率度

抽样极限误差的实际意义是期望总体指标被包含在以样本指标为中心,长度为 Δ 的区间内。不过,我们并没有百分之百的把握肯定该区间包含总体指标。比如,【例 5-1】中,总体平均每人购物消费支出估计区间为(424.4 元,444.4 元)并不是必然事件。那么,总体指标被包含在该区间内的把握程度或可靠性有多大?这要取决于区间的长度,即极限误差 Δ 的大小。极限误差越大,区间越宽,把握程度或可靠性就越高。所以,总体指标包含在该区间的把握程度问题,实质上就是一定的极限误差对应的概率保证程度问题。

基于概率估计的要求,抽样极限误差通常需要以抽样平均误差 $\mu_{\bar{x}}$ 或 μ_p 为标准单位来衡量。抽样极限误差与抽样平均误差之比,叫作抽样误差的概率度,用 t 表示。抽样极限误差与抽样平均误差的比值大小能反映估计区间的宽窄,标志着概率保证程度的高低,其计算公式为

$$t = \frac{\Delta_{\bar{x}}}{\mu_{\bar{x}}} \tag{5-10}$$

$$t = \frac{\Delta_p}{\mu_p} \tag{5-11}$$

由此得出抽样极限误差的计算公式为

$$\Delta_{\bar{x}} = t\mu_{\bar{x}} \tag{5-12}$$

$$\Delta_p = t\mu_p \tag{5-13}$$

五、抽样推断的概率保证程度

抽样推断的概率保证程度是表明样本指标和总体指标的误差不超过一定范围的概率。由于样本指标随着样本的变动而变动,它本身是一个随机变量,因而样本指标和总体指标的误差仍然是一个随机变量,并不能保证误差不超过一定范围这个事件是必然事件,而只能保证以一定程度的概率。因此,就有必要计算样本指标落在一定区间范围内的概率,这种概率称为抽样估计的概率保证程度,也称为可靠性或把握程度。

根据抽样极限误差的基本公式 $\Delta = t\mu$ 得出,在抽样平均误差 μ 一定的条件下,概率度 t 越大,抽样极限误差 Δ 也越大,总体平均数或成数落在估计区间范围内的概率就越大,抽样估计的把握程度或可靠性也就越大。概率论和数理统计证明,概率度 t 与概率保证程度 $F(t)$ 之间

存在着一定的函数关系,即概率保证程度是概率度的函数。给定 t 值,就可以计算出 $F(t)$ 来;相反,给出一定的概率保证程度 $F(t)$,则可以根据总体的分布,获得对应的 t 值。在实际应用中,因为我们所研究的总体大部分为正态总体,对于正态总体而言,为了应用的方便编有《正态分布概率表》(可在教材附录中查看)以供使用。根据《正态分布概率表》,已知概率度 t 可查得相应的概率保证程度 $F(t)$;相反,已知概率保证程度 $F(t)$ 也可查得相应的概率度 t。现将几个常用的对应数值列于表 5-1 中。

表 5-1 常用的概率度与概率保证程度对照表

概率度 t	概率保证程度 $F(t)(\%)$
1	68.27
1.64	90.00
1.96	95.00
2.00	95.45
3.00	99.73

从抽样极限误差的计算公式中可以看出,在抽样平均误差一定的条件下,抽样极限误差、概率度和概率保证程度三者之间存在如下关系:

(1) 在平均误差保持不变的情况下,要扩大概率保证程度,就要增大概率度 t,抽样极限误差 Δ 也随之扩大,这时估计的精确度将降低。

(2) 在平均误差不变的情况下,要提高估计的精确度,则抽样极限误差 Δ 就要缩小,概率度 t 也要缩小,这时概率保证程度将降低。

由此可见,抽样估计的精确度与概率保证程度是一对矛盾关系,进行抽样估计时必须在两者之间进行慎重的选择。

第三节 抽样估计的方法

抽样估计是指利用实际调查的样本指标数值估计相应的总体指标数值的方法。由于总体指标是表明总体数量特征的参数,如总体平均数、总体成数等,所以抽样估计也称为参数估计。参数估计有点估计和区间估计两种方法。

一、点估计

点估计就是根据样本资料计算样本指标,再以样本指标数值直接作为相应的总体指标的估计值。例如,以实际计算的样本平均数作为相应总体平均数的估计值;以实际计算的样本成数作为相应总体成数的估计值等等。即有

$$\bar{x} = \hat{\bar{X}}$$

$$p = \hat{P}$$

点估计的优点是原理直观，计算简便，在实际工作中经常采用。不足之处是这种估计方法没有考虑到抽样估计的误差，更没有指明误差在一定范围内的概率保证程度。因此，点估计的方法只适用于推断的准确度和可靠性要求不高的情况。

二、区间估计

（一）区间估计的含义

区间估计就是根据样本指标和抽样误差来推断总体指标值的最大可能范围，并同时指出估计的概率保证程度的方法。区间估计是抽样估计的主要方法。

区间估计必须具备三个要素：一是点估计值，就是样本指标，它是区间估计的基础；二是抽样极限误差，用以推算总体指标值的估计区间，说明估计的准确度；三是概率保证程度，表明总体指标值落在该估计区间的可靠性大小。

在以上三个要素中，抽样的准确度和可靠性是矛盾的，提高了估计的准确度，必然伴随着估计的可靠性的降低；同样提高了估计的可靠性，也必然伴随着估计的准确度的降低。因此，在抽样估计时，只能对其中一个的要素提出要求，而推求另一要素的变动情况。所以，总体参数的区间估计根据所给定的条件不同，有不同的估计模式。

（二）区间估计的模式

在进行区间估计的时候，根据所给定条件的不同，总体平均数和总体成数的估计有以下两套模式可供选择使用。

1. 根据已给定的抽样极限误差进行区间估计

具体步骤是：

第一步，抽取样本，计算样本指标，即计算样本平均数 $\bar{x}$ 或样本成数 p，作为总体指标的估计值，并计算样本标准差 σ，推算抽样平均误差 $\mu_{\bar{x}}$ 或 μ_p。

第二步，根据给定的抽样极限误差 Δ，估计总体指标的上限和下限。

第三步，将抽样极限误差 Δ 除以抽样平均误差 μ，求出概率度 t，再根据 t 值查《正态分布概率表》求出相应的概率保证程度 $F(t)$。

【例 5-3】 对某批型号的电子产品进行耐用性能检测，用重复抽样方法选取其中 100 件产品进行检验，其结果如下：平均耐用时数 $\bar{x}=1\,050$ 小时；标准差 $\sigma=50$ 小时。要求耐用时数的误差范围不超过 10 小时。试估计该批产品的平均耐用时数的区间。

计算分析如下：

（1）计算平均数的平均误差：

$$\mu_{\bar{x}}=\frac{\sigma}{\sqrt{n}}=\frac{50}{\sqrt{100}}=5(\text{小时})。$$

（2）估计总体指标的区间。

根据给定的抽样极限误差 $\Delta_{\bar{x}}=10$ 小时，计算总体平均数的上、下限：

下限 $=\bar{x}-\Delta_{\bar{x}}=1\,050-10=1\,040$（小时），

上限 $=\bar{x}+\Delta_{\bar{x}}=1\,050+10=1\,060$（小时）。

(3) 求概率度。

$$t = \frac{\Delta_{\bar{x}}}{\mu_{\bar{x}}} = \frac{10}{5} = 2。$$

根据概率度查表得概率保证程度 $F(t) = 95.45\%$。

计算结果表明,该批电子产品的平均耐用时数在 1 040～1 060 小时之间,其概率保证程度为 95.45%。

【例 5-4】 从某校学生中,随机抽取 100 名学生进行视力调查,其中戴眼镜者有 48 人。求误差范围不超过 5%,要求估计该校学生中戴眼镜者所占比重的区间。

计算分析如下:

(1) 计算样本比率和平均误差。

$$p = \frac{n_1}{n} = \frac{48}{100} = 48\%$$

$$\mu_p = \sqrt{\frac{P(1-P)}{n}} = \sqrt{\frac{48\% \times 52\%}{100}} = 5\%$$

(2) 估计总体指标的区间。

下限 $= p - \Delta_p = 48\% - 5\% = 43\%$

上限 $= p + \Delta_p = 48\% + 5\% = 53\%$

(3) 求概率度。

$$t = \frac{\Delta_p}{\mu_p} = \frac{5\%}{5\%} = 1$$

根据概率度查表得概率保证程度 $F(t) = 68.27\%$。

计算结果表明,该校学生中戴眼镜者所占的比重在 43%～53%之间,其概率保证程度为 68.27%。

2. 根据已给定的概率保证程度进行区间估计

具体步骤是:

第一步,抽取样本,计算样本指标,即计算样本平均数 $\bar{x}$ 或样本成数 p,作为总体指标的估计值,并计算样本标准差 σ,推算抽样平均误差 $\mu_{\bar{x}}$ 或 μ_p。

第二步,根据给定的概率保证程度 $F(t)$,查概率表求得概率度 t 值。

第三步,根据概率度 t 和抽样平均误差 μ 推算出抽样极限误差 Δ,并根据抽样极限误差求出被估计总体指标的上限和下限。

【例 5-5】 为了解某企业员工的收入情况,随机抽取了 50 个员工进行调查,调查结果如下:月平均收入 $\bar{x} = 2\,200$ 元;标准差 $\sigma = 640$ 元。试以 95.45%的概率保证程度估计该企业员工的月平均收入的区间。

计算分析如下:

(1) 计算样本平均数的平均误差。

$$\mu_{\bar{x}} = \frac{\sigma}{\sqrt{n}} = \frac{640}{\sqrt{50}} = 90.51(元)$$

(2) 求概率度。

根据概率保证程度 $F(t) = 95.45\%$,查表得概率度 $t = 2$。

(3) 计算抽样极限误差。

$\Delta_{\bar{x}} = t\mu_{\bar{x}} = 2 \times 90.51 = 181.02(元)$

(4) 计算总体指标的区间。

下限 $= \bar{x} - \Delta_{\bar{x}} = 2\,200 - 181.02 = 2\,018.98(元)$

上限 $= \bar{x} + \Delta_{\bar{x}} = 2\,200 + 181.02 = 2\,381.02(元)$

计算结果表明,该企业员工的月平均收入在 2 018.98～2 381.02 元之间,其概率保证程度为 95.45%。

【例 5 - 6】 某厂在某时期内生产了 10 万个零件,按不重复抽样方法从中随机抽取了 2 000 个零件进行检验,得知其中废品有 100 个。试以 95% 的概率保证程度估计全部零件合格率的区间。

计算分析如下:

(1) 计算样本合格率和平均误差。

$$p = \frac{n_1}{n} = \frac{2\,000 - 100}{2\,000} = \frac{1\,900}{2\,000} = 95\%$$

$$\mu_p = \sqrt{\frac{P(1-P)}{n}\left(1 - \frac{n}{N}\right)} = \sqrt{\frac{95\% \times 5\%}{2\,000} \times \left(1 - \frac{2\,000}{100\,000}\right)} = 0.48\%$$

(2) 求概率度。

根据概率保证程度 $F(t) = 95\%$,查表得概率度 $t = 1.96$。

(3) 计算抽样极限误差。

$\Delta_p = t\mu_p = 1.96 \times 0.48\% = 0.94\%$。

(4) 计算总体指标的区间。

下限 $= p - \Delta_p = 95\% - 0.94\% = 94.06\%$

上限 $= p + \Delta_p = 95\% + 0.94\% = 95.94\%$

计算结果表明,该批零件合格率在 94.06%～95.94% 之间,其概率保证程度为 95%。

第四节　抽样推断的组织形式

一、抽样推断的组织形式

如何科学地组织抽样调查是一个至关重要的问题。科学地组织抽样调查不但要保证随机抽样原则的实现,而且还要在调查费用一定的条件下,选择抽样误差最小的方案;在精确度要求一定的条件下,使调查费用最少。常用的抽样组织形式有五种。

(一) 简单随机抽样

简单随机抽样又称纯随机抽样,它是按随机原则直接从总体中抽取样本,使总体中每个单位都有同等机会被抽中的一种抽样组织方式。它是抽取样本的最基本、最简单的方式。简单随机抽样适用于被研究现象的数量表现没有特别明显的波动、分布比较均匀的总体。实际工作中,如果调查人员对被调查对象的特征缺乏足够的了解,往往采用简单随机抽样。

简单随机抽样的具体做法有两种。

1. 抽签法

抽签法是先将每个总体单位不加任何主观意志地编上号码,形成抽样框,然后,制作签条,经掺和均匀后从中任意抽取,抽到哪个号码就意味着抽中了与此号码相对应的总体中的某单位。

2. 随机数表法

随机数表法是利用随机数表抽取样本的方法。随机数表是由0到9共10个数字随机排列而成的数表。用随机数表抽取样本是将总体所有单位加以编号后,形成抽样框,根据编号的最大位数确定使用几位随机号码,然后从任一列或行的任意一位号码数起,碰上属于编号范围内的数字号码就定下来作为样本单位。

简单随机抽样在理论上最符合随机原则,但在实际应用中有很大的局限性。第一,无论用抽签法还是用查随机数表法取样,均需对总体各个单位逐一编号。而抽样推断中的总体单位数很多,编号查号的工作量很大。第二,当总体各单位标志变异程度较大时,简单随机抽样的代表性就比较差。所以简单随机抽样适用于所调查的总体单位数不多,且各单位标志变异程度较小的情况。

(二) 类型抽样

类型抽样又称分类抽样或分层抽样,是将总体按某一标志进行分组,然后在各组中随机抽取样本单位的抽样组织方式。类型抽样实质上是分组法和随机抽样法相结合的产物。首先划分出性质不同的各个组,以减少组内标志值之间的变异程度;然后按照随机原则,从各组中抽取调查单位,保证各组内都有一部分单位被抽取。所以,类型抽样所抽取的样本代表性较高,抽样误差小,能够以较少的样本单位数获得比较准确的推断结果。特别是当总体各单位标志值变异程度很大,单位数很多时,类型抽样则更为优越。例如,在进行城市职工家庭旅游消费支出抽样调查时,首先把职工按所属国民经济部门分类,然后再在各部门中抽取若干个调查户;再如,进行星级宾馆入住情况调查时,先将各宾馆按星级标准分为五星、四星、三星、二星和一星五类,然后再在各类宾馆中抽取若干个调查单位。

(三) 等距抽样

等距抽样又称机械抽样或系统抽样。它是将总体各单位按一定顺序(标志)排队,然后按固定顺序或间隔抽取样本单位的抽样组织方式。采用机械抽样方式时,可以根据研究的具体任务及被调查现象的特点,把总体各单位按有关标志排队或按无关标志排队。所谓有关标志,是指排队的标志与总体单位的标志表现有直接关系或起主要影响作用。反之,就是无关标志。例如,调查家庭财产情况,按户主姓氏笔画排队,就是按无关标志排队,实质上仍是简单随机抽样;若按户主工资多少排队,就是按有关标志排队。按有关标志排队,能使被研究对象标志值的变动均匀地分布在总体中,保证样本具有较高的代表性。

运用机械抽样方式抽取样本单位时,要避免抽样间隔与现象本身的节奏性或循环周期相重合。例如,在进行产品质量检验时,如果抽取间隔正好与上下班时间一致,就很难保证抽取的样本具有代表性。

按有关标志的机械抽样方式抽取样本单位,能够使抽取的单位更均匀地分布在总体的各个部分,所以机械抽样的抽样误差一般比简单随机抽样要小,它特别适用于总体各单位的标志变异程度较大的情况。

(四) 整群抽样

整群抽样,是指将总体各单位分成若干群,然后以群为单位,按随机原则抽取一些群,对所有抽中群的所有单位组织一个样本,并对样本进行全面调查的一种抽样组织方式。前面介绍的三种抽样组织方式,都是一个一个地从总体中抽取样本单位,故称为个体抽样。整群抽样则是一批一批地抽取样本单位,每抽取一批时,对其中所有的单位都进行登记调查。抽取样本群的方式,既可用简单随机抽样形式,也可以用等距抽样形式,一般常用后者。例如,要按10%的比例对饭店餐具进行卫生检验,即可每隔5小时从已消毒的餐具中抽取一次消毒过的全部产品作为一群,然后按比例要求抽满群数组成样本,并对每群进行逐个登记。

整群抽样的优点是组织工作比较简便,可以节省人力、物力和财力,并在短期内得到调查结果,在统计实践中应用也较广泛。缺点是如果总体单位的标志表现在群间差异过大而群内差异过小,由于样本在总体中太集中,分布不均匀,与其他几种抽样组织方式比较,样本的代表性误差较大,代表性较差。但是,如果群内差异大而群间差异小,则可使样本代表性提高,使抽样误差减小。考虑到编制名单和抽取样本的工作比其他各种组织形式简便易行,调查也集中方便,这时整群抽样又是有益的。因此,在采用整群抽样时,一般要比其他抽样组织方式抽取更多的样本单位。

(五) 多阶段抽样

多阶段抽样又称多级抽样,是将抽取样本单位的过程分为两个或两个以上阶段进行。即先从总体中抽选出构成样本的较大群体,再从这些被抽中的较大群体中进一步抽取较小的群体,这样一层一层地抽下去直到最后抽取构成总体的最基本单位为止。这种抽样方法可视为整群抽样的推广,不过到最后一个阶段时,要采用简单随机抽样、分类抽样或机械抽样的方式抽取样本单位。对一个很大的总体来说,直接抽取样本技术上困难很多,费用也很大,一般往往采用多阶段抽样。例如,我国农产品产量抽样调查,第一阶段从省抽县,第二阶段再从中选的县抽乡,第三阶段再从中选的乡抽村,第四阶段从中选的村抽地块,最后再从地块抽具体的样本点,并以样本点测框的实际资料推算平均亩产和总产量。

多阶段抽样的优点是比整群抽样灵活,在样本容量相同的情况下,多阶段抽样的样本单位在总体中的分布比整群抽样均匀。此外,多阶段抽样可以利用现成的行政区划组织系统作为划分各阶段的依据。但多阶段抽样的调查结果精确度不太高,推算比较麻烦。目前,我国许多大规模抽样调查都采用这种方式。

二、必要样本单位数的确定

(一) 确定必要样本单位的意义

在抽样推断中到底要抽取多少个样本,即样本容量要取多大是一个非常重要的问题。它直接关系到抽样误差的大小,影响到抽样推断的效果。样本容量过小,样本对总体的代表性越差,影响抽样推断的效果。诚然,样本单位数越大,样本的代表性就越强,抽样误差越小,推断的效果就越好。但同时也应该看到,样本取得越大,耗费的人力、物力和时间就越多,从而失去抽样调查的优势。所以,样本单位数确定得科学合理,一方面可以在既定的调查费用下,使抽样误差尽可能小,以保证推断的精确度和可靠性;另一方面,在既定的精确度和可靠性下,使调查费用尽可能少,以保证抽样调查的经济效益。

那么,样本单位数究竟多大才算是适度的?例如,在民意测验中,一般要调查多少人才能反映全国十几亿人口的态度和意见;商家需要调查多少消费者才能了解人们对于该商店所提供服务的满意程度;等等。在抽样设计中应该重视研究现象变异程度、估计误差的要求和样本单位数之间的关系,从而做出科学的抉择。

(二) 必要样本单位数的确定

影响抽样误差的因素之一,是样本单位数的多少。在抽样调查中,事先确定必要的样本单位数是一项重要的工作。由于样本单位数是抽样极限误差公式的组成部分,所以可以根据抽样极限误差公式推导出样本单位数的公式。下面以简单随机抽样为例,介绍推断总体指标所必需的样本单位数的计算方法。

1. 推断总体平均数所需的样本单位数

(1) 在重复抽样条件下

$$n = \frac{t^2 \sigma^2}{\Delta_{\bar{x}}^2} \tag{5-14}$$

(2) 在不重复抽样条件下

$$n = \frac{Nt^2 \sigma^2}{N\Delta_{\bar{x}}^2 + t^2 \sigma^2} \tag{5-15}$$

2. 推断总体成数所需的样本单位数

(1) 在重复抽样条件下

$$n = \frac{t^2 p(1-p)}{\Delta_p^2} \tag{5-16}$$

(2) 在不重复抽样条件下

$$n = \frac{Nt^2 p(1-p)}{N\Delta_p^2 + t^2 p(1-p)} \tag{5-17}$$

(三) 确定必要样本单位数应注意的问题

在确定必要样本单位数的过程中,可能会遇到一些应用性问题,应注意三个方面。

1. 总体指标未知的问题

公式中涉及总体标准差与总体成数资料时,一般可利用以前的经验数据或样本数据来代替。若遇到有不止一个经验数据或样本数据时,宜选择最大的一个。若总体成数未知,可选取使成数方差达到最大(0.25)或接近最大值代入。

2. 估计对象导致数目不相等的问题

对于同一资料既要估计平均数又要估计成数时,根据这两种估计所求的必要样本单位数可能不相等,这时应选择其中样本单位数较大的进行抽样,以保证抽样推断的精确性和可靠性。

3. 抽样方法导致数目不相等的问题

按重复抽样公式计算的必要样本单位数要比按不重复抽样公式确定的必要样本单位数大。在条件允许的情况下,为保证抽样推断的精确度和可靠程度,原则上,一切抽样调查在计算必要样本单位数时都可采用重复抽样公式计算。

(四) 必要样本单位数的影响因素

1. 总体标准差

在其他条件不变的情况下,总体标准差与样本单位数呈正比。总体标准差大,说明总体差异程度高,抽样误差就越大,则样本单位数就应多些;反之,总体标准差小,抽样误差就小,则样本单位数就可以少些。二者呈正方向变化。

2. 抽样极限误差

在其他条件不变的情况下,抽样极限误差与样本单位数呈反比。如果允许的误差范围越大,对抽样估计的精确度要求越低,则样本单位数就可以少些;反之,若允许的误差范围越小,对精确度的要求越高,则样本单位数就应多些。二者呈反方向变化。

3. 概率保证程度

在其他条件不变的条件下,抽样估计的概率保证程度要求越高,样本单位数就应越大;反之,抽样估计的概率保证程度要求越低,样本单位数就可以越小。二者呈正方向变化。

4. 抽样方法及抽样组织方式

抽样方法和抽样组织方式不同,样本单位数的多少也不同。在其他条件不变的情况下,重复抽样条件下的样本单位数需要多抽一些,不重复抽样条件下的样本单位数可少抽一些。在适宜的条件下,类型抽样比简单随机抽样的样本单位数需要得少。

此外,样本单位数的多少,一方面要考虑耗费的人力、财力、物力和时间的允许条件;另一方面要考虑能否达到研究的预期目的。一般而言,样本单位数越多,抽样误差越小,样本的代表性越大。但是,样本单位数越多,耗费的人力、物力、财力和时间也越多,从而又导致研究结果的时效性差。因此,在确定样本单位数时,还要考虑到这个方面的需要与可能。

【例 5-7】 某厂拟采用抽样调查的方法对 500 户职工家庭收入进行调查,根据经验,职工家庭收入的方差为 300 元,若允许误差要求不超过 5 元,抽样推断的把握程度为 95.45%,请问应抽取多少样本进行调查?

已知 $\sigma^2=300, t=2, \Delta_{\bar{x}}=5, N=500$,则样本单位的计算如下:

重复抽样时:$n=\dfrac{t^2\sigma^2}{\Delta_{\bar{x}}^2}=\dfrac{2^2\times 300}{5^2}=48$(户)

不重复抽样时:$n=\dfrac{Nt^2\sigma^2}{N\Delta_{\bar{x}}^2+t^2\sigma^2}=\dfrac{500\times 2^2\times 300}{500\times 5^2+2^2\times 300}\approx 44$(户)

【例 5-8】 某公司生产某种电池,月产量为 40 000 只,根据以往的资料测得一等品率为 94%。现重新抽样调查一等品率,要求抽样误差范围不超过 2%,概率保证程度为 95.45%,请问应抽取多少样本进行调查?

已知 $p=94\%, \Delta_p=2\%, t=2, N=40\,000$，则样本单位的计算如下：

重复抽样时：$n=\dfrac{t^2 p(1-p)}{\Delta_p^2}=\dfrac{2^2\times 94\%\times(1-94\%)}{2\%^2}=564$（只）

不重复抽样时：$n=\dfrac{Nt^2 p(1-p)}{N\Delta_p^2+t^2 p(1-p)}=\dfrac{40\,000\times 2^2\times 94\%\times(1-94\%)}{40\,000\times 2\%^2+2^2\times 94\%\times(1-94\%)}$
$=556$（只）

本章小结

抽样推断是在抽样调查的基础上，用样本资料推断总体数量特征的一种重要的统计分析方法。

抽样推断中常用的概念有：总体和样本、参数和统计量、样本个数和样本容量、重复抽样和不重复抽样、抽样误差、抽样平均误差和抽样极限误差等。

抽样误差是抽样推断中的一个重要概念，它属于代表性误差。由于样本结构与总体结构的不一致导致样本指标与总体指标之间存在难以消除的误差。影响抽样误差的因素有：总体各单位标志值的变异程度、样本单位数的多少（样本容量的大小）、抽样方法和抽样的组织形式。抽样误差是客观存在的但其是不可知的，因此，常用抽样平均误差来表示。抽样平均误差是指所有可能的样本指标与总体指标之间离差平方的算术平均平均数的平方根，即所有样本指标与总体指标之间的标准差，反映抽样误差的一般水平。

抽样调查是一种非全面调查，但在其基础上对总体数量特征进行推断具有诸多优点，因而在实际工作中得到普遍应用。抽样估计方法有两种，分别为点估计和区间估计。

抽样推断的组织形式有：简单随机抽样、类型抽样、等距抽样、整群抽样和多阶段抽样。

思考题

1. 什么是抽样推断？它具有哪些特点？
2. 为什么要确定适度的样本容量？
3. 什么是抽样误差？
4. 影响抽样误差大小的因素有哪些？
5. 为什么说不重复抽样误差总是小于而又接近于重复抽样误差？
6. 什么是概率度？什么是置信度？二者有什么关系？
7. 如何进行区间估计？

实践技能训练

1. 根据抽样推断原理，把本学院两个年级按等比例随机抽取 100 名同学进行实际调查，依据调查结果，在 95.45% 的概率保证程度，推断我院大学生的日常消费水平（月生活费用）。

2. 从经管系会计专业同学中按随机原则抽取50名同学进行调查,求得早上爱睡觉、第一节课经常迟到人数的成数,试以95.45%的概率估计经管系早上爱睡觉、第一节课经常迟到的大学生的可能范围。

3. 从你所在城市某一工厂中按随机原则抽取100件产品进行质量检测,求出合格率。试以99.73%的概率,估计全部产品合格率的所在范围,并求全部不合格品的可能范围。

第六章　假设检验

学习目标

（一）知识目标
1. 明确假设检验的概念与基本思路；
2. 掌握双侧检验与单侧检验的方法；
3. 掌握假设检验的一般方法。

（二）能力目标
1. 理解什么是显著性水平及其在假设检验中的作用；
2. 能够将假设检验方法应用于实践，分析经济预测和抽样推断的可靠性；
3. 认识假设检验的意义，逐步形成一种精确认识事物变化"度"的意识。

导引案例

日常生活中，人们常食用燕麦片。某食品加工厂采用自动包装机包装燕麦片，每袋标准重量为 700 克。以往的经验表明，袋装燕麦片的袋装重量服从正态分布，且标准差 $\sigma=15$ 克。现为了检验包装机是否处于正常工作状态，工厂管理人员随机抽取燕麦片 16 袋，称得平均净重为 $\bar{x}=691$ 克。试问该厂自动包装机工作是否正常？

回答这一问题不能以一般数学证明的方式加以研究，因为第五章的内容告诉我们，样本均值 $\bar{x}=691$ 与总体均值 $\bar{X}=700$ 之间客观上存在误差，且无法以样本数据从数学上指导抽样平均误差 μ 的准确值。那么，研究该厂自动包装机工作是否正常的基本思路，就是如果样本数据能够提供充分的证据来否定样本均值 $\bar{x}=691$ 与总体均值 $\bar{X}=700$ 之间的差异完全是由抽取样本的随机因素引起的，则认为抽样平均误差真值 μ 与 700 之间有显著差异；否则，就不能认为这两者之间有显著差异，也即不能认为机器工作不正常。

上例在日常生活和工业生产活动中普遍存在，这就是统计学上所讲的统计假设检验问题，我们用一章的内容来阐明。

第一节　假设检验的一般问题

在日常的社会经济生活中，由于我们通常难以完全知道所关心的总体的某些数量特征及其变化情况,因而对总体进行研究比较时,常常需要对总体的状况做出某种假设。例如,考虑目前股票市场上价格指数的走势是否正常,我们只能依据过去长期观察的平均水平和变异情况,做出当前股票价格水平可能正常或不正常的假设。但是这种平均水平毕竟只是过去的情况或正常条件下的情况,是否也符合当前的实际情况,还需要等待进一步的验证。因此,它只是一种假设。总之,凡属于研究总体的数量变化是否按照我们预期的规律性要求的问题都属于统计假设检验的讨论范围。

统计假设检验同参数估计一样,是统计推断的一个主要内容,其基本任务是根据样本所提供的信息,对总体的某些方面,如总体的分布类型、参数的性质等做出结论性的判断。假设检验有其独特的统计思想,许多实际问题都可以以其作为解决方法。统计假设检验可分为参数假设检验和非参数假设检验两个部分。当总体分布形式已知,检验的目的是对总体的参数及其性质做出判断,则称这种检验为参数检验;若总体分布形式未知,需对总体分布函数形式或总体之间的关系进行推断,则称为非参数假设检验。

一、小概率原理和反证法思想

从本章所引的例子来说明小概率原理和反证法思想。

依题意,总体 $X \sim N(\mu, 15^2)$,欲检验 μ 是否等于 700(克)。

我们把类似这种根据样本观测值来判断"$\mu=700$"的说法是否成立的问题称为假设检验问题,并且把"μ 等于 700"和其对立说法"μ 不等于 700"都称为统计假设,简称为假设。把"μ 等于 700"称为原假设(或零假设),把"μ 不等于 700"称为备择假设(或对立假设),分别记为 H_0 和 H_1。该假设检验问题可以表示为

$$H_0: \mu = 700, H_1: \mu \neq 700$$

原假设 H_0 与备择假设 H_1 互相排斥,两者有且只有一个正确。备择假设的意思是,一旦否定原假设,这个假设就是备择选择。对假设进行检验就是要做出是否拒绝原假设 H_0 的判断。若拒绝 H_0,意味着接受备择假设 H_1;若不能拒绝 H_0,意味着只能接受 H_0。

在此例中,样本均值 $\bar{x}$ 直接反映了总体均值 μ 的大小。若原假设 H_0 为真,则 $|\bar{x}-700|$ 一般应较小;否则,一般应较大。因此,我们可以根据 $|\bar{x}-700|$ 的大小决定拒绝还是接受原假设 H_0。$|\bar{x}-700|$ 越大,我们越倾向于拒绝 H_0,那么 $|\bar{x}-700|$ 大到何种程度才能做出拒绝 H_0 的判断呢? 为此,我们需要制定这样一个拒绝原则:若 $|\bar{x}-700| \geqslant c$,则拒绝 H_0。

其中 c 是一个待定的常数,称为临界值,不同的 c 值表示不同的拒绝规则。我们把拒绝 H_0 的范围 $\{|\bar{x}-700| \geqslant c\}$ 称为拒绝域。因此,对假设进行检验也就是要给出一个拒绝域。

若取 $\alpha=0.05$,查表得 $z_{0.25}=1.96$。

$$|Z| = \frac{|\bar{x}-700|}{3.75} = 2.4 > 1.96$$

故拒绝原假设 H_0,即认为该包装机包装的袋装燕麦片平均净重与标准重量 700 克有显著差异,也就是有充分的理由否定该包装机处于正常工作状态的说法。

从上文可以看出,统计假设检验包含两个重要思想:小概率思想和反证法思想。

（一）小概率原理

假设检验中的"小概率原理"认为：小概率事件在一次试验中几乎不可能发生。如果小概率事件在一次试验中居然发生了，则有理由首先怀疑原假设的真实性，从而拒绝原假设。

"小概率原理"关于小概率的值并没有统一的规定，因为这不是理论问题，而是实际问题，通常做法是根据实际问题的要求规定一个显著性水平 α，当一个事件的概率不大于 α 时，即认为它是小概率事件。

（二）反证法思想

假设检验中的反证法思想就是，先假定"H_0 为真"，如果检验中出现了不合理现象，则表明"H_0 为真"的假设是错误的，应该拒绝 H_0。如果检验中未出现不合理现象，则认为"H_0 为真"的假设是正确的，应该接受 H_0。

二、两类错误

在假设检验中，对假设检验的判断是根据按样本实际资料所计算的统计量的值与临界值的比较做出的。由于样本的随机性、样本信息的分散性等原因，这种对原假设的真实性做出拒绝或接受的判断，并不能保证不犯错误，做到百分之百的正确，总是要承担一定的风险的。有可能犯两种类型的错误。

第一类错误是：原假设 H_0 本来正确，但按检验规则却做出了拒绝 H_0 的判断，这类错误称为第一类错误，其发生的概率称为犯第一类错误的概率，也称为弃真错误的概率，记为 α。因此，我们给定一个显著性水平 α，进而通过计算发现样本平均数或样本成数的差异出现的概率等于或小于 α，则认为此事出现的可能性很小，并不等于说事件完全不可能发生，而是仍然有 α 的可能性存在的。这样，我们做出拒绝原假设的判断是要冒一定风险的，即要冒把正确的假设当作假的而拒绝的风险，也即犯弃真的错误。犯这类错误的概率大小就是显著性水平 α。

第二类错误：原假设 H_0 本来不正确，但按拒绝规则却做出了接受 H_0 的判断，这类错误称为第二类错误，其发生的概率称为犯第二类错误的概率，也称为取伪错误的概率，记为 β。对于检验者来说，其当然希望 β 值尽可能地小，换言之，就是希望 $1-\beta$ 值尽可能的大，也即是希望 H_0 不真而被舍弃的概率越大越好。$1-\beta$ 越接近于 1，表示不真实的原假设 H_0 几乎都能被加以拒绝；反之，$1-\beta$ 就越接近于 0，犯第二类错误的可能性就越大。因此，$1-\beta$ 是衡量检验工作做得好坏的一个指标，在统计上称为检验功效。

一般来说，要减少犯第一类错误的概率 α，可以取较大的临界值 c，也就是把拒绝域缩小，但这必然导致犯第二类错误的概率 β 增大。如果要减少犯第二类错误的概率 β，可以取较小的临界值 c，也就是把拒绝域扩大，而这又必然导致犯第一类错误的概率 α 增大。因此，在样本容量不变的情况下，要想同时减少两类错误是不能的。要想同时减少犯第一类、二类错误的可能性，只有通过增加样本单位数的办法来解决。但在实际工作中，我们不可能无限增大样本容量。因此，我们往往通过权衡犯两种类型错误所可能花费的代价来决定适当的显著水平。总之，在假设检验过程中，为了减少犯两类错误所可能带来的损失，我们必须根据实际需要谨慎行事。

假设检验的这种逻辑思想相当于法庭审判中，对被告所做的"无罪假设"（可视为原假设），原告认为被告有罪(可视为备择假设),就必须提供充足的证据以否定被告无罪的假设,否则,就不能认为被告有罪。在审判中,显然不能轻易否定被告这一原假设,也就是说对犯弃真错误的概率 α 必须严格控制。当然,即使不拒绝原假设,这也不表明被告人必定无罪,只是证据不充分而已。

三、显著性水平

上面的讨论表明,假设检验的基本思想是首先对所研究的命题提出一种假设——无显著差异的假设,并假定这一假设成立,然后由此导出其必然的结果。如果我们能证明这种结果出现的可能性很小,那我们就有理由用反证法认为原假设是错误的,从而拒绝接受这个假设。否则,我们就没有理由拒绝原假设,而认为原假设是可容的。

要检验原假设 H_0 的正确与否,关键在于构造一个小概率事件 $Z>Z_a$,使得 $P(Z>Z_a)=\alpha$。当 H_0 为真时,如果不巧,小概率事件 $Z>Z_a$ 发生了,按照检验法则应该拒绝 H_0,α 刚好就是 H_0 为零而被拒绝的概率,亦即表示拒绝原假设所冒的风险。在检验过程中,只要判别 Z 和 Z_a 的关系就可以对 H_0 做出接受和拒绝的决策,这是因为 Z_a 作为临界值,把检验区域分为两部分:接受区域和拒绝区域。当检验统计量落入接受区域时,应该接受 H_0;当检验统计量落入拒绝区域时,应该拒绝 H_0,因为这时候检验统计量表现出与总体的显著不同。所以,α 叫作假设检验的显著性水平,假设检验又称显著性检验。α 小到什么程度才合适呢?对于不同的检验问题,α 可以选取不同的值。但要记住,我们选择最低标准作为一个可接受的概率或显著性水平也是一种冒险,我们用于检验一个假设的显著水平愈高,拒绝一个本来是真实的原假设的概率愈大。

对显著性水平的理解必须把握下面两个特点:第一,显著性水平并不是一个固定不变的数字。它的大小随着我们所研究问题的性质及我们对结论准确性所做的要求不同而变动,主要是依据拒绝区间所可能承担的风险来决定。一般而言,显著性水平多次采用 0.01、0.05、0.10 等数值。第二,统计上所讲的显著性与实际生活、工作中的显著性是不一样。在假设检验中,设定显著性水平的目的是判别或比较两个总体之间是否存在差异。如果两个总体间的差异超过了总体内在的变异性,那么我们就认为它们的差异具有统计上的显著性。但这种统计上的显著性有可能并不一定对实际生产经营或商业性活动产生多大影响。

四、双侧检验和单侧检验

由于在提出统计假设时,根据研究的问题性质不同有两种不同的构造假设方法,同时按照将这个拒绝域安排在所检验统计量的抽样分布的某一侧还是两端,因此可以将统计假设检验分为双侧检验和单侧检验两种类型。单侧检验还可以根据问题的要求进一步分为左单侧检验和右单侧检验。

(一) 双侧检验

所谓双侧检验,是指当我们所关心的问题是要检验样本平均数和总体平均数或样本成数与总体成数有没有显著性差异,而不问差异的方向是正或负时,所采用的一种统计检验方法。在双侧检验中,原假设取等式,如

$$H_0: p = p_0, H_1: p \neq p_0$$

同时,由于双侧检验不问差距的正负,给定的显著性水平 α,须按对称分布的原理平均分配到左右两侧,每方各为 $\frac{\alpha}{2}$,相应得到下临界值为 $-Z_{\alpha/2}$,上临界值为 $Z_{\alpha/2}$。

(二)单侧检验

所谓单侧检验,是指当我们要检验的是样本所取自的总体的参数值偏高(大于)或偏低(小于)某个特定值时,所选择使用的一种单方面的检验方法。因此,单侧检验是一种单方面的检验,包括左侧检验和右侧检验两种。如果所要检验的是样本所取自的总体的参数值是否大于某个特定值,我们应采用右单侧检验;反之,若所要检验的是样本所取自的总体的参数值是否小于某个特定值,我们应采用左单侧检验。

在单侧检验中,原假设采取不等式形式。

在左单侧检验时:$H_0: p \geqslant p_0, H_1: p < p_0$

在右单侧检验时:$H_0: p \leqslant p_0, H_1: p > p_0$

同时,给定显著性水平 α,左单侧检验的临界值为 $-Z_\alpha$,右单侧检验的临界值为 Z_α。

实际应用中,是采用双侧检验还是单侧检验?单侧检验中是采用左单侧还是右单侧呢?例如,某公司采取了新的销售方案,我们想检验新方案下销售收入是否与实施前的有差异,即是否等同于原来的销售收入水平,对该情况的检验就是双侧检验。如果我们想检验新方案下的销售收入水平是否有所提高,此时检验就转化为单侧检验了,而且是右侧检验。同理,如果我们想检验新方案下的销售收入水平是否低于实施前的收入水平,就要采用单侧检验中的左侧检验。也就是说,选用双侧、左侧或右侧检验时,要结合备选假设来考虑。

五、假设检验的程序

从上述基本原理的介绍中可以看出,假设检验的方法较为灵活,其基本方法可以通过参数假设检验来理解,统计假设检验的一般过程可以总结为以下几个步骤:

第一步:建立统计假设。根据已知的信息,在经过周密考虑之后提出原假设 H_0 和备择假设 H_1。其中,原假设 H_0 是检验中要予以拒绝或接受的假设,如果原假设被拒绝了就等于接受了备择假设,备择假设也称为原假设的对立事件。

第二步:确定假设检验的样本统计量及其分布。我们知道假设检验是依据有代表性的样本特征进行的,所以检验前必须先确定用于检验的统计量,了解其分布特点。该统计量在假设检验中被称为检验统计量。

第三步:规定显著性水平 α 值。假设检验的基本思想,实质上是小概率推断原理。通常情况下,我们要规定一个显著性水平 α,当某事件发生的概率小于该显著水平时,就认为该事件为小概率事件。例如,根据某事物的特点我们认为概率在 0.05 以下的情形很难出现,即为小概率事件,则 0.05 就是这一事件的显著性水平。

第四步:根据显著性水平确定统计量的否定域及临界值。假设检验的一般原则是,事先规定小概率的水平 α,再根据检验统计量的分布,求出在原假设 H_0 为真时检验统计量的显著性水平的临界值,我们把概率为 $1-\alpha$ 下拒绝 H_0 为真的数值区域叫否定域,即检验统计量的分布律中,对应于小概率 α 的区域。否定域与肯定域的分界点就是临界值,否定域之外的取值范围称为接受域。

第五步:将实际求得的检验统计量取值与临界值进行比较,做出拒绝或接受原假设的决策。如果样本统计量的值超过临界值,说明原假设落入拒绝域中,那么我们就选择拒绝接受原假设;若样本统计量的值小于临界值,说明原假设落入接受域中,那么我们就不能拒绝原假设,而必须接受原假设或做进一步的检验。

第二节 假设检验的方法

总体参数检验就是检验已知分布形式(主要考虑正态分布)的总体的某些参数(如均值或者方差)是否与事先所做的假设存在显著性差异,又称显著性检验,主要包括对总体均值、总体成数和正态总体方差的假设检验。本节分各种情况对这几个方面的检验进行介绍。

一、总体均值的检验

总体均值的假设检验就是检验由样本信息所推断的当前总体均值是否与事先假设的总体均值存在显著性差异。

(一)正态总体均值的检验

设 $x_1, x_2, x_3, \cdots, x_n$ 是取自总体 $N(\mu, \sigma^2)$ 的一个样本,给定的显著性水平为 α。

1. σ 已知的情形

构造检验统计量

$$Z = \frac{\overline{x} - \mu_0}{\frac{\sigma}{\sqrt{n}}} \tag{6-1}$$

当 $\mu = \mu_0$ 时,该统计量服从 $N(0,1)$,由此可得下述各假设检验问题的拒绝规则。

(1) $H_0: \mu = \mu_0, H_1: \mu \neq \mu_0$,其拒绝规则为:若 $|z| \geq z_{\alpha/2}$,则拒绝 H_0。

(2) $H_0: \mu \leq \mu_0, H_1: \mu > \mu_0$,其拒绝规则为:若 $|z| \geq z_\alpha$,则拒绝 H_0。

(3) $H_0: \mu \geq \mu_0, H_1: \mu < \mu_0$,其拒绝规则为:若 $|z| \leq -z_\alpha$,则拒绝 H_0。

【例 6-1】 为了考察某种类型电子元件的使用寿命情况,假设该电子元件使用寿命的分布为正态分布。而且根据历史记录得知该分布的参数为平均使用寿命 μ 为 100 小时,标准差 $\sigma = 10$。现在随机抽取 100 个该类型的元件,测得平均寿命为 102 小时,给定显著性水平 $\alpha = 0.05$,问该类型电子元件的使用寿命是否有明显的提高?

解:此题为单侧检验,且是右单侧检验。

以 μ 表示元件的平均使用寿命(小时),则

(1) 建立假设。

H_0:$\mu \leq 100$,即平均使用寿命无明显变化;

H_1:$\mu > 100$,即使用寿命有明显提高。

(2) 确定检验统计量及其分布。

$$Z = \frac{\overline{x} - \mu}{\frac{\sigma}{\sqrt{n}}} \sim N(0,1)$$

(3) 确定临界值。

右单侧检验的临界值为 Z_α。由于给定的显著性水平 $\alpha = 0.05$，那么双侧概率水平为 $2 \times 0.05 = 0.1$，则 $F(Z_\alpha) = 1 - 0.1 = 0.9$，查正态分布表得到 $Z_\alpha = 1.645$，即为临界值。

(4) 计算样本统计量并判断。

根据样本资料，计算样本统计量：

$$Z = \frac{\overline{x} - \mu}{\frac{\sigma}{\sqrt{n}}} = \frac{102 - 100}{\frac{10}{\sqrt{100}}} = 2$$

由于计算的样本统计量 $Z > 1.645$，所以拒绝原假设 H_0，可以认为该类型电子元件的使用寿命确实有所提高。

注：在上例中，如果抽出 100 个样本元件，测得其平均使用寿命为 98（小时），其余条件相同，试问该类型元件的使用寿命是否有显著性下降。则此题为左单侧检验问题。

2. σ 未知的情形

可取检验统计量为

$$T = \frac{\overline{x} - \mu_0}{\frac{S}{\sqrt{n}}} \tag{6-2}$$

当 $\mu = \mu_0$，该统计量服从自由度为 $n-1$ 的 t 分布，于是可得以下各假设检验问题的拒绝规则。

(1) $H_0: \mu = \mu_0$，$H_1: \mu \neq \mu_0$，其拒绝规则为：若 $|t| \geq t_{\alpha/2}(n-1)$，则拒绝 H_0。

(2) $H_0: \mu \leq \mu_0$，$H_1: \mu > \mu_0$，其拒绝规则为：若 $|t| \geq t_\alpha(n-1)$，则拒绝 H_0。

(3) $H_0: \mu \geq \mu_0$，$H_1: \mu < \mu_0$，其拒绝规则为：若 $|t| \leq -t_\alpha(n-1)$，则拒绝 H_0。

【例 6-2】 某糖果生产基地，生产的标准是每袋糖果净重为 500 克。今从一批产品中抽出 10 袋，实际测得每袋糖果的净重为：512,503,498,507,496,489,499,501,496,506。给定显著性水平 $\alpha = 0.01$。试问该批糖果的生产是否正常？

解：该例中，检验的问题是糖果净重是否符合 500 克的标准，属于双侧检验问题。

(1) 建立假设。

$H_0: \mu = 500$，$H_1: \mu \neq 500$

(2) 确定临界值。

由于是双侧检验，所以应该有两个临界值：上临界值、下临界值。又因总体的标准差 σ 未知，需要用样本标准差 S 来代替，因此，统计量服从的是自由度 $\nu = n-1$ 的 t 分布，而非正态分布。此例中 $n = 10$，$\alpha = 0.01$，则自由度 $\nu = 10 - 1 = 9$，查 t 分布表得到：上临界值 $t_{\frac{\alpha}{2}}(\nu) = t_{0.005}(9) = 3.25$，由于分布的对称性，下临界值为 $-t_{\frac{\alpha}{2}}(\nu) = -t_{0.005}(9) = -3.25$。

(3) 计算样本统计量。

在计算样本统计量之前，需要先计算样本均值和样本标准差。

样本均值：$\overline{x} = \dfrac{\sum x}{n} = \dfrac{5007}{10} = 500.7$（克）

样本标准差：$S = \sqrt{\dfrac{\sum (x-\overline{x})^2}{n-1}} = \sqrt{\dfrac{392.1}{10-1}} = 6.601$（克）

检验的样本统计量：$t = \dfrac{\overline{x}-\mu}{\dfrac{S}{\sqrt{n}}} = \dfrac{500.7-500}{\dfrac{6.601}{\sqrt{10}}} = 0.335$

（4）判断。

根据样本计算的统计量 $t=0.335$ 在 -3.25 到 $+3.25$ 之间，所以不能拒绝原假设，也即在 99% 的置信度下，可以认为该批生产正常。

注：若上例中，假定所要检验的是该批生产是否显著地高于标准，则检验问题变为单侧检验，而且是右单侧检验问题。

（二）大样本情形下非正态总体均值的检验

设 $x_1, x_2, x_3, \cdots, x_n$ 是来自非正态总体 X 的一个大样本，$E(X) = \mu, Var(X) = \sigma^2$ 则由中心极限定理知，$\overline{x}$ 的抽样分布近似正态分布。若总体标准差 σ 已知，则可以把

$$z = \dfrac{\overline{x}-\mu_0}{\dfrac{\sigma}{\sqrt{n}}} \tag{6-3}$$

作为检验统计量。当 $\mu = \mu_0$ 时，该统计量近似服从 $N(0,1)$。若 σ 未知，则可用 S 代替上式中的 σ，所得检验统计量当 $\mu = \mu_0$ 时，仍近似服从 $N(0,1)$。拒绝规则与正态总体的情形相同。

（三）比较两个总体均值的检验

两个总体均值之差的检验就是对两个不同总体的均值之间的差异性是否显著所进行的检验。

设 $X_1, X_2, X_3, \cdots, X_n$ 是来自总体 X 的一个容量为 n_1 的样本，$Y_1, Y_2, Y_3, \cdots, Y_n$ 是来自总体 Y 的一个容量为 n_2 的样本，且这两个样本相互独立。设总体 $X \sim N(\mu_1, \sigma_1^2)$，总体 $Y \sim N(\mu_2, \sigma_2^2)$，欲对 μ_1 和 μ_2 进行比较检验。

1. σ_1 和 σ_2 已知的情形

$$\text{构造检验统计量 } Z = \dfrac{\overline{X}-\overline{Y}}{\sqrt{\dfrac{\sigma_1^2}{n_1} + \dfrac{\sigma_2^2}{n_2}}} \tag{6-4}$$

当 $\mu_1 = \mu_2$ 时，$Z \sim N(0,1)$。对给定的显著性水平 α，可得下述各假设检验的拒绝规则。

(1) $H_0: \mu_1 = \mu_2, H_1: \mu_1 \neq \mu_2$，其拒绝规则为：若 $|z| \geqslant z_{\alpha/2}$，则拒绝 H_0。

(2) $H_0: \mu_1 \leqslant \mu_2, H_1: \mu_1 > \mu_2$，其拒绝规则为：若 $|z| \geqslant z_\alpha$，$H_1: \mu_1 \neq \mu_2$，则拒绝 H_0。

(3) $H_0: \mu_1 \geqslant \mu_2, H_1: \mu_1 < \mu_2$，其拒绝规则为：若 $|z| \leqslant -z_\alpha$，则拒绝 H_0。

2. σ_1 和 σ_2 未知，但 $\sigma_1^2 = \sigma_2^2 = \sigma^2$ 的情形

构造检验统计量

$$T = \frac{\overline{X} - \overline{Y}}{\sqrt{\frac{(n_1-1)S_x^2 + (n_2-1)S_Y^2}{n_1+n_2-2}} \times \sqrt{\frac{1}{n_1} + \frac{1}{n_2}}} \sim t(n_1 + n_2 - 2) \qquad (6-5)$$

当 $\mu_1 = \mu_2$ 时，$T \sim t(n_1 + n_2 - 2)$。对给定的显著性水平 α，可得下述各假设检验的拒绝规则。

(1) $H_0: \mu_1 = \mu_2$，$H_1: \mu_1 \neq \mu_2$，其拒绝规则为：若 $|t| \geq t_{\alpha/2}(n_1+n_2-2)$，则拒绝 H_0。

(2) $H_0: \mu_1 \leq \mu_2$，$H_1: \mu_1 > \mu_2$，其拒绝规则为：若 $t \geq t_\alpha(n_1+n_2-2)$，则拒绝 H_0。

(3) $H_0: \mu_1 \geq \mu_2$，$H_1: \mu_1 < \mu_2$，其拒绝规则为：若 $t \leq -t_\alpha(n_1+n_2-2)$，则拒绝 H_0。

【例 6-3】 将某小学一年级学生随机分为两组，对其中一组运用新型的教学方式，称为新型组；另一组按照传统的教学方式教学，称为传统组。经过 6 个月后，对该年级学生进行成绩测试。假设两组成绩的总体标准差相同。从新型组抽取 31 名学生，求得其平均成绩为 78.06，标准差为 9.36；同样，从传统组抽取 31 名，求得的平均成绩为 76.30，标准差为 10.12。假设两组成绩的总体标准差相同。比较两组学生的平均成绩是否有显著性差异。

解：此题属于在两总体方差未知（但是假定两方差相等）下，检验两组均值是否有差异的问题。

依题意有，$\overline{X} = 76.30$，$\overline{Y} = 78.06$，$S_x = 10.12$，$S_y = 9.36$，$n_1 = n_2 = 31$

(1) 建立假设。

$H_0: \mu_x = \mu_y$，$H_1: \mu_x \neq \mu_y$

(2) 构造检验统计量。

$$T = \frac{\overline{X} - \overline{Y}}{\sqrt{\frac{(n_1-1)S_x^2 + (n_2-1)S_y^2}{n_1+n_2-2}} \times \sqrt{\frac{1}{n_1} + \frac{1}{n_2}}} \sim t(n_1 + n_2 - 2)$$

其中由于相等的标准差 σ 未知，我们用 $\frac{(n_1-1)S_x^2 + (n_2-1)S_y^2}{n_1+n_2-2}$ 来估计。

(3) 确定临界值。

从 t 分布表中查的临界值 $t_{0.025}(60) = 2.00$。

(4) 计算样本统计量及判断。

将样本资料代入检验统计量得到 $t = 0.711$，因而有 $|t| = 0.711 < 2.00$，不能拒绝原假设，即两组的均值没有显著性差异。

二、总体成数的检验

成数是反映现象数量结构的指标，如就业率、升学率、产品合格率等。要考察总体成数是否发生显著性变化，可以通过样本成数对其进行假设检验。

设 p 为总体成数，$q = 1 - p$。当 np 和 nq 都大于等于 5 时，样本成数 $\hat{P}$ 近似服从 $N\left(p, \frac{pq}{n}\right)$。于是对于下述假设检验问题可构造检验统计量

$$Z = \frac{\hat{P} - p_0}{\sqrt{\frac{p_0 q_0}{n}}} \qquad (6-6)$$

当 $p = p_0$ 时,该统计量近似服从 $N(0,1)$。对给定的显著性水平 α,可得下述各假设的拒绝规则。

(1) $H_0: p = p_0, H_1: p \neq p_0$,其拒绝规则为:若 $|z| \geq z_{\alpha/2}$,则拒绝 H_0。
(2) $H_0: p \leq p_0, H_1: p > p_0$,其拒绝规则为:若 $|z| \geq z_\alpha$,则拒绝 H_0。
(3) $H_0: p \geq p_0, H_1: p < p_0$,其拒绝规则为:若 $|z| \leq -z_\alpha$,则拒绝 H_0。

【例 6-4】 某牌子的冰箱生产商声明,其产品在该地区的市场占有率为 60%。为了检验该说法正确与否,我们在该地区随机抽查了 100 名购买冰箱的消费者,其中有 57 人购买的是该牌子的冰箱,试问该生产商的声明是否可靠?($\alpha = 0.05$)

解: 经分析,本例属于双侧检验。样本市场占有率 $p = 57\%$。

(1) 建立假设。
$H_0: \rho = 60\%, H_1: \rho \neq 60\%$

(2) 检验统计量。
$$Z = \frac{P - \rho_0}{\sqrt{\frac{\rho_0(1-\rho_0)}{n}}} \sim N(0,1)$$

(3) 计算临界值。
在 5% 的显著性水平下,从标准正态分布表中可以查得临界值为 $z_{0.025} = 1.96$。

(4) 计算样本统计量及判断。
样本统计量 $z = 0.612, |z| = 0.612 < 1.96$,因而,我们不能拒绝原假设,即生产商的声明是可靠的。

三、正态总体方差的检验

方差是反映现象在数量上变异程度的指标,反映变化的均衡程度。

设 $X_1, X_2, X_3, \cdots, X_n$ 是来自总体 $N(\mu, \sigma^2)$ 的一个样本,未知。现考虑假设检验问题:
$H_0: \sigma^2 = \sigma_0^2, H_1: \sigma^2 \neq \sigma_0^2$

由于样本方差 S^2 是 σ^2 的(最小方差)无偏估计,直接反映了 σ^2 的大小,故当 H_0 为真时,$\frac{S^2}{\sigma^2}$ 值一般应在 1 附近摆动,而不应过分大于 1 或过分小于 1。因而,我们可构造检验统计量

$$x^2 = \frac{(n-1)S^2}{\sigma_0^2} \qquad (6-7)$$

当 $\sigma^2 = \sigma_0^2$ 时,$x^2 \sim x^2(n-1)$。对给定的显著性水平 α,可得下述各假设的拒绝规则。
若 $x^2 \leq x^2_{1-\alpha/2}(n-1)$ 或 $x^2 \geq x^2_{1-\alpha/2}(n-1)$ 则拒绝 H_0。
对于单侧假设检验问题:

(1) $H_0: \sigma^2 \leq \sigma_0^2, H_1: \sigma^2 > \sigma_0^2$,其拒绝规则为:若 $x^2 \geq x^2_\alpha(n-1)$,则拒绝 H_0。

(2) $H_0:\sigma^2 \geq \sigma_0^2, H_1:\sigma^2 < \sigma_0^2$，其拒绝规则为：若 $x^2 \leq x_{1-\alpha}^2(n-1)$，则拒绝 H_0。

【例6-5】 某厂生产螺钉，按产品规格要求该螺钉直径的最大方差为 $0.0004\ cm^2$。今从该厂近期生产的螺钉中随机抽取 12 只进行测量，得螺钉直径的样本方差为 $=0.0005\ cm^2$。试问样本数据是否足以表明近期生产的螺钉不符合产品规格要求？假定螺钉直径服从正态分布，并取 $\alpha=0.05$。

解：依题意，

(1) 建立假设。

$H_0:\sigma^2 \leq 0.0004, H_1:\sigma^2 > 0.0004$。

(2) 检验统计量。

$$x^2 = \frac{(n-1)S^2}{\sigma_0^2}$$

(3) 计算临界值。

查 x^2 分布表得 $x_{0.05}^2(11) = 19.675$。

(4) 计算样本统计量及判断。

$x^2 = \frac{(n-1)S^2}{\sigma_0^2} = \frac{(12-1) \times 0.0005}{0.0004} = 13.75$，由于 $x^2 < x_{0.05}^2(11)$，所以接受 H_0。

即样本数据还不足以表明近期生产的螺钉不符合产品规格要求。

第三节　非参数检验

一、非参数检验的基本思想

前面介绍的各种假设检验都是在总体分布形式已知或者假定总体分布的前提下做出判断，也成为参数检验。但在实际问题中，可能无法获知或者不一定很了解总体的分布类型，而只能通过样本来检验关于总体分布的假设，这种检验方法称为非参数检验。

非参数检验是相对于参数检验而言的，是检验总体分布函数的统计方法。两种检验方法具有共同点：都对总体的某种数量关系、特征做出假设，都建立原假设和备择假设，都是根据实际样本统计量与临界值的比较做出对假设的判断。区别在于：参数检验需要对总体分布做某些限制性的假定，该假定要求总体的分布类型是已知的，未知的只有分布中的某些参数是否发生变动，而且大多检验是建立在高斯等人的正态分布理论上。如果对总体的分布不了解或者了解很少，那么参数检验的结果会更加不可靠，甚至会发生很大偏差。而非参数检验却不依赖于对总体分布或参数的知识，不对总体分布加以限制性的假定，亦称为自由分布检验。由此可见，非参数检验与传统的参数检验相比有一些优缺点：对检验的限制更少，更能避免先见偏差，具有较好的稳健性；可以在更少样本资料要求的情况下进行，在一定程度上弥补有些实际中样本资料不足等缺陷；可以弥补上述参数检验中碰到的无法运用的属性资料问题，然而，同时也可能损失了其中包含的另外信息。

在下述情况下非参数统计可作为首选方法：① 各种资料的初步分析；② 某种标志不便准确的测量，而只能以严重程度、优劣等级、成效大小、名次先后或综合判断等方式定出次序时；

③ 资料的分布类型不能确定时;④ 综合分析同质性较差的资料时,如不同地点、不同年份的某种实验结果等;⑤ 组内个别数据偏离过大,或各组内变异相差悬殊时。

二、非参数检验的一般方法

非参数检验主要包括符号检验、x^2 检验、游程检验和等级相关检验等几种常用的检验方法,本节只简单介绍符号检验。

符号检验是非参数检验方法中最简单而又最常用的一种检验方法。该方法建立在以"+"或"−"两个差数符号表示样本数据与假设参数值之间的关系的基础上,因此我们称之为符号检验。符号检验方法既可应用于单样本场合,也可应用于配对样品组合,这里我们只对单样本场合进行介绍。

在单样本场合,符号检验适用于检验总体中位数是否在某一指定位置。反映一个总体分布位置的参数主要有平均数和中位数。平均数反映的是分布数列重心的位置,而中位数则是反映分布数列上下两边次数相等的中央位置。当分布为对称时,这二者位置是一致的;但当分布为不对称时,二者就有差别了。在许多场合对中位数位置进行检验,可采用正负符号检验。

其基本原理是这样的:假设被抽样的总体其中位数的真值 $M_e = A$,对于容量为 n 的样本观察值 $X_1, X_2, X_3 \cdots X_n$,我们可以从每个样本观察值减去这个 A,并只记录其差数符号,即 $(x_i - A)$ 的符号为 $-x_i < A$ 和 $+x_i > A$,然后分别计算"+"号的个数(用 n^+ 表示)和"−"号的个数(用 n^- 表示),如果遇到 $x_i = A$ 的场合,我们必须对其予以剔除。从理论上讲,当 $M_e = A$ 为真时,所得到的正号个数 n^+ 和符号个数 n^- 应该接近相等。如果从样本中得到的 n^+ 和 n^- 相差较远的话,我们就有理由认为 $M_e = A$ 是不能接受的。这里要说明的是,在检验中所用的判别标准是由二项分布临界值提供的,在大样本情况下可由正态分布表逼近。

下面通过一个实例具体说明单样本场合符号检验的步骤。

【例 6-6】 某班有 20 名学生,其身高资料(厘米)如下:
$$170, 167, 186, 171, 168, 163, 160, 172, 162, 168$$
$$152, 153, 165, 160, 166, 173, 142, 164, 164, 167$$

用 $\alpha = 0.15$ 的水准,试用符号检验判定总体中位数是否为 160 厘米。

(1) 提出假设:$H_0: M_e = 160, H_1: M_e \neq 160$。

(2) 将样本数据都减去原假设成立时的假定中位数为 160 厘米,并把正负号记录下来。其中相减等于 0 的则略去不用。这样我们有:

$$+ + + + + + + + + - - + + + - - + + +$$

其中,$n^+ = 15, n^- = 3$,因此 $n = (n^+) + (n^-) = 15 + 3 = 18$。

(3) 给定显著性水平 $\alpha = 0.15$。查"二项分布临界值表",当 $n = 18$ 时,临界值为 14,即拒绝域为所有大于和等于 14 的区域。

(4) 做出检验决策。由于 $n^+ = 15 >$ 临界值 14,落入拒绝域,所以我们拒绝 H_0,即认为总体中位数 $M_e \neq 160$。

本章小结

本章主要阐述三大问题：一是假设检验的一般问题；二是假设检验基本方法；三是非参数检验。

统计假设检验可分为参数假设检验和非参数假设检验两个部分。当总体分布形式已知，检验的目的是对总体的参数及其性质做出判断，则称这种检验为参数检验；若总体分布形式未知，需对总体分布函数形式或总体之间的关系进行推断，则称为非参数假设检验。

在假设检验的一般问题中，分别从假设检验的两类错误、显著性水平、双侧检验与单侧检验、假设检验的基本程序等方面进行介绍。对于假设检验的基本方法主要从总体均值、总体成数和总体方差等角度来详述一般的检验方法。

思考题

1. 简述假设检验的基本思想。
2. 什么是显著性水平？
3. 通常可以采用哪三种方式进行假设检验？
4. 原假设与备择假设的地位是否相同？
5. 什么是第一类错误？什么是第二类错误？它们的重要性是否相同？
6. 简述假设检验的基本程序？
7. 简述假设检验的方法。

实践技能训练

1. 机器包装食盐，每袋净重量 X（单位：g）服从正态分布，规定每袋净重量为 $500(g)$，标准差不能超过 $10(g)$。某天开工后，为检验机器工作是否正常，从包装好的食盐中随机抽取 9 袋，测得其净重量为：

$$497 \quad 507 \quad 510 \quad 475 \quad 484 \quad 488 \quad 524 \quad 491 \quad 515$$

以显著性水平 $\alpha=0.05$ 检验这天包装机工作是否正常。

2. 在 20 世纪 70 年代后期人们发现，酿造啤酒时，在麦芽干燥过程中形成一种致癌物质亚硝基二甲胺（NDMA）。到了 20 世纪 80 年代初期开发了一种新的麦芽干燥过程，下面是新、老两种过程中形成的 NDMA 含量的抽样（以 10 亿份中的份数记）：

老过程	6	4	5	5	6	5	5	6	4	6	7	4
新过程	2	1	2	2	1	0	3	2	1	0	1	3

设新、老两种过程中形成的 NDMA 含量服从正态分布，且方差相等。分别以 μ_x, μ_y 记老、新过程的总体均值，取显著性水平 $\alpha=0.05$，检验 $H_0: \mu_x-\mu_y \leqslant 2, H_1: \mu_x-\mu_y > 2$。

3. 从某厂生产的产品中随机抽取 200 件样品进行质量检验，发现有 9 件不合格品，问是否可以认为该厂产品的不合格率不大于 3%？（取显著性水平 $\alpha=0.05$）

第七章　相关与回归分析

请扫描二维码观看视频

 **学习目标**

（一）知识目标

1. 理解相关关系的含义与种类；
2. 掌握相关分析的方法；
3. 能够熟练建立一元线性回归方程并预测；
4. 了解估计标准误差的计算和意义。

（二）能力目标

1. 相关系数的测定与分析；
2. 一元线性回归方程的建立与应用。

 **导引案例**

我国消费升级步伐加快 对经济发展基础性作用显著增强（节选）

去年以来，在人均收入水平逐步提高和对美好生活追求的推动下，我国居民消费保持了平稳较快增长态势，消费新业态、新模式蓬勃发展，消费对经济发展的基础性作用进一步增强，为保持经济平稳运行发挥了"压舱石"的重要作用。

国家统计局公布的消费数据也显示，消费作为拉动经济增长的"三驾马车"之一越行越稳。今年1月至2月份，社会消费品零售总额达61 082亿元，同比增长9.7%，增速比上年同期加快0.2个百分点，实现2018年消费市场实现良好开局，为全年消费市场平稳增长打下了坚实基础。

一、消费规模持续扩大，升级步伐加快

当前，我国经济已由高速增长阶段转向高质量发展阶段，消费增长潜力巨大，是推动高质量发展的重要基础。

数据显示，2017年，我国社会消费品零售总额达36.6万亿元，同比增长10.2%，连续14年实现两位数增长，最终消费对经济增长的贡献率为58.8%，高于资本形成总额26.7个百分点，连续4年成为拉动经济增长的第一驱动力。

在消费规模不断扩大的同时，消费也呈现出升级步伐加快的态势。国家统计局综合司表示，2017年，我国居民消费恩格尔系数降至29.3%，食物支出之外的穿住用行等物质型消费比例上升。

值得注意的是，物质型消费中的汽车消费升级明显。今年前两个月，汽车类商品销售增长 9.7%，同比提高 10.7 个百分点，拉高社会消费品零售总额增速约 1.1 个百分点，是社会消费品零售总额增速加快的主要因素。

同时，信息、医疗、养老、家政、旅游等服务型消费空间刚刚打开。数据显示，2017 年，我国信息消费规模达 4.5 万亿元。今年春节期间，全国接待游客同比增长 12.1%，旅游收入增长 12.6%，春节档电影票房收入增长超过 60%。

此外，国家统计局综合司撰文表示，我国城镇化的快速推进将进一步拓展消费空间。2017 年年末，我国常住人口城镇化率为 58.52%，距离发达国家 80% 左右的平均水平还有很大差距。据初步测算，城镇化率每提高 1 个百分点，将拉动消费增长近 2 个百分点。

二、消费新业态新模式，加快培育成长

近年来，依托"互联网＋"行动，互联网与各消费领域深度融合，为共享经济等消费新业态发展营造了良好环境，较好地促进了消费新模式健康有序发展，创造出居民消费新热点。

国家发改委政策研究室撰文表示，随着"互联网＋"与更多传统消费领域加速渗透融合，网上购物、网上订餐等新兴消费业态发展势头强劲。数据显示，今年前两个月，全国实物商品网上零售额达 9 073 亿元，增长 35.6%，同比加快 10.1 个百分点，占社会消费品零售总额的比重达 14.9%，比去年同期提升 3.8 个百分点。

同时，电商推动农村消费规模稳步扩大，电子商务不断向广大农村地区延伸覆盖，促进农村居民消费潜力持续释放。数据显示，前两个月，乡村社会消费品零售总额达 9 036 亿元，增长 10.7%，快于城镇增速 1.1 个百分点，占社会消费品零售总额的比重达到 14.8%，比去年同期提升 0.1 个百分点。

此外，共享经济也呈蓬勃发展态势。国家发改委日前发布的《2017 年中国居民消费发展报告》显示，在制定出台促进共享经济发展的指导性意见、支持和引导共享经济健康发展的背景下，共享单车、网络约车、住房分享、服务众包等共享经济模式发展势头强劲。国家信息中心数据显示，2017 年，我国共享经济交易额约 4.9 万亿元，同比增长 47.2%，参与分享人数超过 7 亿人。

（资料来源：金融时报——中国金融新闻网，2018 年 4 月 16 日。）

从上述的资料中，可以看出消费升级促进了我国经济的发展，最终消费与经济增长之间存在着必然联系，这种联系不是一一对应的函数关系，但二者之间的关系是客观的，而且有较高的密切程度。这种关系在自然界、社会经济生活中普遍存在，不以人的意志为转移。现象之间存在多大联系，是什么性质的联系，能不能把它们之间的关系确定下来等等，通过本章的学习，你将得到这些问题的答案。

第一节 相关的意义和种类

一、相关关系的含义

自然界和人类社会中存在着无数的现象，这些现象之间普遍存在着相互影响、相互制约、

相互依存的关系。每一现象的存在和发展一方面影响周围一些事物的存在和发展,另一方面又受周围一些事物的影响和制约。例如,企业以广告来扩大商品的社会影响,通过增加广告次数和频率,增强对消费者的刺激,进而促进商品销售量的扩大;工厂根据商品的市场销售状况来组织产品的生产、设计和研制。这种普遍存在的关系通常叫作依存关系。在大量的依存关系中,可以区分为函数关系和相关关系。

函数关系是变量之间一种完全确定的关系,即一个变量的数值完全由另一个变量的数值所确定。函数关系的一般数学表达式为 $y=f(x)$,在这种关系中,自变量 x 的每一个数值,因变量 y 都有一个唯一确定的数值与之相对应。例如,数学中圆的面积 S 和半径 r 之间存在着函数关系,即当圆的半径确定以后,圆的面积也随之确定。再如,商品销售在实行标准价格 P 的情况下,销售收入与所销售的商品数量之间也存在着函数关系 $y=px$,即当以标准价格销售的商品数量确定以后,该商品的销售收入也成为唯一确定的值。

相关关系是变量之间其数量变化受随机因素影响而不能唯一确定的相互依存关系,相关关系的理解应把握两个要点(也是它的重要特点):一是变量之间确实存在数量上的相互依存关系,即一个变量发生数量上的变化时,另一个变量也会相应地发生数量上的变化。例如,身材高的人一般体重要重一些;在一定条件下,增加企业商品销售量,则其经营利润也会相应增加,等等。在具有相关关系的两个变量中,作为变化根据的量叫自变量,发生对应变化的量叫因变量。例如,在"经营成本"和"营业利润"两个变量中,"经营成本"称为自变量,"营业利润"称为因变量。两个变量有时可以互为依据,如价格是销售量的依据,相反也可以说销售量是价格的依据,此时,应根据研究目的来确定哪个是自变量,哪个是因变量。二是变量之间依存关系的具体数值是不确定的,如身高为 1.80 米的人,可以有许多个体重值;销售同量同质商品的不同企业可能获取不同量的经营利润。之所以会发生这种情况,是因为影响因变量发生变化的因素不止一个,还有许多其他因素。例如,人的体重除了与身高有关以外,还受遗传、运动、饮食等因素的影响;企业经营利润除了与商品销售量有关以外,还受商品进价、经营费用、税金等因素变动的影响。

相关关系与函数关系的区别,突出表现在变量之间的具体关系值是否确定,即函数关系是确定的,相关关系是不确定的。但同时,相关关系与函数关系彼此也有联系,一方面,由于在观察或测量中存在误差等原因,实际工作中的函数关系有时通过相关关系表现出来;另一方面,在研究相关关系时又常常借用函数关系的形式近似地将它表达出来,以便找到相关关系的一般数量特征。当随机因素不存在时,相关关系就转化为函数关系。因此,函数关系是相关关系的特例。

二、相关的种类

现象之间的相关关系可按不同的标准进行划分,大体有以下几种分类。

(一) 完全相关、不完全相关与不相关

按相关程度可分为完全相关、不完全相关和不相关。完全相关是指两个变量之间具有完全确定的关系,即因变量 y 值完全随自变量 x 值的变动而变动,这时,相关关系就转化为函数关系。不相关是指两个变量之间不存在相关关系,即两个变量变动彼此互不影响。自变量值变动时,因变量值不随之做相应变动。比如,家庭收入多少与孩子多少之间不存在相关关系。

不完全相关是指介于完全相关和不相关之间的一种相关关系,即是指变量之间数量上不完全确定的相关关系。比如,农作物产量与播种面积之间的关系。一般的相关现象是指不完全相关,不完全相关关系是统计研究的主要对象。

(二) 正相关与负相关

按相关关系的方向可分为正相关和负相关。当因素(或变量)间的变动方向相同时,即自变量 x 值增加(或减少),因变量 y 值也相应地增加(或减少),这样的关系就是正相关。如家庭消费支出随收入增加而增加就属于正相关。如果因素(或变量)间的变动方向相反时,即自变量 x 值增大(或减小),因变量 y 值随之减小(或增大),则称为负相关。例如,商品流通费用率随着商品经营的规模增大而逐渐降低就属于负相关。

(三) 线性相关与非线性相关

按相关关系的表现形态可分为线性相关与非线性相关。线性相关是指在两个变量之间,当自变量 x 值发生变动时,因变量 y 值发生大致均等的变动。它在相关图的分布上,近似地表现为直线形式。比如,在价格确定的条件下,商品销售额与销售量即为线性相关。非线性相关是指在两个变量之间,当自变量 x 值发生变动时,因变量 y 值发生不均等的变动。它在相关图的分布上,表现为抛物线、双曲线、指数曲线等非直线形式。比如,从人的生命全过程来看,年龄与医疗费支出呈非线性相关。

(四) 单相关与复相关

按自变量的多少可分为单相关和复相关。单相关是指两个变量之间的相关关系,即所研究的问题只涉及一个自变量和一个因变量,如职工的生活水平与工资之间的关系就是单相关。复相关是指三个或三个以上变量之间的相关关系,即所研究的问题涉及若干个自变量与一个因变量,如同时研究成本、市场供求状况、消费倾向对利润的影响时,这几个因素之间的关系是复相关。

三、相关关系分析的主要内容

对现象之间数量关系的研究,统计上是从两个方面进行的:一方面是分析现象之间数量变化的密切程度,这是相关分析;另一方面是找出现象之间数量变化的规律,这是回归分析。

(一) 相关分析的主要内容

1. 确定现象之间有无关系

这是相关与回归分析的起点,只有存在相互依存关系,才有必要进行进一步的分析。

2. 确定相关关系的表现形式

只有判明现象之间相关关系的具体表现形式,才能运用相应的相关分析方法去分析。如果把曲线相关误认为是直线相关,按直线相关来分析,便会出现认识上的偏差,导致错误的结论。

3. 测定相关关系的密切程度和方向

运用恰当的方法,对具有相关关系的变量,求得一个表明其相关密切程度的指标——相关系数,来反映现象之间相关关系的密切程度。只有达到一定密切程度的相关关系,配合回归方程才有实际意义。

（二）回归分析的主要内容

1. 建立相关关系的回归方程

利用回归分析方法，配合一个表明变量之间数量上相关关系的方程式，而且根据自变量变动来预测因变量的变动。

2. 测定因变量的估计值与实际值的误差程度

通过计算估计标准误差指标，可以反映因变量估计值的准确程度，从而将误差控制在一定范围内。

第二节 相关图表和相关系数

一、相关关系的一般判断

要分析社会经济现象之间的相关关系，一般先要进行现象之间相关关系的定性分析和利用相关表、相关图进一步判断。

（一）定性分析

要分析说明现象之间相关关系的具体数量表现，首先要根据对客观事物的定性认识来判断。由于任何事物都有其质的规定性，质的规定性表明了事物自身与其他事物的区别和联系，因而对事物这种质的规定性的认识和分析，称为定性分析。按照人们认识事物的顺序，先有对事物的定性判断，才能据此进行量的分析。

由于现象之间的相关关系比较复杂，测定相关关系之前，一般在定性分析的基础上还要利用相关表和相关图粗略地判断现象之间的相关程度和相关形态。

（二）相关表

相关表是一种反映变量之间相关关系的统计表。将一变量按其取值的大小排列，然后再将与其相关的另一变量的对应值平行排列，便可得到简单的相关表。变量之间的相关关系在表面看是杂乱无章的，看不出其变化规律。通过对观察中得到的大量资料的加工整理，编制成相关表，可以初步看出现象之间相关关系的形式、方向，并可粗略看出相关的密切程度。其编制程序是：首先，确定自变量和因变量；其次，将变量的变量值一一对应，按自变量的变量值从小到大的顺序排列即可。

为研究居民收入与消费支出的关系，通过抽样调查获得 10 户居民家庭月收入与消费支出的资料。以居民家庭月收入为自变量，将家庭月收入的数据从小到大排列，以消费支出为因变量编制的相关表如表 7-1 所示。

表 7-1 居民家庭月收入与消费支出资料表　　　　　　　　　　单位：元

家庭编号	1	2	3	4	5	6	7	8	9	10
家庭月收入 x	1 500	1 800	2 000	2 500	3 000	4 000	6 200	7 500	8 800	9 200
消费支出 y	1 200	1 500	1 800	2 000	2 800	3 600	4 200	5 300	6 000	6 500

从表 7-1 中可以看出，随着该居民家庭月收入的提高，消费支出也有相应的增长，两者之

间存在明显的正相关关系。其相关关系不仅在理论上成立,客观现实中也是存在的。

(三) 相关图

相关图又称散点图,是以直角坐标系的横轴代表变量 x,纵轴代表变量 y,将两个变量间相对应的变量值用坐标点的形式描绘出来,用来反映两个变量之间相关关系的图形。通过相关图中所有点的状况,可以直观地、大致地看出两个现象间相关关系的表现形式、方向,也可粗略地判断相关关系的密切程度,为进一步测定相关关系奠定了基础。根据表 7-1 的资料绘制成相关图,见图 7-1。

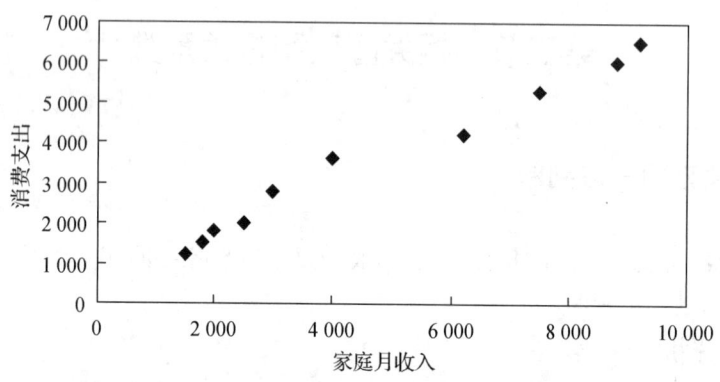

图 7-1 居民家庭月收入和消费支出相关图

从图 7-1 中可以看出,居民家庭月消费支出随着家庭月收入的增加而增加,并且散布点的分布近似地表现为一条直线。由此可以判断居民家庭月收入与消费支出之间存在着直线正相关关系。

二、相关关系的测定——相关系数

相关表和相关图大体说明变量之间有无关系、相关的形式和方向,但它们的相关关系的密切程度却无法准确判断。因此,需运用数学解析方法,构建一个恰当的数学模型来显示相关关系的密切程度。对现象之间的相关关系的紧密程度做出确切的数量说明,就需要计算相关系数。

(一) 相关系数的计算

相关系数是在直线相关条件下,说明两个现象之间关系密切程度的统计分析指标,通常用 " r " 表示。其计算公式有定义公式和简捷公式。

1. 定义公式

相关系数的计算方法有若干种,其中一种最易理解的叫积差法,直接来源于数理统计中相关系数的定义:两个变量的协方差与两个变量的各自标准差乘积之比。其相应的定义公式为

$$r = \frac{\sigma_{xy}^2}{\sigma_x \sigma_y} = \frac{\frac{1}{n}\sum(x-\overline{x})(y-\overline{y})}{\sqrt{\frac{1}{n}\sum(x-\overline{x})^2}\sqrt{\frac{1}{n}\sum(y-\overline{y})^2}} \tag{7-1}$$

式中：r 代表相关系数；σ_{xy}^2 代表自变量与因变量的协方差；σ_x 代表自变量的标准差；σ_y 代表因变量的标准差。

2. 简捷公式

在实际工作中，利用定义公式计算相关系数很麻烦，可对其进行推导，形成简便可行的简捷计算公式。

$$r = \frac{n\sum xy - \sum x \sum y}{\sqrt{n\sum x^2 - (\sum x)^2} \sqrt{n\sum y^2 - (\sum y)^2}} \tag{7-2}$$

（二）相关系数的性质

现象之间的相关方向和密切程度可以通过相关系数准确地反映出来，现分析如下：

(1) 相关系数 r 的数值范围在 -1 和 $+1$ 之间，即 $-1 \leqslant r \leqslant +1$。

(2) 相关系数的性质。相关系数反映现象之间的相关方向和相关程度，现将相关系数 r 的性质归纳如下：

① 当 $|r|=1$ 时，说明变量 x 和 y 为完全线性相关，即 x 和 y 两个变量之间存在着确定的函数关系。

② 当 $0<|r|<1$ 时，表明变量 x 和 y 为不完全线性相关，即 x 和 y 存在着一定的线性相关。相关系数 r 的绝对值越接近于 1，表示相关关系密切程度越高；相关系数 r 的绝对值越接近于 0，表示相关关系密切程度越低。通常的判断标准有以下四个：

a. $0<|r|<0.3$，表明 x 和 y 为微弱相关；

b. $0.3<|r|<0.5$，表明 x 和 y 为低度相关；

c. $0.5<|r|<0.8$，表明 x 和 y 为显著相关。

d. $0.8<|r|<1$，表明 x 和 y 为高度相关。

③ 当 $r>0$ 时，表明 x 和 y 为正相关，当 $r<0$ 时，表明 x 和 y 为负相关。

④ 当 $|r|=0$，表明变量 x 和 y 为不相关，即 x 和 y 之间不存在直线相关关系，完全没有直线相关。这里需要说明的是相关系数为 0，也就是常说的零相关，未必就是不相关，因为可能存在其他非线性相关。

【例 7-1】 根据表 7-1 和图 7-1 中的资料，已知居民家庭月收入与消费支出之间为直线相关，计算居民家庭月收入与消费支出的相关系数，见表 7-2。

表 7-2 家庭月收入与消费支出相关系数计算表

编 号	月收入(百元)x	消费支出(百元)y	x^2	y^2	xy
1	15	12	225	144	180
2	18	15	324	225	270
3	20	18	400	324	360
4	25	20	625	400	500
5	30	28	900	784	840
6	40	36	1 600	1 296	1 440

续表

编　号	月收入(百元)x	消费支出(百元)y	x^2	y^2	xy
7	62	42	3 844	1 764	2 604
8	75	53	5 625	2 809	3 975
9	88	60	7 744	3 600	5 280
10	92	65	8 464	4 225	5 980
合计	465	349	29 751	15 571	21 429

将表中资料代入公式中：

$$r = \frac{10 \times 21\,429 - 465 \times 349}{\sqrt{10 \times 29\,751 - 465^2} \times \sqrt{10 \times 15\,571 - 349^2}} = \frac{52\,005}{\sqrt{81\,285} \times \sqrt{33\,909}} = 0.99$$

由计算结果得知，相关系数为 0.99，说明居民消费支出与家庭月收入之间为高度正相关关系，即家庭收入越高，其消费支出也越高。

第三节　回归分析

一、回归分析的含义

相关分析只能反映变量之间的相关方向和相关密切程度，但不能把两个变量之间的关系确定下来，这就需要运用回归分析来解决这一问题。回归分析是在相关分析的基础上，根据其变量之间的数量变化规律，运用一个相关的数学模型（称为回归方程式）近似地表示变量间的平均变化关系，并进行推算和预测的一种统计分析方法。

回归分析与相关分析相互补充，它根据某一变量的数值来估计另一变量的数值，根据已知推求未知。

回归分析实际上是相关现象间不确定、不规则的数量关系的一般化、规则化的反映。回归分析采用的方法是配合直线或曲线，用这条直线或曲线来代表现象之间的一般数量关系。这条直线或曲线叫回归直线或回归曲线，给其拟合的方程称为线性回归方程或非线性回归方程。两个变量之间的回归方程称为一元回归（简单回归）方程；三个或三个以上变量之间的回归方程称为多元回归方程。本章只介绍简单线性回归方程。

二、回归分析与相关分析的关系

(一) 回归分析与相关分析的区别

(1) 相关分析所研究的两个变量是对等关系；回归分析所研究的两个变量不是对等关系，必须根据研究目的，先确定其中一个是自变量，另一个是因变量。

(2) 对两个变量 x 和 y 来说，相关分析只能计算出一个反映两个变量间相关关系密切程度的相关系数，而且计算中改变 x 和 y 的地位不影响相关系数的数值；回归分析有时可以根据研究目的不同分别建立两个不同的回归方程：一个是以 x 为自变量，y 为因变量，建立 y 对 x 的回归方程；一个是以 y 为自变量，x 为因变量，建立 x 对 y 的回归方程。

（3）相关分析对资料的要求是两个变量都必须是随机变量；而回归分析对资料的要求是自变量是可以控制的变量（给定的变量），因变量是随机变量。

（二）回归分析与相关分析的联系

1. 相关分析是回归分析的基础和前提

如果缺少相关分析，没有从定性上说明现象间是否存在相关关系，没有对相关关系的密切程度做出判断，就不能进行回归分析，即使勉强进行了回归分析，也可能是没有实际意义的。

2. 回归分析是相关分析的深入和继续

仅仅说明现象间具有密切的相关关系是不够的，只有进行了回归分析，拟合了回归方程，才有可能进行进一步分析和回归预测，相关分析才有实际的意义。

因此，如果仅有回归分析而缺少相关分析，将会因为缺乏必要的基础和前提而影响回归分析的可靠性；如果仅有相关分析而缺少回归分析，就会降低相关分析的意义。只有把两者结合起来，才能达到统计分析的目的。

三、简单线性回归方程的拟合

用直线方程来表示两个变量之间的变动关系，并进行估计和推算的分析方法称为一元线性回归分析或简单线性回归分析。一元线性回归分析是回归分析中最简单且应用最广泛的一种，它是一般回归分析的基础，多元回归分析和非线性回归分析是从一元线性回归分析的基本理论上发展起来的。

并非给定的任何资料都可配合一元线性回归方程，配合一元线性回归方程必须具备以下条件：① 两个现象间确实存在数量上的相互依存关系；② 现象间的关系是线性相关关系；③ 具备一组自变量与因变量的对应资料，且明确哪个是自变量，哪个是因变量。

如果两个现象资料满足上述前提条件，可以配合一元线性回归方程：

$$y_c = a + bx \tag{7-3}$$

式中：y_c 是因变量的估计值，它是根据回归方程推算出来的回归直线上因变量的理论值；x 代表自变量；a 为回归直线的起点值，这个值在相关图上表现为 $x=0$ 时，纵轴上一个点，数学上称之为 y 的截距；b 为回归直线的斜率，统计上称为回归系数，它表示自变量每增加一个单位量时，因变量的平均变动值。公式中的 a、b 均为待定参数，需要根据实际资料求解，一旦解出来，表明变量之间一般关系的具体回归直线也就确定下来了。

估计参数可有不同的方法，统计中使用最多的是最小平方法，也称为最小二乘法。用这种方法求出的回归线是原资料的最适合线，使得因变量的实际值与理论值离差的代数和等于零，即 $\sum(y-y_c)=0$，使得离差的平方和为最小，即 $\sum(y-y_c)^2 = $ 最小值。

设 $Q = \sum(y-y_c)^2 = $ 最小值，把 $y_c = a+bx$ 代入 Q，得

$$Q = \sum(y-a-bx)^2 = \text{最小值}$$

求偏导数可得到两个标准方程：

$$\sum y = na + b\sum x$$
$$\sum xy = a\sum x + b\sum x^2$$

从以上方程中可解出两参数的计算公式：

$$b = \frac{n\sum xy - \sum x \sum y}{n\sum x^2 - (\sum x)^2} \tag{7-4}$$

$$a = \bar{y} - b\bar{x} = \frac{\sum y}{n} - b\frac{\sum x}{n} \tag{7-5}$$

【例 7-2】 根据表 7-1 和图 7-1 的相关分析，居民家庭月收入和消费支出之间大致呈线性相关关系。现根据表 7-2 中的资料，拟合一元线性回归方程并预测。将有关数据代入方程：

$$b = \frac{10 \times 21\,429 - 465 \times 349}{10 \times 29\,751 - 465^2} = \frac{52\,005}{81\,285} = 0.639\,8$$

$$a = \frac{349}{10} - 0.639\,8 \times \frac{465}{10} = 5.149\,3$$

将两参数代入回归方程得：

$y_c = 5.149\,3 + 0.639\,8x$

式中：$a = 5.149\,3$ 代表即使月收入为 0，消费支出也需要 5.149 3 百元（514.93 元）。回归系数 $b = 0.639\,8$ 表示家庭月收入每提高 1 百元，消费支出平均增加 0.639 8 百元（63.98 元）。

利用回归方程可以进行预测。例如，如某家庭月收入为 15 000 元（$x = 150$），在其他条件相对稳定的情况下，可以预测其消费支出为

$y_c = 5.149\,3 + 0.639\,8 \times 150 = 101.119\,3$（百元）$= 10\,111.93$（元）

建立回归方程后应注意以下几个问题：

(1) 建立回归方程后，只能通过给定的自变量的值来求因变量的估计值，而不能反过来推算。如上例方程中，只能通过给定的家庭月收入来估计消费支出，而不应反过来估计。如果是两个互为因果的变量，既要由 x 估计 y，又需要由 y 估计 x，那就必须建立两个回归方程。即一个是 $y_c = a + bx$，另一个是 $x_c = c + dx$（c、d 与 a、b 的含义相同，只是数值不同）。总之，不能用一个回归方程求 x、y 两个估计值。

(2) 不要把根据直线回归方程求出的因变量估计值 y_c 看成是确定性的数值，它只不过是许多可能值的平均数，它是把非确定性的数量关系一般化、平均化。

(3) 回归系数 b 的值有正负号，正回归系数表示两个变量为正相关关系，在图形上表现为一条上升直线；负回归系数表示负相关，为一条下降直线。另外，由于回归系数数值的大小与相关表中原数列使用的计量单位有关，所以它不能表明两个变量之间变化的密切程度，只能反映两个变量之间数值变化的比例关系，即只能表明自变量每变化一个单位，因变量的平均变化量。

四、估计标准误差

(一) 估计标准误差的含义

我们知道根据前述回归方程推算出来的因变量的数值,只是个估计值、理论值或者说是一个平均值,因此它和实际数值之间必然会出现差异。这样就有了估计值与实际值相差多大的问题,这直接关系到推算估计的准确性。从另一方面讲,这种差别大小也反映着回归直线的代表性大小。

估计标准误差就是用来说明回归方程推算结果准确程度的统计分析指标,或者说是反映回归直线代表性大小的统计分析指标。估计标准误差值小,说明因变量的实际值与其估计值间的差异小,回归直线的代表性就大;估计标准误差值大,说明因变量的实际值与其估计值间的差异大,回归直线的代表性就小。

(二) 一元线性回归估计标准误差的计算

估计标准误差是因变量的实际值与估计值离差的平均数,其计算公式如下

$$S_{yx} = \sqrt{\frac{\sum (y-y_c)^2}{n-2}} \qquad (7-6)$$

式中:S_y 代表估计标准误差;$n-2$ 为自由度,因为在一元线性回归方程中,有 a 和 b 两个参数,所以要由 n 减去 2,表示估计的回归线已失去了两个自由度。

从计算公式可以看出,计算的结果实际上也是个平均误差,但不是简单平均,而是经过乘方、平均、再开方的过程,这和标准差的计算过程是一样的。它的作用是说明估计的准确程度,所以叫作估计标准误差,也叫作估计标准差或回归标准差。

上述计算估计标准误差的方法是用平均误差来表现的,计算起来比较麻烦,必须计算出所有的估计值。因此,在已有线性回归方程的情况下,可利用如下简捷公式计算

$$S_{yx} = \sqrt{\frac{\sum y^2 - a\sum y - b\sum xy}{n-2}} \qquad (7-7)$$

【例 7-3】 依据表 7-2 的和【例 7-2】的资料,计算该回归方程的估计标准误差。将相关数据代入公式计算如下

$$\begin{aligned} S_{yx} &= \sqrt{\frac{\sum y^2 - a\sum y - b\sum xy}{n-2}} \\ &= \sqrt{\frac{15\,571 - 5.149\,3 \times 349 - 0.639\,8 \times 21\,429}{10-2}} = 2.82(百元) \end{aligned}$$

本章小结

现象之间的相互关系普遍存在。客观现象之间的不确定依存关系叫相关关系。这种关系不同于函数关系,函数关系是现象之间确定的依存关系,即确定的、唯一的数量关系,而相关关

系则是现象之间非确定的、非唯一的数量关系。对现象之间相互关系密切程度的分析称为相关分析,包括相关系数分析和回归分析,这是从数量方面分析现象之间关系的一种统计分析方法。

相关的种类按不同的标准划分有多种。按相关的程度划分,可分为完全相关、不完全相关和不相关;按相关的方向的划分,可分为正相关和负相关;按相关的形式划分,可分为线性相关和非线性相关(直线相关和曲线相关);按相关的影响因素多少划分,可分为单相关和复相关(一元相关和多元相关)。

相关图和相关表是分析现象之间相关关系的常工具。相关系数是在简单线性相关条件下,反映现象之间相关程度的统计分析指标,常用 r 来表示。计算相关系数的公式比较多,常用的是定义公式和简捷公式。

回归分析是在相关分析的前提下,用数学方程的形式把两个变量之间的关系确定下来,以便于进行估计和预测的统计分析方法,它是相关分析的继续和延伸。简单线性回归方程的基本形式是:$y_c=a+bx$。a、b 两个参数的值用最小平方法求得,从而确定简单线性回归方程,根据给定的 x 值就可以求得 y 的估计值。

估计标准误差是反映回归直线代表性大小的统计分析指标,它是用标准差的形式说明简单线性回归方程推算结果准确程度的。估计标准误差的值越小,说明因变量的实际值与其估计值间的差异就越小;反之,因变量的实际值与其估计值之间的差异就越大。

思考题

1. 什么是相关关系?它与函数关系有什么不同?
2. 什么是正相关、负相关、零相关?试举例说明。
3. 怎样用相关系数来判断现象的相关关系?
4. 试述相关分析与回归分析的主要内容,并说明两者间的主要关系。
5. 简述回归分析的主要特点。
6. 回归系数与相关系数有什么关系?
7. 运用相关分析与回归分析应注意哪些问题?

实践技能训练

1. 某城市居民可支配所得、消费、储蓄的数据如表 7-3 所示。

表 7-3 某城市居民可支配所得、消费、储蓄数据表

年 份	可支配所得(亿元)	消费(亿元)	储蓄(亿元)
2004	192	136	56
2005	218	154	64
2006	235	178	57
2007	265	210	55

续 表

年 份	可支配所得(亿元)	消费(亿元)	储蓄(亿元)
2008	295	235	60
2009	333	263	70
2010	363	298	65
2011	405	334	71
2012	452	377	75
2013	497	412	85
2014	558	453	105
2015	596	493	103
2016	641	533	108
2017	681	564	117

(1) 绘制相关散点分布图；
(2) 计算相关系数；
(3) 对变量之间的关系进行回归分析。

2. 调查你所在城市服装公司在不同网点销售某型号童装的年销售量与销售价格资料，计算销售量与价格的相关系数，确定其相关程度；求出销售量对价格的直线回归方程，并指出销售价格每下降1元时商品销售平均增加量。

3. 调查你身边同学的学习成绩和学习时间，用本章所学的相关系数说明学习成绩与学习时间之间的相关关系。

第八章 动态数列分析

请扫描二维码观看视频

(一)知识目标

1. 了解动态数列的概念和意义;
2. 掌握动态数列的种类与它们之间的区别;
3. 熟练掌握发展水平、增长量、平均增长量、平均发展水平的计算方法和应用;
4. 熟练掌握发展速度、增长速度、平均发展速度与平均增长速度的计算方法和应用;
5. 了解动态数列长期趋势分析和预测模型。

(二)能力目标

1. 能够根据动态数列的知识,对社会经济现象进行水平分析和速度分析;
2. 能够掌握各增减量指标之间和各发展速度指标之间的关系,能进行动态指标的相互推算;
3. 能运用长期趋势测定方法对长期动态数列进行测定。

 **导引案例**

2017年广东省国民经济和社会发展统计公报(节选)

2017年,在以习近平同志为核心的党中央坚强领导下,我省深入贯彻落实党的十八大、十八届中央历次全会精神,认真学习贯彻党的十九大精神,以习近平新时代中国特色社会主义思想为指导,按照习近平总书记对广东做出的"三个定位、两个率先"和"四个坚持、三个支撑、两个走在前列"重要指示批示要求,不断增强"四个意识",坚持稳中求进工作总基调,坚定不移贯彻新发展理念,推动全省经济社会保持平稳健康发展。

......

九、人民生活和社会保障

全年全省居民人均可支配收入33 003.3元,比上年增长8.9%,扣除物价因素,实际增长7.3%。按常住地分,城镇常住居民人均可支配收入40 975.1元,比上年增长8.7%;扣除价格因素,实际增长6.9%;农村常住居民人均可支配收入15 779.7元,比上年增长8.7%;扣除价格因素,实际增长7.8%。按全省居民五等份收入分组,低收入组人均可支配收入10 534.3元,中等偏下收入组人均可支配收入20 963.3元,中等收入组人均可支配收入32 339.4元,中等偏上收入组人均可支配收入45 235.8元,高收入组人均可支配收入75 774.6元。

全年全省居民人均消费支出 24 819.6 元,比上年增长 5.8%,扣除价格因素,实际增长 4.2%。按常住地分,城镇居民人均消费支出 30 197.9 元,增长 5.5%,扣除价格因素,实际增长 3.7%;农村居民人均消费支出 13 199.6 元,增长 6.3%,扣除价格因素,实际增长 5.5%。全省居民恩格尔系数为 33.51%,比上年下降 0.67 个百分点,其中城镇为 32.16%,农村为 40.18%。全省居民人均住房建筑面积 36.94 平方米,其中城镇为 33.09 平方米,农村为 45.27 平方米。

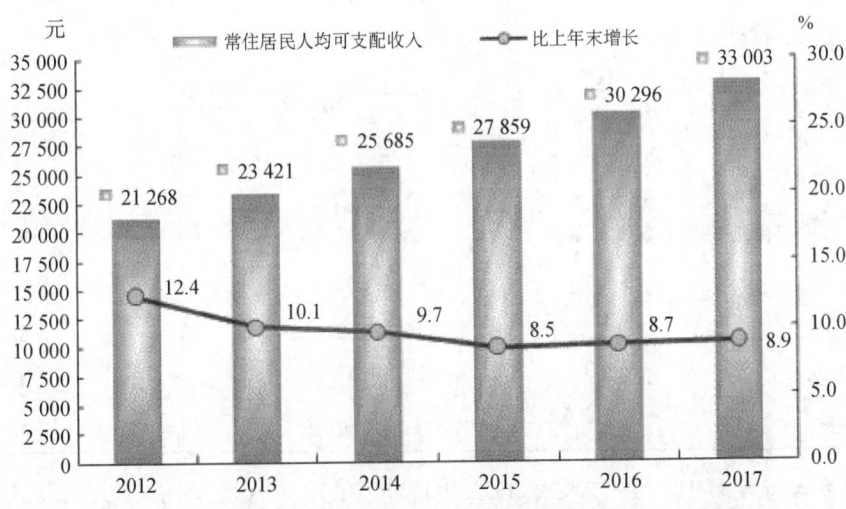

图 8-1 2012—2017 年常住居民人均可支配收入及其增长速度

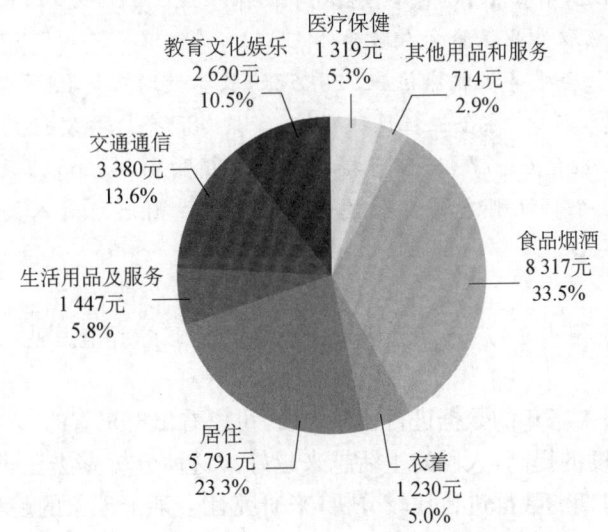

图 8-2 2017 年全省居民人均消费支出及其构成

年末全省参加城镇职工基本养老保险(含离退休)5 847.27 万人,比上年末增长 8.4%。参加城乡居民基本养老保险人数 2 586.76 万人,增长 1.7%。参加职工基本医疗保险 3 962.64 万人,增长 3.9%,其中参加职工基本医疗保险的异地务工人员 1 926.90 万人,增长 3.9%。参加城乡居民基本医疗保险 6 402.43 万人,增长 1.1%。参加工伤保险 3 402.03 万人,增长 4.8%。参加失业保险 3 163.67 万人,增长 4.8%。参加生育保险 3 300.89 万人,增长 4.4%。

表 8-1 2017 年末全省参加各类保险人数及其增长速度

指　标	参保人数（万人）	比上年末增长（%）
参加基本养老保险	8 434.02	6.3
其中：城镇职工基本养老保险（含离退休）	5 847.27	8.4
参保职工	5 267.88	8.2
参保离退休人员	579.38	10.5
城乡居民基本养老保险	2 586.76	1.7
参加基本医疗保险	10 365.07	2.1
其中：职工基本医疗保险	3 962.64	3.9
城乡居民基本医疗保险	6 402.43	1.1
参加职工基本医疗保险的异地务工人员	1 926.90	3.9
参加失业保险	3 163.67	4.8
参加工伤保险	3 402.03	4.8
其中：参保异地务工人员	2 129.66	3.6
参加生育保险	3 300.89	4.4

全年城乡医疗救助 162.45 万人次，比上年增加 41.43 万人次，增长 34.2%。民政部门资助参保参合的人数达 248.77 万人次。全年社会保险基金收入 5 944.9 亿元；年末社会保险基金累计结余 13 343 亿元，增长 17.6%。年末城市低保人数 22.84 万人，农村低保人数 146.70 万人。全年城镇职工领取失业保险金人数为 44 万人。

各类提供住宿的社会服务机构床位 22.25 万张，收养救助人员 9.77 万人。城乡社区服务机构和设施 6.74 万个，其中，综合性社区服务中心 21 085 个。共发行销售福利彩票 228.84 亿元，筹集福利彩票公益金 65.77 亿元，直接接收社会捐赠 1 443.65 万元。年末每万人拥有社会组织数量为 5.72 个。注册志愿者人数 903 万人。注册志愿者人均参与志愿服务时数 3.81 小时。

……

（资料来源：广东省统计局、国家统计局广东调查总队，2018 年 2 月 28 日。）

上述案例中，通过对各年的数据进行比较分析，可以看出广东省的"人民生活和社会保障"水平都得到了不同程度的提高，人民的生活越来越好。这种分析方法在我们日常工作中经常应用，即通过对一定时期的数据进行比较分析，来研究社会某个现象的趋势和规律性，为经济工作提供有力的依据，从而做出正确的决策。这种分析方法在统计学上称为动态数列分析。那么，什么叫动态数列？它有什么意义和作用？具体包含哪些内容？包括哪些分析指标？根据一定时期动态数列的研究，对某类现象进行趋势预测时需要采用哪些具体的方法？下面我们就一起来探寻答案。

第一节 动态数列的意义和种类

一、动态数列的概念和意义

(一)动态数列的概念

如表 8-2 所示,将广东省居民人均可支配收入按 2013—2017 年的先后顺序排列起来形成的数列,就叫动态数列。动态数列,也叫时间数列,是指同类社会经济现象在不同时间上的一系列指标数值按时间先后顺序排列形成的数列。

表 8-2 广东省居民人均可支配收入　　　　　　　　　单位:元

年　份	2013	2014	2015	2016	2017
居民人均可支配收入	23 421	25 685	27 859	30 296	33 003

从表 8-2 可以看出,动态数列一般由两个要素构成:

一是,被研究现象所属的时间,如表 8-2 中的 2013 年、2014 年等各个年份;

二是,反映该现象的统计指标数值,如表 8-2 中的居民人均可支配收入。

又如,表 8-3 也是一个动态数列,它是广东省地区生产总值按 2008—2017 年的先后顺序排列起来的数列,虽然表 8-3 与表 8-2 在格式上有所不同,但同样也由上面的两个要素构成的,也是一个动态数列。

表 8-3 2008—2017 年广东省地区生产总值　　　　　　　　　单位:亿元

年　份	地区生产总值			
	合计	第一产业	第二产业	第三产业
2008	36 796.71	1 973.05	18 502.20	16 321.46
2009	39 482.56	2 010.27	19 419.70	18 052.59
2010	46 013.06	2 286.98	23 014.53	20 711.55
2011	53 210.28	2 665.20	26 447.38	24 097.70
2012	57 067.92	2 847.26	27 700.97	26 519.69
2013	62 474.79	2 977.13	28 994.22	30 503.44
2014	67 809.85	3 166.82	31 419.75	33 223.28
2015	72 812.55	3 345.54	32 613.54	36 853.47
2016	80 854.91	3 694.37	35 109.66	42 050.88
2017	89 879.23	3 792.40	38 598.55	47 488.28

(二)动态数列的意义

编制和分析动态数列,有着重要的意义。首先,可以从现象的量变过程中反映其发展变化的方向、程度和趋势,研究其质量变化的规律性,为制定政策、编制计划提供依据。其次,通过对时间数列资料的研究,可以对某些经济现象进行预测。第三,利用不同的时间数列对比,可以揭示各种社会现象的不同发展方向、发展规律及其相互之间的变化关系。第四,利用时间数列,可以在不同地区或国家之间进行对比分析。

二、动态数列的种类

动态数列按其指标表现形式的不同分为绝对数动态数列、相对数动态数列和平均数动态数列。绝对数动态数列是最基本的动态数列,相对数动态数列和平均数动态数列是在绝对数动态数列的基础上派生出来的动态数列。

(一)绝对数动态数列

把总量指标在不同时间上的数值按时间先后顺序排列起来就形成了绝对数动态数列。它用以反映现象在一段时间内达到的绝对水平、规模及工作总量。根据总量指标反映社会经济现象性质的不同,绝对数动态数列又可分为时期数列和时点数列。

1. 时期数列

在总量指标动态数列中,如果列入的每一指标是反映现象在一段时间内的积累总量,则这种动态数列称为时期数列。在表8-4中,地区生产总值就是这种数列。

表8-4 广东省2011—2017年国民经济主要指标

年 份	地区生产总值 (亿元)	年末常住人口数 (万人)	人均地区生产总值 (元/人)	城镇单位就业人员 平均工资(元)
2011	53 210.28	10 505	50 807	45 060
2012	57 067.92	10 594	54 095	50 278
2013	62 474.79	10 644	58 833	53 318
2014	67 809.85	10 724	63 469	59 481
2015	72 812.55	10 849	67 503	65 788
2016	80 854.91	10 999	74 016	72 326
2017	89 879.23	11 169	81 089	79 183

时期数列具有以下特点:

(1)具有可加性。时期数列中各个指标数值可以相加,相加后可反映更长时间社会经济发展过程的总量。例如,一年的地区生产总值是由12个月的该地区生产总值加总得到的。

(2)需要连续登记统计,即时期数列中各个指标数值是由连续不断的登记得到的。例如,某企业某种商品的全年销售额,必须把全年12个月每期的销售额连续登记,然后进行累加。

(3)数列中各个指标数值的大小与所包括时期长短有直接关系。例如,某企业某种商品全年的销售额要大于半年的销售额。

2. 时点数列

在总量指标动态数列中,如果每一个指标所反映的是现象在某一时刻上达到的水平时,则这种动态数列称为时点数列。在表8-4中,年末常住人口数就是这种数列。

时点数列具有如下特点:

(1) 具有不可加性,即时点数列中各个指标数值不可以累计相加。因为时点数列只是表明社会经济现象在某一时点(或时刻)上所处的状态或水平,相加没有实际意义。

(2) 不具有连续统计的特点。

时点数列是反映现象在某一时点上状况的数量,只需要在某一时点上进行统计,取得该点上的资料,不必连续进行登记。时点数列具有连续时点数列和间隔时点数列之分。

(3) 数列中各个指标数值的大小与其时间间隔长短没有直接联系。

(二) 相对数动态数列

把一系列同类相对指标按时间先后顺序排列而形成的时间数列称为相对数动态数列。它反映社会经济现象之间相互联系的发展过程。在表8-4中,人均地区生产总值就是这种数列。在相对指标动态数列中,各个指标数值是不能相加的。

相对数动态数列可以是两个时期数、两个时点数或者一个时期数与一个时点数对比而成的。

(三) 平均数动态数列

把一系列同类平均指标按时间先后顺序排列而形成的时间数列称为平均数动态数列。它反映社会经济现象总体各单位标志值一般水平的发展变化趋势。表8-4中,城镇单位就业人员平均工资就是这种数列。

三、动态数列的编制原则

编制动态数列的目的是要通过对数列中各时期指标值的比较,来研究社会经济现象的发展趋势和规律性。因此,保证数列中各个指标数值的可比性,是编制动态数列的基本原则。具体要求如下。

(一) 时间长短应该一致

时期数列指标值的大小和指标包含的时间长短有直接关系。因此,一般要求时期数列指标值包含的时期前后一致,以利于对比。如表8-2所示,前后时期一致,都是一年。但这个原则也并不是绝对的,在某些特殊情况下,也可编制时间间隔长短不同的时期数列。例如,广东省城镇单位在岗职工平均工资情况,如表8-5所示,就是这种特殊情况。

表8-5 广东省城镇单位在岗职工平均工资   单位:元

年 份	1978	1985	1990	1995	2000	2005	2010	2016
人均纯收入	615	1 393	2 929	8 250	13 823	23 959	40 358	72 848

表8-5说明广东省在改革开放以来,人民生活得到了快速的提高,人民生活越来越好。

对于时点数列来说,其指标数值的大小与时点间隔的长短无直接关系,所以各指标数值之间的间隔是否相等可根据实际情况而定。时点数列指标数值之间间隔若相等,既便于动态对比分析,又便于进一步计算动态分析指标。

(二) 总体范围应该一致

即对研究对象总体范围必须严格限定,当变化不可避免时,必须做出相应的调整,才具有可比性。例如,2000年上海市的原南市区与黄浦区撤销,组建新的黄浦区,因此构建黄浦区GDP时间数列时,必须对原数据做出调整。

(三) 计算方法和计量单位应该一致

动态数列中各项指标的计算口径、计量单位和计算方法应该一致,保持不变。

(四) 经济内容要一致

一般来说,只有同质的现象才能进行动态对比,才能表明现象发展变化的过程和趋势。有时动态数列的指标在名称上是一个指标,但经济内容和经济含义不同或有了改变。这也是不可比的。

第二节 现象发展的水平指标

编制动态数列的目的是为了进一步做好动态分析,研究现象发展的趋势和规律性。动态分析指标有两类:一类是水平指标;另一类是速度指标。水平分析是速度分析的基础,速度分析是水平分析的深入和继续。本节介绍水平指标:发展水平、增长量、平均增长量和平均发展水平。

一、发展水平

发展水平又称发展量,它反映社会经济现象在各个时期所达到的规模和发展的程度。发展水平既可以表现为总量指标,如销售额、在册工人数等;也可以表现为相对指标,如计划完成程度、商品流转次数等;还可以表现为平均指标,如平均工资、单位产品成本等。发展水平实际就是动态数列中的每一项具体指标数值,通常用符号 a 来表示。

根据各发展水平在动态数列中所处的地位与作用不同,可有:

最初水平——动态数列中第一项指标值,用 a_0 表示。

最末水平——动态数列中最后一项指标值,用 a_n 表示。

中间水平——处于中间位置的指标值,用 $a_1, a_2, a_3, \cdots, a_{n-1}$ 表示。

报告期水平——用于研究时期的指标值。

基期水平——用于比较时期的指标值。

动态数列可用符号表示如下:$a_0, a_1, a_2, a_3, \cdots, a_{n-1}, a_n$,如表 8-6 所示。

表 8-6 广东省地区生产总值的资料　　　　单位:亿元

2012 年	2013 年	2014 年	2015 年	2016 年	2017 年
a_0	a_1	a_2	a_3	a_4	a_5
57 067.92	62 474.79	67 809.85	72 812.55	80 854.91	89 879.23

在表 8-6 中,最初水平为 2012 年的指标数值 57 067.92 亿元,最末水平为 2017 年的指标数值 89 879.23 亿元,而 2013—2016 年的指标数值为中间水平。又如,要研究 2017 年该地区的国内生产总值比 2012 年增长了多少,则报告期水平是 2017 年的指标数值 89 879.23 亿元,基期水平为 2012 年的指标数值 57 067.92 亿元。如果要研究 2017 年比前一年该地区的国内生产总值

的变化,则基期水平又变成是 2016 年的指标数值 80 854.91 亿元了。从这一分析又可以得出,报告期水平和基期水平不是固定不变的,它根据研究目的的不同和时间的变更而改变。

发展水平是随着研究问题的目的不同而互相改变的。发展水平在习惯上用"增加到""降低到""增加为""降低为"来表示。

二、平均发展水平

平均发展水平是对一个动态数列不同时期的发展水平求平均数,在统计上又称序时平均数或动态平均数。

序时平均数与一般平均数(静态平均数),二者有共同之处,但彼此又有区别。

共同之处:二者都抽象了现象的个别差异,以反映现象总体的一般水平。

区别在于:一般平均数抽象的是总体各单位的某一数量标志值在同一时间上的差异,用以反映总体在具体历史条件下的一般水平,不体现时间的变动,从静态上说明现象总体各单位的一般水平;序时平均数抽象的是现象在不同时间上的数量差异,从动态上说明现象在一定时期内发展变化的一般趋势。

如前文所述,时间数列有不同的表现形式,因此序时平均数也有不同的计算方法。序时平均数可以用总量指标动态数列计算,也可以用相对指标动态数列和平均指标动态数列计算。其中,总量指标动态数列计算的序时平均数是最基本的。

(一)绝对数时间数列的序时平均数

1. 时期数列的序时平均数

由于时期数列具有可加性,其计算序时平均数的方法就比较简单,可以直接采用简单算术平均数的方法计算,将各时期指标数值的总和除以时期项数。其计算公式为

$$\bar{a} = \frac{a_1 + a_2 + \cdots + a_n}{n} = \frac{\sum a}{n} \tag{8-1}$$

式中:$\bar{a}$ 为序时平均数,a 为各时期发展水平,n 为时期项数。

【例 8-1】 某房地产公司 2017 年销售情况如表 8-7 所示,求全年的平均销售额。

表 8-7 某房地产公司 2017 年销售情况表　　　　　　　　　　单位:万元

	第一季度	第二季度	第三季度	第四季度
销售额	1 200	1 800	1 600	2 000

$$\bar{a} = \frac{\sum a}{n} = \frac{1\,200 + 1\,800 + 1\,600 + 2\,000}{4} = 1\,650(万元)$$

2. 时点数列的序时平均数

资料逐日登记且逐日排列的是连续时点数列;资料不是逐日登记,而是间隔较长一段时间(月、季或年)后再登记一次,然后依次排列的是间断时点数列。这两种数列的类型不同,计算序时平均数的方法也不同。具体来说分为以下四种:

(1)间隔相等的连续时点数列(也叫连续未分组时点数列),这种时点数列资料是逐日登

记且逐日排列的,它与时期数列序时平均数的计算方法相同,直接采用简单算术平均法计算。

$$\bar{a} = \frac{a_1 + a_2 + a_3 + \cdots + a_n}{n} = \frac{\sum a}{n} \quad (8-2)$$

【例 8-2】 某房地产公司 2017 年 11 月下旬销售人员人数资料如表 8-8 所示,求该公司该月下旬日平均销售员人数。

表 8-8 某房地产公司 2017 年 11 月下旬销售人员人数资料

日 期	21日	22日	23日	24日	25日	26日	27日	28日	29日	30日
销售人员数(人)	15	18	14	17	18	16	15	17	14	16

$$\bar{a} = \frac{\sum a}{n} = \frac{15+18+14+17+18+16+15+17+14+16}{10} = 16(人)$$

(2) 间隔不相等的连续时点数列(也叫连续已分组时点数列),这种时点数列资料登记的时间仍是一天,只是在指标值发生变动时才记录一次。此时就要用每次资料持续不变的时间长度为权数进行加权平均。其计算公式为

$$\bar{a} = \frac{a_1 f_1 + a_2 f_2 + a_3 f_3 + \cdots + a_n f_n}{f_1 + f_2 + f_3 + \cdots + f_n} = \frac{\sum af}{\sum f} \quad (8-3)$$

【例 8-3】 某企业 2017 年 6 月份产品库存额资料见表 8-9,计算该企业 6 月份平均产品库存额。

表 8-9 某企业 2017 年 6 月份产品库存额资料　　　　　　　　单位:千克

时 间	1—4日	5—9日	10—16日	17—24日	25—30日
产品库存额	1 080	1 140	1 106	985	1 020

$$\bar{a} = \frac{1\,080 \times 4 + 1\,140 \times 5 + 1\,106 \times 7 + 985 \times 8 + 1\,020 \times 6}{4+5+7+8+6} = 1\,058.73(千克)$$

注意:从理论上讲,时点数列是不可能连续的,这里所指的未分组的连续时点数列是指按日历每天登记一次资料形成的,我们假定它是连续的,所以可以采用简单算术平均的方法计算;已分组的连续时点数列是随时点指标数值的变化而登记形成的时间数列,f 代表间隔天数,采用加权算术平均的方法计算。

(3) 间隔相等的间断的时点数列,这种时点数列每隔一定的时间登记一次,每次登记的时间间隔相等。

【例 8-4】 某企业 2017 年第四季度职工人数资料见表 8-10。计算该企业第四季度平均职工人数。

表 8-10 某企业 2017 年第四季度职工人数资料

日 期	9月30日	10月31日	11月30日	12月31日
月末职工人数(人)	1 400	1 420	1 450	1 440

解决这一问题的思路是：

首先求出各月的平均职工人数，然后再对各月平均职工人数计算平均数。

求各月平均职工人数时，按理应该计算该月内平均每天的职工人数，但由于未能掌握该月内每天的职工人数资料，所以只能在一定的假设条件下推算。即把上月末的职工人数看成是本月初的职工人数，并假定各月内职工人数的变动是均匀的，每月的平均职工人数就等于月初数加月末数除以2，这样，可计算出2017年该企业第四季度平均每月职工人数为

$$\bar{a} = \frac{\frac{1\,400+1\,420}{2} + \frac{1\,420+1\,450}{2} + \frac{1\,450+1\,440}{2}}{3} = 1\,430(人)$$

由此，将上例的计算过程概括为下列计算公式：

$$\bar{a} = \frac{\frac{1}{2}a_1 + a_2 + a_3 + \cdots + \frac{1}{2}a_n}{n-1} \qquad (8-4)$$

这种方法也叫"首末折半法"，在实际中广泛应用，但只适用于间隔相等的间断时点数列。

(4) 间隔不相等的间断时点数列，这种序时平均数的计算也可以采用"两次平均"的思路，且第一次的平均计算与时间间隔相等的时点数列相同；进行第二次平均时，由于各时间间隔不相等，所以应当用各时点间隔长度作为权数，计算加权算术平均数，其计算公式为

$$\bar{a} = \frac{\frac{a_1+a_2}{2}f_1 + \frac{a_2+a_3}{2}f_2 + \frac{a_3+a_4}{2}f_3 + \cdots + \frac{a_{n-1}+a_n}{2}f_{n-1}}{f_1+f_2+f_3+\cdots+f_{n-1}(\sum f)} \qquad (8-5)$$

式中：f 表示时间间隔长度。

这种方法在实际中也广为应用，此法仅适用于间隔不相等的间断时点数列。

【例8-5】 某地区2017年人口变动情况如表8-11所示，求平均人口数。

表8-11 某地区2017年人口变动情况

月 份	1月	3月	6月	9月	次年1月
月初人数(万人)	102	185	190	192	184

$$\bar{a} = \frac{\frac{a_1+a_2}{2}f_1 + \frac{a_2+a_3}{2}f_2 + \cdots + \frac{a_{n-1}+a_n}{2}f_{n-1}}{\sum f}$$

$$= \frac{\frac{102+185}{2}\times 2 + \frac{185+190}{2}\times 3 + \frac{190+192}{2}\times 3 + \frac{192+184}{2}\times 4}{2+3+3+4}$$

$$= 181.21(万人)$$

(二) 相对数或平均数（这里指的是一般平均数）时间数列的序时平均数，由相对指标和平均指标动态数列计算序时平均数

这里的相对数动态数列指的是由计划完成相对数、结构相对数、比例相对数、比较相对数、强度相对数等构成的动态数列。

相对数动态数列或平均数动态数列是由相互联系的两个绝对数动态数列对比构成的,因此要先分别计算出这两个绝对数动态数列的序时平均数,然后进行对比,求得相对数或平均数动态数列序时平均数。用 c 代表相对数或平均数,其分子和分母数值分别用 a 和 b 表示,则计算公式为

$$\bar{c} = \frac{\bar{a}}{\bar{b}} \tag{8-6}$$

实际应用时,a 和 b 是绝对数,要根据资料灵活运用绝对数数列的五个基本公式,如果 a 或 b 未知,可用 $a=bc$ 或 $b=a/c$ 推算。则有以下公式变形

$$\bar{c} = \frac{\bar{a}}{\bar{b}} = \frac{\frac{\sum a}{n}}{\frac{\sum b}{n}} = \frac{\sum a}{\sum b}$$

因为 $c = \frac{a}{b}$,所以 $a = bc, b = \frac{a}{c}$

则

$$\bar{c} = \frac{\sum bc}{\sum b}, \bar{c} = \frac{\sum a}{\sum \frac{a}{c}}$$

式中,$\bar{a}$ 和 $\bar{b}$ 可按绝对数时间数列序时平均数的计算方法求得,但根据序时平均数的时间数列计算序时平均数例外。这种数列,如果该数列的间隔期相等,可直接采用简单算术平均法计算;如果计算的时期或间隔不等,则可以用时期或间隔长度作权数,采用加权算术平均法计算。

1. 由两个时期数列对比形成的相对指标或平均指标动态数列计算序时平均数

只要分子、分母分别采用简单算术平均法计算,其计算公式为

$$\bar{c} = \frac{\bar{a}}{\bar{b}} = \frac{\frac{a_1 + a_2 + \cdots + a_n}{n}}{\frac{b_1 + b_2 + \cdots + b_n}{n}} = \frac{\frac{\sum a}{n}}{\frac{\sum b}{n}} = \frac{\sum a}{\sum b} \tag{8-7}$$

【例 8-6】 某保险公司 2018 年 1—3 月保费收入计划完成度资料如表 8-12 所示。

表 8-12 某保险公司 2018 年 1—3 月保费收入的计划完成度情况表　　　　单位:万元

月 份	一月	二月	三月
实际完成 a	510	618	864
计划完成 b	500	600	800
计划完成(%)c	102	103	108

计算该保险公司第一季度保费收入的平均计划完成程度。

$$\bar{c} = \frac{\bar{a}}{\bar{b}} = \frac{\sum a}{\sum b} = \frac{510 + 618 + 864}{500 + 600 + 800} = 1.048(或 104.8\%)$$

2. 由两个时点数列对比形成的相对指标或平均指标动态数列计算序时平均数

如果分子、分母者是间隔相等的间断的时点数列的话,则分子、分母采用"首末折半法",其计算公式为

$$\bar{c} = \frac{\bar{a}}{\bar{b}} = \frac{\dfrac{\dfrac{a_1}{2} + a_2 + \cdots + \dfrac{a_n}{2}}{n-1}}{\dfrac{\dfrac{b_1}{2} + b_2 + \cdots + \dfrac{b_n}{2}}{n-1}} \qquad (8-8)$$

【例 8-7】 某学院电算化会计专业学生人数如表 8-13 所示,求该校电算化会计专业女生人数占本专业学生人数的比重。

表 8-13 某学院电算化会计专业学生人数情况表　　　　单位:人

入学年份	2014 年	2015 年	2016 年	2017 年
女生人数 a	300	368	390	408
学生人数 b	400	460	500	508
比重(%) c	75	80	78	80

$$\bar{c} = \frac{\bar{a}}{\bar{b}} = \frac{\dfrac{\dfrac{a_1}{2} + a_2 + \cdots + \dfrac{a_n}{2}}{n-1}}{\dfrac{\dfrac{b_1}{2} + b_2 + \cdots + \dfrac{b_n}{2}}{n-1}} = \frac{\dfrac{\dfrac{300}{2} + 368 + 390 + \dfrac{408}{2}}{4-1}}{\dfrac{\dfrac{400}{2} + 460 + 500 + \dfrac{510}{2}}{4-1}} = 78.6\%$$

3. 由一个时期数列和一个时点数列对比形成的相对指标或平均指标动态数列计算序时平均数

如果分子是时期数列,按简单算术平均法计算,其分母是间隔相等的时点数列,按"首末折半法"计算,其计算公式为

$$\bar{c} = \frac{\bar{a}}{\bar{b}} = \frac{\dfrac{\sum a}{n}}{\dfrac{\dfrac{b_1}{2} + b_2 + \cdots + b_{n-1} + \dfrac{b_n}{2}}{n-1}} \qquad (8-9)$$

【例 8-8】 我市某大型超市第一季度商品销售额与月初商品库存额资料见表 8-14。

表 8-14 我市某大型超市第一季度商品销售额与月初商品库存额资料

月　份	单位	1 月	2 月	3 月	4 月
商品销售额(a)	万元	120	220	350	—
月初商品库存额(b)	万元	50	70	90	110
商品流转次数(c)	次	2	2.75	3.5	—

计算该大型超市第一季度月平均商品流转次数。

商品流转次数数列计算过程为

$$\bar{c} = \frac{\bar{a}}{\bar{b}} = \frac{\dfrac{\sum a}{n}}{\dfrac{\dfrac{b_1}{2}+b_2+\cdots+b_{n-1}+\dfrac{b_n}{2}}{n-1}} = \frac{\dfrac{120+220+350}{3}}{\dfrac{\dfrac{50}{2}+70+90+\dfrac{110}{2}}{4-1}} = \frac{230}{80} = 2.875(次)$$

该超市第一季度平均商品周转次数为 2.875 次。

其他的情况,不再一一举例。总之,要分两步骤来进行,第一步分别计算出分子、分母两个总量指标动态数列的序时平均数;第二步,进行对比,求出相对数或平均数动态数列的序时平均数。

(三) 由动态平均数动态数列计算序时平均数

如前所述,可分为以下两种情况:

(1) 期间长度相等,其计算公式为

$$\bar{a} = \frac{\sum a}{n} \tag{8-10}$$

(2) 期间长度不等,其计算公式为

$$\bar{a} = \frac{\sum af}{\sum f} \tag{8-11}$$

三、增长量

增长量是指动态数列中两个不同时期的发展水平之差,反映某一现象在不同时期增减变化的绝对量。

增长量可以是正的,也可以是负的,所以又称增减量。当报告期水平大于基期水平时,增长量为正值,表示现象的水平增加;当报告期水平小于基期水平时,增长量为负值,表示现象的水平减少。其计算公式为

$$增长量 = 报告期水平 - 基期水平$$

根据选择的基期不同,增长量分为逐期增长量、累计增长量以及年距增长量。

(一) 逐期增长量

逐期增长量是报告期水平与前一期水平之差,它说明报告期水平比前一期水平增减的绝对数量。用符号表示为

$$a_1 - a_0; a_2 - a_1; \cdots; a_n - a_{n-1}$$

(二) 累计增长量

累计增长量是报告期水平与某一固定基期水平之差,它说明报告期水平比某一固定基期水平增减的绝对数量,也说明在某一段较长时期内总的增长量。用符号表示为

$$a_1 - a_0; a_2 - a_0; \cdots; a_n - a_0$$

(三) 逐期增长量和累计增长量之间的关系

逐期增长量和累计增长量之间的关系如下：
第一，累计增长量等于相应各个逐期增长量之和，即

$$(a_n - a_0) = (a_1 - a_0) + (a_2 - a_1) + \cdots + (a_n - a_{n-1})$$

第二，逐期增长量等于相邻两个累计增长量之差，即

$$(a_n - a_{n-1}) = (a_n - a_0) - (a_{n-1} - a_0)$$

【例 8-9】 某地区海洋资料丰富，海产品出口额逐年增长，如表 8-15 所示。

表 8-15　某地区 2013—2017 年的海产品出口额资料表

时间（年）		2013	2014	2015	2016	2017
发展水平（万元）		410.7	444.2	489.7	534.2	591.9
增长量	逐期	—	33.5	45.5	44.5	57.7
	累计	0	33.5	79	123.5	181.2

$$\begin{aligned}(a_n - a_0) &= 591.9 - 410.7 = (444.2 - 410.7) + (489.7 - 444.2) + (534.2 - 489.7) + \\ &\quad (591.9 - 534.2) \\ &= 181.2 = 33.5 + 45.5 + 44.5 + 57.7 \\ (a_n - a_{n-1}) &= (591.9 - 534.2) = (591.9 - 410.7) - (534.2 - 410.7) \\ &= 57.7 = 181.2 - 123.5\end{aligned}$$

(四) 年距增长量

在实际统计分析工作中，为了消除季节变动因素的影响，常将本月（季）发展水平与去年同月（季）发展水平进行比较，若以相减的比较方式，则得到的是年距增长量，即

$$年距增长量 = 本月（季）发展水平 - 去年同月（季）发展水平$$

四、平均增长量

平均增长量是指动态数列的各逐期增长量的序时平均数，用来反映现象在某一时间内平均每期增减的绝对数量。其计算公式为

$$平均增长量 = \frac{逐期增长量之和}{逐期增长量的项数} = \frac{累计增长量}{动态数列的项数 - 1}$$

用符号表示为

$$平均增长量 = \frac{(a_1 - a_0) + (a_2 - a_1) + \cdots + (a_n - a_{n-1})}{n} = \frac{a_n - a_0}{n} \qquad (8-12)$$

【例 8-10】 根据表 8-15 资料可以计算出，某地区在 2013—2017 年海产品出口额的平均增长量为

$$\text{平均增长量} = \frac{\text{逐期增长量之和}}{\text{逐期增长量的个数}} = \frac{33.5+45.5+44.5+57.7}{4} = 45.3(\text{万元})$$

或

$$\text{平均增长量} = \frac{\text{累计增长量}}{\text{动态数列的项数}-1} = \frac{181.2}{5-1} = 45.3(\text{万元})$$

第三节 现象发展的速度指标

我们经常会听到,本月 CPI 为 7.8%,比上月增长了 0.5 个百分点等等这样的数据,像 CPI 为 7.8%,增长了 0.5 个百分点,就是本节要讲的现象的发展速度指标。例如,2008 年 1—6 月份的 CPI 分别为 7.1%,8.7%,8.3%,8.5%,7.7%,7.1%,针对上半年经济过热现象,中国人民银行连续 6 次调整存款准备金率。

发展速度指标是以发展水平指标为基础,通过进一步加工分析,得出相应的四种速度指标:发展速度、增长速度、平均发展速度和平均增长速度。这类指标可以用来比较分析某种社会经济现象在不同发展阶段或不同地区、部门、国家之间的发展变化程度,是编制和检查国民经济计划的重要参考。

一、发展速度

发展速度是反映客观现象发展变化情况的动态相对指标,它是根据两个不同时期发展水平对比求得的。其计算公式为

$$\text{发展速度} = \frac{\text{报告期水平}}{\text{基期水平}} \tag{8-13}$$

发展速度的计算结果一般用百分数或倍数表示。若发展速度大于百分之百(或大于 1)则表示为上升速度;若发展速度小于百分之百(或小于 1)则表示为下降速度。根据所采用基期的不同,发展速度分为环比发展速度和定基发展速度。

(一)环比发展速度

环比发展速度是报告期水平与前一期发展水平之比,表明社会经济现象逐期的发展程度。其计算公式为

$$\text{环比发展速度} = \frac{\text{报告期水平}}{\text{前一期水平}}$$

用符号表示为

$$\frac{a_1}{a_0} \times \frac{a_2}{a_1} \times \frac{a_3}{a_2} \times \cdots \times \frac{a_n}{a_{n-1}} \tag{8-14}$$

(二)定基发展速度

定基发展速度是报告期水平与固定的基期水平(通常为最初水平)之比,表明社会经济现象在较长时期内总的发展速度。因此有时也称"总速度",用 R 表示。其计算公式为

$$定期发展速度 = \frac{报告期水平}{固定基期水平}$$

用符号表示为

$$\frac{a_1}{a_0} \times \frac{a_2}{a_0} \times \frac{a_3}{a_0} \times \cdots \times \frac{a_n}{a_0} \qquad (8-15)$$

【例 8-11】 如表 8-16 资料所示,求环比发展速度和定基发展速度。

表 8-16 某地区 2013—2017 年的海产品出口额资料表

时间(年)		2013	2014	2015	2016	2017
发展水平(万元)		410.7	444.2	489.7	534.2	591.9
增长量	逐期	—	33.5	45.5	44.5	57.7
	累计	0	33.5	79	123.5	181.2
发展速度(%)	环比	—	108.2	110.2	109.1	110.8
	定基	100	108.2	119.2	130.1	144.1

(三)环比发展速度与定基发展速度的关系

环比发展速度与定基发展速度有一定的数量关系,这一关系可以从下列两个方面来反映。

1. 相应各环比发展速度的连乘积等于定基发展速度

其计算公式如下

$$\frac{a_1}{a_0} \times \frac{a_2}{a_1} \times \frac{a_3}{a_2} \times \cdots \times \frac{a_n}{a_{n-1}} = \frac{a_n}{a_0} \qquad (8-16)$$

2. 相邻两个定基发展速度相除之商等于相应的环比发展速度

其计算公式如下

$$\frac{a_n}{a_0} \div \frac{a_{n-1}}{a_0} = \frac{a_n}{a_{n-1}} \qquad (8-17)$$

【例 8-12】 在上例中,如表 8-16 资料所示,2017 年的定基发展速度除以 2016 年的定基发展速度,等于 2017 年的环比发展速度。

$144.1\% \div 130.1\% = 110.8\%$

(四)年距发展速度

类似于年距发展水平指标,对于具有季节变化的一些社会经济现象,为了消除季节变动的影响,可以计算年距发展速度,用来说明本期发展水平相对于去年同期发展水平变化的方向与程度,它是实际统计分析中经常使用的指标。其计算公式为

$$年距发展速度 = \frac{本年某月(季)发展水平}{去年同月(季)发展水平} \qquad (8-18)$$

二、增长速度

增长速度是反映客观现象增长程度的动态相对数,它用增长量除以基期水平算的,用以说

明社会经济现象在一定时期内的增减程度。增长速度通常用若干倍或百分之几来表示。其计算公式为

$$增长速度 = \frac{报告期增长量}{基期水平} = \frac{报告期水平 - 基期水平}{基期水平} = \frac{报告期水平}{基期水平} - 1(或100\%)$$
(8-19)

即

$$增长速度 = \frac{a_n - a_0}{a_0}$$

$$增长速度 = 发展速度 - 1(或100\%)$$

增长速度有正、负值之分。当发展速度大于1或100%时，增长速度为正值，表明现象的增长程度；当发展速度小于1或100%时，增长速度为负值，表明现象的降低程度。

由于基期的不同，增长速度也分为环比增长速度和定基增长速度。

（一）环比增长速度

环比增长速度是逐期增长量与前一期发展水平对比的结果，表示现象逐期增长的方向和程度。其计算公式为

$$环比增长速度 = \frac{逐期增长量}{前一期水平} = \frac{报告期水平 - 前一期水平}{前一期水平} = 环比发展速度 - 1(或100\%)$$
(8-20)

（二）定基增长速度

定基增长速度是累计增长量与某一固定基期发展水平对比的结果，表示现象在较长时期内总的增长程度。其计算公式为

$$定基增长速度 = \frac{累计增长量}{某一固定基期水平} = \frac{报告期水平 - 某一固定基期水平}{某一固定基期水平}$$

$$= 定基发展速度 - 1 或 100\%$$
(8-21)

【例8-13】 某地区海洋资料丰富，海产品出口额逐年增长，根据资料求出各年的定基增长速度和环比增长速度，如表8-17所示。

表8-17 某地区2013—2017年的海产品出口额情况资料表

时间（年）		2013	2014	2015	2016	2017
发展水平（万元）		410.7	444.2	489.7	534.2	591.9
增长量	逐期	—	33.5	45.5	44.5	57.7
	累计	—	33.5	79	123.5	181.2
发展速度（%）	环比	—	108.2	110.2	109.1	110.8
	定基	100	108.2	119.2	130.1	144.1

续 表

时间(年)		2013	2014	2015	2016	2017
增长速度(%)	环比	—	8.2	10.2	9.1	10.8
	定基	—	8.2	19.2	30.1	44.1

环比增长速度和定基增长速度之间在数量上没有直接的换算关系，一般通过相应的发展速度来换算。如果要进行换算，则首先必须将环比增长速度还原成环比发展速度，再将各期环比发展速度连乘，得到定基发展速度，最后用定基发展速度减1得到定基增长速度。

（三）年距增长速度

在统计实际工作中，为了消除季节变动的影响，也常计算年距增长速度，用以说明年距增长量与去年同期发展水平对比达到的相对增长程度。其计算公式为

$$年距增长速度 = \frac{年距增长量}{去年同期发展水平} = 年距发展速度 - 1(或100\%) \quad (8-22)$$

三、增长1%的绝对值

前面我们分析了发展水平和发展速度，但分析社会经济现象时，仅看一方面是不够的，要结合二者来综合分析。比如，我们要分析两个不同地区GDP的动态情况，一个地区经济发达，GDP数值比较大，另一个地区经济欠发达，欠发达地区GDP只有经济发达地区的十分之一的话，那么我们研究这两个地区的GDP的动态情况，单从发展速度来分析显然是不科学的。因此，一方面，我们要看发展速度，另一方面要分析发展水平。因为低水平基数上的发展速度与高水平基数上的发展速度是不可比的，这就要求我们在分析现象的动态情况时，既要看速度又要看水平。增长1%的绝对值是将速度指标与水平指标相结合而产生的一个指标，它是用逐期增长量与环比增长速度对比求得的。计算结果用绝对数表示，其计算公式为

$$\frac{增长1\%的}{绝对值} = \frac{逐期增长量}{环比增长速度 \times 100} = \frac{a_n - a_{n-1}}{\frac{a_n - a_{n-1}}{a_{n-1}} \times 100} = \frac{a_{n-1}}{100} \quad (8-23)$$

即 $\frac{前期水平}{100}$

【例8-14】 如表8-18资料，可求出增长1%的绝对值。

表8-18 某房地产公司2012—2017年销售额增长量、速度指标计算表

年 份	2012	2013	2014	2015	2016	2017
发展水平(万元)	6 604	7 057	8 000	8 868	9 153	9 400
累积增长量		453	1 396	2 264	2 549	2 796
逐期增长量		453	943	868	285	247

续 表

年　份		2012	2013	2014	2015	2016	2017
发展速度	定基(%)	100	106.9	121.1	134.3	138.6	142.3
	环比(%)		106.9	113.4	110.9	103.2	102.7
增长速度	定基		6.9	21.1	34.3	38.6	42.3
	环比		6.9	13.4	10.9	3.2	2.7
增长1%的绝对值			66.04	70.57	80	88.68	91.53

四、平均发展速度和平均增长速度

平均发展速度和平均增长速度统称为平均速度指标。平均速度是各个时期环比速度的平均数。说明社会经济现象在较长时期内速度变化的平均程度。平均发展速度是动态数列中的各个环比发展速度的平均数，也就是把全期的总发展速度平均化。它说明某种现象在一个较长时期中逐期平均发展变化的程度。而平均增长速度则是反映现象递增的平均速度，等于各个环比增长速度的序时平均数。

平均发展速度和平均增长速度的关系为

$$平均增长速度 = 平均发展速度 - 1(或100\%) \tag{8-24}$$

平均发展速度总是正值，而平均增长速度则可分为正值也可分为负值。正值表明现象在一定发展阶段内逐期平均递增的程度；负值表示现象逐期平均递减的程度。

平均发展速度和平均增长速度在实际工作中起着重要的作用。这两个指标是编制国民经济计划，进行国民经济宏观调控的重要指标；人们也经常用它们来对比不同阶段、不同时期、不同国家或地区同类现象的发展变化情况；它们还可作为各种推算和预测的依据。因此，得到广泛地运用，它是进行经济预测的重要方法之一。例如，【例8-14】中2017年销售额为9 400万元，比2012年的6 604万元增长42.3%，平均每年增长7.3%。平均速度指标还经常用来对比不同发展阶段的不同发展速度，如我国钢产量在"六五""七五""八五"各个时期分别平均增长4.7%、7.1%和7.3%。

在实际统计工作中，计算平均发展速度有两种方法，即水平法和累计法。对于高职院校的学生而言，重点掌握水平法的计算方法和应用，累计法只要求做简单了解。

（一）水平法

水平法，又称几何平均数。现象发展的平均速度，一般用几何平均数法来计算。平均速度是总速度的平均，但现象发展的总速度，不等于各年发展速度之和，而等于各年环比发展速度的连乘积。因而，求环比发展速度的平均数，不能用总和法，按算术平均数公式计算；平均发展速度只能按连乘法，用几何平均数公式来计算。其计算公式为

$$\bar{x} = \sqrt[n]{x_1 \cdot x_2 \cdot x_3 \cdots x_n} = \sqrt[n]{\pi x} \tag{8-25}$$

式中：$\bar{x}$表示平均发展速度，x表示各年环比发展速度，n表示环比发展速度的项数，π表示连乘符号。

【例 8-15】 已知某地钢产量 2012—2017 年各年的环比发展速度分别为 1.069,1.134, 1.108,1.032,1.027,计算平均发展速度。

$$\bar{x} = \sqrt[n]{\pi x}$$

$$\lg \bar{x} = \frac{1}{5} \times (\lg 1.069 + \lg 1.134 + \lg 1.108 + \lg 1.032 + \lg 1.027)$$

$$= \frac{1}{5} \times (0.029 + 0.0546 + 0.0445 + 0.0137 + 0.0116)$$

$$= 0.03068$$

$$\bar{x} = 1.073 = 107.3\%$$

动态数列中最后一年的定基发展速度等于各环比发展速度的连乘积,故计算平均发展速度的公式还可表示为

$$\bar{x} = \sqrt[n]{\frac{a_1}{a_0} \cdot \frac{a_2}{a_1} \cdot \frac{a_3}{a_2} \cdot \ldots \cdot \frac{a_n}{a_{n-1}}}$$

$$\bar{x} = \sqrt[n]{\frac{a_n}{a_0}} \tag{8-26}$$

式中:$\bar{x}$ 为代表平均发展速度,a_n 为期末水平,a_0 为基期水平,n 为环比发展水平的个数(发展水平的项数减 1)。

【例 8-16】 2000 年我国进行了第五次人口普查,普查结果为 126 583 万人。若要求在 2010 年底,把我国大陆人口控制在 14 亿人以内,以 2000 年年底全国人口数为基数,10 年内我国人口年平均增长速度应控制在什么水平上?

解: $\bar{x} = \sqrt[n]{\frac{a_n}{a_0}} = \sqrt[10]{\frac{140\,000}{126\,583}} = 1.010\,125$

年平均增长速度 = $(1.010\,125 - 1) \times 1\,000‰ = 10.125‰$

该案例说明,从 2000 年开始我国人口年平均增长速度必须控制在 10.125‰ 以内,才能保证到 2010 年年底人口不突破 14 亿人(据中华人民共和国国家统计局于 2011 年 4 月 28 日发布,我国 2010 年第六次人口普查的人数为 13.7 亿人。这一数据恰好控制在了 14 亿以内)。

一段时间的定基发展速度即为现象的总速度,用 R 表示总速度,则平均发展速度的计算公式还可以写作

$$\bar{x} = \sqrt[n]{R} \tag{8-27}$$

【例 8-17】 假定某产品产量 2017 年比 2012 年增加了 135%,那么 2012—2017 年的平均发展速度为多少?

解: $\bar{x} = \sqrt[n]{R} = \sqrt[5]{135\% + 100\%} = 118.63\%$

以上几个计算公式,可根据掌握的具体资料灵活使用,如掌握的资料是最初水平和最末水平,则用 $\bar{x} = \sqrt[n]{\frac{a_n}{a_0}}$;如果掌握的资料是总速度,则用 $\bar{x} = \sqrt[n]{R}$。

按几何平均数法计算平均发展速度,需要求出 n 次方根,计算起来比较麻烦,在实际工作

中可采用以下三种方法：

(1) 用多功能电子计算器直接开出 n 次方，这种方法最方便，也是用得最广泛的一种方法。

(2) 借助于对数来进行计算。

(3) 可采用编制好的《水平法查对表》(或《平均增长速度查对表》)进行查找。

(二) 累计法

累计法又叫方程式法或代数平均法，它是以各期发展水平的总和与基期水平之比为基础来计算的。这种方法的实质是：从最初水平 a_0 出发，各期按平均发展速度 $\bar{x}$ 计算发展水平，则计算的各期发展水平累计总和，应与各期实际发展水平的总和相等。列出方程式，再求解便得出平均发展速度。

$$\left(a_0 \cdot \frac{a_1}{a_0}\right) + \left(a_0 \cdot \frac{a_2}{a_0}\right) + \left(a_0 \cdot \frac{a_3}{a_0}\right) + \cdots + \left(a_0 \cdot \frac{a_n}{a_0}\right) = \sum a$$

由于定基发展速度等于环比发展速度的连乘积，可用环比发展速度表示

$$a_0 \cdot x_1 + a_0 \cdot x_1 \cdot x_2 + a_0 \cdot x_1 \cdot x_2 \cdot x_3 + \cdots + a_0 \cdot x_1 \cdot x_2 \cdot x_3 \cdots x_n = \sum a$$

设 $\bar{x}$ 为平均发展速度，按平均发展速度计算的各期水平的假定值为

$$a_0 \cdot \bar{x} + a_0 \cdot \bar{x} \cdot \bar{x} + a_0 \cdot \bar{x} \cdot \bar{x} \cdot \bar{x} + \cdots + a_0 \cdot \bar{x} \cdot \bar{x} \cdot \bar{x} \cdots \bar{x} = \sum a$$

$$a_0(\bar{x} + \bar{x}^2 + \bar{x}^3 + \cdots + \bar{x}^n) = \sum a$$

即
$$(\bar{x} + \bar{x}^2 + \bar{x}^3 + \cdots + \bar{x}^n) = \frac{\sum a}{a_0} \tag{8-28}$$

求这个高次方程的正根，就是平均发展速度。但是，要求解这个高次方程是比较复杂的。因此，在实际工作中，通常是根据《平均增长速度查对表》计算。

由于 $\dfrac{\sum a}{a_0} = \dfrac{a_1 + a_2 + \cdots + a_n}{a_0} = \dfrac{a_1}{a_0} + \dfrac{a_2}{a_0} + \cdots + \dfrac{a_n}{a_0}$，如果 $\dfrac{1}{n}\left(\dfrac{\sum a}{a_0}\right) > 1$ 或 100% 时，表明现象是递增型，应在累计法查对表的递增速度部分查找；如果 $\dfrac{1}{n}\left(\dfrac{\sum a}{a_0}\right) < 1$ 或 100% 时，表明现象是递减型，应在累计法查对表的递减速度部分查找。然后，计算平均发展速度和平均增长速度速度。

用水平法和累计法计算平均发展速度的方法具有不同的特点及应用条件。用水平法计算平均发展速度往往取决于最末水平与最初水平之比。而累计法则取决于报告期内各年水平之和与基期水平之比。水平法侧重于观察期末的发展水平，在检查工农业生产、运输与商业等计划时比较适宜。而累计法侧重于观察全期总量的计划完成情况及各年发展水平的累计总和，这对检查基建投资、城市公用事业及干部培养等计划比较适合。

第四节　现象变动的趋势分析

分析社会经济现象在一段时期内的发展变化，我们的目的不仅仅是要计算发展水平和发

展速度等动态指标,而是要进一步揭示出社会经济现象发展变化的趋势和内在规律性。动态数列的趋势分析就是采用一定的方法测定现象变动的趋势,以便对未来的状况做出判断和预测,克服工作中的盲目性。

一、现象变动趋势分析的意义

动态数列各项发展水平的变化是由许多复杂因素共同作用的结果。影响因素归纳起来大体上有四类。

(一) 长期趋势(T)

长期趋势指现象在一段较长的时间内,由于普遍的、持续的、决定性的基本因素的作用,使发展水平沿着一个方向逐渐向上或向下变动的趋势。例如,人类寿命的延长、生产力的发达、土地面积的缩小等都是全球的长期趋势。认识和掌握事物的长期趋势,可以把握事物发展变化的基本特点。

(二) 季节变动(S)

季节变动是指事物受季节的影响而发生的变动。其变动的特点是,在一年或更短的时间内随着时序的更换,使现象呈周期重复的变化。引起季节变动的原因有自然因素,也有人为因素,如气候条件、节假日以及风俗习惯等等。季节变动的影响有以年为周期的,也有以日、周、月为周期的。认识和掌握季节变动,对于近期行动决策有重要作用。

(三) 循环变动(C)

循环变动指现象发生周期比较长的涨落起伏变动。通常所指的循环变动是指经济发展荣衰不绝相替之变动。它与寒暑温凉相继不息的天时循环变动有明显的不同,也不同于朝单一方向持续发展的长期趋势。引起循环变动可能由于不同的原因,使得变动的周期长短不同,常在一年以上甚至七八年,十多年。各期始末亦难定为何年何月;上下波动程度也不相同。比如经济(商业)周期的繁荣、萧条、危机、复苏等阶段更替的周期性变动。

(四) 不规则变动(I)

不规则变动指现象除了受以上各种变动的影响外,还受临时的、偶然因素或不明原因而引起的非周期性、非趋势性的随机变动。比如,受台风影响,农作物损失严重;又如受地震的影响,某地区经济严重下降等等。不规则变动是无法预知的。

现象变动趋势分析就是要把动态数列受各类因素的影响状况分别测定出来,搞清研究对象发展变化的原因及其规律,为预测未来和决策提供依据。

形成时间数列变动的四种构成要素,按照它们的方式不同,可以分解为多种模型,如乘法模型、加法模型、混合模型等,其中最常用的有乘法模型和加法模型。

1. 乘法模型

乘法模型是假定四种因素存在着某种相互影响关系,互不独立。

因此,动态数列各期发展水平是各个影响因素相乘之积,适用于动态相对指标总变动的计算。其计算公式为

$$Y = T \cdot S \cdot C \cdot I \qquad (8-29)$$

式中：Y 为动态总变动；T 为长期趋势变动；S 为季节变动；C 为循环变动；I 为不规则变动。

2. 加法模型

加法模型是假定四种变动因素是互相独立的，则动态数列各期发展水平是各个影响因素相加的总和，适用于动态总量指标总变动的计算。

其计算公式为

$$Y = T + S + G + I \tag{8-30}$$

式中：Y 为动态总变动；T 为长期趋势变动；S 为季节变动；G 为循环变动；I 为不规则变动。

一般地说，动态数列变动包含了上述四类因素的影响，因而动态数列的成分结构包括了这四种变动的形式。但就实际情况来看，季节变动和循环变动在某些场合并不存在。比如按年排列的动态数列就不体现季节变动。我国工农业生产发展趋势一般不存在循环变动。而不规则变动本来就是偶然发生的，是不确定项。因此，在实际工作中，要对研究现象进行具体的分析，实际包含什么因素就测定什么因素。在这里，我们仅介绍通常使用的长期趋势的测定和季节变动的测定。

二、长期趋势的测定

长期趋势的测定就是用一定的方法对动态数列进行修匀，使修匀后的数列排除季节变动、循环变动和不规则变动等因素的影响，显示出现象变动的基本趋势，作为预测的依据。测定长期趋势的方法主要有时距扩大法、移动平均法和数学模型法。数学模型又有线性模型和非线性模型之分。

（一）时距扩大法

这是对长期的动态数列资料进行统计修匀的一种简便方法。先是把原有动态数列中各时期资料加以合并，扩大每段计算所包括的时间，得出较长时距的新动态数列，以消除由于时距较短受偶然因素影响所引起的波动，从而呈现出现象发展的长期趋势。

采用时距扩大法进行修匀可以用扩大时距后的总量指标表示，也可以用扩大时距后的平均指标表示。前者只适用于时期数列，后者可以用于时期数列和时点数列。表 8-19 是我国 1981—2015 年粮食产量资料，以它来说明时距扩大法的运用。

表 8-19　我国 1981—2015 年粮食产量　　　　　　　　单位：万吨

年　份	产　量	年　份	产　量	年　份	产　量
1981	32 502.00	1993	45 648.80	2005	48 402.19
1982	35 450.00	1994	44 510.10	2006	49 804.23
1983	38 727.50	1995	46 661.80	2007	50 160.28
1984	40 730.50	1996	50 453.50	2008	52 870.92
1985	37 910.80	1997	49 417.10	2009	53 082.08

续 表

年 份	产 量	年 份	产 量	年 份	产 量
1986	39 151.20	1998	51 229.53	2010	54 647.71
1987	40 297.70	1999	50 838.58	2011	57 120.85
1988	39 408.10	2000	46 217.52	2012	58 957.97
1989	40 754.90	2001	45 263.67	2013	60 193.84
1990	44 624.30	2002	45 705.75	2014	60 702.61
1991	43 529.30	2003	43 069.53	2015	62 143.92
1992	44 265.80	2004	46 946.95		

从表中看出，35年来我国粮食产量呈不断上升的趋势，但中间有过几次的波动。我们把时距扩大为5年，而可消除时间受偶然因素影响所带来的波动，如表8-20所示。

表 8-20 我国1981—2015年粮食产量　　　　　　　　　　　　　　单位：万吨

年 份	总产量	平均年产量
1981—1985	185 320.80	37 064.16
1986—1990	204 236.20	40 847.24
1991—1995	224 615.80	44 923.16
1996—2000	248 156.23	49 631.25
2001—2005	229 388.09	45 877.62
2006—2010	260 565.22	52 113.04
2011—2015	299 119.19	59 823.84

把时距扩大为5年，把中间个别年份波动修匀了，除2001至2005年期间外，可以看出明显的上升总趋势。

应用时距扩大法时需要注意以下几个问题：

第一，扩大的时距多大为宜取决于现象自身的特点。对于呈现周期波动的动态数列，扩大的时距应与波动的周期相吻合；对于一般的动态数列，则要逐步扩大时距，以能够显示趋势变动的方向为宜。时距扩大太大，将造成信息的损失；时距扩大太小，就不能消除偶然因素的影响。

第二，时距扩大法一般只能用于动态数列的修匀，不能用来预测。修匀时，扩大的时距要一致，相应的发展水平才具有可比性。

（二）移动平均法

移动平均法也是动态数列的一种修匀方法，也是将原动态数列的时距扩大。所不同的是，采用逐期推移简单算术平均的方法，计算出扩大时距后的各个数值的序时平均数，形成一个新的动态数列。这种方法实质上是时距扩大法的改良。通过移动平均数对数列修匀，可以更好地反映现象发展的基本趋势。

采用移动平均法时所采用的扩大时距，也应由动态数列的具体特点决定。同时距扩大法一样,要注意数列水平波动的周期性。一般要求扩大的时距与周期变动的时距相吻合,或为它的整倍数。比如,对于具有季度性资料的时期数列,经受每年季节性的涨落,主要必须消除季节变动因素,以运用四项或八项移动平均为宜。以年为单位的数据形成的动态数列不存在季节变动因素,因此要消除的是循环变动和不规则变动因素。我们可借助于对动态数列的观察,循环周期大体几年,就相应采用几年移动平均。若数列水平呈无规则的波动,也是采取逐步扩大时距的办法,直到所求的移动平均数把现象变动趋势表现出来。

移动平均法的具体做法是从动态数列的第一项数值开始,按一定项数求序时平均数,逐项移动,得出一个由移动平均数构成的新的动态数列,这个派生数列把某些偶然因素影响所出现的波动修匀了,使整个数列的总趋势更加明显。移动平均法是根据资料的特点及研究的具体任务,可能进行三项、四项乃至五项或更多项移动平均。奇数项移动平均所得的数值放在中间一项的位置上;偶数项移动平均所得的数值放在中间两项位置的中间,它需要移正平均,被移动平均的项数越多,对原数列修匀的作用越大,但得到的新动态数列的项数越少。移动的项数越多,得到的趋势值越少,损失的信息增多,不利于长期趋势的分析。一般情况下,项数也不宜过大。

表 8-21 是根据某企业 2017 年各月总产值资料计算的三项移动平均和四项移动平均数形成的动态数列。

表 8-21 某企业 2017 年各月总产值移动平均计算表　　　　单位:万元

月 份	总产值	三项移动平均	四项移动平均	
			第一次移动平均	第二次移动平均
1	71.0	—	—	—
2	60.0	68.4	69.8	—
3	74.2	69.4	72.8	71.3
4	74.0	77.0	79.5	76.1
5	82.8	81.2	82.3	80.9
6	86.8	85.0	86.0	84.1
7	85.4	87.0	89.2	87.6
8	88.8	90.0	90.4	89.8
9	95.8	92.1	92.0	91.2
10	91.7	93.0	94.5	93.2
11	91.5	94.0	—	—
12	98.8	—	—	—

从表 8-21 可以看出移动平均的结果使短期偶然因素引起的波动被削弱,整个动态数列被修匀得更加平滑,波动趋于平稳。下面是根据表 8-21 中的资料绘制的趋势图 8-3(1)、8-3(2)、8-3(3)。

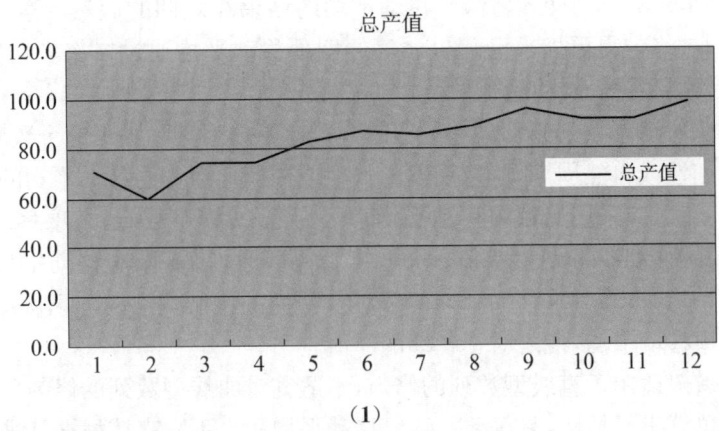

(1)

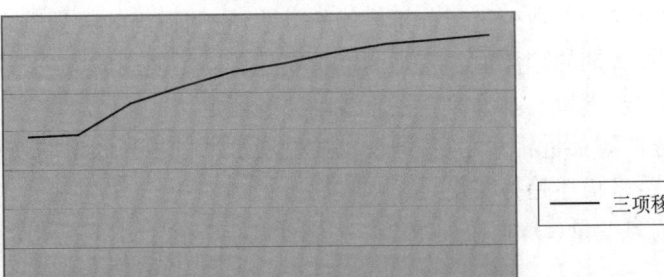

(2)

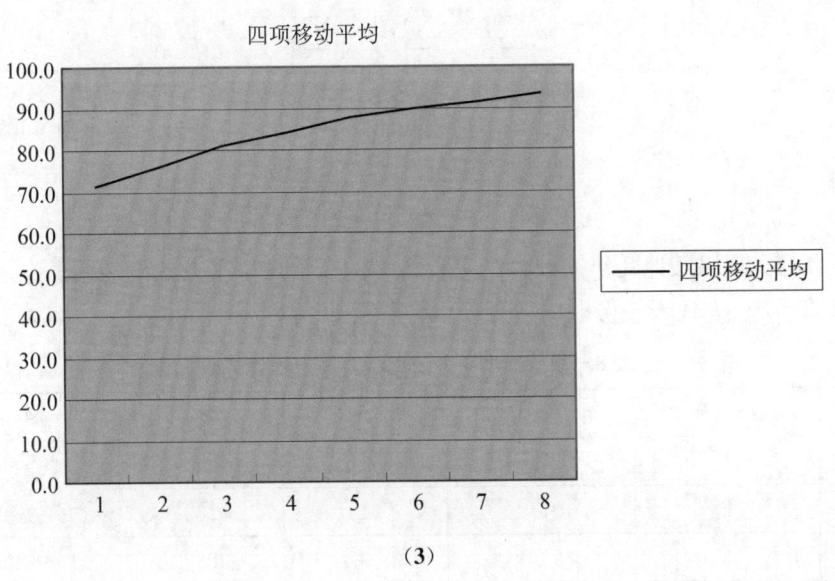

(3)

图 8-3

从表 8-21 和图 8-3 中可以看到,移动平均的结果在短期的偶然因素引起的波动被削弱,整个动态数列被修匀得更加平滑,图 8-3(3)四项移动平均通过二次平均后比图 8-3(2)三项移动平均折线更平滑,波动趋于平稳。

按移动平均法对动态数列修匀后趋势值的个数比原数列实际水平的个数减少了。如果现象的变动具有周期性或自然周期,应以周期的长度或周期期数作为移动平均的项数;如果原数列中无明显周期变动,应采用奇数项移动平均。因为当 N 为奇数时,各项移动平均值都能与各期原值对正,一次移动即得到趋势值;而当 N 为偶数时,需要两次移动平均才能得到趋势值。偶数项移动平均时,第一次移动平均值都对着两期的中间,相差半期,需要移正,此时,可进行再一次的二项移动平均,使之对正各期的原值。

移动平均法一般适用于直线型数列的修匀,不适宜对曲线型数列的修匀。这是因为,移动平均采用的是简单算术平均法,是等差平均。移动平均法也不宜直接根据其进行预测。

(三)数学模型法

数学模型法,这是对动态数列进行分析修匀的方法,它用适当的数学模型对动态数列配合一个方程式,据以计算各期的趋势值。它是测定长期趋势广泛使用的方法。它又分为线性(直线)模型和非线性(曲线)模型。本书只介绍直线趋势的测定。

如果动态数列逐期增长量相对稳定,即现象的发展水平按相当固定的绝对速度变化时,则采用直线作为趋势线,来描述趋势变化,预测前景。

如果以时间作为自变量(t),把数列水平作为因变量(y),配合的直线趋势方程为

$$y_c = a + bt$$

参数 a,b 的求法用最小平方法。

最小平方法(又称最小二乘法)是测定长期趋势值最普遍使用的方法。它的原理是:数列实际值与数列的趋势值的离差平方之和等于零。

$$\begin{cases} na + b\sum t = \sum y \\ a\sum t + b\sum t^2 = \sum ty \end{cases}$$

$$a = \bar{y} - b\bar{t} \tag{8-31}$$

$$b = \frac{n\sum ty - \sum t \sum y}{n\sum t^2 - (\sum t)^2}$$

【例 8-18】 现以某地几年来粮食产量资料为例介绍最小平方法的运用。

这里 $1,2,3,\cdots,n$ 代表年份顺序。有关运算资料如表 8-22 所示。

表 8-22 最小平方法配合直线方程计算表

年 份	时间代码 t	粮食产量 y	t^2	ty	$Y_c = 80.23 + 5.32t$
2012	1	85.6	1	85.6	85.6
2013	2	91.0	4	182	90.9
2014	3	96.1	9	288.3	96.2

续表

年　份	时间代码 t	粮食产量 y	t^2	ty	$Y_c = 80.23 + 5.32t$
2015	4	101.2	16	404.8	101.5
2016	5	107.0	25	535	106.8
2017	6	112.2	36	673.2	112.1
合　计	21	593.1		2168.9	593.1

根据计算表中的相关数字求出参数的值。

$$a = \bar{y} - b\bar{t}$$

$$b = \frac{n\sum ty - \sum t \sum y}{n\sum t^2 - (\sum t)^2} = \frac{6 \times 2168.9 - 21 \times 593.1}{6 \times 91 - (21)^2} = 5.32$$

$$a = \frac{593.1}{6} - \frac{5.32 \times 21}{6} = 80.23$$

则所配合的直线方程为

$$y_c = a + bt = 80.23 + 5.32t$$

为了简化 a、b 的计算，可令 $\sum t = 0$。即采用以动态数列的中点为原点的方法，数列项数为奇数时，可令中间一项为原点，记作 0，原点以前各项依次记作 $-1, -2, -3, \cdots$原点以后各项分别记作 $1, 2, 3, \cdots$ 数列项为偶数时，则以中间两项的中点为原点，原点前后各项依次记作 $-1, -3, -5, \cdots$ 和 $1, 3, 5, \cdots$ 这样假定时间序号，可以使原点前后两半部分的正值和负值相互抵消，使 $\sum t = 0$，则上述标准方程可简化为

$$na = \sum y$$
$$b\sum t^2 = \sum ty$$
$$a = \bar{y}$$
$$b = \frac{\sum ty}{\sum t^2} \tag{8-32}$$

关于最小平方法的简捷计算，如表 8-23 所示。

表 8-23

年　份	时间代码 t	粮食产量 y	t^2	ty	$Y_c = 98.85 + 2.66t$
2012	-5	85.6	25	-428	85.6
2013	-3	91.0	9	-273	90.9
2014	-1	96.1	1	-96.1	96.2
2015	1	101.2	1	101.2	101.5

续 表

年　份	时间代码 t	粮食产量 y	t^2	ty	$Y_c=98.85+2.66t$
2016	3	107.0	9	321	106.8
2017	5	112.2	25	561	112.1
合计	0	593.1	70	186.1	593.1

$$\begin{cases} na = \sum y \\ b\sum t^2 = \sum ty \end{cases}$$

$$a = \bar{y}$$

$$b = \frac{\sum ty}{\sum t^2}$$

$$\begin{cases} 6a = 593.1 \\ 70b = 186.1 \end{cases}$$

$$a = 98.85$$
$$b = 2.66$$

$$y_c = a + bt = 98.85 + 2.66t$$

动态数列分析修匀不仅使基本趋势的方向比较清楚,同时也赋予它数量上的评定。比如在上面的例子中,$b=5.3$,表示某地粮食总产量趋势每年增加5.3万吨,或者说估计平均每年增加这个数量。这就很明确地估计了粮食收成数量增长的趋向。

但要注意,动态数列为偶数项,原点在数列中间的时期,这时 B 表示原数列水平间隔一半的增长量,年增长量应为 $2b$。上面,$b=2.66$ 万吨,就是这种情况。

三、季节变动的测定

在现实生活中,季节变动是一种极为普遍的现象。例如,许多农副产品的产量都因季节更替而有淡季、旺季之分;商业部门的许多商品的销售量也随着气候的变化而形成有规律的周期性变动。季节变动具有三个特点:一是季节变动每年重复进行;二是季节变动按照一定的周期进行;三是每个周期变化强度大体相同。

研究季节变动的目的在于了解季节变动对人们经济生活的影响,以便更好地组织生产和安排生活。分析季节变动,还可以根据季节变动规律,配合适当的季节变动模型,结合长期趋势,进行经济预测,计划未来行动。

测定季节变动的主要方法是计算季节比率,来反映季节变动的程度。季节比率高说明"旺季",反之说明"淡季"。计算季节比率通常有两种方法:按月平均法和趋势剔除法。学生主要掌握月平均法,对于趋势剔除法,作为选讲内容,只做了解。

(一)按月(季)平均法

这种方法不考虑长期趋势的影响,直接用原始动态数列来计算。按月平均法计算的季节比率是各月份的水平对全年各月平均总水平之比。为了准确地观察季节变动情况,要用连续三年以上的发展水平资料加以平均分析。其计算步骤如下:

(1) 根据各年按月(季)的动态数列资料计算出各年同月(季)的平均水平。

(2) 计算各年所有月(季)的总平均水平。

(3) 将各年同月(季)的平均水平与总平均水平进行对比,即得出季节比率。

【例 8-19】 某服装公司 2013—2017 年各月的销售额资料如表 8-24 所示,计算季节比率。

表 8-24 某外贸公司 2013—2017 年各月的销售额资料计算的季节比率

月 份	各年销售额(亿元)					五年同月售额合计	五年同月售额平均	季节比率%
	2013	2014	2015	2016	2017			
一月	1.1	1.1	1.4	1.4	1.3	6.3	1.26	17.6
二月	1.2	1.5	2.1	2.1	2.2	9.1	1.82	25.5
三月	1.9	2.2	3.1	3.1	3.3	13.6	2.72	38.1
四月	3.6	3.9	5.2	5.0	4.9	22.6	4.52	63.3
五月	4.2	6.4	6.8	6.6	7.0	31.0	6.20	86.8
六月	14.2	16.4	18.8	19.5	20.0	88.9	17.78	249.0
七月	24.0	28.0	31.0	31.5	31.8	146.3	29.26	409.7
八月	9.5	12.0	14.0	14.5	15.3	65.3	13.06	182.9
九月	3.8	3.9	4.8	4.9	5.1	22.5	4.50	63.0
十月	1.8	1.8	2.4	2.5	2.6	11.1	2.22	31.1
十一月	1.2	1.3	1.2	1.4	1.4	6.5	1.30	18.2
十二月	0.9	1.0	1.1	1.2	1.1	5.3	1.06	14.8
年总计	67.4	79.5	91.9	93.7	96.0	428.5	7.14	100.00

(1) 五年间月份的平均销售额 $\bar{y}_i = \dfrac{\sum y_i}{N}$,如一月份平均销售额为

$$\bar{y}_i = \frac{1.1+1.1+1.4+1.4+1.3}{5} = 1.26(万元)。$$

(2) 五年间总平均月销售额 $y_0 = \dfrac{\sum \bar{y}_i}{n} = \dfrac{1.26+1.82+\cdots+1.06}{12} = 7.14(万元)$。

(3) 季节比率 $I_s = \dfrac{\bar{y}_i}{y_0}$,一月份季节比率 $I_1 = \dfrac{1.26}{7.14} = 17.6\%$。

这样由各月份季节比率组成的数列,清楚地表明某外贸公司销售额的季节性变动趋势,自一月份起逐月增长,七月份达到最高峰;

八月份开始下降,到十二月底降到最低点。若以横轴表示月份,纵轴表示季节比率,绘成季节变动图(见图 8-4),就更明显地看出季节性变动趋势。

按月平均法计算简便,容易掌握。但季节比率的计算不够精确,因为它不考虑长期趋势的影响。在前后期月水平波动较大的资料中,后期各月水平比前期水平有较大提高,这就造成对平均数的影响大,从而影响了季节比率的准确性。我们可以用移动平均趋势剔除法来测定季节变动。

应用季节变动资料,可以进行某些外推预测。比如动态数列没有明显的长期趋势,或允许不考虑长期趋势存在的情况下,可直接采用按月(季)计算的季节比率来调整各月(季)的预

测值。有两种办法:其一,如果已测得下一年度全年预测值,则各月(季)的预测值等于月(季)平均预测值乘以该月(季)的季节比率。其二,如果已知下一年份几个月的实际水平,则以后各月(季)的预测值等于已知月(季)的季节比率与已知月(季)季节比率之比。

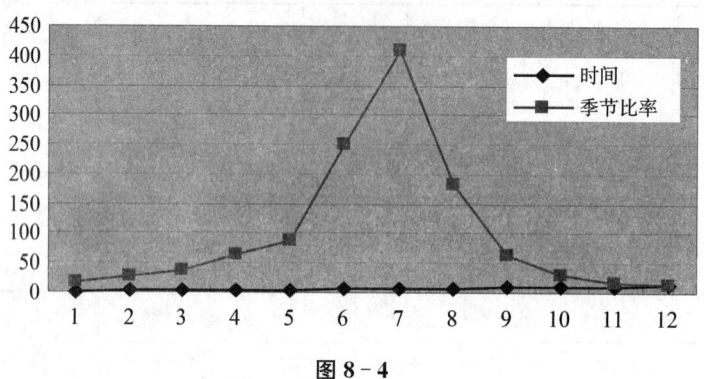

图 8-4

就上面关于外贸公司销售的例子,假设已预测 2018 年全年销售额为 99.6 万元,平均每月销售额为 8.3 万元,则

一月份的销售额预测值为 $8.3 \times 17.6\% = 1.46$(万元)。

二月份的销售额预测值为 $8.3 \times 25.5\% = 2.12$(万元)。

再就上面关于外贸销售的例子,如果 2018 年 1—3 月份销售额为 7 万元,则可以预测以后各月的销售额。例如:

$$\text{预测四月份销售额} = 7 \times \left(\frac{63.3\%}{17.6\% + 25.5\% + 38.1\%} \right) = 5.46(\text{万元})$$

$$\text{预测五月份销售额} = 7 \times \left(\frac{86.8\%}{17.6\% + 25.5\% + 38.1\%} \right) = 7.48(\text{万元})$$

(二)移动平均趋势剔除法

移动平均趋势剔除法,就是在现象具有明显长期趋势的情况下,测定季节变动的一种基本方法。

基本思路:先从时间数列中将长期趋势剔除掉,然后再应用"同期平均法"剔除循环变动和不规则变动,最后通过计算季节比率来测定季节变动的程度。

剔除长期趋势的方法一般用移动平均法。因此,它是长期趋势的测定方法——"移动平均法"和季节变动的测定方法——"同期平均法"的结合运用。

【例 8-20】 下面这个资料(见表 8-25)就需要采取趋势剔除法。按下面的步骤和方法进行:

(1)先根据各年的季度(或月度)资料(y_i)计算四季(或 12 个月)的移动平均数,然后为了"正位",再计算二季(月)移动平均数,目的是消除各月份销售量的影响,作为各期的长期趋势值(y_c)。

(2)将各月实际销售量除以趋势值,得出修匀比率,使增长趋势的影响得以消除,以表明各月份销售量的季节变动程度。修匀比率的计算公式为

$$U_i = y_i \div y_c \tag{8-33}$$

表 8-25 移动平均趋势剔除法计算表

年 别	月 别	销售量(万公斤)y_i	12个月移动平均数	趋势值 y_c	修匀比率
2015	1	40			
	2	35			
	3	30			
	4	26			
	5	27			
	6	32	45.17		
	7	55	48.92	47.04	1.169
	8	72	52.50	50.71	1.420
	9	77	55.83	54.17	1.422
	10	68	58.92	57.38	1.185
	11	42	60.42	59.67	0.704
	12	38	63.50	61.96	0.613
2016	1	85	67.92	65.71	1.294
	2	78	75.50	71.71	1.088
	3	70	83.67	79.58	0.880
	4	63	89.00	86.33	0.730
	5	45	93.42	91.21	0.493
	6	69	97.75	95.58	0.722
	7	108	100.67	99.21	1.089
	8	163	102.75	101.71	1.603
	9	175	105.08	103.92	1.684
	10	132	106.92	106.00	1.245
	11	95	111.08	109.00	0.872
	12	90	114.08	112.58	0.799
2017	1	120	120.50	117.29	1.023
	2	103	124.67	122.58	0.840
	3	98	129.67	127.17	0.771
	4	85	136.00	132.83	0.640
	5	95	140.17	138.08	0.688
	6	105	143.25	141.71	0.741
	7	185			
	8	213			

续表

年 别	月 别	销售量(万公斤)y_i	12个月移动平均数	趋势值y_c	修匀比率
2017	9	235			
	10	208			
	11	145			
	12	127			

（3）将各年同月份修匀比率加以平均，得到各年同月的平均修匀比率($\overline{U_i}$)，如表8-26所示。

表8-26 各年同月的平均修匀比率

年 份	一月	二月	三月	四月	五月	六月	七月	八月	九月	十月	十一月	十二月
2015							117	142	142	119	70	61
2016	129	109	88	73	49	72	109	160	168	125	87	80
2017	102	84	77	64	69	74						
平均$\overline{y_i}$	116	96	83	69	59	73	113	151	155	122	79	71
季节比率$\overline{U_i}$	117	98	84	69	60	74	114	153	157	123	80	71

平均修匀比率已时季节比率，但由于12个月的总和不等于1200%，要通过以下步骤进行调整来最后确定。

$$\overline{U_i} = \frac{\sum \overline{y_i}}{12} = \frac{116\% + 96\% + \cdots + 71\%}{12} = 99\%$$

$$I_s = \frac{\overline{y_i}}{\overline{U_i}}, I_1 = \frac{\overline{y_1}}{\overline{U_1}} = \frac{116\%}{99\%} = 117\%, \cdots$$

把季节比率制成季节变动图，如图8-5所示。

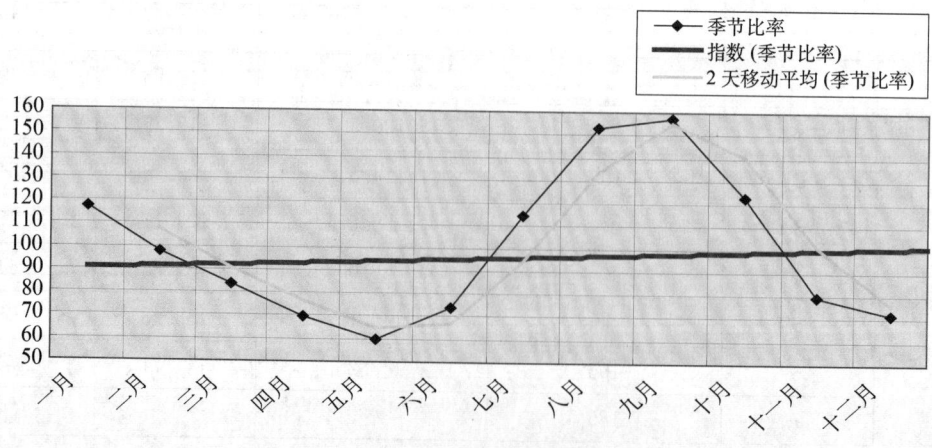

图8-5 某市水果销售季节变动趋势图

 **本章小结**

动态数列分析是一种重要的统计方法,主要用动态指标来研究其内在的趋势及其规律性。本章共分四节,分别对动态数列的一般问题、现象发展的水平指标、现象发展的速度指标和趋势分析进行了详细的阐述。

将同种指标数值按时间先后顺序排列而成的数列,就叫动态数列,也叫作时间数列。按照构成动态数列的基本要素——统计指标的表现形式不同,动态数列可分为绝对数动态数列、相对数动态数列和平均数动态数列三种类型。其中绝对数动态数列是基本的数列,相对数和平均数动态数列是派生数列。动态数列中各指标值的可比性是编制动态数列的基本原则,具体来说编制动态数列时应遵守以下几条原则:时间长短要相等;总体范围应一致;经济内容要统一;计算方法和单位要统一。

动态数列中现象发展的水平指标有:发展水平、平均发展水平、增长量、平均增长量。平均发展水平即序时平均数,它可以根据绝对数、相对数和平均数动态数列计算。

动态数列中现象发展的速度指标有:发展速度、增长速度、平均发展速度、平均增长速度、增长1%的绝对值。发展速度是根据两个不同时期的发展水平对比求得的。根据基期的不同,发展速度可以分为定基发展速度和环比发展速度。它们之间有一间的数量关系。增长速度是反映社会经济现象增长程度的动态相对数,可分为环比增长速度和定基增长速度。平均发展速度是序时平均数,用水平法和累计法计算。平均增长速度由平均发展速度－1(或100%)得到。增长1%的绝对值是前一期水平除以100,说明每增长百分之一的绝对值。

长期趋势的测定有时距扩大法、移动平均法和最小二乘法;季节变动的测定有按月(季)平均法和移动平均趋势剔除法。

 **思考题**

1. 序时平均数与一般平均数有何异同?
2. 编制动态数列的主要原则有哪些?
3. 什么是平均发展速度?平均发展水平与平均发展速度有什么不同?
4. 时点数列既然是由一瞬间的时点资料组成,为什么还要分为连续时点数列和间断时点数列?
5. 计算平均发展速度的水平法和累计法有何不同?两者各自应用的条件是什么?
6. 趋势分析要分析哪些因素?趋势分析模型有哪几种?
7. 动态数列在什么情况下必须经过修匀?修匀的方法有哪几种?
8. 最小二乘法建立的趋势方程必须满足哪些条件?

 **实践技能训练**

1. 表8-27列举了我国2013—2016年若干经济指标的动态数列。请指出哪些指标数值

是时期数列,哪些是时点数列;哪些是绝对数动态数列,哪些是相对数动态数列,哪些是平均数动态数列。

表8-27 我国2013—2016年若干经济指标

指标 \ 年份	2013年	2014年	2015年	2016年
国内生产总值(亿元)	590 422.4	644 791.1	686 449.6	740 598.7
年底人口数(万人)	136 072	136 782	137 462	138 271
粮食产量(万吨)	60 193.84	60 702.61	62 143.92	61 625.05
职工年平均货币工资(元/人)	51 483	56 360	62 029	67 569
居民人均可支配收入(元)	18 310.76	20 167.12	21 966.19	23 820.98
全社会固定资产投资(亿元)	446 294.09	512 020.65	561 999.83	606 465.66

2. 下面是某市2017年上半年外贸进出口情况,请指出各指标属于动态数列水平分析和速度分析中的哪项指标。

2017年1—6月某市外贸进出口总额为1576.26亿美元,比去年同期增长23.2%。其中出口额804.98亿美元,增长25.1%;进口额771.28亿美元,增长21.28%。

3. 某地区2012—2016年旅游业发展情况如表8-28所示。

表8-28 某地区2012—2016年旅游业发展情况

指标	2012	2013	2014	2015	2016
旅行社数(个)	11 552	13 361	14 927	16 245	17 957
国际旅行社	1 349	1 364	1 460	1 556	1 654
国内旅行社	10 203	11 997	13 467	14 689	16 303
旅行社从业人员(人)	229 147	249 802	246 219	248 919	285 917
国际旅行社	89 128	100 742	89 342	89 250	98 727
国内旅行社	140 019	149 060	156 877	159 669	187 190
星级饭店数(个)	8 880	9 751	10 888	11 828	12 751
入境旅游人数(万人次)	9 790.83	9 166.21	10 903.82	12 029.23	12 494.21
旅游收入	4 082.21	3 616.33	4 968.1	5 578.82	6 569.23
国际旅游(外汇)收入(亿美元)	203.85	174.06	257.39	292.96	339.49
国内旅游收入(亿元)	3 878.36	3 442.27	4 710.71	5 285.86	6 229.74

(1) 请指出旅行社数、从业人员、星级饭店数、入境旅游人数和旅游收入中,哪些是时期数列,哪些是时点数列? 时期数列和时点数列各具有什么特点?

(2) 请根据上述资料,说明动态数列的构成要素有哪些。

(3) 计算2012—2016年入境旅游人数时间数列的平均增长量。

(4) 计算2012—2016年旅游收入时间数列的环比发展速度和平均发展速度,按求出的平均增长速度来预测2019年的旅游收入。

4. 某企业2009—2017年的销售额资料见表8-29,练习用最小二乘法来测定长期趋势值。

表8-29 2009—2017年某企业的销售额资料

年 份	时间 t	销售额 y(万元)	t^2	ty	预测值 y_c
2009	−4	300	16	−1 200	
2010	−3	324	9	−972	
2011	−2	347	4	−694	
2012	−1	372	1	−372	
2013	0	396	0	0	
2014	1	420	1	420	
2015	2	446	4	892	
2016	3	469	9	1 407	
2017	4	495	16	1 980	
合 计	0	3 569	60	1 461	

(1) 根据表8-29中的资料建立直线趋势方程,求出各趋势值并填入表内。
(2) 计算2019年销售额的趋势值。

第九章　指数分析

请扫描二维码观看视频

（一）知识目标

1. 了解统计指数的概念、分类和作用；
2. 熟练掌握综合指数、平均指数的编制方法；
3. 掌握指数体系的概念及其作用；
4. 掌握运用指数体系进行因素分析的方法；
5. 了解平均指标指数体系及其应用；
6. 了解几种常用的指数。

（二）能力目标

1. 能将不同的指数区分开来；
2. 编制综合指数，运用综合指数描述社会经济现象；
3. 能建立指数体系，并运用指数体系进行因素分析，研究影响社会经济现象总体的变动；
4. 能灵活运用指数体系进行指数之间的相互推算；
5. 会编制经济生活中常用的简单指数；
6. 具备运用指数分析方法进行经济分析的能力。

导引案例

国家统计局发布 2017 年国民经济运行情况（节选）

2017 年，在以习近平同志为核心的党中央坚强领导下，各地区各部门全面贯彻落实党中央、国务院决策部署，坚持稳中求进工作总基调，贯彻新发展理念，以供给侧结构性改革为主线，推动结构优化、动力转换和质量提升，国民经济稳中向好、好于预期，经济活力、动力和潜力不断释放，稳定性、协调性和可持续性明显增强，实现了平稳健康发展。

初步核算，全年国内生产总值 827 122 亿元，按可比价格计算，比上年增长 6.9%。分季度看，一季度同比增长 6.9%，二季度增长 6.9%，三季度增长 6.8%，四季度增长 6.8%。分产业看，第一产业增加值 65 468 亿元，比上年增长 3.9%；第二产业增加值 334 623 亿元，增长 6.1%；第三产业增加值 427 032 亿元，增长 8.0%。

……

二、工业生产增长加快,企业利润较快增长

全年全国规模以上工业增加值比上年实际增长6.6%,增速比上年加快0.6个百分点。分经济类型看,国有控股企业增加值增长6.5%,集体企业增长0.6%,股份制企业增长6.6%,外商及港澳台商投资企业增长6.9%。分三大门类看,采矿业增加值下降1.5%,制造业增长7.2%,电力、热力、燃气及水生产和供应业增长8.1%。高技术产业和装备制造业增加值分别比上年增长13.4%和11.3%,增速分别比规模以上工业快6.8和4.7个百分点。全年规模以上工业企业产销率达到98.1%。规模以上工业企业实现出口交货值123 230亿元,比上年增长10.7%。12月份,规模以上工业增加值同比增长6.2%,环比增长0.52%。

1—11月份,全国规模以上工业企业实现利润总额68 750亿元,同比增长21.9%,比上年同期加快12.5个百分点。规模以上工业企业主营业务收入利润率为6.36%,比上年同期提高0.54个百分点。

......

七、居民消费价格涨势温和,工业生产者价格由降转升

全年居民消费价格比上年上涨1.6%,涨幅比上年回落0.4个百分点。其中,城市上涨1.7%,农村上涨1.3%。分类别看,食品烟酒价格下降0.4%,衣着上涨1.3%,居住上涨2.6%,生活用品及服务上涨1.1%,交通和通信上涨1.1%,教育文化和娱乐上涨2.4%,医疗保健上涨6.0%,其他用品和服务上涨2.4%。在食品烟酒价格中,粮食价格上涨1.5%,猪肉价格下降8.8%,鲜菜价格下降8.1%。12月份,居民消费价格同比上涨1.8%,环比上涨0.3%。全年工业生产者出厂价格比上年上涨6.3%,结束了自2012年以来连续5年下降的态势;12月份同比上涨4.9%,环比上涨0.8%。全年工业生产者购进价格比上年上涨8.1%,12月份同比上涨5.9%,环比上涨0.8%。

八、居民收入增长加快,农村居民收入增长快于城镇

全年全国居民人均可支配收入25 974元,比上年名义增长9.0%;扣除价格因素实际增长7.3%,比上年加快1.0个百分点。按常住地分,城镇居民人均可支配收入36 396元,扣除价格因素实际增长6.5%;农村居民人均可支配收入13 432元,扣除价格因素实际增长7.3%。城乡居民人均收入倍差2.71,比上年缩小0.01。全国居民人均可支配收入中位数22 408元,比上年名义增长7.3%。按全国居民五等份收入分组,低收入组人均可支配收入5 958元,中等偏下收入组人均可支配收入13 843元,中等收入组人均可支配收入22 495元,中等偏上收入组人均可支配收入34 547元,高收入组人均可支配收入64 934元。全年全国居民人均消费支出18 322元,比上年名义增长7.1%,扣除价格因素实际增长5.4%。全年农民工总量28 652万人,比上年增加481万人,增长1.7%。其中,本地农民工11 467万人,增长2.0%;外出农民工17 185万人,增长1.5%。农民工月均收入水平3 485元,比上年增长6.4%。

......

总的来看,2017年国民经济延续了稳中有进、稳中向好的发展态势,整体形势好于预期,决胜全面小康迈出坚实步伐。同时也要看到,经济运行中仍存在不少困难和挑战,提质增效任重道远。下阶段,我们要更加紧密地团结在以习近平同志为核心的党中央周围,以习近平新时代中国特色社会主义思想为指导,深入贯彻党的十九大和中央经济工作会议精神,坚持稳中求进工作总基调,坚持新发展理念,紧扣我国社会主要矛盾变化,按照高质量发展的要求,统筹推进"五位一体"总体布局和协调推进"四个全面"战略布局,坚持深化供给侧结构性改革,统筹推

进稳增长、促改革、调结构、惠民生、防风险各项工作,坚决打好防范化解重大风险、精准脱贫、污染防治三大攻坚战,促进经济社会持续健康发展。

(资料来源:中华人民共和国国家统计局2018年1月18日。)

通过国家统计局公布的我国2017年部分国民经济数据,可以了解我国经济建设的基本情况。通过居民消费价格指数(CPI),可以了解居民家庭购买消费商品的价格水平和服务价格水平综合变化的相对程度,它是进行经济分析和决策的重要指标。通过生产者物价指数(PPI),可以了解工业企业产品出厂价格变动趋势和变动程度,也是制定有关经济政策和国民经济核算的重要依据。这些指数的变动是由于商品价格变动造成的吗?为什么?通过本章的学习,同学们将了解案例中指数的含义、编制方法及其运用。

第一节　指数的意义与种类

在日常生活中,我们经常听到和看到各种价格指数的统计数字。最熟悉的也许是居民消费价格指数、股票价格指数等。比如,2018年6月20日上证指数的收盘为2 915.73点,2018年5月全国商品零售价格指数为101.5%,这些数字是怎样计算出来的?它们反映了什么问题?为说明这些数字的含义,我们首先需要了解指数的概念。

一、指数的概念

指数是一种特殊的相对数,它产生于18世纪后半期欧洲资本主义迅速发展时期,最早用于测定物价的变动。此后的200多年,其应用逐步扩大到工业生产、进出口贸易、工资、生活费用、成本、劳动生产率、股票证券等各个领域。指数已成为社会经济统计中历史最悠久、应用最广泛、同社会经济生活关系最密切的一个组成部分。例如,为了解一年来物价的总体变化,没有必要去了解每一项商品和服务的价格变化,而只要看一看公布的物价指数即可;要研究温度和湿度对人体舒适度的影响,可以看一看温度和湿度指数;要衡量股票价格,可以看一看道琼斯指数、日经指数、恒生指数、上证指数、深证指数等等。

由于对事物观察的角度不同,统计学家对指数的解释也有所不同。迄今为止,指数的概念可以概括为广义和狭义两类。广义的指数是指一切说明社会经济现象数量对比关系或差异程度的相对数。例如,根据初步核算,我国2016年国内生产总值743 585.5亿元,比上年增长7.9%。其中,第一产业增加值58 332亿元,增长4.1%;第二产业增加值271 392亿元,增长7.3%;第三产业增加值63 672.8亿元,增长4.6%。第一产业增加值占国内生产总值的比重为8.6%,第二产业增加值比重为39.9%,第三产业增加值比重为51.5%。这段文字中出现了几个动态相对数,从广义上说,它们都可以叫作指数。当然,第四章中所涉及的其他相对数,如动态相对数、比较相对数、计划完成程度相对数等都属于广义指数。

狭义的指数是一种特殊的相对数,它是反映多种不能直接相加的复杂现象总体数量变动的相对数。比如不同使用价值的产品产量、不同商品的销售量、不同商品的价格等。它不同于一般的相对数。例如,表9-1所示的三种商品,由于各种商品的用途、规格、型号、计量单位不相同,所以三种商品的销售量、价格都是不能直接相加的。以销售量为例,我们要了解甲、乙、丙三种商品销售量综合变化的相对程度,反映三种商品销售量综合变化相对程度的相对数是狭义指数。本章主要介绍狭义的指数的编制方法、计算公式等有关问题。

表 9－1　某市场三种商品销售情况

商品名称	计量单位	价格(元)		销售量	
		基期(p_0)	报告期(p_1)	基期(q_0)	报告期(q_1)
甲	台	50	55	1 000	1 100
乙	件	100	100	1 000	1 200
丙	千克	200	190	400	600

二、指数的作用

指数对于分析社会经济现象的发展变化和发展变化中各因素的影响程度具有重要作用。一般地讲,统计指数主要有以下三个方面的作用。

(一) 综合反映现象总体的变动方向和变动程度

这是统计指数的主要作用。指数的计算结果如果大于100%,说明现象的数量报告期比基期增加;小于100%,则说明现象的数量报告期比基期减少。例如,农副产品收购价格指数为113.2%,说明报告期与基期相比,各种农产品的价格可能有升有降,但总体是上升的,上升的幅度是13.2%。此外,还可以从分子、分母指标的比较中,分析由于指数的变动所产生的绝对效果。

(二) 对复杂的社会经济现象进行因素分析

任何一个复杂现象的总体,一般是由多种因素构成的。统计指数是利用各因素之间的联系编制的,各个因素指数又相互构成指数体系。对于包括两个或两个以上因素的总体现象,可以利用指数体系从相对数和绝对数两个方面分析其构成因素对总体变动的影响。例如,商品销售额的大小与商品销售量和销售价格两个因素变动有关;企业生产总成本的变动,与产品产量和产品单位成本这两个因素变动有关;原材料费用总额与产品的产量、单位产品原材料消耗量和原材料价格有关等。

(三) 研究事物在长时间内的变动趋势

由于指数可以反映全部现象动态变动的程度,所以,将全部现象不同时间的指标值对比所形成的指数按时间先后排列成指数数列,借助指数数列就可对全部现象的发展变化趋势进行分析,以预测未来。例如,把历年的居民消费价格指数加以排序,就可以清楚地表明居民消费品价格的长期变化过程所呈现的规律和可能的发展趋势。

三、指数的分类

(一) 按其所表明的指标性质不同,分为数量指标指数和质量指标指数

1. 数量指标指数

数量指标指数是按数量指标计算的,反映生产、经营或经济工作中数量变动的指数,如商品销售量指数、产品产量指数、职工人数指数等。通常将数量指标用字母 q 表示,基期数量指

标用 q_0 表示,报告期数量指标用 q_1 表示。数量指标指数通常在指数符号下加下标 q 来表示,个体数量指标指数用 K_q 表示,数量指标综合指数即数量指标总指数,用 $\overline{K}_q$ 表示。

2. 质量指标指数

质量指标指数是按质量指标计算的,说明生产经营所取得的效益状态、工作质量或成绩好坏、管理水平高低等变动情况的指数,如产品成本指数、商品价格指数、劳动生产率指数等。通常将质量指标用字母 p 表示,基期质量指标用 p_0 表示,报告期质量指标用 p_1 表示。质量指标指数通常在指数符号下加下标 p 表示,个体质量指标指数用 K_p 表示,质量指标综合指数即质量指标总指数用 $\overline{K}_p$ 表示。

(二)按其所反映对象范围不同,分为个体指数和总指数

1. 个体指数

个体指数是说明单项事物动态比较指标,也叫单项指数。例如,某种产品的产量指数、某种商品的价格指数等。个体指数的计算比较简单,直接用报告期水平与基期水平对比而得。

2. 总指数

总指数是反映不能直接加总、对比的复杂社会经济现象综合变动的相对数。它的计算形式有综合指数和平均指数两种。例如,说明多种商品价格综合变动的批发价格指数、零售价格总指数,说明多种产品产量综合变动的工业产品产量总指数,以及商品销售量总指数、成本指数等等。

(三)按计算形式不同,分为综合指数和平均指数

1. 综合指数

综合指数是指利用复杂总体两个时期可比的现象总量进行对比而得到的相对数。它是总指数计算的基本形式,因为总指数计算分析的其他方法,都是以综合指数的编制原理为依据的。

2. 平均指数

平均指数是指利用个体指数,通过加权平均的方法计算求得的相对数。它也可以反映复杂总体综合变动程度和变动方向。平均指数是总指数计算的另一种形式,在一定条件下是综合指数的变形,分为加权算术平均指数和加权调和平均指数。

(四)按指数所反映的时间状况不同,分为动态指数和静态指数

1. 动态指数

动态指数又称为时间指数,它是将不同时间上的同类现象水平进行比较的结果,反映现象在时间上的变化过程和程度,如物价指数、股票价格指数、工业生产指数等。动态指数又分为环比指数和定基指数。环比指数是用报告期指标与其前一期指标对比所得的动态相对数,如按月、季、年连续计算的产量指数、价格指数、成本指数等均属于环比指数。环比指数的基期随报告期的变化而变化,可用来反映被研究现象逐期变动的情况。定基指数是指以某一固定时期为基期计算的统计指数,定基指数的基期不依分析时期的变动而变化,可用来反映现象在一个较长时期的变动情况。

2. 静态指数

静态指数主要是指区域指数和计划完成程度指数两种。区域指数是指同一时间不同空间的同类现象数量对比的相对数,它反映同类现象在不同区域的差异程度;而计划完成程度指数

是反映所研究现象在同一单位或同一地区实际数与计划数之间对比的相对数,以综合反映计划完成情况。

静态指数是动态指数应用上的拓展,其计算原理和分析方法与动态指数基本相同。本章主要介绍动态指数的计算和分析方法。

第二节 综合指数与平均指数

总指数有两种表现形式:一是综合指数,二是平均指数。综合指数是计算总指数的基本形式。编制综合指数的方法是:先综合后对比,即先计算总量,然后再对比求得总指数。平均指数是综合指数计算公式的变形,但也具有相对独立的意义。编制平均指数方法是:先对比、后平均,即先对比求出个体指数,然后对个体指数平均求得总指数。

一、综合指数的编制

(一)综合指数的概念和特点

1. 综合指数的概念

综合指数是总指数的基本形式,就是把不能直接相加的复杂现象变成两个能够相加的总量指标,然后再进行对比而求得的总指数。很多事物由于计量单位或使用价值不同,其数据不能直接加总,为了反映它们的总变动情况,就要把不能直接相加的总体过渡到能相加的总体。综合指数是由两个综合的总量指标对比形成的总指数。所谓综合的总量指标是指其可以分解成两个或两个以上因素指标,且因素指标的关联形式是乘积式,在这两个综合的总量指标对比过程中,将其中一个或一个以上因素指标加以固定,以观察某一因素指标的变动情况。

2. 综合指数的特点

(1) 先综合后对比。综合指数的编制方法是先综合后对比,即先解决不能相加的问题,然后再进行对比。也就是先解决总体中各个个体由于使用价值、经济用途、计量单位、规格、型号等不同且不能直接简单相加对比的问题,为此,需要引入一个同度量因素。所谓同度量因素是使不能直接相加、不能直接对比的现象变成能够直接相加、能够直接对比的现象的媒介因素(权数)。例如,在编制各种商品销售量综合指数时,将不能直接相加的销售量指标乘上价格,使之可以相加,那么,乘上的这个价格因素就是同度量因素,也可称为媒介因素。

(2) 把总量指标中的同度量因素加以固定,以测定所要研究的因素,即指数化指标的影响程度。所谓指数化指标就是综合指数所要测定的因素,如果商品价格是所要测定的因素,那么,它就是指数化指标。

(3) 分子与分母所研究对象的范围原则上必须一致。

(二)综合指数的编制步骤

1. 确定同度量因素,解决现象不能直接相加的问题

根据现象之间的内在联系确定同度量因素,将不可相加的现象过渡到可以相加,将使用价值形态下的实物量转化为价值形态下的价值量。在不同的使用价值还原成价值的过程中,同度量因素不仅起着媒介作用,而且还起着权数的作用。同度量因素亦称为同度量系数或权数。

因为,销售额＝价格×销售量,所以要选价格为同度量因素,各种商品的销售额是可以相加的现象,它就是我们要找的价值量。利用同度量因素价格,将不同度量的销售量转化为同度量的销售额,实现了实物量与价值量之间的转化。同样,为了反映多种商品价格的综合变动状况,也需要首先解决加总的问题。表面上看,不同商品的价格都是货币量,似乎可以直接相加,它们只是商品价值的一种货币表现,不同商品之间往往有着较大差异,相加后通常没有实际意义。这就需要把它们转化成可比的价值量,我们可以把不同商品的销售价格乘以相应的销售量转化为销售额。

例如,有下列三种商品,假如要编制商品销售量综合指数,因为:① 三种商品销售量的计量单位不同,甲的是"件"、乙的是"千克"、丙的是"米",不同单位的商品不能直接相加;② 三种商品的价格是不同的,有的高,有的低,现在把它们的销售量简单相加,无异于把它们的价格同等看待,如此计算得出的销售量综合指数,显然与事实不符,因而是不科学的。所以,用同度量因素(价格)把销售量过渡为销售额就可以相加了:商品销售额＝商品销售量×商品销售价格。价值量指标综合指数计算公式为

$$\overline{K}_{qp} = \frac{\sum q_1 p_1}{\sum q_0 p_0} \tag{9-1}$$

式中:$\overline{K}_{qp}$ 表示价值量指标综合指数,q_0 表示基期数量指标,q_1 表示报告期数量指标,p_0 表示基期的质量指标,p_1 表示报告期的质量指标。

【例 9 - 1】 某市场基期和报告期商品销售量和销售价格资料如表 9 - 2 所示,试编制商品销售额综合指数。

表 9 - 2 商品销售量和商品价格资料

商品名称	计量单位	销售量		价格(元)	
		基期 q_0	报告期 q_1	基期 p_0	报告期 p_1
甲	件	4 800	6 000	20	20
乙	千克	5 000	6 000	10	8
丙	米	2 000	1 800	30	36

销售额综合指数:

$$\overline{K}_{qp} = \frac{\sum q_1 p_1}{\sum q_0 p_0} = \frac{6\,000 \times 20 + 6\,000 \times 8 + 1\,800 \times 36}{4\,800 \times 20 + 5\,000 \times 10 + 2\,000 \times 30} = \frac{232\,800}{206\,000} = 113.01\%$$

由销售额综合指数可以看出,销售额的总体水平增加了 13.01%(＝113.01%－1)。用综合指数还可以从绝对量上分析销售额的变动:

报告期比基期增加的销售额 ＝ $\sum q_1 p_0 - \sum q_0 p_0$ ＝ 232 800－206 000＝26 800(元)

2. 把同度量因素固定在同一时期

在指数分析中,把要研究其综合变动相对程度的现象称为指数化因素。研究销售量综合变化的相对程度,销售量就是指数化因素。根据现象之间的内在联系,利用同度量因素,将实

物量转化为价值量,但价值量的相加对比还不能单纯地反映指数化因素综合变化的相对程度,必须固定同度量因素,才能测定指数化因素综合变化的相对程度。如上例,因为销售额的变动包含了销售量和价格两个因素变动的影响。如果用两个时期的销售额对比,只是反映商品销售额的变动,它不能单纯地反映销售量的总变动或价格的总变动。所以,要使对比的结果能单纯反映指数化指标的总变动,必须把同度量因素固定下来,使商品价格不变,这样两个销售额的对比,才能反映商品销售量的总变动。同样,如果计算多种商品价格总指数,销售量这个同度量因素也必须采用同一个时期的水平。即

商品销售量综合指数(数量指标综合指数)计算公式为

$$\overline{K}_q = \frac{\sum q_1 p_n}{\sum q_0 p_n}$$

商品价格综合指数(质量指标综合指数)计算公式为

$$\overline{K}_p = \frac{\sum p_1 q_n}{\sum p_0 q_n}$$

3. 固定同度量因素的一般原则

关于同度量因素的时期固定问题,有多种观点。具有代表性的有拉氏指数和派氏指数。1864 年德国经济统计学家拉斯佩雷斯(E. Laspeyres,1834—1913)主张将同度量因素固定在基期水平上,其后被推广到各种数量指标指数和质量指标指数的计算。相应的数量综合指标指数和质量指标综合指数的公式分别为

$$\frac{\sum q_1 p_0}{\sum q_0 p_0} \quad \text{和} \quad \frac{\sum p_1 q_0}{\sum p_0 q_0}$$

1874 年另一位德国经济统计学家派许(H. Paasche,1851—1925)提出将同度量因素固定在计算期水平上。其方法也被推广到各种数量指标指数和质量指标指数的计算。相应的数量指标综合指数和质量指标综合指数的公式分别为

$$\frac{\sum q_1 p_1}{\sum q_0 p_1} \quad \text{和} \quad \frac{\sum p_1 q_1}{\sum p_0 q_1}$$

由于拉氏指数和派氏指数选用同度量因素的时期不同,因此,对同一资料编制指数,其结果是不同的。但从分析问题的角度看,它们都是有实际经济意义的。编制综合指数时,应立足于现实经济意义分析,来确定同度量因素所属时期。

(1) 在编制数量指标综合指数时,将作为同度量因素的质量指标固定在基期。

以表 9-2 为例,编制商品销售量总指数(数量指标指数)不仅要研究商品销售量的综合变动,而且还要研究由于商品销售量的变动所带来的实际经济效果。以基期商品价格为同度量因素编制的销售量总指数,就能反映商品销售量的纯变动所带来的经济效果;而以报告期的商品价格为同度量因素编制的销售量总指数,不能单纯地说明由于销售量的变动而增加或减少的商品销售额,这里面也夹杂着商品价格的变动对商品销售额变动的影响,就没有实际意义。销售量总指数的计算目的在于反映销售量的变动,把同度量因素价格固定在基期水平上意味

着在原来价格水平的基础上测定销售量的综合变动是比较恰当的。因此,在编制销售量指数时,一般应采用基期的商品价格作为同度量因素,采用拉氏计算公式。

数量指标综合指数计算公式

$$\overline{K}_q = \frac{\sum q_1 p_0}{\sum q_0 p_0} \tag{9-2}$$

式中:$\overline{K}_q$ 表示数量指标的综合指数,q_0 表示基期数量指标,q_1 表示报告期数量指标,p_0 表示基期的质量指标。

【例 9-2】 某商场销售甲、乙、丙三种商品,销售量和销售价格资料如表 9-2,试编制商品销售量个体指数和综合指数。

解:

① 单个商品的销售量指数为个体销售量指数,其计算公式

$$K_q = \frac{q_1}{q_0}$$

甲:$K_q = \dfrac{q_1}{q_0} = \dfrac{6\,000\ \text{件}}{4\,800\ \text{件}} = 125\%$

乙:$K_q = \dfrac{q_1}{q_0} = \dfrac{6\,000\ \text{千克}}{5\,000\ \text{千克}} = 120\%$

丙:$K_q = \dfrac{q_1}{q_0} = \dfrac{1\,800\ \text{米}}{2\,000\ \text{米}} = 90\%$

② 三种商品销售量综合指数为

$$\overline{K}_q = \frac{\sum q_1 p_0}{\sum q_0 p_0} = \frac{6\,000 \times 20 + 6\,000 \times 10 + 1\,800 \times 30}{4\,800 \times 20 + 5\,000 \times 10 + 2\,000 \times 30} = \frac{234\,000}{206\,000} = 113.59\%$$

由销售量综合指数可以看出,销售量的总体水平增加了 13.59%(=113.59%-1)。用综合指数还可以从绝对量上分析由于销售量的变动对销售额所带来的影响。通过计算可以看出,分子是报告期销售量和基期价格计算的销售额,分母是基期的实际销售额。由于销售量的变动而增加的销售额 = $\sum q_1 p_0 - \sum q_0 p_0 = 234\,000 - 206\,000 = 28\,000$(元)。

结论: 由于三种商品销售量总体水平增加了 13.59%,从而使销售额增加了 28 000 元。

(2) 在编制质量指标综合指数时,将作为同度量因素的数量指标固定在报告期。

以报告期商品销售量作为编制商品销售价格总指数的同度量因素,一方面具有现实经济意义,反映由于商品销售价格的变动所带来的实际经济效果;另一方面能保持指数体系的完整性。计算价格指数的目的,是测定商品价格的波动情况,以说明市场物价变动对人们生活的影响程度。如果用拉氏指数公式即同度量因素固定在基期,其分子与分母之差额说明由于物价的变动,居民按过去的购买量购买商品,支出的金额的多少,这显然没有什么现实意义的。从实际生活角度看,人们更关心在报告期销售量条件下,由于价格变动对实际生活的影响。如果用派氏指数公式即同度量因素固定在报告期,可以同时反映出价格和消费结构的变化,具有比较明确的经济意义。公式的分子与分母之差额,说明由于物价的变动,居民按目前的购买量及

其结构购买商品,支出的金额的多少。因此,在编制价格指数(质量指标指数)时,一般应采用报告期的销售量作为同度量因素,采用派氏计算公式。

质量指标综合指数计算公式

$$\overline{K}_p = \frac{\sum p_1 q_1}{\sum p_0 q_1} \qquad (9-3)$$

式中:$\overline{K}_p$ 表示质量指标的综合指数,p_1 表示报告期质量指标,p_0 表示基期的质量指标,q_1 表示报告期数量指标。

【例 9-3】 根据表 9-3 资料,计算三种商品的价格个体指数和价格总指数。

表 9-3 某市场三种商品销售情况

商品名称	计量单位	价格(元)		销售量	
		基期(p_0)	报告期(p_1)	基期(q_0)	报告期(q_1)
甲	件	50	55	10 500	10 000
乙	条	10	10	1 000	1 200
丙	千克	100	95	400	600

解:

① 单个商品的价格指数为个体价格指数,其计算公式

$$K_p = \frac{p_1}{p_0}$$

甲:$K_p = \frac{p_1}{p_0} = \frac{55}{50} \times 100\% = 110\%$

乙:$K_p = \frac{p_1}{p_0} = \frac{10}{10} \times 100\% = 100\%$

丙:$K_p = \frac{p_1}{p_0} = \frac{95}{100} \times 100\% = 95\%$

从以上计算可以看出,三种商品价格有升有降。

② 三种商品价格综合指数为

$$\overline{K}_p = \frac{\sum q_1 p_1}{\sum q_1 p_0} = \frac{10\,000 \times 55 + 1\,200 \times 10 + 600 \times 95}{10\,000 \times 50 + 1\,200 \times 10 + 600 \times 100} = \frac{619\,000}{572\,000} \times 100\% = 108.22\%$$

由价格综合指数可以看出,价格的总体水平上升了 8.22%(=108.22%-1)。用综合指数还可以从绝对量上分析由于价格的变动对销售额所带来的影响。通过计算可以看出,分子是报告期的实际销售额,分母是报告期销售量和基期价格计算的销售额。由于价格的变动而增加的销售额= $\sum p_1 q_1 - \sum p_0 q_1$ = 619 000 - 572 000 = 47 000(元)。

结论:由于三种商品价格总体水平上升了 8.22%,从而使销售额增加了 47 000 元。

综上所述,在计算数量指标指数时,应采用基期质量指标作为同度量因素;在计算质量指

标指数时,应采用报告期的数量指标作为同度量因素。这是编制综合指数的一般原则,但不是固定不变的,因而不能机械地加以应用。我们编制综合指数,要根据现象总体的不同情况以及分析任务的不同要求,来具体确定同度量因素所属时期。

二、平均指数的编制

综合指数要求有全面的统计资料才能编制,如编制物价指数要求有不同时期全部商品的价格和销售量资料。在实际工作中,有些研究对象难以取得全面资料,因此,除在小范围内,且在商品品种较少的情况下可以直接采用综合指数编制总指数外,多数情况下采用平均指数来计算总指数。平均指数是以个体指数为基础,对若干个体指数进行加权平均而编制的总指数。平均指数采取"先对比后平均"。它是先计算出各种产品或商品的数量指标或质量指标的个体指数,然后对个体指数进行加权平均计算,来测定现象的总变动程度。平均指数也是编制总指数的一种重要形式,在统计实践中应用非常广泛,有其独立的应用意义。

平均指数的计算形式分为两种:一种是加权算术平均指数;另一种是加权调和平均指数。在特定的权数条件下,平均指数是综合指数的变形,即加权算术平均指数是数量指标指数的变形,加权调和平均指数是质量指标指数的变形。在具体计算中应用哪种方法计算平均指数,应根据掌握的资料来确定。

(一)加权算术平均指数

加权算术平均指数是对数量指标个体指数采用加权算术平均的方法计算的总指数。通常用来编制数量指标总指数。我们知道,在编制商品销售量总指数时,只有掌握各种商品的销售量和价格资料,才能使用数量指标指数公式 $\overline{K}_q = \dfrac{\sum q_1 p_0}{\sum q_0 p_0}$ 进行计算。但在实际工作中,有时难以取得齐备的资料,而只占有各种产品销售量个体指数和基期的销售额资料,在这种情况下,可将综合指数公式变形为加权算术平均指数,以相应的数量指标综合指数的分母做权数。

加权算术平均指数的公式为

$$\overline{K}_q = \frac{\sum \dfrac{q_1}{q_0} \times p_0 q_0}{\sum p_0 q_0} = \frac{\sum K_q p_0 q_0}{\sum p_0 q_0} \tag{9-4}$$

【例 9-4】 已知某市场三种商品销售资料如表 9-4 所示。计算三种商品的销售量总指数。

表 9-4 三种商品的销售资料

商　品	计量单位	上月销售额 $(p_0 q_0)$(元)	销量个体指数 $\left(K_q = \dfrac{q_1}{q_0}\right)$(%)
甲	件	96 000	125
乙	千克	50 000	120
丙	米	60 000	90

解:计算三种商品的销售量总指数应采用加权算术平均指数形式,以基期销售额作为权数,即

$$\overline{K}_q = \frac{\sum K_q p_0 q_0}{\sum p_0 q_0}$$

$$= \frac{125\% \times 96\,000 + 120\% \times 50\,000 + 90\% \times 60\,000}{96\,000 + 50\,000 + 60\,000} \times 100\%$$

$$= \frac{234\,000}{206\,000} \times 100\% = 113.59\%$$

计算结果表明,三种商品的销售量总体上比基期增长了 13.59%。由于销售量的增长,使得销售额增加了 28 000 元(=234 000-206 000)。可见,如果条件一致,用算术平均指数公式计算的结果和用综合指数公式计算的结果是相同的。其经济意义与综合指数也完全相同,只是利用的资料和计算过程不同。

(二)加权调和平均指数

加权调和平均指数是对质量指标个体指数用加权调和平均的方法计算的总指数。主要用来编制质量指标总指数,而且资料相对容易取得。在编制物价指数时,如果直接按照综合指数公式进行计算,就需要掌握各种商品的销售量和价格资料,才能使用质量指标指数公式 $\overline{K}_p = \frac{\sum p_1 q_1}{\sum p_0 q_1}$ 进行计算。但在实际工作中,有时难以取得齐备的资料,而只占有各种商品价格的个体指数和报告期的销售额资料,在这种情况下,可将综合指数公式变形为加权调和平均数,以相应的质量指标综合指数的分子做权数。

加权调和平均指数公式为

$$\overline{K}_p = \frac{\sum p_1 q_1}{\sum \frac{p_0}{p_1} \times p_1 q_1} = \frac{\sum p_1 q_1}{\sum \frac{1}{K_p} p_1 q_1} \quad (9-5)$$

【例 9-5】 三种商品的销售情况如表 9-5 所示,计算三种商品的价格总指数。

表 9-5 三种商品的销售资料

食品	计量单位	本月销售额 $(p_1 q_1)$(元)	价格个体指数 $\left(K_p = \frac{p_1}{p_0}\right)$(%)
甲	件	550 000	110
乙	条	12 000	100
丙	千克	57 000	95

解:计算三种商品的价格总指数,应采用加权调和平均指数形式,以报告期销售额作为权数,即

$$\overline{K}_p = \frac{\sum p_1 q_1}{\sum \frac{1}{K_p} p_1 q_1}$$

$$= \frac{550\,000 + 12\,000 + 57\,000}{\frac{550\,000}{110\%} + \frac{12\,000}{100\%} + \frac{57\,000}{95\%}} \times 100\% = \frac{619\,000}{572\,000} \times 100\% = 108.22\%$$

计算结果表明,三种商品的价格总体上比基期上升了 8.22%。由于价格的上升,使得销售额上升了 47 000 元(=619 000-572 000)。上述利用加权调和平均指数计算的结果,同前面综合指数公式计算的结果是完全一致的,只是由于掌握的具体资料不同,计算过程不同。

三、综合指数与平均指数的区别与联系

从上面的举例中可以看出,平均指数与综合指数虽然形式不同,但结果相同。之所以如此,主要是由于平均指数公式中所用的权数是根据综合指数的原理和要求,从相应的综合指数公式中的有关综合指标转化而来的,所以人们习惯上把平均指数公式称为综合指数的变形公式。

(一)综合指数与平均指数的区别

1. 在解决复杂总体不能直接加总问题上的思路不同

综合指数是通过引进同度量因素,先计算出总体的总量,然后进行对比,即先综合后对比。而平均指数是在个体指数的基础上计算总指数,即先对比后综合。

2. 两者对资料的适应性不同

综合指数要求使用全面的原始资料,不仅编制工作量大,而且全面资料在实际工作中不易取得。而平均指数的计算可以使用非全面资料,非全面资料在实际工作中易于取得。因此,平均指数比综合指数更灵活,更有现实意义。

3. 在经济分析中具体作用亦有区别

综合指数的资料是总体的有明确经济内容的总量指标,因此,指数除可表明复杂总体的变动方向和程度外,还可从指数化指标变动的绝对效果上进行因素分析。平均指数是根据非全面资料来计算总指数的,只能反映所研究现象的变动方向和变动程度,而不能直接计算出所研究现象变动的实际效果。

(二)综合指数与平均指数的联系

1. 两个指数都是编制总指数的方法

由于平均指数依据的是综合指数的编制原理,因此,通常是作为综合指数的变形来使用的。

2. 在一定的权数条件下,两类指数间有转换关系

由于这种关系存在,当掌握的资料不能直接用综合指数形式计算时,则可用它转换的平均指数形式计算。这种条件下的平均指数和与其对应的综合指数具有完全相同的经济意义和计算结果。

第三节　指数体系与因素分析

一、指数体系的概念和作用

（一）指数体系的概念

在经济分析中，一个指数通常只能说明某一方面的问题，而实践中往往需要将多个指数结合起来加以运用，这就要求建立相应的"指数体系"。指数体系可以有两种不同的含义。广义的指数体系泛指由若干个内容上互相关联的统计指数所结成的体系。根据考察问题的需要，构成这种体系的指数可多可少。例如，工业品批发价格（或出厂价格）指数、农产品收购价格指数、消费品零售价格指数等构成了"市场物价指数体系"。

狭义的指数体系是指若干相互联系的指数所形成的整体。指数体系中的各个指数在数量上有着密切的关系，在许多情况下，指数体系中的各个指数之间的关系表现为因果关系。其最为典型的表现形式就是：一个总值指数等于若干个（两个或两个以上）因素指数的乘积。我们下面专门讨论这种形式的指数体系。

例如，在静态上，商品销售额等于商品销售量乘以商品价格；即商品销售额＝商品销售量×商品价格。这些经济关系在动态上分别构成各自独立的指标体系：

$$销售额指数＝销售量指数×销售价格指数$$

$$总产值指数＝产量指数×产品价格指数$$

$$总成本指数＝产量指数×单位产品成本指数$$

$$总产量（或总产值）指数＝员工人数指数×劳动生产率指数$$

$$工资总额指数＝职工人数指数×平均工资指数$$

$$增加值指数＝员工人数指数×劳动生产率指数×增加值率指数$$

$$利税额指数＝销售量指数×销售价格指数×利税率指数$$

这种由三个或三个以上有联系的指数所组成的数学关系式就是指数体系。利用指数体系可以分析社会经济现象各种因素的变动，以及它们对总体发生作用的影响程度。

（二）指数体系的作用

（1）利用指数体系，可以进行估计推算。即利用已知指数来推算未知指数。在实际工作中，往往缺少一些必要的统计资料，按照现象之间的动态联系，利用指数体系可以将它们推算出来。例如，已知农副产品收购额指数和农副产品收购价格指数，则可推算农副产品收购量指数。其计算公式如下：

$$农副产品收购额指数＝农副产品收购价格指数×农副产品收购量指数$$

（2）利用指数体系，可以进行因素分析，即分析现象的总变动中各有关因素的影响程度。当分析复杂现象变动时，为了测定和分析各个因素变动对复杂现象变动的影响，要利用指数体系。例如,根据不同时期工业总产值指数,可以分析工业产品产量指数和单位产品价格指数的变动对其的影响程度与增减量;测定不同时期销售额变动中销售量变动和价格变动对销售额变动的影响程度与增减量。

二、因素分析

因素分析就是借助于指数体系来分析社会经济现象变动中各种因素变动发生作用的影响程度。

因素分析主要包括两个方面内容:

(1) 相对数分析。把互相联系的指数组成乘积关系的体系,从指数计算结果本身指出现象总体总量指标或平均指标的变动是由哪些因素变动作用的结果。

(2) 绝对数分析。由指数体系中各个指数分子与分母指标之差所形成绝对值上的因果关系。

利用指数体系,可以对总量变动中各因素的影响从相对数和绝对数两个方面进行分析。这种分析方法不仅适合于两因素分析,也适合于多因素分析;不仅适合于总量指标的因素分析,也适合于平均指标的因素分析。下面分别就总量指标和平均指标的因素分析方法进行介绍。

(一) 总量指标变动的两因素分析

若一个总量指标等于两个因素指标的乘积,要对其总量指标变动进行因素分析,应该用综合指数所形成的指数体系,分析其中数量指标和质量指标的自身变动及其对总量指标的影响程度。因素分析的步骤有 4 个。

1. 进行因素分解

列出各因素之间的经济关系式。比如,对于商品的销售额来说,各因素之间的关系式有:销售额=销售量×价格,或价值量指标=数量指标×质量指标。

2. 写出各因素的指数

销售额总指数或价值量指标总指数

$$\overline{K}_{qp} = \frac{\sum q_1 p_1}{\sum q_0 p_0}$$

销售量总指数或数量指标总指数

$$\overline{K}_q = \frac{\sum q_1 p_0}{\sum q_0 p_0}$$

销售价格总指数或质量指标总指数

$$\overline{K}_p = \frac{\sum q_1 p_1}{\sum q_1 p_0}$$

3. 建立指数体系

销售额总指数=销售量总指数×销售价格总指数

或 价值量总指数＝数量指标总指数×质量指标总指数

$$\frac{\sum q_1 p_1}{\sum q_0 p_0} = \frac{\sum q_1 p_0}{\sum q_0 p_0} \times \frac{\sum q_1 p_1}{\sum q_1 p_0} \qquad (9-6)$$

4. 进行绝对量分解

$$\left(\sum q_1 p_1 - \sum q_0 p_0\right) = \left(\sum q_1 p_0 - \sum q_0 p_0\right) + \left(\sum q_1 p_1 - \sum q_1 p_0\right) \qquad (9-7)$$

【例 9-6】 根据表 9-6 中的资料，对三种产品产值的总变动进行影响因素分析。

表 9-6 产值计算表

产品名称	计量单位	产量		价格(元)		产值(万元)		
		q_0	q_1	p_0	p_1	$q_0 p_0$	$q_1 p_0$	$q_1 p_1$
甲	件	2 000	2 200	400	450	80	88.0	99.0
乙	台	8 000	6 000	100	90	80	60.0	54.0
丙	千克	5 000	5 100	240	260	120	122.4	132.6
合 计	—	—	—	—	—	280.0	270.4	285.6

(1) 计算出产值的总变动。
总产值指数：

$$\overline{K}_{qp} = \frac{\sum q_1 p_1}{\sum q_0 p_0} = \frac{285.6}{280} = 102\%$$

总产值增加数：

$$\sum q_1 p_1 - \sum q_0 p_0 = 285.6 - 280 = 5.6 (万元)$$

说明报告期三种产品的总产值比基期增长了 2%，增加的金额为 5.6 万元。

(2) 产量变动影响。
产量总指数：

$$\overline{K}_q = \frac{\sum q_1 p_0}{\sum q_0 p_0} = \frac{270.4}{280} = 96.57\%$$

对产值的影响：

$$\sum q_1 p_0 - \sum q_0 p_0 = 270.4 - 280 = -9.6 (万元)$$

说明了由于三种产品产量报告期比基期下降 3.43%，由此引起的产品产值减少的金额为 9.6 万元。

(3) 物价变动的影响。
价格总指数：

$$\overline{K}_p = \frac{\sum q_1 p_1}{\sum q_1 p_0} = \frac{285.6}{270.4} = 105.62\%$$

对产值的影响：

$$\sum q_1 p_1 - \sum q_1 p_0 = 285.6 - 270.4 = 15.2(万元)$$

说明了由于三种产品价格报告期比基期上升 5.62%，由此引起的产品产值增加的绝对额为 15.2 万元。

上述分析使用的指数体系，代入数据可表示如下：

相对数分析：$\dfrac{\sum q_1 p_1}{\sum q_0 p_0} = \dfrac{\sum q_1 p_0}{\sum q_0 p_0} \times \dfrac{\sum q_1 p_1}{\sum q_1 p_0}$

$102\% = 96.57\% \times 105.62\%$

绝对数分析：$\left(\sum q_1 p_1 - \sum q_0 p_0\right) = \left(\sum q_1 p_0 - \sum q_0 p_0\right) + \left(\sum q_1 p_1 - \sum q_1 p_0\right)$

$5.6 = (-9.6) + (15.2)$

计算结果表明，三种产品总产值报告期比基期增长 2%，是由于三种产品产量报告期比基期下降 3.4% 和三种产品价格报告期比基期上升 5.6% 共同作用的结果。三种产品总产值报告期比基期增加了 5.6 万元，其中由于三种产品产量下降 3.4% 使其减少 9.6 万元，由于三种产品价格上升 5.6% 使其增加 15.2 万元。

（二）总量指标变动的多因素分析

社会现象是复杂的，有些现象的变动可能要受到三个或三个以上因素的影响，当某项总量指标的变动可以表示为三个或三个以上因素指标变动的连乘积时，同样可以利用指数体系测定各因素变动对总量指标变动的影响。这种分析就是对总量指标变动的多因素分析。例如，工业企业原材料支出总额的变动可以分解为产品产量、单位产品原材料消耗量和单位原材料价格三个因素的变动影响，因此，需要编制原材料支出总额指数及其包括的三个因素指数形成的总量指标指数体系，来进行多因素变动的分析。

多因素现象的指标体系，由于所包含的现象因素较多，因此指数的编制过程比较复杂，所以以下两点是编制多因素指数时需要加以注意的原则：

（1）在编制多因素指标所组成的综合指数时，为了测定某一因素指标的变动影响，要把其他所有因素都固定不变。

（2）综合指数中的各因素要按合理顺序排列，一般是数量指标在前，质量指标在后；主要指标在前，次要指标在后。总之，要根据所研究现象的经济内容，依据各因素之间的内在联系加以具体确定。例如，就工业企业原材料支出总额的组成因素的排列顺序而言，要按产品产量、单位产品原材料消耗量（单耗）、单位原材料价格的顺序排列。即

$$原材料支出总额 = 产量 \times 单耗 \times 单位原材料价格$$

设 q、m、p 分别代表产量、单耗和原材料单价，则原材料支出总额指数体系及绝对量关系式如下

$$\dfrac{\sum q_1 m_1 p_1}{\sum q_0 m_0 p_0} = \dfrac{\sum q_1 m_0 p_0}{\sum q_0 m_0 p_0} \times \dfrac{\sum q_1 m_1 p_0}{\sum q_1 m_0 p_0} \times \dfrac{\sum q_1 m_1 p_1}{\sum q_1 m_1 p_0} \quad (9-8)$$

$$\sum q_1 m_1 p_1 - \sum q_0 m_0 p_0 = \left(\sum q_1 m_0 p_0 - \sum q_0 m_0 p_0\right) + \left(\sum q_1 m_1 p_0 - \sum q_1 m_0 p_0\right) +$$
$$\left(\sum q_1 m_1 p_1 - \sum q_1 m_1 p_0\right) \tag{9-9}$$

【例 9-7】 某企业生产甲、乙、丙三种产品，其产品产量、单位产量的原材料消耗量及单位原材料价格如表 9-7 所示，进行多因素分析。

表 9-7　总量指标变动的多因素分析计算表

原材料种类	产品种类	生产量		单位产品原材料消耗量		单位原材料价格	
		q_0	q_1	m_0	m_1	p_0	p_1
甲(千克)	A(件)	600	800	0.5	0.4	20	21
乙(米)	B(套)	400	400	1.0	0.9	15	14
丙(米)	C(套)	800	1 000	2.2	2.3	30	28

(1) 计算一些中间结果。

$\sum q_0 m_0 p_0 = 64\ 800$　　$\sum q_1 m_0 p_0 = 80\ 000$

$\sum q_1 m_1 p_0 = 80\ 800$　　$\sum q_1 m_1 p_1 = 76\ 160$

(2) 相对数分析。

$$\frac{\sum q_1 m_1 p_1}{\sum q_0 m_0 p_0} = \frac{\sum q_1 m_0 p_0}{\sum q_0 m_0 p_0} \times \frac{\sum q_1 m_1 p_0}{\sum q_1 m_0 p_0} \times \frac{\sum q_1 m_1 p_1}{\sum q_1 m_1 p_0}$$

$117.53\% = 123.46\% \times 101\% \times 94.26\%$

原材料费用总额指数：$\dfrac{\sum q_1 m_1 p_1}{\sum q_0 m_0 p_0} = \dfrac{76\ 160}{64\ 800} = 117.53\%$

生产量指数：$\dfrac{\sum q_1 m_0 p_0}{\sum q_0 m_0 p_0} = \dfrac{80\ 000}{64\ 800} = 123.46\%$

原材料单耗指数：$\dfrac{\sum q_1 m_1 p_0}{\sum q_1 m_0 p_0} = \dfrac{808\ 000}{80\ 000} = 101\%$

原材料单价指数：$\dfrac{\sum q_1 m_1 p_1}{\sum q_1 m_1 p_0} = \dfrac{76\ 160}{80\ 800} = 94.26\%$

(3) 绝对数分析。

$\left(\sum q_1 m_1 p_1 - \sum q_0 m_0 p_0\right) = \left(\sum q_1 m_0 p_0 - \sum q_0 m_0 p_0\right) + \left(\sum q_1 m_1 p_0 - \sum q_1 m_0 p_0\right) +$
$\left(\sum q_1 m_1 p_1 - \sum q_1 m_1 p_0\right)$

$76\ 160 - 64\ 800 = (80\ 000 - 64\ 800) + (80\ 800 - 80\ 000) + (76\ 160 - 80\ 800)$

$11\ 360\quad =\quad 15\ 200\quad +\quad 800\quad +\quad (-4\ 640)$

计算结果表明：报告期与基期相比，原材料费用总额上升17.53%，是由于产量增加了23.46%，单耗上升了1%，原材料单价降低了5.76%共同作用的结果。

从绝对数看：原材料费用上升11 360元，是由于产量增加影响上升15 200元，单耗增加影响上升800元，原材料单价降低影响下降4 640元共同作用的结果。

多因素指数分析方法和前面的两因素分析方法基本类似，只是由于研究目的和要求不同，对影响现象的因素分解的程度不同。

（三）平均指标变动的因素分析

在资料分组条件下，平均指标的变动受两个因素的影响，一是受各组平均指标变动的影响，二是受各组单位数在总体中所占比重变动的影响。这样，我们可以运用指数因素分析方法来分析这两个因素变动对平均指标变动的影响方向和影响程度，即进行平均指标的两因素分析。

根据指数因素分析方法的要求，对于平均指标变动进行两因素分析，首先必须建立一个平均指标指数体系。其通用公式为

$$可变构成指数 = 固定构成指数 \times 结构影响指数$$

上式用符号可以表示为

$$\frac{\sum x_1 f_1}{\sum f_1} \div \frac{\sum x_0 f_0}{\sum f_0} = \left(\frac{\sum x_1 f_1}{\sum f_1} \div \frac{\sum x_0 f_1}{\sum f_1} \right) \times \left(\frac{\sum x_0 f_1}{\sum f_1} \div \frac{\sum x_0 f_0}{\sum f_0} \right) \quad (9-10)$$

而因素影响差额之间的关系为

$$\frac{\sum x_1 f_1}{\sum f_1} - \frac{\sum x_0 f_0}{\sum f_0} = \left(\frac{\sum x_1 f_1}{\sum f_1} - \frac{\sum x_0 f_1}{\sum f_1} \right) + \left(\frac{\sum x_0 f_1}{\sum f_1} - \frac{\sum x_0 f_0}{\sum f_0} \right) \quad (9-11)$$

上述各项指数的具体含义说明如下。

1. 可变构成指数

统计上把在分组条件下包含各组平均水平及其相应的单位数结构这两个因素变动的总平均指标指数称为可变构成指数。其计算公式为

$$\overline{K}_{xf} = \frac{\overline{x}_1}{\overline{x}_0} = \frac{\dfrac{\sum x_1 f_1}{\sum f_1}}{\dfrac{\sum x_0 f_0}{\sum f_0}} \quad (9-12)$$

式中：$\overline{x}$代表总平均指标，x为各组标志值，f为各组单位数。

2. 固定构成指数

为了单纯地反映变量值变动的影响，就需要消除总体中各组单位数所占比重变化的影响，即需要将总体内部结构固定起来计算平均指标指数，这样的指数叫固定构成指数。它只反映各组平均水平对总平均指标变动的影响。其计算公式可表示为

$$\overline{K}_x = \frac{\dfrac{\sum x_1 f_1}{\sum f_1}}{\dfrac{\sum x_0 f_1}{\sum f_1}} \qquad (9-13)$$

3. 结构影响指数

为了单纯反映总体结构变动的影响,就需要把变量值固定起来,这样计算的平均指标指数叫结构影响指数。它只反映总体结构变动对总平均指标变动的影响。其计算公式为

$$\overline{K}_f = \frac{\dfrac{\sum x_0 f_1}{\sum f_1}}{\dfrac{\sum x_0 f_0}{\sum f_0}} \qquad (9-14)$$

【例 9-8】 根据表 9-8 某村粮食作物资料,分析该村粮食作物总体平均亩产量的变动以及各个影响因素的变动对其影响程度。

表 9-8 某村粮食作物种植面积及产量

谷物名称	播种面积(亩)		平均亩产(公斤)		总产量(万公斤)		
	基期 f_0	报告期 f_1	基期 x_0	报告期 x_1	基期 $x_0 f_0$	假定 $x_0 f_1$	报告期 $x_1 f_1$
稻谷	1 200	900	600.0	640.0	72.0	54.0	57.6
小麦	1 000	1 500	300.0	310.0	30.0	45.0	46.5
玉米	800	800	340.0	360.0	27.2	27.2	28.8
合 计	3 000	3 200	430.7	415.3	129.2	126.2	132.9

(1) 计算可变构成指数。

$$\overline{K}_{xf} = \frac{\overline{x}_1}{\overline{x}_0} = \frac{\dfrac{\sum x_1 f_1}{\sum f_1}}{\dfrac{\sum x_0 f_0}{\sum f_0}} = \frac{\dfrac{1\,329\,000}{3\,200}}{\dfrac{1\,292\,000}{3\,000}} = \frac{415.3}{430.7} = 96.4\%$$

总体平均亩产量变动绝对数为

$$\frac{\sum x_1 f_1}{\sum f_1} - \frac{\sum x_0 f_0}{\sum f_0} = 415.3 - 430.7 = -15.4 (公斤)$$

(2) 计算各种谷物亩产水平影响指数。

$$\overline{K}_x = \frac{\dfrac{\sum x_1 f_1}{\sum f_1}}{\dfrac{\sum x_0 f_1}{\sum f_1}} = \frac{\dfrac{1\,329\,000}{3\,200}}{\dfrac{1\,262\,000}{3\,200}} = \frac{415.3}{394.4} = 105.3\%$$

由于各种谷物亩产水平的变动对总体平均亩产量影响的绝对数为

$$\frac{\sum x_1 f_1}{\sum f_1} - \frac{\sum x_0 f_1}{\sum f_1} = 415.3 - 394.4 = 20.9 \text{(公斤)}$$

（3）计算面积结构影响指数。

$$\overline{K}_f = \frac{\dfrac{\sum x_0 f_1}{\sum f_1}}{\dfrac{\sum x_0 f_0}{\sum f_0}} = \frac{394.4}{430.7} = 91.6\%$$

由于面积结构的变动对总体平均亩产量影响的绝对数为

$$\frac{\sum x_0 f_1}{\sum f_1} - \frac{\sum x_0 f_0}{\sum f_0} = 394.4 - 430.7 = -36.3 \text{(公斤)}$$

以上计算结果，相对数之间关系为 $96.4\%(=105.3\% \times 91.6\%)$。
绝对数之间关系为 $-15.4[=20.9+(-36.3)]$。

计算结果表明，该村粮食作物总体平均亩产量报告期比基期下降了 3.6%，每亩减少 15.4 公斤，是由于各种谷物亩产水平的提高使总体平均亩产量提高 5.3%，每亩增加 20.9 公斤，由于各种谷物面积结构的变动使总体平均亩产量下降 8.4%，每亩减少 36.3 公斤。

第四节 几种常见的经济指数

指数作为一种重要的经济分析指标和方法，在社会经济统计中有很广泛的应用。但在不同场合，往往需要运用不同的指数形式。一般而言，选择指数形式的主要标准应该是指数的经济分析意义，除此而外，有时还要求考虑实际编制工作的可行性，以及对指数分析性质的某些特殊要求。我国统计实践中，常用的经济指数主要有商品零售价格指数、居民消费价格指数、农产品收购价格指数、农村工业品零售价格指数、工业生产指数、固定资产投资价格指数、生产价格指数、股票价格指数等。本节主要介绍现实生活中的几种经济指数，目的是进一步说明指数的编制方法和它在社会经济问题研究中的应用。

一、工业生产指数

工业生产指数是反映一个国家或地区工业产品产量的综合变动程度的一种物量指数，也叫工业生产发展速度。它反映工业生产的动态，是衡量经济增长水平和判断经济形势的重要依据。

世界各国都非常重视工业生产指数的编制，但采用的编制方法却不完全相同。在我国，工业生产指数是通过计算各种工业产品的不变价格产值来加以编制的。其基本编制过程是：首先，对各种工业产品分别制定相应的不变价格标准（记为 p_c）；然后，逐项计算各种产品的不变价格产值,加总起来就得到全部工业产品的不变价格总值;将不同时期的不变价格总值加以对比,就得到相应时期的工业生产指数。

记 t 时期的不变价格总产值为 $\sum q_t p_c (t=1,2,\cdots)$,则该时期的工业生产指数就是固定加权综合指数的形式

$$\overline{K}_q = \frac{\sum q_t p_c}{\sum q_0 p_c} \quad \text{或} \quad \overline{K}_q = \frac{\sum q_t p_c}{\sum q_{t-1} p_c} \tag{9-15}$$

然而,不变价格的制定和不变价格产值的计算本身却是一项非常浩繁的工作,这项工作又必须连续不断地、全面地展开,其难度可想而知。随着市场经济和科学技术的不断发展,企业的产品生存周期大大缩短,产品的更新换代越来越快。这种工业生产指数计算方法已不能客观真实地反映工业生产活动成果的综合变动情况。根据国家统计局的统一部署,我国从2004年1月开始在全国正式实行新的工业发展速度计算方法,由现行的按不变价格法改为使用价格指数缩减法计算工业发展速度。所谓价格指数缩减,其基本原理就是用现行价格计算的价值量指标除以反映工业品出厂价格波动的价格指数,从而得到消除价格波动影响后的可比价值量指标。价格指数缩减法是一种与国际统计接轨的、比不变价格法更为科学的、更适合市场经济国家计算工业发展速度(增长速度)的方法。

与我国的情况不同,在国外,较为普遍地采用平均指数形式来编制工业生产指数。计算公式为

$$\overline{K}_q = \frac{\sum k_q q_0 p_0}{\sum q_0 p_0} \tag{9-16}$$

式中:k_q 为各种工业品的个体产量指数;$q_0 p_0$ 则为相应产品的基期增加值。

编制这种工业生产指数的目的是为了说明工业增加值中物量因素的综合变动程度,其分析意义与一般的工业总产量指数是有所不同的。

在实践中,为了简化指数的编制工作,常常以各种工业品的增加值比重作为权数,并且将这种比重权数相对固定起来,连续地编制各个时期的工业生产指数。

$$\overline{K}_q = \frac{\sum k_q W}{\sum W} \tag{9-17}$$

二、零售价格指数

零售价格指数是反映城乡商品零售价格变动趋势的一种经济指数。它的变动直接影响到城乡居民的生活支出和国家财政收入,影响居民购买力和市场供需平衡以及消费和积累的比例。因此,零售价格指数是观察和分析经济活动的重要工具之一。

由于社会零售商品成千上万,并且它们的价格是经常变动的,因此不可能取得全面资料按综合指数公式计算,零售价格是采用平均指数的方法进行编制的。在实际工作中,只能采用抽样方法,选择代表规格品,对这些代表规格品的单项指数加权平均,再计算各类商品零售价格

指数和全部商品的零售价格指数。

编制零售价格指数应注意以下问题。

（一）商品分类和代表规格品的选择

现行的零售价格指数包括工业、商业、餐饮业和其他行业的零售商品以及农民对非农业居民出售商品的各种经济类型的价格，按照国家统计局的规定，全部商品分为食品、饮料烟酒、服装鞋帽、纺织品、中西药品、化妆品、书报杂志、文化用品、日用品、家用电器、首饰、燃料、建筑装潢材料、机电产品 14 大类，每个大类又分若干中类，中类内再分小类，小类下分若干商品细目。要编制包括全部商品的零售价格指数显然是不可能的，因此在编制零售价格指数时，只能选择部分具有代表性的商品。代表规格品一般选择中等质量、零售量大、生产和销售前景较好、价格变动趋势有代表性的商品。

（二）调查点的选择

全国零售价格总指数用于反映全社会零售商品价格的总体变动水平，但要包括所有的地区这是不可能的，一般选择部分具有代表性的调查点编制价格指数。调查点的选择既要考虑其代表性，也要注意类型上的多样性以及地区分布上的合理性和稳定性。应采用抽样调查的方法，选择那些经营品种比较齐全，商品销售额或成交额较大的中心市场作为价格调查点。

（三）商品价格的确定

对所选代表性商品使用的是全社会综合平均价。计算价格指数所用的商品价格，是根据调查资料按月、季和年计算的平均价格，即对相同时间、相同商品各个调查点的价格用简单算术平均法计算，各种商品的月平均价格，用月内各次调查的价格，按简单算术平均法计算，年平均价格用年内各月份价格，按简单算术平均法计算。

（四）权数的资料来源和计算公式

商品的权数根据商品流转统计中商品销售构成资料计算。具体商品的权数根据典型调查资料推算。鲜菜、鲜果的权数每月计算一次，其余商品及大中小类权数每年计算一次，或三年计算一次，也即用固定权数。

从 1985 年起，我国开始采用部分商品平均价格法计算全社会商品零售价格总指数。其计算公式为

$$\overline{K}_p = \frac{\sum K_p W}{\sum W} \tag{9-18}$$

式中：K_p 为个体指数或各层的类指数；W 为各层零售额比重权数。

具体计算过程是，先分别计算出各代表规格品基期和报告期的全社会综合平均价，并计算出相应的价格指数，然后分层逐级计算小类、中类、大类和总指数。

【例 9-9】 现以部分资料（见表 9-9）说明价格总指数的编制和计算过程。

表 9-9　某城市商品零售价格指数

类别及名称	规格等级牌号	计量单位	平均价格(元)		权数%	以基期价格为100	
			基　期	报告期		指数(%)	指数×权数
甲	乙	丙	(1)	(2)	(3)	(4)=(2)/(1)	(5)=(4)×(3)
总指数					100		123.07
一、食品大类					26	142.86	37.14
1. 粮食中类					13	133.11	17.30
(1) 细粮小类					97	132.58	128.60
面粉	标准粉	千克	1.7	2.4	20	141.18	28.24
大米	标准米	千克	2.3	3.0	80	130.43	104.34
(2) 粗粮小类					3	150.25	4.51
2. 油脂中类					3	149.25	4.48
3. 肉禽蛋中类					27	159.40	43.04
4. 水产品中类					15	123.26	18.48
5. 鲜菜中类					11	178.95	19.68
6. 干菜中类					1	112.00	1.12
7. 鲜果中类					2	118.32	3.55
8. 干果中类					2	110.68	2.21
9. 其他食品中类					6	130.20	7.81
10. 餐饮食品中类					19	132.30	25.14
二、饮料、烟酒大类					10	106.24	10.62
三、服装、鞋帽大类					9	114.50	10.31
四、纺织品大类					3	112.86	3.39
五、中西药品大类					4	126.68	5.07
六、化妆品大类					3	113.84	3.42
七、书报、杂志大类					4	106.68	4.27
八、文化体育用品大类					4	110.28	4.41
九、日用品大类					20	124.65	24.93
十、家用电器大类					9	98.30	8.85
十一、首饰大类					1	132.30	1.32
十二、燃料大类					3	142.62	4.28
十三、建筑装潢材料大类					3	137.20	4.12
十四、机电产品大类					1	96.18	0.96

计算步骤如下：

(1) 计算各代表规格品的个体零售价格指数，如面粉的个体零售价格指数为

$$K_p = \frac{p_1}{p_0} = \frac{2.4}{1.7} = 141.18\%$$

(2) 把各个体指数乘上相应的权数后相加，再计算其算术平均即得小类指数，如细粮小类指数为

$$\overline{K}_p = \frac{\sum K_p p_0 q_0}{\sum p_0 q_0} = \sum K_p W = 141.18 \times 0.20 + 130.43 \times 0.80 = 132.58\%$$

(3) 各小类指数构成相应的权数，加总计算得到各中类指数，如粮食中类指数为

$$\overline{K}_P = \sum K_P W = 132.58 \times 0.97 + 150.25 \times 0.03 = 133.11\%$$

(4) 把各中类指数乘上相应的权数后计算其算术平均数大类指数，如食品大类指数为

$$\overline{K}_P = \sum K_P W$$
$$= 133.11 \times 0.13 + 149.25 \times 0.03 + 159.40 \times 0.27 + 126.26 \times 0.15 + 178.95 \times 0.11 +$$
$$112.00 \times 0.01 + 118.32 \times 0.03 + 110.68 \times 0.02 + 130.20 \times 0.06 + 132.30 \times 0.19$$
$$= 142.86\%$$

(5) 把各大类指数乘上相应的权数后计算其算术平均数即得总指数为

$$\overline{K}_P = \sum K_P W$$
$$= 142.68 \times 0.26 + 106.24 \times 0.10 + 114.50 \times 0.09 + 112.86 \times 0.03 + 126.68 \times 0.04 +$$
$$113.84 \times 0.03 + 106.68 \times 0.04 + 110.28 \times 0.04 + 124.65 \times 0.20 + 98.30 \times 0.09 +$$
$$132.00 \times 0.01 + 142.68 \times 0.03 + 137.20 \times 0.03 + 96.18 \times 0.01$$
$$= 123.07\%$$

三、居民消费价格指数

消费价格指数（简称 CPI）是大多数国家都编制的一种指数，不同国家赋予 CPI 的名称会有所不同，我国称之为居民消费价格指数。在政府统计中失业率和 CPI 应该是政府和老百姓都最为关注的两个重要指标。它是反映一定时期内城乡居民所购买的生活消费品价格和服务项目价格变动趋势和程度的相对数，是对城市居民消费价格指数和农村居民消费价格指数进行综合汇总计算的结果。利用居民消费价格指数，可以观察和分析消费品的零售价格和服务价格变动对城乡居民实际生活费支出的影响程度。居民消费价格指数是宏观经济分析和决策、价格总水平监测和调控以及国民经济核算的重要指标。其按年度计算的变动率通常被用来作为反映通货膨胀（或紧缩）程度的指标。

居民消费价格指数是用固定加权算术平均数的方法进行的。其编制程序如下。

(一)对消费品和服务项目进行分类

我国现行居民消费价格指数编制中是将生活消费品和服务项目分为食品、烟酒及用品、衣着、家庭设备用品及服务、医疗保健及个人用品、交通和通信、娱乐教育文化用品及服务和居住八大类;在八大类中又划分中类,如食品又分为粮食、油脂等类别;再在中类中划分小类,如油脂又可划分为鲜蛋、鲜菜和鲜果等类别。即形成了价格指数中的总指数、类指数和个体指数。

(二)选择代表商品和代表规格品及服务项目

居民生活消费品和服务项目种类繁多,国家统计局在各类商品中选择了300多种必报商品和服务项目来编制居民消费价格指数。而各种商品又存在不同规格,其价差也较大,因此需要从中选择若干规格品作为该商品的代表,通过调查其价格,计算其个体价格指数,以反映该商品的价格变动情况。

(三)确定居民消费价格指数计算公式

指数中的权数原则上应采用居民消费支出的构成资料,但由于数据来源的限制,目前仍根据社会商品零售额和服务行业的营业额来确定。最后,分别求出消费品价格指数和服务价格指数,并将二者进行加权平均汇总。其计算公式为

$$\overline{K}_p = \frac{\sum kW}{\sum W} \tag{9-19}$$

式中:k 为类指数,W 为权数,分别为消费品零售额和服务项目营业额占二者总和的比重。

居民消费价格指数就是在对全国550个样本市县近3万个采价点进行价格调查的基础上,根据国际规范的流程和公式算出来的。表9-10包括了三个口径的资料:全国、城市和农村,并按年度同比给出居民消费价格的分类指数。

表9-10 2016年居民消费价格分类指数 单位:%

指 标	全 国	城 市	农 村
居民消费价格	102.0	102.1	101.9
其中:食品	104.6	104.5	104.8
烟酒及用品	101.5	101.5	101.5
衣着	101.4	101.5	101.3
家庭设备用品及维修服务	100.5	100.5	100.2
医疗保健类居民消费价格指数	103.8	104.4	102.5
交通和通信	98.7	98.6	98.9
娱乐教育文化用品及服务	101.6	101.5	101.9

四、股票价格指数

在股票市场上,每时每刻都有许多股票进行交易。在同一时间里,这些股票价格各异,而

且它们都随着时间在不断变动。股票的价格经常和股票的票面金额不等。股票的票面金额是固定的,而股价是变动的,通常总是大于或小于票面价值。直接影响股价的有两个基本因素:一是股票的预期收入量,即预期股息收入量;二是银行利息率水平。股票价格与预期股息呈正比,与银行利率呈反比。在利息率不变的情况下,预期股息收入量越大,股票价格就越高;预期股息收入量越小,股票价格就越低。当股票预期股息量不变时,银行利息率越高,股票价格就越低;银行利息率越低,股票价格就越高,用公式表示为

$$股票价格 = \frac{票面价值 \times 预期股利}{存款利息率} \tag{9-20}$$

由于股票市场上股票种类繁多且交易变化频繁,用某一种股票的价格显然不能反映整个股票市场的价格变动,这就需要计算股价平均数和股票价格指数。

(一) 股价平均数

股价平均数是股票市场上多种股票在某一时点上的算术平均值,一般以收盘价来计算。计算公式为

$$股价平均数 = \frac{1}{n} \sum_{i=1}^{n} p_i \tag{9-21}$$

式中: p_i 为第 i 种股票的收盘价; n 为样本股票数。

【例 9-10】 有四种股票某日的收盘价分别为 10 元、23 元、28 元和 75 元,则股价平均数为

$$\frac{10+23+28+75}{4} = 34(元)$$

股价平均数是就具有代表性的样本股来计算的。所谓代表性是指在种类繁多的股票中,既要选择不同行业的股票,又要选择能代表该行业股价变动趋势的股票,这种变动趋势的股票能够敏感地反映出整个股市价格的升降变化趋势。

(二) 股票价格指数

股票价格指数一般也采用与基期比较法,即将选样股票计算期的价格总和与基期选样股票的价格总和进行比较,反映各个时期价格水平的变动情况,简称股价指数。指数单位一般用"点(Point)"表示,"点"是衡量股票价格起落的尺度,即将基期指数作为 100,每上升或下降一个百分点称为"1 点"。

股价指数的计算方法有很多,但一般以发行量为权数进行加权总和,其公式为

$$P_{(1/0)} = \frac{\sum P_{1i} Q_i}{\sum P_{0i} Q_i} \tag{9-22}$$

式中: p_{1i} 为第 i 种样本股票报告期价格; p_{0i} 为第 i 种样本股票基期价格; q_i 为第 i 种股票的发行量,可以确定为基期,也可以确定为报告期,但大多数股价指数是以报告期发行量为权数计算的。

【例 9-11】 见表 9-11,设有四种股票的价格和发行量资料,试计算股票价格指数。

表 9-11 四种股票的价格和发行量资料

股票名称	基期价格 P_0(元)	本日收盘价 P_1(元)	报告期发行量(万股)Q_1
A	8	15	2 000
B	10	15	1 800
C	26	22	2 500
D	15	32	1 900

解：
$$P_{(1/0)} = \frac{\sum P_{1i}Q_i}{\sum P_{0i}Q_i}$$

$$= \frac{15 \times 2\,000 + 15 \times 1\,800 + 22 \times 2\,500 + 32 \times 1\,900}{8 \times 2\,000 + 10 \times 1\,800 + 26 \times 2\,500 + 15 \times 1\,900}$$

$$= \frac{172\,800}{127\,500}$$

$$= 135.53\%$$

即股价指数上升了 35.53 点。

目前，世界各国的主要证券交易所都有自己的股票价格指数。常见的有以下几个。

1. 道·琼斯和股纳斯达克股价指数

以华尔街为象征的美国股票市场，是世界上规模最大、法规和管理最完善的资本市场。道·琼斯工业平均指数（Dow Jones Industrial Average）和纳斯达克综合指数（Nasdaq Composite Index），是美国股市最具代表意义的指数，也是美国经济最敏感的神经。图 9-1 是 2008 年 3 月 11 日纽约时报上两个指数的趋势图。

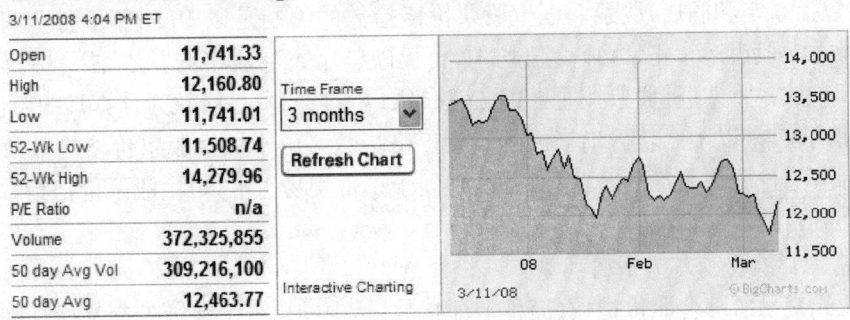

图 9-1 纽约时报提供的股票指数

道·琼斯股票指数是在1884年由道·琼斯公司的创始人查理斯·道开始编制的。其最初的股票价格平均指数是根据11种具有代表性的铁路公司的股票,采用简单算术平均法进行计算编制而成的。现在的道·琼斯股票价格平均指数是以1928年10月1日为基数,因为这一天收盘时的道·琼斯股票价格平均指数恰好约为100美元,所以就将其定为基准日。而以后股票价格同基期相比计算出的百分数,就成为各期的股票价格指数,所以现在的股票指数普遍用点来做单位,而股票指数每一点的涨跌就是相对于基数日的涨跌百分数。道·琼斯股票价格平均指数最初的计算方法是用简单算术平均法求得,当遇到股票的除权除息时,股票指数将发生不连续的现象。1928年后,道·琼斯股票价格平均指数采用了新的计算方法,即在计点的股票除权或除息时采用连接技术,以保证股票指数的连续,从而使股票指数计算方法得到了完善,并逐渐推广到全世界。

纳斯达克(NASDAQ)全名为全国证券交易商协会自动报价系统,1971年才问世。它通过计算机网络将全国证券经纪商组织在一起,及时准确地向其提供场外交易行情。它最初专门让投资者交易一些资本额很小的新创企业股票,但经过短短20多年的发展,上市公司数目、上市的外国公司数目、月交易额都已超过纽约证券交易所。纳斯达克综合指数包括4 600多种股票,主要由美国的数百家发展最快的先进技术、电信和生物公司组成,包括微软、英特尔、美国在线、雅虎这些家喻户晓的高科技公司,因而成为美国"新经济"的代名词。

2. 香港恒生指数

香港恒生指数是香港股票市场上历史最悠久、影响最大的股票价格指数。恒生股票价格指数包括从香港500多家上市公司中挑选出来的33家有代表性且经济实力雄厚的大公司股票作为成分股,分为四大类:4种金融业股票、6种公用事业股票、9种房地产业股票和14种其他工商业(包括航空和酒店)股票。恒生股票价格指数的编制是以1964年7月31日为基期,因为这一天香港股市运行正常,成交值均匀,可反映整个香港股市的基本情况,基点数为100点。其计算方法是将33种股票按每天的收盘价乘以各自的发行股数为计算日的市值,再与基数的市值相比较,乘以100就得出当天的股票价格指数。由于恒生股票价格指数所选择的基期适当,因此,不论股票市场狂升或猛跌,还是处于正常交易水平,恒生股票价格指数基本上都能反映整个股市的活动情况。

3. 上海证券交易所综合股价指数

上海证券交易所综合股价指数(简称上证指数)是中国反映上海证券交易所挂牌股票总体走势的统计指标,1990年12月19日为基准日。上证指数最初是中国工商银行上海分行信托投资公司静安证券业务部根据上海股市的实际情况,参考国外股价指标的生成方法编制而成,于1991年7月15日公开发布。该股票指数的样本为所有在上海证券交易所挂牌上市的股票,其中新上市的股票在挂牌的第二天纳入股票指数的计算范围,该股票指数的权数为上市公司的总股本。由于我国上市公司的股票有流通股和非流通股之分,其流通量与总股本并不一致,所以总股本较大的股票对股票指数的影响就较大。

4. 深圳证券交易所股票价格综合指数

深圳证券交易所股票价格综合指数(简称深证指数)是由深圳证券交易所编制的股票指数,1991年4月3日为基期。该股票指数的计算方法基本与上证指数相同,其样本为所有在深圳证券交易所挂牌上市的股票,权数为股票的总股本。由于以所有挂牌的上市公司为样本,其代表代表性非常广泛,且它与深圳股市的行情同步发布,它是股民和证券从业人员研判深圳股市股票价格变化趋势必不可少的参考依据。在前些年,由于深圳证券所的股票交投不如上海证交所那么活跃,深圳证券交易所现已改变了股票指数的编制方法,采用成分股指数。现深圳证券交易所并存着两个股票指数,一个是老指数深圳综合指数,一个是现在的成分股指数,但从最近几年来的运行势态来看,两个指数间的区别并不是特别明显。

本章小结

指数是一种重要的统计方法,主要用以综合反映复杂现象总体的变动。指数因素分析法是利用指数原理分析各因素对现象变动影响的一种重要分析方法。总指数的计算和指数因素分析构成本章的两个主要内容。

指数是用来分析社会经济现象数量变动的对比性指标。广义的指数是指一切说明社会经济现象数量变动的相对数。狭义的指数是用来反映不能直接相加的社会经济现象综合变动程度的相对数。指数按说明现象性质不同,可分为数量指标指数和质量指标指数。指数按其反映对象的范围不同,可以分为个体指数和总指数。按编制和计算方法不同,总指数可分为综合指数、平均指数。按指数所反映的时间状况不同,分为动态指数和静态指数。

综合指数的编制特点是先综合后对比。编制综合指数时必须确定被测定的因素(即指数化指标)和同度量因素。通常情况下,编制数量指标指数时用基期的质量指标作同度量因素;编制质量指标是用报告期的数量指标作同度量因素。

平均指数是总指数计算的另一种重要形式,它的特点是从个体指数出发,通过对个体指数进行加权平均而得到总指数。平均指数有算术平均指数和调和平均指数两种形式,算术平均指数用基期总值来加权,而调和平均指数用报告期总值来加权。

指数体系是指一系列相互联系的指数所形成的整体。利用指数体系可进行估计推算,也可进行因素分析。指数的因素分析是对现象总变动中各个因素利用综合指数体系变动的影响程度,利用综合指数体系从相对数和绝对数两个方面进行分析。

平均指标指数是对总体平均指标相对变动的测定,包括可变构成指数、固定构成指数和结构影响指数。利用这三种指数构成的体系,分析现象总体平均指标变动受各组平均水平和各组结构变动的影响程度。

我国统计实践中,常用的经济指数主要有工业生产指数、零售价格指数、居民消费价格指数、股票价格指数等。介绍现实生活中的几种经济指数,目的是进一步说明指数的编制方法和它在社会经济问题研究中的应用。

思考题

1. 什么是个体指数和总指数?
2. 什么是综合指数,它有什么特点?
3. 什么是同度量因素?
4. 什么是指数体系,它有什么作用?

5. 什么是数量指标指数？什么是质量指标指数？

6. 平均指数在什么条件下才能成为综合指数的变形？试列式证明二者之间的关系。

 **实践技能训练**

1. 从图书馆或上网找一些有关物价指数和股票指数的资料，谈谈从这些资料中你有什么收获？

2. 在班里组织一个 8～10 人的学习小组，自选课题确定调查目的并展开统计调查，通过调查资料汇总、计算与分析，掌握总量指标指数体系的建立与计算分析方法，并能够准确地区分总量指标指数与平均指标指数分析方法。

3. 对小商品市场价格、销售量情况进行分析，研究其变动情况。

调查农贸市场三种商品的报告期和基期价格和销售量情况，计算价格总指数、销售量总指数和销售额总指数，并分析各因素的影响程度。

第十章　统计综合分析

学习目标

（一）知识目标

1. 了解统计综合分析的概念和意义；
2. 了解统计综合分析的种类；
3. 掌握统计综合分析的原则和步骤；
4. 掌握统计综合分析的方法；
5. 熟练掌握统计综合评价的步骤；
6. 熟练掌握统计综合分析报告的写作技巧。

（二）能力目标

1. 能够应用统计综合分析的各种方法系统地认识和评价现象的内在特点和规律性；
2. 能够把统计综合分析应用到实践中并撰写有针对性的高质量的统计综合分析报告。

导引案例

2017年10月份我国国民经济运行情况综合分析

2017年10月份国民经济继续保持稳中向好发展态势。

2017年10月份，在党的十九大胜利召开鼓舞下，各地区各部门认真贯彻落实党中央国务院决策部署，统筹推进改革开放和经济社会发展各项工作，经济运行总体平稳，结构调整深入推进，新旧动能加快转换，质量效益不断提高，人民生活继续改善，国民经济稳中有进、稳中提质，继续保持稳中向好的发展态势。

一、工业生产总体平稳，企业效益持续改善

10月份，全国规模以上工业增加值同比实际增长6.2%，增速比上月回落0.4个百分点，比上年同月加快0.1个百分点。分经济类型看，国有控股企业增加值同比增长6.6%，集体企业增长3.6%，股份制企业增长6.1%，外商及港澳台商投资企业增长6.5%。分三大门类看，采矿业增加值同比下降1.3%，制造业增长6.7%，电力、热力、燃气及水生产和供应业增长9.2%。规模以上工业企业产销率达到97.8%。1—10月份，全国规模以上工业增加值同比增长6.7%，增速与1—9月份持平，比上年同期加快0.7个百分点。

1—9月份，全国规模以上工业企业实现利润总额55 846亿元，同比增长22.8%，增速比1—8月份加快1.2个百分点，比上年同期加快14.4个百分点。规模以上工业企业主营业务收入利润率为6.17%,比上年同期提高0.51个百分点。

二、服务业保持较快增长,商务活动景气持续扩张

10月份,全国服务业生产指数同比增长8.0%,增速比上月回落0.3个百分点,比上年同月加快0.2个百分点。其中,信息传输、软件和信息技术服务业,租赁和商务服务业保持两位数增长。1—10月份,全国服务业生产指数同比增长8.2%,比上年同期加快0.1个百分点。1—9月份,规模以上服务业企业营业收入同比增长13.6%,比1—8月份加快0.1个百分点;规模以上服务业企业营业利润同比增长31.4%,比1—8月份加快8.6个百分点。

10月份,服务业商务活动指数为53.5%,持续处于景气区间。其中,住宿业、零售业、航空运输业、邮政快递业、电信广播电视和卫星传输服务、互联网及软件信息技术服务等行业商务活动指数均位于55.0%以上的较高景气区间。从市场需求看,服务业新订单指数为50.5%,连续6个月位于景气区间。

三、固定资产投资总体稳定,投资结构继续优化

1—10月份,全国固定资产投资(不含农户)517 818亿元,同比增长7.3%,增速比1—9月份回落0.2个百分点。其中,国有控股投资189 881亿元,增长10.9%;民间投资313 734亿元,增长5.8%,占全部投资的比重为60.6%。分产业看,第一产业投资17 096亿元,同比增长13.1%;第二产业投资193 533亿元,增长2.7%,其中制造业投资158 856亿元,增长4.1%;第三产业投资307 189亿元,增长10%。投资结构调整优化。基础设施投资113 103亿元,同比增长19.6%。高技术制造业投资增长16.8%,增速快于全部投资9.5个百分点。高耗能制造业投资同比下降2.2%。固定资产投资到位资金514 597亿元,同比增长3.6%,比1—9月份加快0.3个百分点。新开工项目计划总投资426 541亿元,同比增长3.8%,比1—9月份加快1.4个百分点。

四、房地产开发投资增速略有回落,商品房待售面积持续减少

1—10月份,全国房地产开发投资90 544亿元,同比增长7.8%,增速比1—9月份回落0.3个百分点,其中住宅投资增长9.9%。房屋新开工面积145 127万平方米,同比增长5.6%,其中住宅新开工面积增长9.6%。全国商品房销售面积130 254万平方米,同比增长8.2%,其中住宅销售面积增长5.6%。全国商品房销售额102 990亿元,同比增长12.6%,其中住宅销售额增长9.6%。房地产开发企业土地购置面积19 048万平方米,同比增长12.9%。10月末,全国商品房待售面积60 258万平方米,比9月末减少882万平方米。1—10月份,房地产开发企业到位资金125 941亿元,同比增长7.4%。

五、市场销售平稳较快增长,网上零售增势强劲

10月份,社会消费品零售总额34 241亿元,同比增长10.0%,增速比上月回落0.3个百分点,与上年同月持平。按经营单位所在地分,城镇消费品零售额29 537亿元,同比增长9.8%;乡村消费品零售额4 704亿元,增长11.3%。按消费类型分,餐饮收入3 852亿元,增长10.3%;商品零售30 389亿元,增长10.0%。消费升级类商品快速增长,10月份,限额以上单位体育娱乐用品类、化妆品类商品零售额同比分别增长19.6%和16.1%。1—10月份,社会消费品零售总额同比增长10.3%,增速与上年同期持平。

1—10月份,全国网上零售额55 350亿元,同比增长34.0%,比上年同期加快8.3个百分点。其中,实物商品网上零售额41 782亿元,增长28.8%,占社会消费品零售总额的比重为14.0%,比上年同期提高2.2个百分点;非实物商品网上零售额13 568亿元,增长52.7%。

六、居民消费价格温和上涨,工业生产价格涨势稳定

10月份,全国居民消费价格同比上涨1.9%,涨幅比上月扩大0.3个百分点。分类别看,食品烟酒价格同比上涨0.3%,衣着上涨1.2%,居住上涨2.8%,生活用品及服务上涨1.5%,交通和通信上涨0.8%,教育文化和娱乐上涨2.3%,医疗保健上涨7.2%,其他用品和服务上涨1.8%。在食品烟酒价格中,粮食价格上涨1.6%,猪肉价格下降10.1%,鲜菜价格上涨0.3%。10月份,全国居民消费价格环比上涨0.1%。1—10月份,全国居民消费价格同比上涨1.5%。

10月份,全国工业生产者出厂价格同比上涨6.9%,涨幅与上月持平,环比上涨0.7%。1—10月份,全国工业生产者出厂价格同比上涨6.5%。10月份,全国工业生产者购进价格同比上涨8.4%,环比上涨0.9%。1—10月份,全国工业生产者购进价格同比上涨8.4%。

七、进出口较快增长,一般贸易和机电产品出口比重提高

10月份,进出口总额22 425亿元,同比增长10.2%。其中,出口12 485亿元,增长6.1%;进口9 940亿元,增长15.9%。进出口相抵,贸易顺差2 545亿元。1—10月份,进出口总额225 225亿元,同比增长15.9%。其中,出口124 085亿元,增长11.7%;进口101 140亿元,增长21.5%。1—10月份,一般贸易进出口增长18.0%,占进出口总额的56.5%,比上年同期提高1.0个百分点。机电产品出口增长12.4%,占出口总额的57.7%,比上年同期提高0.4个百分点。

10月份,规模以上工业企业实现出口交货值11 181亿元,同比增长7.5%。1—10月份,规模以上工业企业实现出口交货值105 018亿元,同比增长10.5%。

八、供给侧结构性改革不断深化,转型升级成效突出

"三去一降一补"取得新进展。去产能、去库存成效突出。钢铁、煤炭去产能年度目标已超额完成,1.4亿吨"地条钢"产能出清。10月末,商品房待售面积同比下降13.3%,降幅比上月末扩大1.1个百分点。去杠杆、降成本稳步推进。9月末,规模以上工业企业资产负债率为55.7%,比上年同期下降0.6个百分点。前三季度,规模以上工业企业每百元主营业务收入中的成本为85.56元,比上年同期减少0.23元。短板领域得到加强。1—10月份,生态保护和环境治理业、公共设施管理业、农业投资同比分别增长24.1%、23.4%和17.6%,分别快于全部投资16.8、16.1和10.3个百分点。

新兴动能持续快速成长。1—10月份,高技术产业和装备制造业增加值同比分别增长13.4%和11.5%,分别比规模以上工业快6.7和4.8个百分点,工业机器人产量同比增长68.9%,新能源汽车增长36.7%,运动型多用途乘用车(SUV)增长14.1%;前三季度,战略性新兴服务业、生产性服务业和科技服务业营业收入同比分别增长17.5%、14.8%和14.6%。

从以上数据分析可以看出:

虽然一些数据月度之间出现了小波动,但是总体上、多维度观察,国民经济运行保持了总体平稳、稳中向好的发展态势,主要表现在四个方面:

第一,生产需求总体保持比较稳定,大部分的生产需求指标月度之间波动比较小,增长水平都好于上年同期。从生产方面看,10月份规模以上工业增加值同比增长6.2%,比去年同月加快0.1个百分点;服务业生产指数当月同比增长8.0%,比上年同月加快0.2个百分点。从需求方面来看,10月份社会消费品零售总额同比增长10%,与上年同月持平;1—10月份固定资产投资增速比1—9月份略有回落,回落0.2个百分点,投资在优化供给结构方面的作用在

持续发挥。从出口看,10月份出口同比增长6.1%,而上年同月出口下降了3.8%。

第二,就业持续向好。就业确实是民生之本,从宏观经济形势来看,就业是否充分也是判断整体经济是否平稳和健康的重要指标。从国家统计局监测的10月份城镇调查失业率来看,无论是全国城镇调查失业率还是31个大城市城镇调查失业率,都双双降到5%以下。31个大城市城镇调查失业率连续8个月保持在5%以下,同时企业用工时间继续保持比较高的水平。从就业总量来看,人社部统计的全国城镇新增就业1—10月份完成了1191万人。这个数字已经超额完成了年初的预定目标1100万人。所以,不管是从失业率还是从就业总量来看,今年以来就业形势确实是经济运行中的最大亮点,主要归功于大众创业、万众创新的蓬勃发展,也归功于产业结构升级尤其是服务业吸纳就业能力的持续增强。

第三,物价总体稳定。物价是代表市场供求的综合性指标。从10月份居民消费价格指数看,CPI上涨1.9%,在经济增速保持较快的水平下,价格保持在2%以下的涨幅是非常理想的水平。10月份工业生产者出厂价格上涨6.9%,涨幅与上月持平。这两个价格指数表明,目前市场供求关系确实是在持续改善的。

第四,经济运行质量效益稳步提升。从前三季度看,规模以上工业企业实现利润同比增长22.8%,比去年同期加快14.4个百分点;企业利润增长20%以上是比较高的增速了。服务业实现利润也比较高,前三季度同比增长31.4%,也是比较高水平的增长。从企业的经营效益来看,今年以来持续提升,前三季度规模以上工业企业每百元资产实现的主营业务收入同比提高4.8元,人均主营业务收入同比提高16万元,包括产成品的周转天数等效益指标都表明,微观企业的经营效率也是在提高的。

从上面四个方面来看,生产需求保持稳定、就业持续向好、物价总体稳定、质量效益稳步提升,经济运行始终保持在合理区间,国民经济稳中有进、稳中提质,稳中向好的发展态势持续发展,为更好地完成全年预定目标打下了坚实的基础。

另外,目前支持经济继续保持稳中向好的因素在累积增多,主要表现在供给、需求和预期三个方面。

第一,供给方面。在供给侧结构性改革的推动下,今年以来供给体系的质量持续改善。

一是先进的制造业和现代服务业为代表的先进产能加快发展。比如,1—10月份高技术制造业增加值比上年同期增长13.4%,增速比规模以上工业快6.7个百分点,在所有行业里面处于较快增速。现代服务业增速更快,发展势头更加良好。前三季度,战略性新兴服务业营业收入比上年同期增长17.5%。

二是低端落后产能陆续退出。1—10月份六大高耗能行业增加值比上年同期增长3%,增速持续回落。落后产能也在逐渐退出,今年的煤炭和钢铁的去产能任务已经超额完成,尤其是"地条钢"的产能出清。

三是优质的供给在加快增长。比如说,1—10月份,高技术制造业投资比上年同期增长16.8%,远高于整体投资增长水平;高技术服务业投资增长14%;传统产业的改造升级也在加速,制造业中的技改投资1—10月份比上年同期增长13.4%。

从这三个方面看,先进产能在加快,落后产能逐渐退出,关系到下一步发展的优质供给也在较快增长,可以说供给体系的适应性和灵活性在不断地提升,供给体系的质量不断提高。这是去年以来供给侧结构性改革持续推进、今年进一步深入推进的重要成果。这种供给体系的改善为我们下一步激发需求的潜力打下了非常好的基础。

第二,在供给体系质量持续改善的基础上,需求潜力逐渐释放。今年以来,一方面各部门促进消费稳定增长,另一方面注重发挥投资对优化供给结构的关键性作用,同时巩固外贸回稳的良好态势,形成了内外需求联动的良好格局。

从消费来看,今年3月份以来,各月社会消费品零售总额保持了10%以上的较快增长速度,消费升级态势比较明显。从未来消费潜力来看,前三季度城乡居民收入加快增长,消费环境、支持消费的政策不断地完善,总体上看我们的消费完全有条件延续目前总量扩张、结构改善、质量提升的加快发展态势。从投资来看,今年以来投资增速比较平稳。从企业效益来看,今年以来,工业企业利润增长20%以上,服务业利润增长30%以上,意味着企业投资能力逐渐增强。新开工计划总投资和固定资产投资到位资金等投资先行指标,都是增长在逐月加快,投资下一步加快增长的条件在慢慢增多。从外需来看,今年以来世界经济复苏步伐逐渐加快,国际市场需求回暖。BDI(波罗的海干散货指数)到10月末回升到1 500点以上,创出了近两年的新高,外部环境整体改善,加上我国出口企业的竞争力在逐步提高,对我们抓住世界经济的回升期、扩大出口,总体是有利的。

所以从消费、投资、出口来看,需求的潜力确实也在持续释放。

第三,市场预期持续向好。之前公布的数据,10月份中国制造业采购经理指数是51.6%,已经连续15个月保持在临界点以上,也就是处于扩张区间,当然月度之间可能会有波动。PMI指标含义更多是与上期比较,只要是在50%以上的区间,就意味着对生产各方面的预期仍然在继续扩张。再有,10月份非制造业商务活动指数是54.3%,连续很长时间处于较高的景气区间。

十九大的胜利召开使国内外对中国经济发展的信心提升。所以不管从供给还是从需求,从发展动力还是从发展信心,从宏观到微观等各个方面来看,支持经济下一步继续保持稳中向好的条件和基础越来越稳固,我们有信心、有条件继续保持中国经济稳中向好的发展态势。

……

总的来看,国民经济稳中有进、稳中提质,稳中向好的态势持续发展,为更好地实现全年经济发展预期目标奠定了扎实基础。但也要看到,我国正处在转变发展方式、优化经济结构、转换增长动力的攻关期,经济发展不平衡不充分问题依然突出。下阶段,要以党的十九大精神为统领,以习近平新时代中国特色社会主义思想为指导,牢固树立"四个意识"和"四个自信",贯彻落实新发展理念,建设现代化经济体系,坚持质量第一、效益优先,以供给侧结构性改革为主线,深化创新驱动,推动质量变革、效率变革、动力变革,打好抓重点补短板强弱项攻坚战,努力实现更高质量、更有效率、更加公平、更可持续的发展。

(资料来源:http://www.gov.cn/xinwen/2017-11/14/content_5239574.htm#1。)

上述这个案例说明了统计综合分析的重要性。在前述统计设计、统计调查、统计整理、统计分析的基础上,对前面的这些工作做一个系统性、全面性、综合性的分析,是统计工作的最终阶段,也是体现统计成果的阶段。如何才能交出一份满意的答卷,给某项统计工作画上一个完满的句号?通过这一章的学习,我们就能很好地解决这个问题。

第一节　统计综合分析概述

一、统计综合分析的概念和意义

（一）统计综合分析的概念

统计是认识社会经济现象最常用的手段之一，它是一种认识活动，认识的根本任务在于认识事物的本质和规律性。然而，社会经济现象是非常复杂的，其存在和发展是以多种因素相互依存、相互制约、相互联系为条件的。如果只运用一种方法，仅从表面现象来认识，或者只从几个指标数值去寻找现象的规律性，往往会有失偏颇，就不能全面深入地认识事物。因此，经过统计调查、统计整理、简单的统计分析后，还必须进行统计综合分析。前面的章节当中，我们已经阐述了总量指标、相对指标和平均指标、抽样推断、假设检验、相关分析与回归分析、动态数列和指数等统计分析方法，但这些都只是从某一个方面阐述了某种统计分析的方法和应用，还没有全方位、多角度来阐述统计综合分析的方法和应用条件。本章将把前面的这些统计指标和分析方法联系起来，全面对社会经济现象进行统计综合分析。

统计综合分析是以客观统计资料为依据，运用定性与定量相结合的方法，对社会经济现象进行全面、系统、深入的分析和研究，从而揭示事物之间内在的联系，揭示事物的本质和规律性，并提出解决问题的一种统计综合分析方法。

（二）统计综合分析的意义

统计工作的全过程一般包括四个阶段：统计设计阶段、统计调查阶段、统计整理阶段和统计分析阶段。统计分析是统计工作的最后一个阶段，它是根据研究目的和统计设计的要求，以经过加工整理的大量统计资料为基础，利用综合指标和专门的分析方法，通过比较、判断、推理，对社会经济现象的本质规律及其发展前景，从数量方面做出说明的工作过程。统计综合分析是整个统计工作的一个重要阶段，是统计工作的最终环节，其好坏直接影响统计工作的质量。在统计实践中，只有开展统计综合分析，才能更好地发挥统计的作用，准确、及时地为各级党政领导客观决策和管理提供科学可行的、具有量化特点的咨询意见和对策建议。其具体表现在以下几个方面：

（1）为建立社会主义市场经济体制总目标服务，为各级领导和有关方面的公众提供有数据、有情况、有分析的资料。

（2）对宏观经济和微观经济的活动情况进行监测和预警，充分发挥统计的认识和监督作用。

（3）进行统计预测，为制订计划和规划，实行宏观调控，决定有关方针、政策，提供科学依据。

二、统计综合分析的种类

根据统计综合分析的任务和研究重点不同，统计综合分析有不同的分类，主要包括以下几种。

(一) 按统计分析在数量上的不同,可以分为绝对分析和相对分析

绝对分析是指对反映社会经济现象发展总规模或总水平的总量分析,在数量上表现为绝对数;相对分析也称相对数分析,它是利用两个相互联系的现象的比率来进行分析的,用以反映现象发展的速度、结构、强度、普遍程度或比例关系。本书第四章综合指标就是按这种方法来分析的。

(二) 按统计分析的时间不同,可以分为当期分析和预测分析

当期分析是指在一定时期内(月、季、半年、年)对生产活动情况进行的全面的分析;预测分析是在分析历史和现实的基础上,运用统计预测方法,对所研究事物的未来发展趋势做出的科学推理判断和定量预测。相对而言,预测分析有更为重要的意义。预测的目的是为增强预见性。预测分析的要求是赖以预测的基础数据要准确,进行预测计算上要定量分析与定性分析紧密结合,提出预测的分析结果具有置信区间和可信度。在进行预测分析的基础上,进行一定的决策分析,为实施正确决策提供参考依据。

(三) 按统计分析对象的范围不同,可以分为宏观分析和微观分析

宏观分析是指对整个国民经济或一个地区经济的全面系统的分析研究;微观分析是指对基层企业、基层单位和具体活动、具体某一类社会经济现象的分析研究。

(四) 按统计分析内容的范围不同,可以分为专题分析和综合分析

专题性分析主要是就社会经济现实状况某一方面或某一问题而进行的专题调查的研究分析。专题性分析的范围虽然可以是一个部门或综合部门,题目可大也可小,内容可多也可少。但是,一般都强调内容的专门性、形式的多样性、表达的灵活性和剖析的深刻性。这种分析一般不受时间和空间的限制,要求分析研究具有针对性,单刀直入,深刻解剖,摆观点、揭矛盾、提建议。这种分析最忌面面俱到,泛而不专。这种分析同其他分析比较,目标更集中,重点更突出,认识更深刻,是最常用的一种分析。

综合性分析主要是从多方位和一定过程的角度进行综合研究。其主要特点是全面性、系统性和综合性。例如,对微观企业的人、财、物,供、产、销运营情况进行综合评价;又如,宏观地将整个国民经济全局的发展速度、重要比例、经济效益,生产、分配、流通、消费与积累联系起来,进行分析研究等。此种分析的目的是对全局做出总评价,反映总变动趋势,从错综复杂的联系和发展中揭示存在的主要问题,找出原因,探寻对策。这种分析要求实事求是,正确总结,科学评价,切不可浮夸虚假。

(五) 按统计分析在时态上的不同,可以分为静态分析和动态分析

静态分析是指一定的社会经济现象在一定时点(时期)的规模、水平、对比关系、经济效益等方面所做的分析;动态分析是指对一定社会经济现象在不同时点、不同时期的发展变化情况所做的分析。

(六) 按统计分析在发展的历程角度不同,可以分为一般性进度分析和战略性进度分析

这主要是从事物发展的历程角度所进行的分析,如从生产进度、工程进度、工作进程等方面进行分析。进度性的分析分为一般性进度分析和战略性进度分析两种。前者主要是就各级领导关心和社会敏感性很强的问题进行分析;后者主要是就影响全局未来发展的、较大的趋势

性问题进行研究。进度性的分析要求有很强的时效性,它最忌讳"雨后送伞"。

三、统计综合分析的原则

统计综合分析要取得预期的效果,必须坚持三个原则。

(一) 实事求是的原则

实事求是统计分析的基础,准确是统计的生命。统计综合分析是用统计调查搜集的资料,经过统计整理的数据来作为立论的依据,只有依据客观、真实、准确的统计数据,才能做出符合客观实际的科学结论,才能对经济工作有指导作用。

(二) 定量分析与定性分析相结合的原则

统计是用大量的数字资料说明事物的规模、水平、结构、比例关系、差别程度、普遍程度、发展程度、平均水平、平均发展速度等,但统计综合分析并非单纯地数据罗列,而是将真实的数据与生动的具体情况相结合,定量分析与定性分析相结合,综合掌握事物的联系和变化过程,掌握事物量变的关键点、最佳度,综合深入探索事物变化、发展的根本原因,研究从量的变化引起质的变化的过程,才能真正把握事物的本质,揭示事物发展变化的规律,进而为解决问题提出可行的对策。

(三) 根据党和国家的方针、政策观察分析问题的原则

党和国家在各个不同时期都有具体的方针、政策,这些方针、政策是观察、分析社会经济问题的根本原则和指导思想。进行统计综合分析时只有结合时代特点,用历史唯物主义的观点去粗取精、去伪存真,才能做出准确的科学的分析结论。

四、统计综合分析的步骤

作为一种统计方法,统计综合分析根据分析任务以及所研究目的的不同,可以选取不同的形式。但无论何种形式的分析,其基本程序是相同的,一般来说,可以分成五个步骤。

(一) 确定统计分析目的并选定分析题目

在进行统计综合分析时,要根据统计分析的目的来选好题目。在选题方面,要正确处理好需要与可能的关系。具体可以从以下几个方面入手:
(1) 根据党和国家在各个时期的方针、政策及工作重点进行选择与确定。
(2) 根据社会各界关注的热点、焦点以及有争论的问题进行选择与确定。
(3) 根据社会经济发展与经济管理过程中出现的新情况、新问题进行选择与确定。
(4) 通过预计分析,对即将出现的问题进行选择与确定。

(二) 设计课题研究的内容

在题目选好之后,就要设计课题的内容。课题研究的内容设计一般包括以下几个方面:
(1) 课题研究的目的和要求。
(2) 课题研究的必要性与可行性。
(3) 课题研究的指导思想、理论、政策和法规依据。

(4) 课题研究的内容纲要,这是课题研究的核心内容。一个课题能否立项,主要看所选课题的研究内容设计是否有研究价值。

(5) 课题研究的组织实施步骤与方法。

(三) 收集与整理资料

在进行统计综合分析时,仅仅利用现成的数据资料往往是不够的,还需要根据实际情况,进行深入的调查研究,搜集一些典型的材料,掌握一些生动具体的实际情况,使得统计综合分析既有真实的数据资料,又有生动具体的实例。而且在整理汇总前要对资料进行认真的检查和审核,进行筛选、调整、换算、确保资料具有准确性、代表性和可比性,然后再经过整理和汇总,使资料条理化、系统化,从而为统计综合分析提供直接有效的数量依据,才能使统计综合分析的结论正确,解决问题的措施和办法有针对性和可操作性。

(四) 进行分析,得出结论

利用各种有效的分析方法进行系统、周密的统计分析,是综合统计分析的关键环节。统计综合分析的方法诸如分组法、综合指标法、时间数列法、指数法、抽样推断法、相关与回归分析法、预测估算法等等。这些方法中既有静态分析,又有动态分析;既有描述方法,又有推算方法;既有实际的剖析,又有预测分析。众所周知,方法是达到目的的手段,了解并掌握每种方法的作用、应用条件和实施过程,对于搞好统计综合分析十分重要。这些方法已在有关章节讲述了,这里无须再赘述。在实际运用过程中,必须掌握每种方法的作用、应用条件,并根据分析研究的目的和要求,结合实际,科学地选择方法,并加以综合利用。

(五) 撰写统计综合分析报告

这是统计综合分析的最后程序。分析报告是分析研究成果的集中表现。统计综合分析中,应根据研究目的和内容,采用灵活多样的形式来表现,以供有关方面使用或参考。一般来说,搞好统计分析关键是真实丰富的材料完整的内容和正确的观点,但恰当的表现形式也是统计分析发挥作用的重要方面。统计综合分析结果的表现形式有多种,其中分析报告是主要的。分析报告是写给别人看的,因而一定要认真考虑叙述的逻辑问题,写好分析报告。

第二节 统计综合分析方法

一、统计综合分析方法概述

统计的各种方法已在前面有关章节中阐述,这里从综合分析角度,从综合运用各种方法方面做一概述。统计综合分析的方法主要有比较法、解剖法、平衡分析法、经济景气监测预警分析法、综合评价法等。

(一) 比较法

比较法是指通过比较对照来说明与分析问题的一种统计分析方法,如静态比较、动态比较、相比比较、相差比较、单项比较、综合比较等等。

(二) 解剖法

解剖法是指对事物进行解剖,通过分解揭示事物的内在矛盾的一种统计分析方法。例如,在统计分析的实践中,统计分组法是一种使用最广泛,也是最直接有效的解剖现象的方法。例如,对某高校大一新生受挫后的排遣方式的调查研究,分为男生组和女生组,研究结果表明,男生受挫排遣的方式多为运动,而女生多为哭泣和倾诉。又如,指数法也是一种重要的解剖方法,它常在分组的基础上,通过指标对比来进一步分解并测定各构成因素的影响程度,包括测定结构变动的影响程度。

将解剖法与比较法有机结合运用,可以更直观、更透彻地对问题进行分解,从而能更充分地发挥统计分析的作用。

(三) 平衡分析法

平衡分析法是统计综合分析的一种重要方法,通过编制平衡表,进行平衡关系分析,可以系统地提供有关资料,反映国民经济从不平衡到平衡的发展过程。例如,货币均衡、财政收入与支出、国际收支平衡等等。平衡分析的一般方法有单项平衡分析、综合平衡分析和联系平衡分析。

(四) 经济景气监测预警分析法

经济景气监测预警分析法,是将一组敏感性指标所反映出来的关于当前经济系统运行状况的信息,通过类似于交通管制信号灯的标识发出信号,从而分析经济景气状态的一种分析方法。例如,红色,表示经济发展"过热";黄色,表示经济发展"稍热";绿色,表示经济发展很"稳定";浅蓝,表示经济在短期内有"转稳"或"萎缩"的可能;蓝色,表示经济处于"萎缩"或"萧条"状态,并给定每个灯区的分值,根据分值来起到监测预警的作用。

(五) 综合评价法

综合评价法是根据统计数据,结合各种定性材料,在一定认识的基础上,通过数量的比较、计算、研究与论证,对被评价对象做出明确的评定、判断与估价。综合评价的结果表现为排出名次顺序、分出等级、做出判断的结论等。例如,某高校财会专业16级学生2016—2017学年度综合测评排名表,就是根据16级财会专业的全体学生的德、智、体、美、劳的一个综合评价,是对每一个学生的综合评价进行排名次的一个统计表(如表10-1)。

表 10-1 某高校 16 级财会专业 2016—2017 学年度综合测评情况

名次	学 号	公共课是否≥70	专业课是否≥80	是否干部	是否补考	体育是否达标	是否获得奖项	是否违纪	第一学期测评成绩	第二学期测评成绩	学年度总成绩
1	201630224251	是	否	是	否	是	是	否	88.93	88.13	88.53
2	201630224229	是	否	是	否	是	是	否	90.72	86.33	88.52
3	201630224243	是	否	是	否	是	否	否	88.26	88.66	88.46
4	201630224149	是	否	是	否	是	否	否	91.14	84.14	87.64
5	201630224437	是	是	否	否	是	否	否	89.56	85.02	87.29
6	201630224129	是	否	是	否	是	否	否	90.75	83.16	86.96
7	201630224311	否	否	是	否	是	是	否	88.78	82.34	85.56
8	201630224255	是	否	是	否	是	否	否	87.6	82.49	85.05

续表

名次	学号	公共课是否≥70	专业课是否≥80	是否干部	是否补考	体育是否达标	是否获得奖项	是否违纪	第一学期测评成绩	第二学期测评成绩	学年度总成绩
9	201630224121	是	否	是	否	是	是	否	87.73	82.10	84.91
10	201630224147	是	否	否	否	是	是	否	89.39	79.81	84.60
11	201630224239	是	否	是	否	是	是	否	86.72	81.97	84.35
12	201630224228	是	否	是	否	是	是	否	80.52	87.61	84.06
13	201630224107	是	否	是	否	是	是	否	89.13	78.87	84.00
14	201630224145	是	否	否	否	是	是	否	86.35	81.41	83.88
15	201630224215	是	是	否	否	是	是	否	81.39	86.14	83.77
16	201630224413	是	否	是	否	是	否	否	88.61	78.53	83.57
17	201630224234	是	否	是	否	是	是	否	85.11	81.48	83.30
…	…										

本章我们主要介绍综合评价法，其他方法不再一一阐述。

二、统计综合评价

（一）统计综合评价的含义

评价是对事物的评定、判别和估价。综合评价法是利用社会经济现象总体的指标体系，结合各种定性材料，构建综合评价模型，通过数量的比较、计算求得综合评价值，对被评对象做出明确的评定和排序的一种统计分析方法。统计综合评价的结果表现为排出名次顺序，分出等级、做出判断的结论等。

统计综合评价的基本思想是将多个指标转化为一个能够反映综合情况的指标来进行评价，对所分析的现象总体有一个综合的认识，对不同地区或单位之间的综合评价结果进行比较和排序。

（二）统计综合评价的步骤

统计综合评价有各种各样不同的评价方法，虽然方法各异，但基本步骤与过程大致相同。

1. 明确评价目标

统计综合评价的目标决定了综合评价的指标体系及具体方法。在实际工作中，统计综合评价总要达到一个特定的目的或目标，如前所述，某学院学生的综合测评情况，目的就是要评出全年级中哪些是达到了德智体美劳全面发展的学生，综合测评的成绩和名次是评选优秀奖学金的依据。因此，对某一事物进行综合评价，首先要明确为什么要进行综合评价，评价事物的哪一面，评价的精确度要求是什么以及评价要说明什么问题等等。

2. 选择评价指标体系

选择的评价指标要有代表性，该指标数值的高与低对所评价的现象有重要的影响意义。确定评价指标体系时，要根据研究目的优选指标，并把握这些指标之间的关联性，建立一套能够从不同角度、不同侧面反映评价对象的指标体系。这是关系到综合评价是否客观的关键问题。

3. 选择合适的综合评价方法

综合评价方法的技术难点在于如何对不同计量单位的指标数据进行同度量处理,以及如何将各指标评价值折合成为总评价值。针对上述情况,我们在应用不同的方法进行综合评价时,要根据各种方法的特点和适用范畴,结合实际情况恰当地选择综合评价方法。

4. 确定评价指标的权重系数

每个所选的评价指标都反映某一方面的特征,但各指标在总目标评价中的重要程度不同。因此要根据各指标的重要程度,赋予不同的权重系数。通常,某项指标在总体评价中重要程度越高,权重系数越大;反之越小。但各指标的权重总和应等于1。

5. 选择合适的评价标准

评价标准选择得合适,就可以得到合理的评价结果;如果不合适,就不能得到合理的评价结果,甚至是错误的结论。因此,这一步骤很重要。通常,综合评价标准有时间评价标准、空间评价标准、历史评价标准、定额(计划)评价标准和经验评价标准等。

6. 合成总评价值

先将各指标的实际值转化为评价值,然后再合成为总评价值。

(三) 统计综合评价的主要方法

1. 关键指标法

关键指标法是选用一项指标作为"代表",对被评价对象进行评价。这种方法的优点是简单明了,重点突出;缺点是应用范围窄,应用局限性大。

2. 简易计分法

简易计分法是依据所评价现象的特点,选择若干指标,规定计分标准与计分方法,然后根据多项指标的实际数值,按规定方法计分,将所有指标计分后加总得出总分,依据总分做出评价,或排列名次,分出等级。其具体方法主要有名次计分法和去尾计分法。

名次计分法,是先将被评价对象列序排名,规定各名次得分,然后汇总得分。体育比赛单项的得分通常用这种方法。

去尾计分法,这一方法常常用到各项比赛中,在对选手进行主观打分时,为了减少人为主观因素的影响,将选手得分去掉极端分(最高和最低分),再加总或平均的方法。

3. 功效系数法

功效系数是指各评价指标的实际值占该指标允许范围的相对位置。功效系数法,即在进行综合评价时,先运用功效系数对各指标进行同度量化转换,然后采用算术平均数或几何平均数方法,对各项功效系数求总,作为总体的综合评价值加以比较判断。

4. 平均指数法

这种方法只适用于每一评价指标均为数量指标的具体情形,具体做法是:在选定总体指标体系的基础上,将每一评价指标的实际值与相对应的某种基准值进行比较,得到个体指标指数值;然后用事先确定好的各项指标的权数对所有个体指数进行加权平均,算出综合评价的平均指标。

平均指数法简单易操作,便于进行纵横向比较,但由于权数是人为主观确定的,因此,这种方法在应用时有较大的局限性。

5. 综合评价指数法

综合评价指数法是根据现象的特点和分析任务的要求,选择和确定评价指标及其权重,然后用加权平均法计算出实际值与标准值的比较指标。

综合评价指数法的具体步骤:

(1) 选择评价指标。

(2) 确定标准值,如计划数、去年同期数、先进水平值等。

(3) 确定指标体系中各指标的权数,以保证评价的科学性。(因为有一些情况是:某些指标被统计,但加权计算时不进行计算;或者由于权重过低,仅作为参考数据。)

(4) 将每个指标的实际值与标准值相比得出个体指数,根据前面指定的标准,结合权重,进行汇总计算。

(5) 根据评价指数的变化,总结变化规律,并由此得出结论。

需要指出的是,运用综合评价指数法,当指标是逆指标时,如消耗率、负担系数等,这时要转换为正指标才能合成计算,方法是取其倒数,再进行加权平均计算。

6. 综合评分法

这是一种最常用的综合评价方法。首先根据评价的目的及评价对象的特点选择若干指标组成评价指标体系,并确定各项指标的评分标准及打分方法,然后根据各项指标的实际数值按评分标准进行打分,将所有指标的分值相加得出总分,再与评价标准进行比较,做出全面评价,排出名次顺序或分出等级。

三、统计综合分析方法应用的基本指导思想

(一) 统计综合分析中多层次、多种方法的综合运用

这是指分析方法的多层性问题,它并非分析阶段所特有的,但在分析阶段,这个问题特别重要,必须正确认识和运用。

(1) 使用最高层次的哲学方法,即唯物辩证法。在统计分析阶段中它不仅直接发生作用,而且对于统计分析特有方法的选择、确定和使用起着指导作用。这就是说,统计分析必须在哲学方法指导下进行。

(2) 使用一般性的科学方法,如数学方法、社会调查研究方法、系统工程方法,等等。这些方法的结合运用会扩展统计综合分析的领域,保证统计综合分析的质量,提高统计综合分析的水平。

(3) 使用统计综合分析所特有的方法,即对于社会经济总体的数量方面的分析方法。统计综合分析方法的多层性,不是封闭的,而是开放的,只要有助于社会经济总体数量方面的分析,不论属于哪门科学,都可引用。

(二) 问题与方法的交错性

统计综合分析中所要研究的是统计综合分析的问题,如现状分析、历史分析、预测决策分析。分析所应用的手段,则是指分析的方法。问题与方法是交错的,一个问题可用多种方法来分析,一种方法可应用于多种问题的分析研究,在统计综合分析中,要善于运用多种方法,并使其结合进行综合分析。

(三) 统计综合分析中质与量的结合

统计综合分析中质与量的结合即定性与定量的结合,它贯穿于统计的全过程,但各个阶段各有侧重。统计工作中的统计设计阶段,是从定性到定量的过渡,即设计统计指标和统计分组的质的规定性和量化方法;统计整理阶段,是从采集的个体的数字资料中,整理出反映总体的数值,达到对总体现象的与定性相结合的定量认识;统计分析阶段,则是在取得大量统计资料的基础上,通过进一步的质与量相结合的分析,达到对事物更深刻的认识。

第三节 统计综合分析报告

一、统计综合分析报告的含义

统计综合分析报告是统计分析研究过程中所形成的论点、论据、结论的集中表现,它不同于一般的总结报告、议论文、叙述文和说明文,更不同于小说、诗歌和散文,它是根据统计学的原理和方法,运用大量统计数据来反映、研究和分析社会经济活动的现状、成因、本质和规律,并做出结论,提出解决问题办法的一种统计应用文体,是统计分析结果的最终形式。对统计分析报告概念的理解应注意以下四点:

(1) 统计分析是统计分析报告写作的前提和基础。要写好统计分析报告,必须首先做好统计分析。

(2) 统计分析报告要遵循统计学的基本原理和方法,主要是社会经济统计和数理统计的原理和方法等。

(3) 统计分析报告的基本特色是运用大量的统计数据。无论是通过研究去认识事物,或通过反映去表现事物,都是要运用统计数据。统计部门这一巨大的"数据库"为统计分析提供了丰富的资料来源,写统计分析报告应充分运用这个资源,而且要用好、用活。运用大量的统计数据,这是统计分析报告与其他文体最明显的区别。可以说,没有统计数字的运用,就不能成为统计分析报告。

(4) 作为一种文体,统计分析报告既要遵循一般文章写作的普遍规律和要求,同时,在写作格式、写作方法、数据运用等方面也有自身的特点和要求。

二、统计综合分析报告的特点

(一) 以统计数据为语言

统计分析报告以统计数据为主要语言,并辅之以统计表和统计图,来清晰明确地表述事物之间的各种复杂联系。一篇好的统计分析报告所使用的统计数据不是个别的、简单的、杂乱无章的,而应是相互联系的、反映事物深刻特征的、系统的统计数据。需要强调的是,这些统计数据应该是准确可靠的。如果统计资料的质量没有保证,势必会使统计分析偏离科学的轨迹,也会使统计分析报告建立在谬误的论据之上。

(二) 具有简明的表达方式和结构特点

统计分析报告属于说明文,它的基本表达方式是以事实来叙述,让数字来说话,在展开中议论,在议论中分析。因此,在表述时,不宜使用那些夸张、华丽、虚构、想象等文学手法。它要求用最少的文字来表达其丰富的内涵,做到言简意赅、精炼准确,并做到资料与基本观点相统一,论点和论据相一致。另外,从统计分析报告的结构上看,其特点突出表现为脉络清晰,层次分明。一般是先摆数据、事实,在进行各种科学分析的基础上,针对问题,亮出观点,最后提出建议、办法和措施。

(三) 分析方法的特殊性

统计分析报告除了使用哲学、数学等一般学科的分析方法外,主要使用统计分析方法,如分组分析、动态分析、相关分析、指数分析、平衡分析、回归分析等等。这些统计方法虽然属于定量分析方法,但与纯数学分析方法有明显区别。纯数学方法只是分析抽象的数量关系和空间形式。统计分析方法则是在具体的时间、地点和条件下研究事物的数量关系和数量界限,并在此基础上探讨质的规定性。这就形成了统计分析独特的研究领域和分析方法。

三、统计综合分析报告的作用

统计综合分析报告的作用,主要体现在六个方面。

(一) 衡量统计工作水平的综合标准

前面我们讲过统计分析报告是统计工作的最终成果。在一定意义上,也就是统计设计、统计调查、统计整理、统计分析与统计分析写作全部工作水平的综合。前面几个环节是统计的基础工作,统计分析写作才是得出成果的阶段。所以,统计分析报告的质量如何,也就反映了统计工作水平如何,这是一个非常重要的综合标准。另外,统计分析的结果虽可以用多种形式表达(如表格式、图形式、文章式等),但通常用得多的是统计分析报告形式,因此,统计分析报告也是表现统计成果的最好形式。

(二) 传播统计信息的有效工具

现代社会是信息的时代,信息已成为重要资源。统计信息又是社会信息的主体,而且是最全面、最稳定、较准确的信息。统计信息要通过载体传播,而统计分析报告是主要载体之一,适合于在报纸杂志上发表,传播条件比较简便,具有较大的信息覆盖面,是传播统计信息的有效工具。

(三) 党政领导决策的重要依据

现代社会经济管理必须科学决策,而科学的决策又必须依据准确、真实的统计数据。统计分析报告把原始资料信息加工成决策信息,它比一般的统计资料更能深入地反映客观现实,更便于党政领导和社会各界接受利用。因而,统计分析报告是党政领导决策的重要依据。

(四) 统计服务与统计监督的主要手段

统计分析报告把数据情况、问题、建议等融为一体,既有定量分析,又有定性分析,比一般的统计数据更集中、更系统、更鲜明、更生动地反映了客观实际,又便于人们阅读、理解和利用,是表现统计成果的好形式与传播统计信息的有效工具,自然也就成了统计服务与统计监督的主要手段。

(五) 增进社会了解,提高统计社会地位的主要窗口

由于历史的原因、体制的原因等,一般人缺乏统计知识,对统计不够了解,对统计工作不够

重视,认为"统计是三分统计,七分估计",统计工作只是加加减减,填个表而已,把统计置于可有可无的地位。要改变这种状况,一方面要加强统计宣传工作,扩大统计的影响,提高人们的认识;另一方面,则要提高统计工作水平,写好统计分析报告,做好统计服务和统计监督工作。提高统计工作的社会地位。

(六) 有利于促进统计工作自身的发展

统计分析报告的质量反映了统计工作的水平。在统计分析报告的写作过程中,能有效地检验统计工作各个环节的工作质量,发现问题及时改进,使统计工作得到改善、加强和提高。另外,经常撰写统计分析报告,能综合锻炼提高写作人员的素质,全面增强统计人员的才干。总之,写好统计分析报告十分重要,那种认为"统计报表是硬任务,统计分析是软任务"的说法,是完全错误的,是万万要不得的。

四、统计综合分析报告的原则

撰写统计综合分析报告,有别于其他的应用文写作,它一般应符合四个原则。

(一) 定量分析与定性分析相结合

统计综合分析报告必须以客观事物发生的数量资料作为评价的依据,通过对数量的界定、分析,在定量分析的基础上,得出定性的结论。前文已有阐述,这里不再赘述。

(二) 主题突出,结构严谨

主题即统计综合分析报告内容所表现出来的基本观点或中心思想,是全文的中心,它制约全局、规范总体,是分析报告的"纲"。主题力求做到准确、鲜明、集中。结构是统计综合分析报告的写作布局,是表现主题的手段。结构应服从、服务于主题,要严谨,又要避免公式化。

(三) 观点和材料统一

写作统计综合分析报告必须做到观点统帅材料,材料表明观点。只是堆砌材料而对观点没有关系,就不能很好地反映、表达事物的真实情况。这就要求在收集使用材料时,要有的放矢地进行筛选,特别是用数字、表格、图片来印证或得出观点、结论,材料必须准确可靠,能论证观点。

(四) 表达准确、简洁、通俗易懂

统计综合分析报告专业性和实用性都较强,语言表达应准确、简洁、通俗易懂。特别是一些专业性很强的分析报告,要恰当使用专业术语进行描述和评价。同时要善于用统计图表直观传达数据信息。

五、统计综合分析报告的标准

首先是在"质"的要求上。数据与文字有机融合,两者结合不好会造成顾此失彼。撰写统计分析报告时统计数据的选择与表述文字的组织不可马虎了事,必须反复优化,使之"质量上乘",极具说服力。具体要符合以下要求:第一,要准确,有真实性。采用的数据要准确可靠,否则一个不实的数据就会影响全篇的说服力。第二,要新颖,有时效性。从事统计分析要具有敏锐的眼光,善于及时捕捉最新的统计数据,并及时做出中肯的分析报告,为上级科学决策提

供有力的依据。第三,要典型,有代表性。写统计分析报告要精心选用最有代表性的统计数据,使之以一当十,反映出事物发展的规律;文字分析则要能一语破的,揭示出经济发展与社会生活的本质特征。

其次"量"的均衡。"量"的均衡指的是统计分析报告中数据与文字二者在用量上要适度。这是统计分析报告的编写中常常易被人忽视的问题。某些统计分析报告要么从头到尾全是统计数据的堆砌罗列,就数字论数字,脱离实际,既不生动又缺乏表现力;要么全是依赖主观判断,凭经验进行的文字描述,由于没有准确数据的支撑,缺乏说服力。因此,编撰统计分析报告一定要注意两者搭配的适度,不可顾此失彼。数据引用应控制在篇幅的 10%～30% 之间,分布也要均衡。作者援引统计数据,必须具备基本的统计知识和运用计算机处理复杂数据的能力,善于运用综合指标法、时间数列分析法、统计指数分析法、抽样推断法、相关与回归分析法等统计方法对原始数据做科学的处理分析,引用数据要与精要、中肯的文字分析有机结合,使之有理有据。

再次"序"的合理原则。统计分析报告在数据、文字"质"的优化与两者搭配"量"的均衡的基础上还须进一步讲究内在组织"序"的合理,才能实现"1＋1＞2"的最优系统效应。这里的"序"指的是数据与文字在文中的组织艺术,涉及的是统计分析报告的结构章法。其一般要求:一是结构正确反映客观事物的发展变化特点和内在联系;二是结构应服从、服务于主题的需要;三是结构力求程式化。

综上所述,统计分析报告数据与文字融合"质"的优化、"量"的均衡、"序"的合理是系统理论思想的具体体现,运用这些原则来解决统计分析报告中数据与文字搭配不当的突出矛盾,实现"质""量""序"的有机结合,提高写作的质量。

六、统计综合分析报告的基本模式和内容要求

统计综合分析报告的基本模式。一般包括基本情况、成绩和经验、存在的问题及成因、改进建议或措施。这一基本模式被广泛采用,但基本模式不等于唯一模式,在实际工作中,统计综合分析报告的模式应根据分析任务、内容和种类的差异,灵活地使用。

统计综合分析报告的内容要做到有数字、有情况、有分析、有问题、有建议;数字要准确、情况要清楚、分析要得当、问题要客观、建议要可行,并对正确贯彻党的方针政策起促进作用,对社会经济发展起促进作用。

七、统计综合分析报告的结构

所谓结构,就是文章的内部组织、内部构造,是对文章内容进行安排的形式。统计综合分析报告的结构,在过去有个约定俗成的格式,就是一情况、二问题、三建议这种三段式。还有一种就是:提出问题—分析问题—解决问题。这是最常见的也是经常用的两种格式。但统计分析报告的格式应该是多样化的,例如:有的统计分析报告是情况、问题、根源、预测、建议五个部分组成。有的是情况、问题、根源、建议四个部分组成。有的虽然也是三段式,但组成部分是情况、问题、根源或者是问题、根源、建议。还有的是两部分:情况、问题,或问题、根源,或问题、建议,或情况、建议。也有的则专门写情况,或专门写问题,或专门写建议。总之,统计分析报告

的结构应该不局限于三段式,应该是多种形式。

无论采用哪种形式,一份完整的统计综合分析报告一般由标题、摘要、正文、附件几部分组成。

(一)标题

标题是画龙点睛之笔。标题必须准确揭示调查报告的主题思想,做到题文相符,标题要简明扼要,高度概括,具有较强的吸引力。

标题的写作形式灵活多样,一般有直叙式标题、表明观点式标题、提出问题式标题三种形式。

(二)摘要

摘要是报告中的内容提要,主要包括调查目的、调查对象和调查内容、调查研究的方法、调查执行结果,以及主要结论、建议等方面的内容。

(三)正文

正文报告的主要部分。正文部分必须准确阐明全部有关证据,包括问题的提出、处理问题的途径、调研方案的设计、数据分析、调研结果、得出的结论等。一般由导语、主题、结语三部分组成。

(四)附件

附件是指报告中正文包含不了的或没有提及的,但与正文有关必须附加说明的部分。它是正文的补充或更详尽的说明,包括问卷、技术细节说明、原始资料、背景材料、统计输出部分结果显示等。

本章小结

统计综合分析是统计工作的最后一个阶段,是从定量分析到定性分析的一个过程的结论,是统计成果的最终体现。本章从统计综合分析概述、统计综合分析方法和统计综合分析报告三个方面进行阐述。

统计综合分析概述主要介绍统计综合分析的概念、意义、种类、原则和步骤。

统计综合分析方法介绍了五种常用方法,其中对统计综合评价方法的概念、种类、步骤等进行了详细的说明,并介绍了统计综合分析方法应用的基本指导思想。

统计综合分析报告是统计工作的最终阶段,统计综合分析报告的好坏直接影响到统计工作的成果。

思考题

1. 什么是统计综合分析?进行统计综合分析有哪些基本步骤?
2. 什么是统计综合评价?有哪几种统计综合评价方法?
3. 统计综合评价的一般步骤有哪些?
4. 撰写统计综合分析报告的原则有哪些?

5. 统计综合分析报告的标准有哪些？
6. 统计综合分析报告应该如何安排结构？

 **实践技能训练**

1. 随意抽取某高校某系两个班的学生，对连续三个月月生活费支出情况进行调查，要求写一份统计综合分析报告，反映当代大学生消费热点和消费观，研究学生学习生活需求，并对学生的消费观提出一些建设性的建议，让学生理性消费。

2. 某日用机械厂 2016 年、2017 年各项主要经济指标及相对应的国内同行业先进水平的指标资料如表 10-2 所示。

表 10-2

指 标	单 位	该企业水平		同行业
		2016 年	2017 年	先进水平
1. 成本利润率	%	12.95	18.65	19.42
2. 资金利润率	%	10.72	14.19	20.66
3. 人均利润	元/人	2 400	2 500	2 550
4. 产品销售率	%	96.83	91.26	98.32
5. 销售成本率	%	79.22	75.2	75.53
6. 优质产品率	%	70.6	75.02	78.1
7. 新产品产值率	%	3.43	21.57	34.04
8. 流动资金周转次数	次	3.7	3.52	5.24
9. 资产比率	%	1.9	1.8l	2.11
10. 支付能力系数	元/人	0.82	0.97	1.12
11. 全员劳动生产率	%	15 000	16 000	18 000
12. 生产能力利用率	%	92.32	95.08	98.02
13. 原材料利用率	标准煤吨	85.17	90.2	93.39
14. 万元产值综合能耗	元/百元	8	6	7
15. 资金产值率	%	110	115	115
16. 利润增长率（比上年）	%	24.01	23.74	37.96
17. 销售增长率（比上年）	%	11.41	11.03	27.55
18. 净产值增长率（比上年）	%	6.11	5.27	7.02
19. 品种更新换代率	%	5.15	4.27	6.24
20. 主要产品产量计划完成率	%	99.95	99.8	100
21. 上缴利税率	%	80.2	81.7	83.01

要求：根据表中资料，对该企业生产经营状况进行综合评价。

3. 某校根据制定的教师教学评价体系，请100名学生对某教师评分（百分法），所得结果的分级资料如表10-3所示。

表 10-3

评价指标	得票数					权　数
	100分	80分	60分	40分	20分	
教学态度	50	10	20	20	0	0.20
教学内容	45	25	10	15	5	0.25
教学方法	30	30	15	10	15	0.25
学生能力培养	35	20	25	10	10	0.30

要求：计算该教师的综合平均分。

附录 正态分布概率表

t	$F(t)$	t	$F(t)$	t	$F(t)$	t	$F(t)$
0.00	0.0000	0.41	0.3182	0.82	0.5878	1.23	0.7813
0.01	0.0080	0.42	0.3255	0.83	0.5935	1.24	0.7850
0.02	0.0160	0.43	0.3328	0.84	0.5991	1.25	0.7887
0.03	0.0239	0.44	0.3401	0.85	0.6047	1.26	0.7923
0.04	0.0319	0.45	0.3473	0.86	0.6102	1.27	0.7959
0.05	0.0399	0.46	0.3545	0.87	0.6157	1.28	0.7995
0.06	0.0478	0.47	0.3616	0.88	0.6211	1.29	0.8030
0.07	0.0558	0.48	0.3688	0.89	0.6265	1.30	0.8064
0.08	0.0638	0.49	0.3759	0.90	0.6319	1.31	0.8098
0.09	0.0717	0.50	0.3829	0.91	0.6372	1.32	0.8132
0.10	0.0797	0.51	0.3899	0.92	0.6424	1.33	0.8165
0.11	0.0876	0.52	0.3969	0.93	0.6476	1.34	0.8198
0.12	0.0955	0.53	0.4039	0.94	0.6528	1.35	0.8230
0.13	0.1034	0.54	0.4108	0.95	0.6579	1.36	0.8262
0.14	0.1113	0.55	0.4177	0.96	0.6629	1.37	0.8293
0.15	0.1192	0.56	0.4245	0.97	0.6680	1.38	0.8324
0.16	0.1271	0.57	0.4313	0.98	0.6729	1.39	0.8355
0.17	0.1350	0.58	0.4381	0.99	0.6778	1.40	0.8385
0.18	0.1428	0.59	0.4448	1.00	0.6827	1.41	0.8415
0.19	0.1507	0.60	0.4515	1.01	0.6875	1.42	0.8444
0.20	0.1585	0.61	0.4581	1.02	0.6923	1.43	0.8473
0.21	0.1663	0.62	0.4647	1.03	0.6970	1.44	0.8501
0.22	0.1741	0.63	0.4713	1.04	0.7017	1.45	0.8529
0.23	0.1819	0.64	0.4778	1.05	0.7063	1.46	0.8557
0.24	0.1897	0.65	0.4843	1.06	0.7109	1.47	0.8584
0.25	0.1974	0.66	0.4907	1.07	0.7154	1.48	0.8611
0.26	0.2051	0.67	0.4971	1.08	0.7199	1.49	0.8638
0.27	0.2128	0.68	0.5035	1.09	0.7243	1.50	0.8664
0.28	0.2205	0.69	0.5098	1.10	0.7287	1.51	0.8690
0.29	0.2282	0.70	0.5161	1.11	0.7330	1.52	0.8715
0.30	0.2358	0.71	0.5223	1.12	0.7373	1.53	0.8740
0.31	0.2434	0.72	0.5282	1.13	0.7415	1.54	0.8764

续　表

t	$F(t)$	t	$F(t)$	t	$F(t)$	t	$F(t)$	t	$F(t)$
0.32	0.2510	0.73	0.5346	1.14	0.7457	1.55	0.8789		
0.33	0.2586	0.74	0.5407	1.15	0.7499	1.56	0.8812		
0.34	0.2661	0.75	0.5467	1.16	0.7540	1.57	0.8836		
0.35	0.2737	0.76	0.5527	1.17	0.7580	1.58	0.8859		
0.36	0.2812	0.77	0.5587	1.18	0.7660	1.59	0.8882		
0.37	0.2886	0.78	0.5646	1.19	0.7680	1.60	0.8904		
0.38	0.2961	0.79	0.5705	1.20	0.7699	1.61	0.8926		
0.39	0.3035	0.80	0.5763	1.21	0.7737	1.62	0.8948		
0.40	0.3108	0.81	0.5821	1.22	0.7775	1.63	0.8969		
1.64	0.8990	1.88	0.9319	2.24	0.9749	2.72	0.9935		
1.65	0.9011	1.89	0.9412	2.26	0.9762	2.74	0.9939		
1.66	0.9031	1.90	0.9426	2.28	0.9774	2.76	0.9942		
1.67	0.9051	1.91	0.9439	2.30	0.9786	2.78	0.9946		
1.68	0.9070	1.92	0.9451	2.32	0.9797	2.80	0.9949		
1.69	0.9090	1.93	0.9464	2.34	0.9807	2.82	0.9952		
1.70	0.9109	1.94	0.9476	2.36	0.9817	2.84	0.9955		
1.71	0.9127	1.95	0.9488	2.38	0.9827	2.86	0.9958		
1.72	0.9146	1.96	0.9500	2.40	0.9836	2.88	0.9960		
1.73	0.9164	1.97	0.9512	2.42	0.9845	2.90	0.9962		
1.74	0.9181	1.98	0.9523	2.44	0.9853	2.92	0.9965		
1.75	0.9199	1.99	0.9534	2.46	0.9861	2.94	0.9967		
1.76	0.9226	2.00	0.9545	2.48	0.9869	2.96	0.9969		
1.77	0.9233	2.02	0.9566	2.50	0.9876	2.98	0.9971		
1.78	0.9249	2.04	0.9587	2.52	0.9883	3.00	0.9973		
1.79	0.9265	2.06	0.9606	2.54	0.9889	3.20	0.9986		
1.80	0.9281	2.08	0.9625	2.56	0.9895	3.40	0.9993		
1.81	0.9297	2.10	0.9643	2.58	0.9901	3.60	0.99968		
1.82	0.9312	2.12	0.9660	2.60	0.9907	3.80	0.99986		
1.83	0.9328	2.14	0.9676	2.62	0.9912	4.00	0.99994		
1.84	0.9342	2.16	0.9692	2.64	0.9917	4.50	0.999993		
1.85	0.9357	2.18	0.9707	2.66	0.9922	5.00	0.999999		
1.86	0.9371	2.20	0.9722	2.68	0.9926				
1.87	0.9385	2.22	0.9736	2.70	0.9931				

参考文献

[1] 李洁明,等.统计学原理[M].上海:复旦大学出版社,2007.
[2] 史书良.统计学原理[M].北京:清华大学出版社,2007.
[3] 杜家龙.统计学[M].北京:高等教育出版社,2007.
[4] 张慧卉,等.现代商务统计[M].2版.北京:清华大学出版社,2007.
[5] 何卫平.统计学[M].北京:北京交通大学出版社,2008.
[6] 袁卫,等.统计学[M].北京:高等教育出版社,2008.
[7] 王立杰.统计学原理[M].北京:清华大学出版社,2008.
[8] 戚德臣.统计基础[M].杭州:浙江大学出版社,2008.
[9] 胥学跃,等.统计学基础[M].北京:北京邮电大学出版社,2009.
[10] 曹尔黎.基础统计与应用[M].北京:清华大学出版社,2009.
[11] 邓红.统计学基础[M].北京:北京理工大学出版社,2009.
[12] 肖战峰.统计学基础[M].成都:西南财经大学出版社,2009.
[13] 张兆丰.统计学[M].北京:机械工业出版社,2010.
[14] 潘求丰,等.统计学[M].长春:东北师范大学出版社,2010.
[15] 陈全森.统计学[M].郑州:郑州大学出版社,2010.
[16] 李洁明,等.统计学原理[M].上海:复旦大学出版社,2010.
[17] 肖彦花.统计学[M].北京:北京邮电大学出版社,2011.
[18] 易晓文.统计学[M].上海:立信会计出版社,2011.
[19] 郑聪玲.统计[M].杭州:浙江大学出版社,2011.
[20] Roger Fentem. Statistics [M]. Collins Educational,2011.
[21] 胡卫中.应用统计实验[M].杭州:浙江大学出版社,2012.
[22] 杨杰,等.统计实务[M].北京:航空工业出版社,2012.
[23] 李航.统计学习方法[M].北京:清华大学出版社,2012.
[24] 林鸿,等.统计学[M].北京:中国农业出版社,2013.
[25] 祁士闯.统计基础[M].北京:清华大学出版社,2013.
[26] 吕亚君.统计学原理[M].南京:南京大学出版社,2013.
[27] 向蓉美,等.统计学[M].2版.重庆:西南财经大学出版社,2013.
[28] 程建华,等.统计学原理与应用[M].北京:人民邮电出版社,2013.
[29] 艾丽恩·玛格内利奥.统计学[M].北京:当代中国出版社,2014.
[30] 李慧云,等.统计学:经济与管理中的数据分析[M].北京:中国统计出版社,2014.
[31] 陈玉清,等.新编统计学基础与应用[M].南京:南京大学出版社,2014.
[32] 罗斐.统计学[M].北京:知识产权出版社,2014.

[33] 刘登辉,等.经济统计分析[M].南京:南京大学出版社,2014.
[34] 戴力农.设计调研[M].北京:电子工业出版社,2015.
[35] 邹显强.统计基础与应用[M].南京:南京大学出版社,2015.
[36] 曾五一,等.统计学导论[M].北京:科学出版社,2015.
[37] 朱艳,等.统计学原理[M].南京:南京大学出版社,2015.
[38] 陈英乾,等.统计学基础[M].南京:南京大学出版社,2015.
[39] 姜燕.统计基础与实务[M].南京:南京大学出版社,2015.
[40] 徐东云,等.统计学基础[M].北京:清华大学出版社,2016.
[41] 刘春英,等.应用统计[M].北京:清华大学出版社,2016.
[42] 王小毅,等.统计学基础[M].杭州:浙江工商大学出版社,2016.
[43] 何晓群.现代统计分析方法与应用[M].北京:中国人民大学出版社,2016.
[44] 夏剑锋,等.精编统计学原理[M].武汉:武汉理工大学出版社,2016.
[45] 汪朋.统计学原理、方法及应用[M].西安:西安交通大学出版社,2016.
[46] 戴维·穆尔,等.统计学的世界[M].北京:中信出版社,2017.
[47] 赵振伦.统计学[M].上海:立信会计出版社,2017.
[48] 戴维·莱文,等.商务统计学[M].北京:中国人民大学出版社,2017.
[49] 刘徐方.统计学[M].北京:电子工业出版社,2017.
[50] 诺琳·R.夏普,等.商务统计[M].北京:中国人民大学出版社,2017.
[51] 卢小广.统计学教程[M].3版.北京:北京交通大学出版社,2017.
[52] 冯冰,等.统计学原理[M].2版.北京:北京大学出版社,2017.
[53] 王娟.统计原理[M].北京:北京师范大学出版社,2017.
[54] 孙海涛.统计学[M].大连:东北财经大学出版社,2017.
[55] 秦春蓉,等.应用统计学基础[M].北京:清华大学出版社,2017.
[56] 道恩·格里菲思.深入浅出统计学[M].北京:电子工业出版社,2018.
[57] 贾俊平.统计学[M].7版.北京:中国人民大学出版社,2018.
[58] 韩兆洲.统计学原理[M].8版.广州:暨南大学出版社,2018.
[59] 李兆元,等.实用统计学方法[M].北京:科学出版社,2018.
[60] 罗伯特.A.商务统计学[M].北京:机械工业出版社,2018.
[61] 陈嗣成.新编统计学原理[M].7版.北京:首都经济贸易大学出版社,2018.
[62] 管于华.统计学[M].北京:高等教育出版社,2018.
[63] 罗洪群,等.新编统计学[M].3版.北京:清华大学出版社,2018.
[64] 郭海玲.统计实务[M].广州:暨南大学出版社,2018.
[65] 陈珍珍.统计学[M].6版.厦门:厦门大学出版社,2018.
[66] 王淑芬.应用统计学[M].3版.北京:北京大学出版社,2018.

目 录

第一章　统计概论 ·· 1

第二章　统计调查 ·· 6

第三章　统计整理 ·· 11

第四章　综合指标 ·· 18

第五章　抽样推断 ·· 29

第六章　假设检验 ·· 37

第七章　相关与回归分析 ·· 42

第八章　动态数列分析 ·· 51

第九章　指数分析 ·· 61

第十章　统计综合分析 ·· 70

第一章 统计概论

一、填空题

1. 统计工作和统计资料之间是_____的关系,统计学和统计工作之间是_____的关系。
2. 研究某企业的产品生产情况时,统计总体是_____,总体单位是_____。
3. 表示单位属性方面特征的标志是_____,而表示单位数量方面特征的标志是_____。
4. 统计指标由两项基本要素构成,即指标的_____和指标的_____。
5. 统计指标是一定社会经济范畴的具体表现,而且具有_____、_____和_____的特点。
6. 研究某市居民生活状况,该市全部居民便构成了_____,居民的收入是_____。
7. 某市职工人数普查中,该市全部职工人数是_____,每一个职工是_____。
8. 变量按其取值的连续性可分为_____和_____两种。
9. 离散变量的取值通常是以_____表现,连续变量的取值_____。
10. 统计指标按性质的不同分为_____和_____。

二、判断题

1. 社会经济统计的研究对象是社会经济现象总体的各个方面。（　　）
2. 统计调查过程中采用的大量观察法,是指必须对研究对象的所有单位进行调查。（　　）
3. 总体的同质性是指总体中的各个单位在所有标志上都相同。（　　）
4. 个人的工资水平和全部职工的工资水平,都可以称为统计指标。（　　）
5. 标志和指标是两个根本不同的概念,两者没有任何联系。（　　）
6. 品质标志表明单位属性方面的特征,其标志表现只能用文字表现,所以品质标志不能直接转化为统计指标。（　　）
7. 品质标志说明总体单位的属性特征,质量指标反映现象的相对水平或工作质量,二者都不能用数值表示。（　　）
8. 某一职工的文化程度在标志的分类上属于品质标志,职工的平均工资在指标的分类上属于质量指标。（　　）
9. 总体单位是标志的承担者,标志是依附于总体单位的。（　　）
10. 统计指标体系是由一系列相互联系的统计指标所组成的有机整体。（　　）

三、单选题

1. 统计的研究对象是（　　）。
   A. 抽象的数量特征和数量关系　　　　B. 现象的规律性
   C. 现象的数量特征和数量关系　　　　D. 统计认识过程的规律和方法
2. 构成统计总体的个别事物称为（　　）。
   A. 报告单位　　　B. 标志值　　　C. 品质标志　　　D. 总体单位
3. 对某城市工业企业未安装设备进行普查，总体单位是（　　）。
   A. 工业企业全部未安装设备　　　　B. 工业企业每一台未安装设备
   C. 每个工业企业的未安装设备　　　D. 每一个工业企业
4. 标志可分为品质标志和数量标志两种，因此（　　）。
   A. 标志值也有品质标志值和数量标志值两种
   B. 品质标志才有标志值
   C. 数量标志才有标志值
   D. 品质标志和数量标志都没有标志值
5. 总体的变异性是指（　　）。
   A. 总体之间有差异
   B. 总体单位之间在某一标志表现上有差异
   C. 总体随时间变化而变化
   D. 总体单位之间有差异
6. 工业企业的设备台数、产品产值是（　　）。
   A. 连续变量　　　　　　　　　　　B. 前者是连续变量，后者是离散变量
   C. 离散变量　　　　　　　　　　　D. 前者是离散变量，后者是连续变量
7. 几位学生的某门课成绩分别是 66 分、73 分、88 分、89 分、96 分，"学生成绩"是（　　）。
   A. 品质标志　　　B. 数量标志　　　C. 标志值　　　D. 数量指标
8. 某地"国内生产总值"这一统计指标属于（　　）。
   A. 质量指标　　　B. 数量指标　　　C. 相对指标　　　D. 平均指标
9. 下列指标中属于质量指标的是（　　）。
   A. 社会总产值　　　B. 产品合格率　　　C. 产品总成本　　　D. 人口总数
10. 指标是说明总体特征的，标志是说明总体单位特征的，（　　）。
    A. 标志和指标之间的关系是固定不变的　　B. 标志和指标之间的关系是可以变化的
    C. 标志和指标都是可以用数值表示的　　　D. 只有指标才可以用数值表示
11. 统计指标按性质的不同可以分为数量指标和质量指标两种，其中数量指标的表现形式是（　　）。
    A. 绝对数　　　B. 相对数　　　C. 平均数　　　D. 百分数
12. 离散变量可以（　　）。
    A. 被无限分割，无法——列举
    B. 按一定次序——列举，通常取整数
    C. 连续取值，既可用整数表示，也可用小数表示

D. 两个相邻整数变量值之间可能存在其他数值的变量
13. 下列各项中,(　　)属于连续型变量。
A. 人口数　　　　B. 企业个数　　　　C. 钢产量　　　　D. 设备台数
14. 下列各项指标中,(　　)是数量指标。
A. 全国人口数　　　　　　　　B. 人口的性别构成
C. 人口密度　　　　　　　　　D. 平均亩产量
15. 某高职学院某年级全部大学生的平均年龄为18.36岁,这是(　　)。
A. 数量标志　　　B. 品质标志　　　C. 数量指标　　　D. 质量指标

四、多选题

1. 国家统计系统的功能或统计的职能有(　　)。
A. 信息职能　　　B. 咨询职能　　　C. 监督职能　　　D. 决策职能
E. 协调职能
2. 统计研究运用的方法包括(　　)。
A. 大量观察法　　B. 统计分组法　　C. 综合指标法　　D. 统计模型法
E. 统计推断法
3. 统计学研究对象的特点可概括为(　　)。
A. 具体性　　　　B. 数量性　　　　C. 总体性　　　　D. 同质性
E. 社会性
4. 下列各项中属于品质标志的有(　　)。
A. 性别　　　　　B. 年龄　　　　　C. 职业　　　　　D. 民族
E. 工资
5. 在全国人口普查中(　　)。
A. 全国人口总数是统计总体　　　B. 男性是品质标志表现
C. 人的年龄是变量　　　　　　　D. 每一户是总体单位
E. 人口的平均年龄是统计指标
6. 在工业普查中(　　)。
A. 工业企业总数是统计总体　　　B. 每一个工业企业是总体单位
C. 固定资产总额是统计指标　　　D. 机器台数是连续变量
E. 职工人数是离散变量
7. 下列各项中,属于连续变量的有(　　)。
A. 厂房面积　　　B. 职工人数　　　C. 原材料消耗量　D. 设备数量
E. 产值
8. 下列各项中,属于连续型变量的有(　　)。
A. 基本建设投资额　B. 岛屿个数　　　C. 国民生产总值　D. 产值
E. 就业人口数
9. 下列各项中,属于统计指标的有(　　)。
A. 某年全国人均国内生产总值　　B. 某台机床使用年限
C. 某市年供水量　　　　　　　　D. 某地区原煤生产量

E. 某学员平均成绩
10. 下列统计指标中,属于质量指标的有(　　)。
A. 工资总额　　　　B. 单位产品成本　　　C. 出勤人数　　　　D. 人口密度
E. 合格品率

五、简答题

1. 统计的研究对象是什么?其特点有哪些?

2. 什么是统计总体和总体单位?并举例说明统计总体与总体单位的关系。

3. 什么是标志和指标?两者关系如何?

六、实践技能训练

1. 某市统计局拟对该市所有工业企业的生产经营情况进行调查,试指出此项调查的总体、总体单位、5个以上的标志和指标,并指出其中的品质标志、数量标志、变量、数量指标和质量指标。

2. 在班里组织一个8~10人的学习小组,自选课题、确定调查目的并展开统计调查,列出在此目的下的统计总体、总体单位,同时列出标志(包括品质标志、数量标志、不变标志、可变标志)与标志表现,变量(包括离散变量、连续变量),变量值,统计指标(包括数量指标、质量指标)等。

3. 查阅中国最新年份的国民经济和社会发展统计公报,分小组讨论。要求:
(1) 根据统计理论指出有关统计总体、总体单位、统计指标和标志;
(2) 根据资料中的统计指标,指出我国经济总体发展的数量规律;
(3) 指出公报使用了哪些统计研究方法;
(4) 要求结合生活实践谈谈对统计和统计学的认识。

第二章　统计调查

一、填空题

1. 统计调查的_____是保证统计资料质量的首要环节,是统计工作的生命。
2. 全面调查是指对总体中的_____,无一例外地进行登记或观察的调查方式。
3. _____是指对总体中的一部分单位进行登记或观察的调查方式。
4. _____一般是对机关团体和企事业单位,而不是对个人或个体单位调查,下级必须按规定准确、及时、全面地向上级提供统计资料,具有法律行政的强制性。
5. 在统计调查的某项调查中需要进行调查研究的社会现象总体,称为_____。
6. 在统计调查的某项调查中登记其具体特征的单位,称为_____,即调查项目的承担者。
7. 在统计调查中,一张调查表上只登记一个调查单位的表格,称为_____;一张调查表上登记若干个调查单位的表格,称为_____。
8. 在重点调查的调查对象中,具有举足轻重地位的那些单位,虽然它们在调查对象的全部单位中只是一小部分,但其标志总量在被研究总体的全部标志总量中占绝对大比重。这些单位一般称为_____。
9. 普查是根据统计的特定目的而专门组织的_____全面调查。
10. 抽样调查是按照_____,从总体中抽选一部分单位进行观察,并根据这一部分单位的调查资料,从_____推断总体指标的一种非全面调查。

二、判断题

1. 从人们认识的过程来看,统计调查属于理性认识阶段。　　　　　　　　(　　)
2. 统计调查是整个统计工作的基础环节。　　　　　　　　　　　　　　　(　　)
3. 全面调查和非全面调查是根据调查结果所取得的资料是否全面来划分的。(　　)
4. 在工业企业生产设备普查中,每个企业既是调查单位,又是报告单位。　(　　)
5. 在统计调查中,当调查项目较多时,一般采用单一表;调查项目较少时,一般采用一览表。　　　　　　　　　　　　　　　　　　　　　　　　　　　(　　)
6. 如果所要调查的是时期现象,在统计调查方案中则要明确规定统一的标准时点。　　　　　　　　　　　　　　　　　　　　　　　　　　　　　　　(　　)
7. 在重点调查中,一般地讲,选出的单位应尽可能少,而其标志值在总体标志总量中所占比重应尽可能大些。　　　　　　　　　　　　　　　　　　　(　　)
8. 典型调查是根据调查目的和要求,在对被研究总体做全面分析以后,随机地从中选择少数具有代表性的单位进行深入调查研究的一种非全面调查。　　　(　　)

9. 典型调查与抽样调查的根本区别是选择调查单位的方法不同。（   ）
10. 重点调查的资料能推断总体，抽样调查的资料不能推断总体。（   ）

三、单选题

1. 工业企业生产设备普查中，工业企业的每一台生产设备是（   ）。
   A. 调查对象   B. 调查单位
   C. 调查项目   D. 填报单位
2. 对某市商业企业职工的生活情况进行调查，调查对象是（   ）
   A. 该市全部商业企业   B. 该市商业企业的全部职工
   C. 该市每一个商业企业   D. 该市商业企业的每一个职工
3. 统计调查的调查时间主要是指（   ）。
   A. 调查资料所属的时间   B. 调查工作的整个时限（期限）
   C. 对调查单位的标志进行登记的时间   D. 以上三个方面的时间概念的总称
4. 对一批产品进行质量检验，最适宜采用的调查方式是（   ）。
   A. 全面调查   B. 抽样调查
   C. 典型调查   D. 重点调查
5. 统计调查按调查登记时间是否连续可分为（   ）。
   A. 统计报表和专门调查   B. 全面调查和非全面调查
   C. 经常性调查和一次性调查 D. 直接观察法、询问法
6. 单一表是指一张表登记（   ）。
   A. 一个总体情况调查表   B. 一个项目的调查表
   C. 一个调查单位的调查表   D. 多个调查单位的调查表
7. 当调查的对象比较集中，调查目的是了解基本情况时，宜采用（   ）。
   A. 重点调查   B. 典型调查
   C. 抽样调查   D. 普查
8. 填报单位是（   ）。
   A. 调查标志的承担者   B. 负责提交调查结果的单位
   C. 构成调查对象的每一个单位   D. 汇总单位
9. 对一部分农村家庭的收支状况通过询问的方式进行调查，这种调查方法属于（   ）。
   A. 直接观察法   B. 采访法
   C. 报告法   D. 问卷法
10. 对某企业职工工资进行普查，调查单位是（   ）。
    A. 某企业职工的工资   B. 某企业全体职工
    C. 每一个职工   D. 每一个职工的工作
11. 对全国产棉大省山东、河南、新疆、湖南等进行调查，这种调查方式是（   ）。
    A. 典型调查   B. 重点调查
    C. 抽样调查   D. 普查
12. 在全国国有企业固定资产普查中，全国每个国有企业是（   ）。
    A. 调查对象   B. 综合汇总单位

C. 调查单位 D. 填报单位

13. 下述调查中,不属于一次性调查的是（ ）。

A. 2000 年全国第五次人口普查

B. 某省对全省农民 2018 年收入情况进行调查

C. 某企业开展的广告信息反馈调查

D. 我国对大型骨干企业产品的产量的调查

14. 假设某市商业企业 2017 年的经济活动成果年报,报告时间规定在 2018 年 1 月 31 日,则调查期限是（ ）。

A. 一日 B. 一月 C. 一年 D. 一年零一个月

15 抽样调查与重点调查的主要区别是（ ）。

A. 作用不同 B. 组织方式不同

C. 灵活程度不同 D. 选取调查单位的方法不同

四、多选题

1. 为了更好地完成统计工作的任务,发挥统计调查的作用,在统计调查过程中,必须达到的基本要求包括（ ）。

A. 准确性 B. 及时性 C. 完整性 D. 实在性

E. 原则性

2. 普查是（ ）。

A. 专门组织的调查 B. 一次性调查 C. 经常性的调查 D. 全面调查

E. 非全面调查

3. 下列有关抽样调查的描述,正确的是（ ）。

A. 是一种非全面调查 B. 按随机原则抽取调查单位

C. 抽样误差可以计算和控制 D. 是一种定期进行的调查

E. 可推断总体

4. 在某企业设备调查中（ ）。

A. 某企业是调查对象 B. 每台设备是填报单位

C. 每台设备是调查单位 D. 某企业是填报单位

E. 企业所有设备是调查单位

5. 典型调查的作用主要表现在（ ）。

A. 可以弥补全面调查和其他非全面调查方式的不足

B. 可以用来研究新事物

C. 在一定条件下,可利用某资料,结合基本统计数字估计总体指标数值

D. 可以用来反映总体的标志总量

6. 下列调查方法中,属于直接搜集第一手统计资料的方法的有（ ）。

A. 直接观察法 B. 询问法 C. 实验法 D. 报告法

E. 文献法

7. 我国第六次人口普查规定的标准时间是 2010 年 11 月 1 日零时,下列情况不应计算人口数的有（ ）。

A. 2010 年 11 月 2 日出生的婴儿

B. 2010 年 10 月 29 日 21 时出生，11 月 1 日 8 时死亡的婴儿

C. 2010 年 10 月 29 日 23 时死亡的人

D. 2010 年 10 月 29 日 8 时出生，20 时死亡的婴儿

E. 2010 年 11 月 1 日 1 时死亡的人

8. 统计中，调查对象是指（　　）。

A. 调查登记的那些单位的总体

B. 应搜集其某种资料的那些社会现象的总体

C. 进行调查研究的那些对象

D. 统计标志承担者的全体

E. 负责向上级汇报统计资料的全体

9. 目前我国统计调查种类按组织方式划分主要有（　　）。

A. 经常性调查　　　B. 统计报表　　　C. 专门调查　　　D. 全面调查

E. 非全面调查

10. 统计报表是一种（　　）。

A. 全面调查　　　B. 经常性调查　　　C. 一次性调查　　　D. 快速调查方法

E. 按报告法搜集资料的方法

五、简答题

1. 简述统计调查方案的基本内容。

2. 简述普查和全面统计报表的异同。

3. 什么是抽样调查、重点调查和典型调查？它们有哪些异同？

六、实践技能训练

1. 为了做好大学生的困难补助与助学贷款工作，引导学生正确消费，学校拟对在校学生的生活消费进行一次调查。在班里组织一个 8～10 人的学习小组，根据本调查目的，为其设计一个初步的调查方案。

2. 现拟针对本校学生手机消费的现状和需求进行调查，弄清楚当前大学生在手机性能、款式、价格、服务等方面的消费特点，为手机生产厂商的新产品研发和营销策略的制订提供决策依据。（注意调查的内容是手机而不是手机卡，注意手机生产商和运营商的区别）。请针对上述目的，设计出调查方案和调查问卷。

3. 结合自己的调查经历，并搜集相关资料，说明所采用的主要的调查方法及问卷调查技术。

第三章 统计整理

一、填空题

1. 统计整理在统计分析中起着_____的作用,它既是统计调查的_____,又是统计分析的_____。
2. 统计整理的全过程包括对统计资料的审核、_____、汇总和_____四个环节。
3. 统计汇总的技术有_____和_____。
4. 统计表的结构从形式上看,是由_____、横行标题、_____和数字资料组成。
5. 组距数列中,各组上限和下限之间的中点数值称为_____,它反映了该组总体单位变量值的_____。
6. 根据分组标志的特征不同,统计总体可以按_____分组,也可以按_____分组。
7. 对所研究的总体按两个或两个以上的标志结合进行的分组,称为_____。
8. 如果分组标志是连续型变量,组限一般用_____式表达;如果分组标志是离散型变量,组限一般用_____式表达。
9. 钟形分布、_____分布和_____分布是次数分布的三种主要类型。
10. 统计表的种类可根据主词的结构来决定,按照主词是否分组和分组的程度,分为简单表、分组表和_____。

二、判断题

1. 离散型变量既可以编制单项式变量数列,也可以编制组距式变量数列;连续型变量只能编制组距式变量数列,且相邻组的组限必须重叠。 (   )
2. 对原始资料的审核主要包括资料的准确性、及时性和完整性三个方面的内容。(   )
3. 通过统计分组,使同一组内的各单位性质相同,不同组的单位性质相异。(   )
4. 某企业工人按看管机器设备台数分组形成一个单项式数列。 (   )
5. 开口式数列是指最大值只有上限没有下限,或者最小值只有下限没有上限。(   )
6. 分布数列就是变量数列。 (   )
7. 在编制变量数列时,如资料有特大或特小的极端值,则采用开口式分组较适宜。 (   )
8. 某公司将员工按文化程度分组而形成的数列是一个单项式分布数列。 (   )
9. 离散型变量只适合于单项式分组。 (   )
10. 变量数列中的开口式分组不能确定组中值。 (   )

三、单选题

1. 统计分组的结果表现为（   ）。
   A. 组内同质性,组间差异性   B. 组内差异性,组间同质性
   C. 组内同质性,组间同质性   D. 组内差异性,组间差异性
2. 下面属于按品质标志分组的有（   ）。
   A. 企业按职工人数分组   B. 企业按工业总产值分组
   C. 企业按经济类型分组   D. 企业按资金占用额分组
3. 下面属于按数量标志分组的有（   ）。
   A. 工人按政治面貌分组   B. 工人按年龄分组
   C. 工人按性质分组   D. 工人按民族分组
4. 变量数列中各组频率（以百分数表示）的总和应该（   ）。
   A. 大于 100%   B. 小于 100%
   C. 不等于 100%   D. 等于 100%
5. 工业企业按经济类型分组和资金利税率分组,（   ）。
   A. 都是按品质标志分组
   B. 都是按数量标志分组
   C. 前者按品质标志分组,后者按数量标志分组
   D. 前者按数量标志分组,后者按品质标志分组
6. 区分简单分组和复合分组的依据是（   ）。
   A. 分组组数的多少   B. 现象的复杂程度
   C. 分组标志的多少   D. 分组标志的多少与结构形式
7. 向上累计次数及频率是（   ）。
   A. 由变量值低的组向变量值高的组累计得出
   B. 由变量值高的组向变量值低的组累计得出
   C. 各组上限以下的累计次数或累计频率
   D. 各组下限以上的累计次数或累计频率
8. 某地工业系统将 50 家企业按总产值多少分组并编制分配数列,变量是（   ）。
   A. 总产值   B. 工业企业数   C. 各组的产值数   D. 各组企业数
9. 某学校学生先按年级分组,在此基础上,再按年龄分组,这种分组是（   ）。
   A. 简单分组   B. 复合分组   C. 分组体系   D. 再分组
10. 某小组 5 个学生的"统计学"考试成绩分别为 80 分、70 分、62 分、86 分和 76 分,这五个数字是（   ）。
    A. 标志   B. 标志值   C. 变量   D. 指标
11. 某连续变量,其末组为开口组,下限为 500,又知其邻组的组中值为 480,则其末组的组中值为（   ）。
    A. 490   B. 500   C. 510   D. 520
12. 对总体进行分组时,采用等距数列还是异距数列,决定于（   ）。
    A. 次数的多少   B. 变量的大小

C. 组数的多少 D. 现象的性质和研究的目的
13. 采用单项式分组与组距式分组，主要取决于（　　）。
A. 变量的类型 B. 变量变动的幅度
C. 统计研究的目的 D. 现象的属性特征
14. 下列有关变量数列的描述中，错误的是（　　）。
A. 各组频率大于 0 B. 各组频率大于 1
C. 总次数一定时，频数和频率成正比 D. 各组频率之和等于 1
15. 按年龄分组的人口死亡率表现为（　　）。
A. 钟型分布　　　B. 对称分布　　　C. J 型分布　　　D. U 型分布

四、多选题

1. 统计分组的主要作用有（　　）。
A. 说明总体单位的数量特征 B. 反映总体内部结构
C. 研究现象之间的依存关系 D. 划分现象的类型
E. 反映总体的基本情况
2. 在组距数列中，组中值是（　　）。
A. 上限和下限之间的中点数值
B. 用来代表各组标志值的平均水平
C. 在开放式分组中，可以参照相邻组的组距来确定
D. 划分现象的类型
E. 反映总体的基本情况
3. 对统计总体进行分组时，采用等距分组还是异距分组，取决于（　　）。
A. 现象的特点 B. 变量值的多少
C. 次数的大小 D. 统计研究的目的
E. 组数的多少
4. 统计整理的基本步骤是（　　）。
A. 确定整理的目的 B. 设计和编制整理方案
C. 对原始资料进行审核 D. 进行统计分组和汇总
E. 编制统计表，显示整理结果
5. 下列分组属于数量标志分组的有（　　）。
A. 按工龄分组 B. 按性别分组
C. 按工种分组 D. 按人数分组
E. 按平均工资分组
6. 常用的手工汇总方法有（　　）。
A. 划记法 B. 过录法
C. 折叠法 D. 卡片法
E. 制表法
7. 选择分组标志应遵循的原则有（　　）。
A. 要根据事物发展的规律选择分组标志

B. 选择最能体现事物本质特征的标志作为分组标志

C. 要根据研究目的和任务选择分组标志

D. 根据组内差异性选择分组标志

E. 根据现象的历史条件及经济条件来选择分组标志

8. 下列只能编制组距数列的有(　　)。

A. 家庭按拥有微型计算机数量分组　　B. 职工按月工资额分组

C. 商场按营业收入分组　　D. 学生按每周上网时间分组

E. 城市按年地区生产总值分组

9. 统计分组的关键是(　　)。

A. 正确地计算组距和组中值　　B. 正确地选择分组标志

C. 按数量标志分组　　D. 运用统计体系分组

E. 正确划分各组界限

10. 统计资料汇总前,审核的主要内容包括(　　)。

A. 资料的系统性　　B. 资料的广泛性

C. 资料的准确性　　D. 资料的及时性

E. 资料的完整性

五、简答题

1. 什么是统计整理,它有何意义?

2. 举例说明统计分组及其作用。

3. 举例说明次数分布的三种主要类型。

六、计算题

某地区 200 家企业的有关资料如下：
2 000 人以下的企业中全民企业 10 家，集体企业 5 家，合资企业 3 家；
2 000～3 000 人的企业中全民企业 20 家，集体企业 34 家，合资企业 4 家；
3 000～4 000 人的企业中全民企业 15 家，集体企业 15 家，合资企业 2 家；
4 000～5 000 人的企业中全民企业 20 家，集体企业 15 家，合资企业 1 家；
5 000～6 000 人的企业中全民企业 20 家，集体企业 10 家，合资企业 1 家；
6 000 人以上的企业中全民企业 15 家，集体企业 10 家，合资企业 0 家。
根据所给的资料编制统计表：
(1) 按品质标志分组编制简单分组表；
(2) 按数量标志分组编制变量数列；
(3) 设计复合表。

七、实践技能训练

1. 试通过对次级资料的收集,绘制 2010—2017 年我国国内生产总值(GDP)的曲线图(按当年价格计算,单位:亿元)。

2. 请你对本班全体同学上学期的《经济学基础》考试成绩进行统计整理,分析本班该课程的考试情况。

(1) 根据本班实际人数情况确定样本容量。

(2) 将该班学生分为不及格、及格、中、良、优五组,编制一张频数分配表。

其中学校规定:60 分以下为不及格,60~70 为及格,70~80 分为中,80~90 分为良,90 分以上为优。

3. 某公司所属 20 家企业某月工业增加值资料如下：

单位：亿元

企业编号	工业增加值	企业编号	工业增加值
A	46	K	24
B	68	L	78
C	118	M	92
D	33	N	57
E	79	O	40
F	50	P	60
G	89	Q	72
H	27	R	58
I	127	S	66
J	99	T	74

要求：进行汇总，编制组距数列。

第四章 综合指标

一、填空题

1. 总量指标按其反映的内容不同,可进一步细分为_____和_____。
2. 相对指标是由两个有联系的指标_____计算得到。
3. 相对指标的表现形式有两种:_____和_____。
4. 国民收入中消费额和积累额的比例为1:0.4,这是_____相对指标。
5. 居民人均收入和职工平均工资是两个不同的指标,前者是_____指标,后者是_____指标。
6. 平均指标用以反映总体的_____。
7. 权数对算术平均数的影响作用不仅决定于权数_____的大小,而决定于权数的_____的大小。
8. 当_____时,加权算术平均数等于简单算术平均数。
9. 中位数是位于变量数列_____的那个标志值,众数是在总体中出现次数_____的那个标志值。
10. 较常使用的变异指标有_____、_____、_____、_____。

二、判断题

1. 计划完成相对数的数值大于100%,就说明完成并超额完成了计划。（　　）
2. 算术平均数的大小,只受总体各单位标志值大小的影响。（　　）
3. 众数是总体中出现最多的次数。（　　）
4. 中位数和众数都属于平均数,因此它们数值的大小受到总体内各单位标志值大小的影响。（　　）
5. 权数对平均数的影响作用取决于各组次数在总体单位总量中的比重。（　　）
6. 将全部标志值分成两半,一半小于或等于中位数,一半大于或等于中位数。（　　）
7. 同一数列,同时计算平均差、标准差,二者必然相等。（　　）
8. 如果两个变量数列的标准差相同,则说明标志变异程度也相同。（　　）
9. 有8名研究生的年龄分别为21,24,28,22,26,24,22,20岁,则他们的年龄中位数为24。（　　）
10. 在离中趋势指标中,最容易受极端值影响的是极差。（　　）

三、单选题

1. 下列指标中属于总量指标的是(　　)。

A. 出勤率　　　　　B. 及格率　　　　　C. 人均粮食占有量　　D. 学生人数

2. 去年某商场自行车销售量为 8 000 辆,库存量年末比年初多 20 辆,这两个指标是（　　）。

A. 时点指标　　　　　　　　　　　B. 时期指标
C. 前者是时点指标,后者是时期指标　　D. 前者是时期指标,后者是时点指标

3. 某商场计划 4 月份销售利润比 3 月份提高 2%,实际却下降了 3%,则销售利润计划完成程度为（　　）。

A. 66.7%　　　　B. 95.1%　　　　C. 105.1%　　　　D. 99.0%

4. 计算结构相对指标时,总体各部分数值与总体数值对比求得的比重之和（　　）。

A. 小于 100%　　　　　　　　B. 大于 100%
C. 等于 100%　　　　　　　　D. 小于或大于 100%

5. 在出生婴儿中,男性占 53%,女性占 47%,这是（　　）。

A. 结构相对指标　　　　　　B. 强度相对指标
C. 比较相对指标　　　　　　D. 比例相对指标

6. 下列指标中属于时点指标的是（　　）。

A. 商品销售额　　B. 商品销售量　　C. 平均每人销售额　　D. 商品库存额

7. 甲、乙两组工人的平均日产量分别为 18 件和 15 件。若甲、乙两组工人的平均日产量不变,但是甲组工人数占两组工人总数的比重下降,则两组工人总平均日产量（　　）。

A. 上升　　　　　　　　　　B. 下降
C. 不变　　　　　　　　　　D. 可能上升,也可能下降

8. 如果你的业务是提供足球运动鞋的号码,那么,哪一种平均指标对你更有用?（　　）。

A. 算术平均数　　B. 调和平均数　　C. 中位数　　　　D. 众数

9. 某大学经济管理学院有 1 200 名学生,法学院有 800 名学生,医学院有 320 名学生,理学院有 200 名学生。在上面的描述中,众数是（　　）。

A. 1 200　　　　B. 经济管理学院　　C. 200　　　　D. 理学院

10. 设有如下资料:

每个工人看管机器台数（台）	4	5	6	7	8	9	合计
工人数（人）	20	25	35	30	15	5	130

则众数为（　　）。

A. 65　　　　　　B. 35　　　　　　C. 6　　　　　　D. 6.5

11. 两个总体平均数不等,但标准差相等,则有（　　）。

A. 两个平均数代表性相同　　　B. 平均数大代表性小
C. 平均数小代表性小　　　　　D. 无法进行正确判断

12. 当各个变量值的频数相等时,该变量的（　　）。

A. 众数不存在　　　　　　　B. 众数等于均值
C. 众数等于中位数　　　　　D. 众数等于最大的数据值

13. 离散系数的主要用途是（　　）。

A. 反映一组数据的离散程度　　B. 反映一组数据的平均水平

C. 比较多组数据的离散程度　　　　　　D. 比较多组数据的平均水平

14. 下列数列平均数都是 50,在平均数附近散布程度最小的数列是(　　)。
   A. 0　20　40　50　60　80　100　　B. 0　48　49　50　51　52　100
   C. 0　1　2　50　98　99　100　　　D. 0　47　49　50　51　53　100

15. 某市 2017 年农村人均收入和城市人均收入分别为 4 800 元和 10 060 元,标准差分别为 320 元和 780 元,则从人均收入的变异程度来说(　　)。
   A. 城市大　　　B. 一样大　　　C. 农村大　　　D. 不可比

四、多选题

1. 若中国大陆 GDP 平均每年增长 7.5%,到 2010 年可达到 22 000 亿美元,占全球比重 7.1%,人均 GDP 1 582 美元。该资料中用到的指标有(　　)。
   A. 绝对数　　　B. 动态相对数　　　C. 比较相对数　　　D. 强度相对数
   E. 结构相对数

2. 某商场销售电视机,2017 年共销售 6 000 台,年底库存 80 台,这两个指标(　　)。
   A. 都是时期数　　　　　　　　　　B. 都是时点数
   C. 都是绝对数　　　　　　　　　　D. 前者是时点数,后者是时期数
   E. 前者是时期数,后者是时点数

3. 时期指标的特点是(　　)。
   A. 不同时期的指标可以累计
   B. 不同时期的指标不可以累计
   C. 其数值的大小与其说明的时期长短相关
   D. 其数值的大小与其说明的时期长短无关
   E. 只有 A 和 C 是正确的

4. 下面属于结构相对数的有(　　)。
   A. 人口出生率　　　B. 产值利润率　　　C. 恩格尔系数　　　D. 男性比重
   E. 升学率

5. 在各种平均数中,不受极端值影响的平均数是(　　)。
   A. 算术平均数　　　B. 调和平均数　　　C. 中位数　　　D. 几何平均数
   E. 众数

6. 在什么条件下,加权算术平均数等于简单算术平均数(　　)。
   A. 各组次数相等　　　　　　　　　B. 各组标志值不等
   C. 变量数列为组距变量数列　　　　D. 各组次数都为 1
   E. 各组次数占总次数的比重相等

7. 变量数列中,各组变量值与频数的关系是(　　)。
   A. 各组变量值作用的大小由各组频数的多少反映
   B. 各组变量值作用的大小由各组变量值的大小反映
   C. 频数越大的变量值对总体一般水平的影响也越大
   D. 频数越大的变量值对总体一般水平的影响越小
   E. 频数越大,变量值也越大

8. 不同数据组间各标志值的差异程度可以通过标准差系数进行比较,因为标准差系数( )。
   A. 消除了不同数据组各标志值的计量单位的影响
   B. 消除了不同数列平均水平高低的影响
   C. 消除了各标志值差异的影响
   D. 数值的大小与数列的差异水平无关
   E. 数值的大小与数列的平均数大小无关
9. 平均指标与标志变异指标的关系是( )。
   A. 平均指标是对总体各单位标志值一般水平的测度,代表程度取决于标志变异指标的大小
   B. 标志变异指标越大,平均指标代表性越小
   C. 标志变异指标越小,平均指标代表性越好
   D. 平均指标和标志变异指标分别反映同一总体的集中趋势和离散趋势
   E. 两者无关系
10. 下列说法( )是正确的?
    A. 应该用均值来分析和描述地区间工资水平
    B. 宜用众数来描述流行的服装颜色
    C. 考试成绩中位数的含义是有一半考生的成绩超过此数
    D. 在数据组高度偏态时,宜用中位数而不是用众数来作为平均数
    E. 一般常用算术平均法来计算年平均增长率

五、简答题

1. 举例说明时期指标与时点指标的特点及其区别。

2. 强度相对指标与平均指标有哪些区别?

3. 算术平均数、众数、中位数各用于什么场合？

六、计算题

1. 我国2018年某高校招生及在校生资料如下：

单位：万人

学　校	招生人数	比上年增招人数	在校生人数
普通高校	268	48	719
成人高等学校	196	40	456

要求：
(1) 分别计算各类高校招生人数的动态相对数；
(2) 计算普通高校与成人高校招生人数比；
(3) 计算成人高校在校生数量占所有高校在校生数量的比重。

2. 某班组工人工资资料见下表,请计算其平均工资。

月工资/元	工人数/人
500	3
600	5
700	2
合计	10

3. 工厂某车间 20 个工人年龄分组资料如下表所示,计算该车间工人的平均年龄。

年龄(周岁)	比重(%)
20	20
25	50
31	25
45	5
合计	100

4. 某班学生统计学考试成绩的资料如下：

成绩(分)	学生人数(人)
60 以下	6
60～70	22
70～80	26
80～90	21
90～100	4
合计	79

试根据所给资料计算学生的平均成绩。

5. 某厂三个车间一季度生产情况如下：

第一车间实际产量为 190 件，完成计划 95%；第二车间实际产量 250 件，完成计划 100%；第三车间实际产量 609 件，完成计划 105%，三个车间产品产量的平均计划完成程度为：$\frac{95\% + 100\% + 105\%}{3} = 100\%$。

另外，一车间产品单位成本为 18 元/件，二车间产品单位成本 12 元/件，三车间产品单位成本 15 元/件，则三个车间平均单位成本为：$\frac{18 + 12 + 15}{3} = 15$ 元/件。

以上平均指标的计算是否正确？如不正确请说明理由并改正。

6. 2018年6月甲、乙两农贸市场某农产品价格和成交量、成交额资料如下：

品种	价格(元/斤)	甲市场成交额(万元)	乙市场成交量(万斤)
甲	1.2	1.2	2
乙	1.4	2.8	1
丙	1.5	1.5	1
合计	—	5.5	4

试问哪一个市场农产品的平均价格高？并说明原因。

7. 对成年组和幼儿组共500人身高资料分组，分组资料列表如下：

成年组		幼儿组	
按身高分组(cm)	人数(人)	按身高分组(cm)	人数(人)
150～155	30	70～75	20
155～160	120	75～80	80
160～165	90	80～85	40
165～170	40	85～90	30
170以上	20	90以上	30
合计	300	合计	200

要求：
(1) 分别计算成年组和幼儿组身高的平均数、标准差和标准差系数。
(2) 说明成年组和幼儿组平均身高的代表性哪个大？为什么？

8. 假如你是定时器的购买者,定时器在新道路爆破中用来起爆炸药。你必须在两个供应者之间选择,分别用 A 和 B 表示。在各自的说明书中,你发现由 A 出售的导火线引爆的平均时间为 30 秒,其标准差为 0.5 秒;而由 B 出售的导火线引爆的平均时间为 30 秒,其标准差为 6 秒。请你做出选择,并说明原因。

七、实践技能训练

1. 查阅广州统计信息网里的"2018 年上半年广州市经济运行情况"的报告,讨论报告中所提到的经济指标,分别属于哪一类综合指标?这些经济指标所表达的意义是什么?

2. 请阅读下面材料：

1994年1月6日，山西日报的两位记者撰文《平均数掩盖贫困户》。文章反映，在一个户人均收入声称达千元的村里，71%的户人均纯收入不到500元，其中不到350元温饱线的占32%。作者提出，平均数之所以高，是因为村里有6户个体建筑大户的人均收入在3万元以上。1994年3月4日，中国信息报记者撰文："根据调查测算，1993年我国农民人均纯收入的平均线已向千元大关冲刺，达921.4元，比上年增长137.4元，增长17.5%。值得注意的是，收入水平达此线的只有11个省份，占38%，这一百分数比去年下降了三个百分点。这表明，农民人均收入的平均线并不代表大多数农民的收入水平。"又如中国经济时报2002年3月1日的《质疑"人均"统计数字》一文中报道说，中国房地产协会会长杨慎谈到，"15年来，我国一直用'人均居住面积'来反映居民的住房水平，这一指标是很不科学的。当官的、有钱的永远住的都是大房子，有的别墅售楼广告牌标明200到400平方米，把那些官人和富人阶层的住房面积平均到普通老百姓的头上，这能算得上居民住房水平提高吗？"

以上材料中提到的情况用算术平均数来量度合适吗？请结合上述资料谈谈您对平均数代表性的理解？

3. 投资的收益与风险分析。

在正常的市场环境经济下,投资的高收益总是伴随着高风险的。所以,投资理财专家总是提醒人们:不仅要看到收益率的高低,还要注意风险的大小。投资人在做出将资本用于哪类投资的决策时,理解这一点极其必要。具有不同风险承受能力的投资人,往往有不同的投资决策。

有的研究者为了比较不同类型投资基金的收益率水平并说明收益率高低与风险大小的关系,收集了30只投资基金某年的收益率数据,其中偏债券型投资基金8只,中间型和偏股票型投资基金各有11只,它们的收益率数据如表所示。

30只投资基金某年的收益率表

偏债券型	中间型	偏股票型
6.3	10.8	13.9
6.0	6.9	18.7
5.2	9.8	5.1
8.1	7.2	−1.8
7.5	11.5	9.6
3.9	2.3	8.4
4.8	4.1	7.6
5.9	8.7	12.0
	7.4	10.5
	7.3	14.3
	8.1	11.4

资料来源:《统计学基础》,罗洪群等,清华大学出版社。

问题:

(1) 三种类型投资基金的收益率的高低应该用什么指标来反映?试计算有关指标的数值?

(2) 各种类型投资基金的风险大小又该如何度量?并比较各类基金收益率的波动大小?

(3) 根据上述指标的计算结果可以得到什么结论?对于一个稳健型的投资者,应建议其倾向于购买哪一类投资基金?为什么?

第五章 抽样推断

一、填空题

1. 在抽样调查中,由研究对象的全部单位构成的集合体称为_____;从总体中抽取出来的一部分单位组成的整体称为_____。
2. _____是反映总体数量特征的综合指标。_____是反映样本数量特征的综合指标。
3. 一个样本所包含的单位数目称为_____,用____表示。从总体中所有可能抽取到的样本总数称为_____。
4. 抽样调查中,抽取样本的方法有_____和_____。
5. 常用的抽样组织方式有_____、_____、_____、_____、_____五种。
6. 抽样推断的抽样误差是_____与_____之差。
7. 影响抽样误差大小的因素主要有:总体各单位标志值的变异程度、_____、_____和抽样的组织形式。
8. 总体参数估计的方法有_____和_____两种。
9. 抽样调查的区间估计必须具备三个要素:_____、_____和_____。
10. 影响样本单位数的因素主要有_____、_____、_____、_____及_____。

二、判断题

1. 在抽样推断中,总体和样本都是确定的、唯一的。（　　）
2. 抽样误差是由于抽样的偶然因素而产生的误差,这种误差既可以避免,也可以控制其大小。（　　）
3. 人们可以有意识地控制抽样误差的大小,因为可以调整总体方差。（　　）
4. 样本平均数的标准差或样本成数的标准差是衡量抽样误差一般水平的尺度。（　　）
5. 不知道总体方差或标准差时无法计算抽样平均误差。（　　）
6. 相同条件下,重复抽样误差大于不重复抽样误差。（　　）
7. 在一定条件下,抽样准确度要求高,则可靠性低。（　　）
8. 抽样平均误差总是小于抽样极限误差。（　　）
9. 点估计就是以样本指标的实际值直接作为相应总体指标的估计值。（　　）
10. 抽样推断中,样本指标与总体指标都是随机变量。（　　）

三、单选题

1. 抽样调查的主要目的是(　　)。

A. 用样本指标来推算总体指标　　　　　B. 对调查单位做深入研究
C. 计算和控制抽样误差　　　　　　　　D. 广泛运用数学方法

2. 抽样推断所必须遵循的基本原则是（　　）。
A. 准确性原则　　　　　　　　　　　　B. 随机性原则
C. 可靠性原则　　　　　　　　　　　　D. 灵活性原则

3. 在其他条件不变的情况下，重复抽样的误差（　　）不重复抽样的误差。
A. 大于　　　　B. 小于　　　　C. 等于　　　　D. 不一定

4. 抽样误差是指（　　）。
A. 调查中所产生的登记性误差　　　　　B. 调查中所产生的系统性误差
C. 随机抽样产生的代表性误差　　　　　D. 由于违反了随机原则而产生的误差

5. 假定10亿人口的大国和100万人口的小国的居民年龄差异相同，现各自用重复抽样方法抽取本国1%的人口来推断平均年龄，则平均误差（　　）。
A. 两者相同　　　　　　　　　　　　　B. 大国比小国大
C. 小国比大国大　　　　　　　　　　　D. 无法比较

6. 反映样本指标与总体指标之间抽样误差的最大允许范围的指标是（　　）。
A. 抽样平均误差　　　　　　　　　　　B. 抽样极限误差
C. 抽样误差　　　　　　　　　　　　　D. 概率度

7. 在一定的抽样平均误差条件下（　　）。
A. 扩大抽样极限误差范围，可以提高推断的可靠程度
B. 扩大抽样极限误差范围，会降低推断的可靠程度
C. 缩小抽样极限误差范围，可以提高推断的可靠程度
D. 缩小抽样极限误差范围，不改变推断的可靠程度

8. 在其他条件不变的情况下，提高抽样估计的可靠程度，其精确度将（　　）。
A. 保持不变　　B. 随之扩大　　C. 随之缩小　　D. 无法确定

9. 在其他条件不变的情况下，若重复抽样的样本单位数扩大为原来的4倍，则抽样平均误差为（　　）。
A. 原来的二倍　　　　　　　　　　　　B. 原来的四倍
C. 原来的二分之一　　　　　　　　　　D. 原来的四分之一

10. 连续生产的电子管厂，在一天中，每隔10分钟抽取1件产品进行质量检验，这是（　　）。
A. 简单随机抽样　　B. 类型抽样　　C. 等距抽样　　D. 整群抽样

11. 抽样推断中的（　　）能表明样本指标与总体指标的误差不超过一定范围的概率大小。
A. 置信度　　　　B. 准确度　　　　C. 误差范围　　　　D. 极限误差

12. 某校在校生为12 000人，据抽样调查，有20%的学生常在校外用餐，若平均每人月餐费支出为350元，用点估计推算，该校食堂每月餐费毛收入为（　　）。
A. 336万元　　　B. 84万元　　　C. 420万元　　　D. 无法确定

13. 在其他条件不变的情况下，重复抽样所需样本单位数比不重复抽样（　　）。
A. 多　　　　　B. 少　　　　　C. 相等　　　　D. 无法确定

14. 在抽样平均误差一定时,概率度值越大( )。
   A. 抽样极限误差越小　　　　　　　B. 推断的准确性越高
   C. 估计区间越小,总体指标落入　　　D. 估计区间的可能性越大
15. 在抽样推断中,样本单位数( )。
   A. 越少越好　　B. 越多越好　　C. 应当适度　　D. 可多可少

四、多选题

1. 重复抽样的特点是( )。
   A. 总体各单位在每次抽样中的中选机会相同
   B. 总体各单位在每次抽样中的中选机会不相同
   C. 所得到的样本个数比不重复抽样少
   D. 每次抽样时,总体单位数保持不变
   E. 总体各单位可以被重复抽中
2. 抽样估计中的抽样误差( )。
   A. 是不可避免要产生的　　　　　　B. 是可以通过改进调查方法来消除的
   C. 是可以事先计算出来的　　　　　D. 只有在调查结束之后才能计算
   E. 其大小是可以控制的
3. 从一个总体中可以抽取许多个样本,所以( )。
   A. 样本指标值不是唯一确定的　　　B. 样本指标值是用来估计总体指标值的
   C. 总体指标是随机变量　　　　　　D. 样本指标是随机变量
   E. 样本指标称为统计量
4. 从总体中抽取样本单位的方法有( )。
   A. 简单随机抽样　　　　　　　　　B. 类型抽样
   C. 重复抽样　　　　　　　　　　　D. 不重复抽样
   E. 等距抽样
5. 要提高抽样推断的精确度,可采用的方法是( )。
   A. 增加样本单位数　　　　　　　　B. 减少样本单位数
   C. 采用重复抽样　　　　　　　　　D. 采用不重复抽样
   E. 采用类型抽样
6. 总体参数的区间估计必须同时具备的三个要素是( )。
   A. 样本单位数　　　　　　　　　　B. 样本指标,即相应总体指标的估计值
   C. 抽样误差范围　　　　　　　　　D. 概率保证程度
   E. 抽样平均误差
7. 总体单位数较多,总体变异程度较大时,宜采用( )抽样组织方式。
   A. 简单随机抽样　　　　　　　　　B. 类型抽样
   C. 有关标志的等距抽样　　　　　　D. 无关标志的等距抽样
   E. 整群抽样
8. 影响置信区间大小的主要因素有( )。
   A. 样本平均数或成数　　　　　　　B. 总体平均数或成数

C. 样本方差或标准差　　　　　　　　D. 抽样平均误差

E. 概率度

9. 当其他条件相同时,在重复抽样条件下,样本单位数的多少(　　)。

A. 与总体方差的大小成正比　　　　　B. 与概率度的大小成反比

C. 与概率度的平方成正比　　　　　　D. 与极限误差的平方成反比

E. 与不同的抽样方法有关

10. 对概率度的说法正确的有(　　)。

A. 就是概率保证程度

B. 是以抽样平均误差为单位的极限误差

C. 是样本指标与总体指标的绝对误差范围

D. 表示抽样极限误差是抽样平均误差的多少倍

E. 是表明抽样估计可靠程度的一个参数

五、简答题

1. 为什么要确定适度的样本容量?

2. 影响抽样误差大小的因素有哪些?

3. 如何进行区间估计?

六、计算题

1. 工商部门对某大型超市经销的小包装休闲食品进行重量合格抽查,规定每包重量不低于 70 克,从 2 000 包中抽取 1% 进行检验,结果见下表。

某超小包装休闲食品重量抽样资料

按重量分组(克/包)	包数(包)
66～68	2
68～70	6
70～72	6
72～74	4
74～76	2

试以 95.45% 的概率保证程度:
(1) 估计这批食品的平均每包重量的区间范围,以确定其是否符合规定要求;
(2) 若每包食品重量低于 70 克为不合格,求合格率的区间范围。

2. 一个电视节目主持人想了解观众对某个电视专题节目的喜欢情况,他选取了 500 个观众作样本,结果发现喜欢该节目的有 175 人。试以 95% 的概率保证程度估计观众喜欢这一专题节目的比率的区间范围。若该节目主持人希望估计的极限误差不超过 5%,问有多大把握程度?

3. 从某大学 5 000 名学生中,随机抽取 2%,调查每人每月看电影的次数,所得的分配数列见下表。

学生看电影次数资料

看电影次数(次/人)	学生数占总数的比重(%)
0～2	8
2～4	22
4～6	40
6～8	25
8～10	5

试以 95.45% 的概率保证程度:
(1) 估计该大学平均每人每月看电影的次数的区间;
(2) 确定每月看电影在 4 次以上的学生所占比重的区间。

4. 从某厂生产的一批灯泡中按重复方法随机抽取 100 只灯泡,检查结果是:100 只灯泡的平均使用寿命为 1 000 小时,标准差为 15 小时。

要求:
(1) 试以 95.45% 的概率保证程度推断该批灯泡平均使用寿命的区间。
(2) 假定其他条件不变,如果将抽样极限误差减少 1/2,应抽取多少只灯泡进行检查?

5. 假定某统计总体有 5 000 个总体单位,其被研究标志的方差为 400,若要求抽样极限误差不超过 3,概率保证程度为 95.45%,试问采用不重复抽样应抽取多少样本单位?

6. 某调查部门对一批机械零件合格率进行调查。根据过去的资料,合格率曾有过 99%、97% 和 95% 三种情况,现在要求误差不超过 1%,要求估计的把握程度为 95%,问需抽查多少个零件?

7. 某地区成年男子身高呈正态分布,又知身高平均值为 173 cm,标准差为 10 cm。
(1) 若抽查 20 人,有多大可能这 20 人的平均身高在 168～178 cm 之间;
(2) 如果再进行一次成年男子身高的抽样调查,要求以 95.45% 的把握程度保证允许误差不超过 3 cm,则需抽查多少人?
(3) 如果要求允许误差减少 1/2,把握程度不变,需抽查多少人?
(4) 如果概率保证程度也要求提高为 99.73%,需抽查多少人?

七、实践技能训练

1. 根据抽样推断原理,把学院两个年级按等比例随机抽取 100 名同学进行实际调查,依据调查结果,在 95.45% 的概率保证程度,推断学院大学生的日常消费水平(月生活费用)。

2. 从经管系会计专业同学中按随机原则抽取 50 名同学进行调查,求得早上爱睡觉、第一节课经常迟到人数的成数,试以 95.45% 的概率估计经管系早上爱睡觉、第一节课经常迟到的大学生的可能范围。

3. 从你所在城市某一工厂中按随机原则抽取 100 件产品进行质量检测,求出合格率。试以 99.73% 的概率,估计全部产品合格率的范围,并求全部不合格品的可能范围。

第六章　假设检验

一、填空题

1. 假设检验是利用_____的实际资料来检验事先对某些数量特征所做的假设是否可信的一种统计分析方法。
2. 统计假设检验的目的在于判断原假设的总体和现在实际的总体是否发生了_____。
3. 在假设检验过程中,可以依据显著性水平的大小,把概率分布划分为两个区间:小于给定概率区间称为_____区间,大于这个标准则为_____区间。
4. 假设一般包括两部分,即_____和_____。
5. 统计假设检验根据所确定的问题性质不同,可分为_____和_____两种类型。
6. 当实际的 t 值大于临界值时,有理由拒绝接受_____,而接受_____假设。
7. 统计假设检验中可能出现的两类错误判断是_____和_____。
8. 符号检验是建立在以"＋"或"－"两个差数符号表示_____和_____之间的关系基础上。
9. 进行假设检验时,若总体分布形式已知,可采用_____检验;若总体分布形式未知,可采用_____检验。
10. 假设检验的基本程序为_____,_____,_____,_____和_____。

二、判断题

1. 假设检验是统计推断的一项重要内容。（　）
2. 当要检验样本平均数和总体平均数,或样本成数与总体成数是否存在显著差异时,要采用单侧检验。（　）
3. 如果所要检验的是样本所取自的总体参数是否小于某个特定值,应采用右单侧检验。（　）
4. 总体成数的检验方法与总体平均数的检验方法基本相同,二者的检验方法都是基于正态分布。（　）
5. 在假设检验中,当接受了未知的不真实状态,把假的当作真的接受了,称为纳伪错误。（　）
6. 在样本容量不变的情况下,想要同时减少两类错误是不可能的。（　）
7. 非参数统计检验,是指对总体分布不做任何限制性假设的统计检验方法。（　）
8. 秩和检验是用来处理成对资料,即用于配对样本场合的。（　）
9. α 叫作假设检验的显著性水平,假设检验又称显著性检验。（　）

10. 非参数检验是对总体分布不做任何限制性假设的统计检验方法。因此,在任何情况下,非参数检验中都无须应用分布原理。( )

三、单选题

1. 企业推广一项新工艺,企业管理者关心的是产品质量是否显著提高,采用的假设检验方法是( )。
   A. 双侧检验   B. 单侧检验   C. 右单侧检验   D. 左单侧检验
2. 在双侧检验中,给定显著性水平,其临界值为( )。
   A. $\pm t_\alpha$ B. t_α C. $-t_\alpha$ D. $\pm t_{\frac{\alpha}{2}}$
3. 已知总体服从正态分布,$H_0: M=M_0$;样本方差已知,则 M_0 的否定域为( )。
   A. $t \leqslant -t_\alpha$ B. $t \geqslant -t_\alpha$ C. $t \geqslant -t_{\frac{\alpha}{2}}$ D. $|t| \leqslant t_{\frac{\alpha}{2}}$
4. 在双侧检验中,如果实际的 $-t$ 值小于或等于临界值 $-t_{\frac{\alpha}{2}}$,则( )。
   A. 拒绝原假设   B. 接受原假设   C. 拒绝备择假设   D. 不能确定
5. 弃真错误是( )。
   A. 否定了不真实的原假设   B. 否定了真实的原假设
   C. 接受了不真实的原假设   D. 接受了真实的原假设
6. 检验两个独立的样本是否来自具有相同位置特征的总体时,应采用( )。
   A. 双侧检验   B. 单侧检验   C. 符号检验   D. 秩和检验
7. 符号检验属于( )的一种。
   A. 参数检验   B. 非参数检验   C. 单侧检验   D. 秩和检验
8. 从统计量出发,对总体某些特性的"假设"做出拒绝或接受的判断的过程称为( )。
   A. 参数估计   B. 统计推断   C. 区间估计   D. 假设检验
9. 假设检验的概率依据是( )。
   A. 小概率原理   B. 最大似然原理   C. 大数定理   D. 中心极限定理
10. 设总体 $X \sim N(\mu, \sigma^2)$,σ^2 未知,$x_1, x_2, x_3, \cdots, x_n$ 为来自总体 X 样本观测值,现对 μ 进行假设检验。若在显著水平 $\alpha=0.05$ 下接受了 $H_0: \mu=\mu_0$,则当显著性水平改为 $\alpha=0.01$ 时,则下列说法正确的是( )。
    A. 必接受 H_0
    B. 必拒绝 H_0
    C. 可能接受也可能拒绝 H_0
    D. 犯第二类错误的概率必减少
11. 设总体 $X \sim N(\mu, \sigma^2)$,μ 未知,$x_1, x_2, x_3, \cdots, x_n$ 为来自总体 X 样本观测值,记 $\bar{x}$ 为样本均值,s^2 为样本方差,对假设检验 $H_0: \sigma \geqslant 2, H_1: \sigma < 2$ 应取检验统计量 x^2 为( )。
    A. $\dfrac{(n-1)s^2}{8}$ B. $\dfrac{(n-1)s^2}{6}$
    C. $\dfrac{(n-1)s^2}{4}$ D. $\dfrac{(n-1)s^2}{2}$
12. 在假设检验中,H_0 表示原假设,H_1 表示备择假设,则犯第一类错误的情况为( )。
    A. H_1 真,接受 H_1 B. H_1 不真,接受 H_1
    C. H_1 真,拒绝 H_1 D. H_1 不真,拒绝 H_1
13. 设总体 $X \sim N(\mu, \sigma^2)$,σ^2 未知,$x_1, x_2, x_3, \cdots, x_n$ 为来自总体 X 样本观测值,记 $\bar{x}$ 为样

本均值，s 为样本标准差，对假设检验 $H_0:\mu\geq\mu_0$，$H_1:\mu<\mu_0$ 取检验统计量 $t=\dfrac{\bar{x}-\mu}{s}\sqrt{n}$，则在显著性水平 α 下拒绝域为（   ）。

A. $\{|t|>t_{\frac{\alpha}{2}}(n-1)\}$ B. $\{|t|\leq t_{\frac{\alpha}{2}}(n-1)\}$

C. $\{t>t_{\frac{\alpha}{2}}(n-1)\}$ D. $\{t<t_{\frac{\alpha}{2}}(n-1)\}$

14. 设总体 $X\sim N(\mu,\sigma^2)$，σ^2 已知，$X_1,X_2,X_3,\cdots,X_n$ 为来自总体 X 的样本，检验假设 $H_0:\mu=\mu_0$，$H_1:\mu=\mu_1>\mu_0$ 则当检验水平为 α 时犯第二类错误的概率为（   ）。

A. $\Phi\left[\dfrac{\mu_0-\mu_1}{\sigma_0/\sqrt{n}}+z_\alpha\right]$ B. $\Phi\left[\dfrac{\mu_0-\mu_1}{\sigma_0/\sqrt{n}}+z_{\alpha/2}\right]$

C. $1-\Phi\left[\dfrac{\mu_0-\mu_1}{\sigma_0/\sqrt{n}}+z_\alpha\right]$ D. $\Phi\left[\dfrac{\mu_1-\mu_0}{\sigma_0/\sqrt{n}}+z_\alpha\right]$

15. 假设职工用于上下班路途的时间服从正态分布，经抽样调查得知，这一时间为 1.2 小时。调查人员根据以往的调查经验，认为这一时间与往年没有多大变化。为了证实这一看法，需采用的假设检验方法为（   ）。

A. 双侧检验 B. 单侧检验 C. 左单侧检验 D. 右单侧检验

四、简答题

1. 什么是显著性水平？

2. 什么是第一类错误？什么是第二类错误？它们的重要性是否相同？

3. 简述假设检验的基本程序？

五、计算题

1. 完成生产线上某件工作的平均时间不少于 15.5 分钟，标准差为 3 分钟。对随机抽选的 9 名职工讲授一种新方法，训练期结束后这 9 名职工完成此件工作的平均时间为 13.5 分钟。这个结果是否提供了充分的证据，说明用新方法效率更高？设 $\alpha=0.05$，假设完成这件工作的时间服从正态分布，且新方法与老方法所需时间的标准差相同。

2. 某汽车轮胎厂声称，该厂一等品轮胎的平均寿命在一定的重量和正常行驶条件下至少为 25 000 公里。对一个由 12 个轮胎组成的样本进行试验，得到的平均值和标准差分别为 24 000 公里和 2 500 公里。试问这组试验数据是否提供了充分的证据来否定厂家所说的标准？假定轮胎寿命近似服从正态分布，取 $\alpha=0.05$。

3. 某公司负责人发现开出去的发票有大量笔误，而且断定错误的发票占 20% 以上。现随机抽取 400 张检查，发现错误的发票有 100 张，即占 25%。试问这是否足以证明负责人的判断正确（$\alpha=0.01$）？

六、实践技能训练

1. 机器包装食盐,每袋净重量 X(单位:g)服从正态分布,规定每袋净重量为 500 g,标准差不能超过 10 g。某天开工后,为检验机器工作是否正常,从包装好的食盐中随机抽取 9 袋,测得其净重量为:

$$497 \quad 507 \quad 510 \quad 475 \quad 484 \quad 488 \quad 524 \quad 491 \quad 515$$

以显著性水平 $\alpha=0.05$ 检验这天包装机工作是否正常?

2. 在 20 世纪 70 年代后期人们发现,酿造啤酒时,在麦芽干燥过程中形成一种致癌物质亚硝基二甲胺(NDMA)。到了 80 年代初期开发了一种新的麦芽干燥过程,下面是新、老两种过程中形成的 NDMA 含量的抽样(以 10 亿份中的份数记):

老过程	6	4	5	5	6	5	5	6	4	6	7	4
新过程	2	1	2	2	1	0	3	2	1	0	1	3

设新、老两种过程中形成的 NDMA 含量服从正态分布,且方差相等。分别以 μ_x、μ_y 记老、新过程的总体均值,取显著性水平 $\alpha=0.05$,检验 $H_0:\mu_x-\mu_y\leqslant 2$,$H_1:\mu_x-\mu_y>2$。

3. 从某厂生产的产品中随机抽取 200 件样品进行质量检验,发现有 9 件不合格品,问是否可以认为该厂产品的不合格率不大于 3%?(取显著性水平 $\alpha=0.05$)

第七章 相关与回归分析

一、填空题

1. 在现象之间的依存关系中,可以区分为_____关系和_____关系。
2. 社会经济现象之间客观存在的、不确定的依存关系称为_____。
3. 现象之间的相关关系按相关的程度分为_____相关、_____相关和_____相关;按相关的方向分为_____相关和_____相关;按相关的形态分为_____相关和_____相关。
4. 当 $r>0$ 时,表明 x 和 y 为_____;当 $r<0$ 时,表明 x 和 y 为_____。
5. 在简单线性回归方程中,参数 a 在数学上称为_____;参数 b 在数学上称为_____,在统计上称为_____。
6. 统计上一般按_____法来确定回归方程中的参数。
7. 用来说明线性回归方程代表性大小的统计分析指标叫作_____。
8. 若按影响因素的多少划分,相关关系分为_____相关和_____相关。
9. 当变量 x 值增加,变量 y 值也增加,这是_____相关关系;当变量 x 值减少,变量 y 值也减少,这是_____相关关系。
10. 相关系数绝对值的大小反映相关的_____,相关系数的正负反映相关的_____。

二、判断题

1. 负相关指的是因素标志与结果标志的数量变动方向是下降的。( )
2. 回归系数和相关系数都可以用来判断现象之间相关的密切程度。( )
3. 相关系数是测定变量之间相关密切程度的唯一方法。( )
4. 只有当相关系数接近于 $+1$ 时,才能说明两变量之间存在高度相关关系。( )
5. 完全相关即是函数关系,其相关系数为 ± 1。( )
6. 若变量 x 的值减少时变量 y 的值也随之减少,说明变量之间存在正相关关系。( )
7. 回归系数 b 和相关系数 r 都可用来判断现象之间相关的密切程度。( )
8. 估计标准误指的就是实际值 y 与估计值的平均误差程度。( )
9. 若估计标准误越大,则回归方程的代表性越大。( )
10. 在任何相关条件下,都可以用相关系数说明变量之间相关的密切程度。( )

三、单选题

1. 在商品价格不变的情况下,销售额和销售量之间存在着( )。
   A. 相关关系   B. 函数关系   C. 回归关系   D. 随机关系

2. 当某一自变量按一定的数量变化时,因变量也随之变化,这表明变量之间存在(　　)。
A. 线性相关　　B. 非线性相关　　C. 单相关　　D. 复相关
3. 当自变量的数值确定后,因变量的数值也随之完全确定,这种关系属于(　　)。
A. 相关关系　　B. 函数关系　　C. 回归关系　　D. 无关
4. 通过相关系数的计算,可说明(　　)。
A. 线性相关还是非线性相关　　B. 变量之间的因果数量关系
C. 变量之间的相互依存关系　　D. 相关关系的性质和密切程度
5. 能够测定变量之间相关关系密切程度的主要方法是(　　)
A. 相关表　　B. 相关图　　C. 相关系数　　D. 定性分析
6. 相关系数的取值范围是(　　)。
A. $0 \leqslant r \leqslant 1$　　B. $-1 \leqslant r \leqslant 1$　　C. $r \leqslant 0$　　D. $-1 \leqslant r \leqslant 0$
7. 当所有的观察值都落在直线 $y=a+bx$ 上时,则 x 与 y 之间的相关系数为(　　)。
A. $r=0$　　B. $|r|=1$　　C. $-1<r<1$　　D. $0<r<1$
8. 变量之间的相关程度越低,则相关系数的数值(　　)。
A. 越小　　B. 越接近于 0　　C. 越接近于 -1　　D. 越接近于 1
9. 回归分析中的两个变量(　　)。
A. 都是随机变量　　B. 关系是对等的
C. 都是给定的量　　D. 一个是给定量,一个是随机变量
10. 某地区人均收入(元)与商品销售额(万元)的回归方程为:$y_c=-25+0.8x$,这意味着人均收入每增加 1 元,商品销售额平均(　　)万元。
A. 增加 0.8　　B. 增加 25　　C. 减少 0.8　　D. 减少 25
11. 估计标准误差说明回归直线的代表性,因此(　　)。
A. 估计标准误差数值越大,说明回归直线的代表性越大
B. 估计标准误差数值越大,说明回归直线的代表性越小
C. 估计标准误差数值越小,说明回归直线的代表性越小
D. 估计标准误数差与回归直线的代表性没有直接关系
12. 下面现象间的关系属于相关关系的是(　　)。
A. 圆的周长和它的半径之间的关系
B. 价格不变条件下,商品销售额与销售量之间的关系
C. 家庭收入增多,其消费支出也有增长的趋势
D. 正方形面积和它的边长之间的关系
13. 若物价上涨,商品的需求量相应减少,则物价与商品需求量之间的关系为(　　)。
A. 不相关　　B. 负相关　　C. 正相关　　D. 复相关
14. 配合回归直线方程对资料的要求是(　　)。
A. 因变量是给定的数值,自变量是随机的　　B. 自变量是给定的数值,因变量是随机的
C. 自变量和因变量都是随机的　　D. 自变量和因变量都不是随机的
15. 在回归直线方程 $y_c=a+bx$ 中,b 表示(　　)。
A. 当 x 增加一个单位时,y 增加 a 的数量　　B. 当 y 增加一个单位时,x 增加 b 的数量
C. 当 x 增加一个单位时,y 的平均增加量　　D. 当 y 增加一个单位时,x 的平均增加量

四、多选题

1. 下列属于正相关现象的是(   )。
   A. 家庭收入越多,其消费支出也越多
   B. 某产品产量随工人劳动生产率的提高而增加
   C. 流通费用率随商品销售额的增加而减少
   D. 生产单位产品所耗工时随劳动生产率的提高而减少
   E. 产品产量随生产用固定资产价值的减少而减少

2. 下列属于负相关现象的是(   )。
   A. 商品流转的规模越大,流通水平越低
   B. 流通费用率随商品销售额的增加而减少
   C. 国民收入随投资额的增加而增长
   D. 生产单位产品所耗工时随劳动生产率的提高而减少
   E. 某产品产量随工人劳动生产率提高而增加

3. 测定现象之间有无相关关系的方法是(   )。
   A. 定性分析   B. 编制相关表   C. 绘制相关图   D. 计算估计标准误差
   E. 计算相关系数

4. 计算相关系数时,(   )。
   A. 相关的两个变量都是随机变量
   B. 相关的两个变量是对等的关系
   C. 相关的两个变量一个是随机变量,一个是可控变量
   D. 相关系数有正负号,可判断相关的方向
   E. 可以计算出自变量和因变量两个相关系数

5. 配合回归直线方程是为了(   )。
   A. 确定变量之间的变动关系   B. 确定变量之间的密切程度
   C. 用因变量推算自变量   D. 用自变量推算因变量
   E. 两个变量相互推算

6. 设产品的单位成本(元/百件)对产量(百件)的直线回归方程为 $y_c = 76 - 1.85x$,这表示(   )。
   A. 产量每增加 100 件,单位成本平均下降 1.85 元
   B. 产量每减少 100 件,单位成本平均下降 1.85 元
   C. 产量与单位成本按相反方向变动
   D. 产量与单位成本按相同方向变动
   E. 当产量为 200 件时,单位成本为 72.3 元

7. 某企业工人工资(元)对利润(千元)的回归方程为 $y_c = 10 + 70x$,这意味着(   )。
   A. 利润等于 1 000 元,则工资平均提高 80 元
   B. 利润等于 1 000 元,则工资为 80 元
   C. 利润每增加 1 000 元,则工资平均增加 10 元
   D. 利润每增加 1 000 元,则工资平均增加 70 元

E. 当工资为 80 元时,利润为 1 000 元

8. 估计标准误差是反映( )。
A. 回归方程代表性大小的指标
B. 估计值与实际值平均误差程度的指标
C. 自变量与因变量离差程度的指标
D. 因变量估计值的可靠程度的指标
E. 回归方程实用价值大小的指标

9. 在直线回归方程 $y_c = a + bx$ 中( )。
A. 必须确定自变量和因变量,即自变量是给定的,因变量是随机的
B. 回归系数既可以是正值,也可以是负值
C. 一个回归方程既可以由自变量推算因变量的估计值,也可以由因变量的值计算自变量的值
D. 两个变量都是随机的
E. 两个变量存在线性相关关系,而且相关程度显著

10. 直线回归方程 $y_c = a + bx$ 中的 b 称为回归系数,回归系数的作用是( )。
A. 可确定两变量之间因果的数量关系
B. 可确定两变量的相关方向
C. 可确定两变量相关的密切程度
D. 可确定因变量的实际值与估计值的变异程度
E. 可确定当自变量增加一个单位时,因变量的平均增加量

五、简答题

1. 试述相关分析与回归分析的主要内容,并说明两者间的主要关系。

2. 简述回归分析的主要特点。

3. 运用相关分析与回归分析应注意哪些问题？

六、计算题

1. 为了研究经济数学基础和统计基础两门课程考试成绩之间的关系，现从我校 2018 级学生中随机抽取 10 人进行调查，所得结果如下表所示。

单位：分

学生编号	1	2	3	4	5	6	7	8	9	10
数学成绩	86	90	79	76	83	96	68	80	76	60
统计成绩	81	91	63	81	81	96	67	90	78	54

要求：

（1）绘制相关图，判断经济基础数学和统计基础两门课程成绩之间的相关形态；

（2）计算相关系数，判断经济数学基础和统计基础两门课程成绩之间的相关方向和密切程度。

2. 某工厂某年某产品产量和单位成本的相关资料如下表所示。

月份	产量（千件）	单位成本（元/件）
1	2	73
2	3	72
3	4	71
4	3	73
5	4	69
6	5	68

要求：
(1) 计算相关系数，测定产品产量与产品单位成本之间的相关关系；
(2) 建立单位成本对产量的一元线性回归方程，并说明回归系数的经济含义；
(3) 当产品产量为 7 000 件时，产品单位成本是多少？
(4) 计算估计标准误。

3. 某银行为了了解居民 2017 年年收入与储蓄的关系，对 100 个居民进行了调查，得到资料如下：

$$\sum x = 1\,239 \quad \sum y = 879 \quad \sum xy = 11\,430 \quad \sum x^2 = 17\,322$$

要求：建立简单线性回归方程，并解释回归系数 b 的经济意义。

4. 某企业 2018 年第二季度产品产量与单位成本资料如下：

月份	产量(千件)	单位成本(元/件)
4	3	73
5	4	69
6	5	68

要求：

(1) 建立以产量为自变量的直线回归方程，指出产量每增加 1 000 件时单位成本的平均变动是多少？

(2) 当产量为 10 000 件时，预测单位成本为多少元？

5. 检查五位学生统计基础的学习时间与成绩如下表所示：

学习时数(小时)	学习成绩(分)
4	40
6	60
7	50
10	70
13	90

根据资料：

(1) 建立学习成绩(y)依学习时间(x)的直线回归方程；

(2) 计算学习时数与学习成绩之间的相关系数。

6. 某部门所属 20 个企业的可比产品成本降低率(%)与销售利润(万元)的调查资料整理如下(x 代表可比产品成本降低率，y 代表销售利润)。

$$\sum x = 109.8, \sum x^2 = 690.16, \sum y = 961.3, \sum xy = 6529.5$$

要求：

(1) 建立销售利润依可比产品成本降低率的直线回归方程，预测可比产品成本降低率为 8% 时，销售利润为多少万元？

(2) 说明回归系数 b 的经济含义。

七、实践技能训练

1. 某城市居民可支配所得、消费、储蓄的数据如下表所示。

年份	可支配所得(亿元)	消费(亿元)	储蓄(亿元)
2004	192	136	56
2005	218	154	64
2006	235	178	57
2007	265	210	55
2008	295	235	60
2009	333	263	70
2010	363	298	65
2011	405	334	71
2012	452	377	75
2013	497	412	85
2014	558	453	105
2015	596	493	103
2016	641	533	108
2017	681	564	117

(1) 绘制相关散点分布图；
(2) 计算相关系数；
(3) 对变量之间的关系进行回归分析。

2. 调查你所在城市服装公司在不同网点销售某型号童装的年销售量与销售价格资料，计算销售量与价格的相关系数，确定其相关程度；求出销售量对价格的直线回归方程，并指出销售价格每下降1元时，商品销售量平均增加量。

3. 调查你身边同学的学习成绩和学习时间，用本章所学的相关系数，说明学习成绩与学习时间之间的相关关系。

第八章　动态数列分析

一、填空题

1. 动态数列一般有_____和_____两个基本要素构成。
2. 动态数列中按其统计指标的表现形式可分为_____、_____和_____三大类,其中_____是基本数列。
3. 动态数列的分析指标可以分为_____和_____两大类。
4. 编制动态数列的基本原则是要使动态数列中各项指标数值具有_____。
5. 增长量由于采用的基期不同,分为_____增长量和_____增长量。
6. 计算平均发展速度的方法有_____和_____。
7. 平均发展速度是现象各期_____的平均数。
8. 某地 2018 年第一季度钢产量为 400 万吨,2017 年第一季度的钢产量为 350 万吨,则钢产量的年距增长量为_____,年距增长速度为_____。
9. 绝对数时间数列可分为_____数列和_____数列。
10. 某产品成本从 2012 年到 2017 年的平均发展速度为 98.3%,则说明该产品成本平均每年_____。

二、判断题

1. 同一个总体,时期指标值的大小与时期长短成正比,时点指标值的大小与时点间隔成反比。（　　）
2. 在各种动态数列中,指标值的大小都受到指标所反映的时期长短的制约。（　　）
3. 用水平法计算的平均发展速度只取决于最初发展水平和最末发展水平,与中间各期发展水平无关。（　　）
4. 发展水平就是动态数列中的每一项具体指标数值,它只能表现为绝对数。（　　）
5. 定基发展速度等于相应各个环比发展速度的连乘积,所以定基增长速度也等于相应各个环比增长速度的积。（　　）
6. 环比速度与定基速度之间存在如下关系式:各期环比发展速度的连乘积等于定基发展速度。（　　）
7. 平均发展速度是环比发展速度的平均数,也是一种序时平均数。（　　）
8. 可以用累计增长量除以时间数列的项数来计算平均增长量。（　　）
9. 如果各期的逐期增长量相等,则各期的环比增长速度是逐年增加的。（　　）
10. 甲乙两个服装厂,在一定时期内服装产量的增长速度相同,则其增长量也相同。（　　）

三、单选题

1. 根据时期数列计算序时平均数应采用（　　）。
   A. 几何平均法   B. 加权算术平均法
   C. 简单算术平均法   D. 首末折半法

2. 间隔相等的间断时点数列计算序时平均数应采用（　　）。
   A. 几何平均法   B. 加权算术平均法
   C. 简单算术平均法   D. 首末折半法

3. 已知某企业1月、2月、3月、4月的平均职工人数分别为190人、195人、193人和201人。则该企业一季度的平均职工人数的计算方法为（　　）。
   A. (190+195+193+201)/4   B. (190+195+193)/3
   C. (190/2+195+193+201/2)/4－1   D. (190/2+195+193+201/2)/4

4. 时间数列中总量指标数列是基本数列，其派生数列是（　　）。
   A. 时期数列和时点数列
   B. 总量指标时间数列和相对指标时间数列
   C. 总量指标时间数列和平均指标时间数列
   D. 相对指标时间数列和平均指标时间数列

5. 下列数列中哪一个属于动态数列（　　）。
   A. 学生按学习成绩分组形成的数列
   B. 工业企业按地区分组形成的数列
   C. 职工按工资水平高低排列形成的数列
   D. 出口额按时间先后顺序排列形成的数列

6. 说明现象在较长时间内发展的总速度指标是（　　）。
   A. 发展速度   B. 增长速度
   C. 环比发展速度   D. 定基发展速度

7. 若要观察现象在某一段时期内变动的基本趋势，需测定现象的（　　）。
   A. 季节变动   B. 循环变动   C. 长期趋势   D. 不规则变动

8. 下列等式中，不正确的是（　　）。
   A. 发展速度＝增长速度＋1
   B. 定基发展速度＝相应各环比发展速度的连乘积
   C. 平均增长速度＝平均发展速度－1
   D. 定基增长速度＝相应各环比增长速度的连乘积

9. 按水平法计算的平均发展速度的大小取决于（　　）。
   A. 现象环比发展速度之和   B. 现象最末水平和最初水平
   C. 现象中间各期发展水平的大小   D. 现象时期的长短

10. 年距增长速度的计算公式是（　　）。
    A. 年距增长量÷最初水平   B. 逐期增长量÷最初水平
    C. 逐期增长量÷前期水平   D. 年距增长量÷上年同期发展水平

11. 序时平均数与一般平均数的共同特点是（　　）。

A. 两者均反映同一总体的一般水平

B. 都是反映现象的一般水平

C. 两者均可消除现象波动的影响

D. 共同反映同质总体在不同时间上一般水平

12. 时间数列中所排列的指标数值( )。

A. 只能是绝对数

B. 只能是相对数

C. 只能是平均数

D. 可以是绝对数,也可以是相对数或平均数

13. 编制时间数列时,要求动态数列的每个指标具有( )。

A. 一致性　　　　B. 连续性　　　　C. 可比性　　　　D. 间隔性

14. 如果某商店销售额年年增加,且逐期增长量每年都相等,则各年的环比增长速度是( )。

A. 年年增长　　　B. 年年下降　　　C. 年年不变　　　D. 无法确定

15. 已知各期环比增长速度为 2%、5%、8% 和 7%,则相应的定基增长速度的计算方法为( )。

A. (102%×105%×108%×107%)—100%　　B. 102%×105%×108%×107%

C. 2%×5%×8%×7%　　D. (2%×5%×8%×7%)—100%

四、多选题

1. 时点指标的特点有( )。

A. 可以连续计数　　　　　　　B. 只能间断计数

C. 数值的大小与时间长期有关　　D. 数值可以直接相加

E. 数值不能直接相加

2. 时期指标的特点是指标的数值,( )。

A. 可以连续计数　　B. 与时间长短无关　　C. 只能间断计数　　D. 可以直接相加

E. 与时间长短有关

3. 定基发展速度和环比发展速度的关系是( )。

A. 两者都属于速度指标

B. 相应各环比发展速度的连乘积等于定基发展速度

C. 定基发展速度的连乘积等于环比发展速度

D. 相邻两个定基发展速度之商等于相应的环比发展速度

E. 相邻两个环比发展速度之商等于相应的定基发展速度

4. 累积增长量与逐期增长量( )。

A. 前者基期水平不变,后者基期水平总在变动

B. 逐期增长量之和＝累积增长量

C. 相邻的两个逐期增长量之差等于相应的累积增长量

D. 根据这两个增长量都可以计算较长时期内的平均每期增长量

E. 二者没有一定的关系

5. 一个动态数列的基本要素包括( )。
   A. 变量
   B. 次数
   C. 现象所属的时间
   D. 现象所属的地点
   E. 反映现象的统计指标数值
6. 某企业历年年末职工人数是( )。
   A. 动态数列
   B. 变量数列
   C. 时期数列
   D. 时点数列
   E. 分组数列
7. 时间数列中的速度指标主要有( )。
   A. 定基发展速度和环比发展速度
   B. 定基增长速度和环比增长速度
   C. 各环比发展速度和环比增长速度
   D. 各环比增长速度的序时平均数
   E. 增长量和年距增长量
8. 计算平均发展速度的方法有( )。
   A. 几何法
   B. 水平法
   C. 方程法或累计法
   D. 序时平均法
   E. 算术平均法
9. 下列动态指标中,一般可以取负值的指标是( )。
   A. 增长量
   B. 发展速度
   C. 增长速度
   D. 平均发展速度
   E. 平均增长速度
10. 环比增长速度的计算公式为( )。
    A. 累计增长量/前一期水平
    B. 逐期增长量/前一期水平
    C. 定基发展速度－1
    D. 环比发展速度－1
    E. 平均发展速度－1

五、简答题

1. 序时平均数与一般平均数有何异同?

2. 什么是平均发展速度？平均发展水平与平均发展速度有什么不同？

3. 计算平均发展速度的水平法和累计法有何不同？两者各自应用的条件是什么？

六、计算题

1. 某地区大型超市 2017 年销售情况如下表所示，求季度平均销售额。

	第一季度(万元)	第二季度(万元)	第三季度(万元)	第四季度(万元)
销售额	240	200	210	250

2. 某企业 2017 年流动资金占用额的有关资料如下，计算上半年、下半年及全年流动资金平均占用额。（注：2016 年年末流动资金为 320 万元）

月 份	1	2	3	4	5	6	10	12
月末流动资金占用(万元)	298	300	354	311	280	290	330	368

3. 某工业企业 2017 年和 2016 年每月工人人数资料如下：

2017 年	2 月	7 月	10 月	12 月
月末人数	1 910	1 936	1 980	2 000
2016 年	1 月	4 月	7 月	10 月
月初人数	1 800	1 850	1 880	1 900

2016 年年末人数为 1 900 人。又知 2017 年工业总产值为 3 679 万元。

试计算：

(1) 2017 年和 2016 年的月平均人数；

(2) 2017 年的月平均劳动生产率。

4. 某厂 2017 年下半年各月月末工人数其比重资料如下表：

月　份	6	7	8	9	10	11	12
月末工人数（人）	550	580	560	565	600	590	590
工人占全部职工的比重（%）	80	86	81	80	90	87	85

计算该工厂 2017 年下半年工人占全部职工人数的平均比重。

5. 某地区 2014 年年底人口数为 3 000 万人,假定以后每年以 9‰的增长率增长;又假定该地区 2014 年粮食产量为 220 亿斤,要求到 2019 年平均每人粮食达到 850 斤,试计算 2019 年的粮食产量应该达到多少斤?粮食产量每年平均增长速度如何?

6. 某企业历年来的工业总产值资料如下:

年 份	2013 年	2014 年	2015 年	2016 年	2017 年
工业总产值(万元)	667	732	757	779	819

试计算该企业几年来的环比和定基增长量,环比和定基发展速度,年平均增长量。

7. 某地区 2013—2017 年粮食产量资料如下:

年 份	2013 年	2014 年	2015 年	2016 年	2017 年
粮食产量(万斤)	434	472	516	584	618

要求:
(1) 计算各年的逐期增长量、累积增长量、环比发展速度、定基发展速度;
(2) 计算 2013—2017 年该地区粮食产量的年平均增长量和粮食产量的年平均发展速度;
(3) 如果从 2017 年以后该地区的粮食产量按 8%的增长速度发展,2023 年该地区的粮食产量将达到什么水平?

8. 某地区 2009—2017 年液晶显示器的产量资料如下：

年　份	2009 年	2010 年	2011 年	2012 年	2013 年	2014 年	2015 年	2016 年	2017 年
产量(千台)	1 033	1 205	1 333	1 436	1 689	2 058	2 538	2 711	3 497

要求：用最小平方法求出直线趋势方程，并据此预测该地区 2021 年的液晶显示器的产量。

七、实践技能训练

1. 下表列举了我国 2013—2016 年若干经济指标的动态数列。请指出哪些指标数值是时期数列，哪些是时点数列？哪些是绝对数动态数列，哪些是相对数动态数列，哪些是平均数动态数列？

我国 2013—2016 年若干经济指标

年　份 指　标	2013 年	2014 年	2015 年	2016 年
国内生产总值(亿元)	590 422.4	644 791.1	686 449.6	740 598.7
年底人口数(万人)	136 072	136 782	137 462	138 271
粮食产量(万吨)	60 193.84	60 702.61	62 143.92	61 625.05
职工年平均货币工资(元/人)	51 483	56 360	62 029	67 569
居民人均可支配收入(元)	18 310.76	20 167.12	21 966.19	23 820.98
全社会固定资产投资(亿元)	446 294.09	512 020.65	561 999.83	606 465.66

2. 下面是某市 2017 年上半年外贸进出口情况,请指出各指标属于动态数列水平分析和速度分析中的哪项指标?

2017 年 1—6 月某市外贸进出口总额为 1 576.26 亿美元,比去年同期增长 23.2%。其中,出口额 804.98 亿美元,增长 25.1%;进口额 771.28 亿美元,增长 21.28%。

3. 某地区 2012—2016 年旅游业发展情况如下表:

指标＼年份	2012 年	2013 年	2014 年	2015 年	2016 年
旅行社数(个)	11 552	13 361	14 927	16 245	17 957
国际旅行社	1 349	1 364	1 460	1 556	1 654
国内旅行社	10 203	11 997	13 467	14 689	16 303
旅行社从业人员(人)	229 147	249 802	246 219	248 919	285 917
国际旅行社	89 128	100 742	89 342	89 250	98 727
国内旅行社	140 019	149 060	156 877	159 669	187 190
星级饭店数(个)	8 880	9 751	10 888	11 828	12 751
入境旅游人数(万人次)	9 790.83	9 166.21	10 903.82	12 029.23	12 494.21
旅游收入	4082.21	3616.33	4968.1	5578.82	6569.23
国际旅游(外汇)收入(亿美元)	203.85	174.06	257.39	292.96	339.49
国内旅游收入(亿元)	3 878.36	3 442.27	4 710.71	5 285.86	6 229.74

(1) 请指出旅行社数、从业人员、星级饭店数、入境旅游人数和旅游收入中,哪些是时期数列,哪些是时点数列? 时期数列和时点数列各有什么特点?

(2) 请根据上述资料,说明动态数列的构成要素有哪些?

(3) 计算 2012—2016 年入境旅游人数时间数列的平均增长量。

(4) 计算 2012—2016 年旅游收入时间数列的环比发展速度和平均发展速度,按求出的平均增长速度来预测 2019 年的旅游收入。

4. 某企业 2009—2017 年的销售额资料见下表,练习用最小二乘法来测定长期趋势值。

2009—2017 年某企业的销售额资料

年 份	时间 t	销售额 y(万元)	t^2	ty	预测值 y_e
2009	−4	300	16	−1 200	
2010	−3	324	9	−972	
2011	−2	347	4	−694	
2012	−1	372	1	−372	
2013	0	396	0	0	
2014	1	420	1	420	
2015	2	446	4	892	
2016	3	469	9	1 407	
2017	4	495	16	1 980	
合 计	0	3 569	60	1 461	

(1) 根据上表资料建立直线趋势方程,求出各趋势值填入上表内。
(2) 计算 2019 年销售额的趋势值。

第九章 指数分析

一、填空题

1. 在只有两个因素乘积关系构成的经济现象中,必然有一个因素是_____,另一个是_____。
2. 产量总指数中,_____是指数化指标,_____是同度量因素。
3. 平均指数是_____的加权平均数。
4. 反映个别事物动态变化的相对数叫_____;反映多种事物总变动程度的相对数叫_____。
5. 总指数的计算形式有两种,一种是_____指数,一种是_____指数。
6. 按照一般原则,编制数量指标指数时,同度量因素固定在_____,编制质量指标指数时,同度量因素固定在_____。
7. 平均指数的计算形式为_____指数和_____指数。
8. 平均指标指数又称为_____,它分解为_____和_____。
9. 指数体系中,总量指数等于各因素的_____;总量指数相应的绝对增减量_____各因素指数引起的相应的绝对增减量的_____。
10. 因素分析包括_____数分析和_____数分析。

二、判断题

1. 广义的指数指一切相对数。( )
2. 编制销售量指数一般用报告期的价格作为同度量因素。( )
3. 商品价格总指数=商品销售额总指数/商品销售量指数。( )
4. 甲、乙、丙三种商品的个体销售量指数分别为106%、94%、112%,则这三种商品的销售量总指数为三者的平均数104%。( )
5. 编制质量指标指数,一般用报告期的数量指标作为同度量因素。( )
6. 数量指标指数反映总体的总规模水平,质量指标指数反映总体的相对水平或平均水平。( )
7. 数量指标作为同度量因素,时期一般固定在基期。( )
8. 在单位成本指数 $\dfrac{\sum q_1 p_1}{\sum q_1 p_0}$ 中,$\sum q_1 p_1 - \sum q_1 p_0$ 表示单位成本增减的绝对额。( )
9. 平均指数也是编制总指数的一种重要形式,有它的独立应用意义。( )
10. 因素分析内容包括相对数和平均数分析。( )

三、单选题

1. 总指数编制的两种形式是（   ）。
   A. 算术平均指数和调和平均指数　　　B. 个体指数和综合指数
   C. 综合指数和平均指数　　　　　　　D. 定基指数和环比指数
2. 反映个别事物动态变化的相对数称为（   ）。
   A. 总指数　　　B. 综合指数　　　C. 质量指标指数　　　D. 个体指数
3. 综合指数是总指数的（   ）。
   A. 唯一形式　　　B. 基本形式　　　C. 变形形式　　　D. 加总形式
4. 编制价格指数一般用（   ）为同度量因素。
   A. 基期价格　　　　　　　　　　　　B. 报告期价格
   C. 基期销售量　　　　　　　　　　　D. 报告期销售量
5. （   ）是质量指标指数。
   A. 销售额指数　　　　　　　　　　　B. 销售量指数
   C. 销售价格指数　　　　　　　　　　D. 工人人数指数
6. 统计指数划分为个体指数和总指数的依据是（   ）。
   A. 反映的对象范围不同　　　　　　　B. 指标性质不同
   C. 采用的基期不同　　　　　　　　　D. 编制指数的方法不同
7. 数量指标指数和质量指标指数的划分依据是（   ）。
   A. 指数化指标的性质不同　　　　　　B. 所反映的对象范围不同
   C. 所比较的现象特征不同　　　　　　D. 编制指数的方法不同
8. 编制总指数的两种形式是（   ）。
   A. 数量指标指数和质量指标指数　　　B. 综合指数和平均指数
   C. 算术平均数指数和调和平均数指数　D. 定基指数和环比指数
9. 销售价格综合指数 $\left[\dfrac{\sum q_1 p_1}{\sum q_1 p_0}\right]$ 表示（   ）。
   A. 综合反映多种商品销售量变动程度
   B. 综合反映多种商品销售额变动程度
   C. 报告期销售的商品,其价格综合变动的程度
   D. 基期销售的商品,其价格综合变动程度
10. 在销售量综合指数 $\dfrac{\sum q_1 p_0}{\sum q_0 p_0}$ 中,$\sum q_1 p_0 - \sum q_0 p_0$ 表示（   ）。
    A. 商品价格变动引起销售额变动的绝对额
    B. 价格不变的情况下,销售量变动引起销售额变动的绝对额
    C. 价格不变的情况下,销售量变动的绝对额
    D. 销售量和价格变动引起销售额变动的绝对额
11. 加权算术平均数指数变形为综合指数时,其特定的权数是（   ）。
    A. $q_1 p_1$　　　B. $q_0 p_1$　　　C. $q_1 p_0$　　　D. $q_0 p_0$

12. 加权调和平均数指数变形为综合指数时,其特定的权数是( )。
    A. $q_1 p_1$ B. $q_0 p_1$ C. $q_1 p_0$ D. $q_0 p_0$
13. 某企业的职工工资水平比上年提高5%,职工人数增加2%,则企业工资总额增长( )。
    A. 10%   B. 7.1%   C. 7%   D. 11%
14. 用综合指数计算总指数的主要问题是( )。
    A. 选择同度量因素
    B. 同度量因素时期的确定
    C. 同度量因素选择和时期的确定
    D. 个体指数和权数的选择
15. 某企业本期产品产量比上期增长6%,同期生产费用比上期增长10%,则单位产品成本( )。
    A. 增长3.8%   B. 增长4%
    C. 增长6.6%   D. 下降3.6%

四、多选题

1. 同度量因素的作用有( )。
   A. 平衡作用   B. 权数作用   C. 稳定作用   D. 同度量作用
   E. 调和作用
2. 某地区的零售物价指数(全部商品)2018年为2017年的115%,这是( )。
   A. 数量指标指数   B. 综合指数   C. 个体指数   D. 总指数
   E. 质量指标指数
3. 要反映某地区工业产品产量报告期比基期增长情况,在编制产量指数时( )。
   A. 必须用基期价格作同度量因素
   B. 必须用报告期价格作同度量因素
   C. 既可以用基期价格也可用报告期价格作同度量因素
   D. 可以用不变价格作同度量因素
   E. 报告期产量用基期价格作同度量因素,基期产量用基期价格作同度量因素
4. 指数体系中( )。
   A. 一个总值指数等于两个(或两个以上)因素指数的代数和
   B. 一个总值指数等于两个(或两个以上)因素指数的乘积
   C. 存在相对数之间的数量对等关系
   D. 存在绝对变动额之间的数量对等关系
   E. 各指数都是综合指数
5. 某企业四个车间的产量报告期为基期的120%,这个指数是( )。
   A. 个体指数   B. 数量指标指数   C. 质量指标指数   D. 动态指数
   E. 静态指数
6. 指数的作用是( )。
   A. 综合反映复杂现象总体数量上的变动情况
   B. 分析现象总体变动中受各个因素变动的影响
   C. 反映现象总体各单位变量分布的集中趋势

D. 反映现象总体的总规模水平
E. 利用指数数列分析现象的发展趋势

7. 下列属于质量指标指数的是（   ）。
   A. 商品零售量指数
   B. 商品零售额指数
   C. 商品零售价格指数
   D. 职工劳动生产率指数
   E. 销售商品计划完成程度指数

8. 下列属于数量指标指数的有（   ）。
   A. 产品产量指数
   B. 劳动生产率指数
   C. 职工人数指数
   D. 产品总成本指数
   E. 商品销售量指数

9. 编制总指数的方法有（   ）。
   A. 综合指数
   B. 平均指数
   C. 质量指标指数
   D. 数量指标指数
   E. 平均指标指数

10. 派氏综合指数的基本公式是（   ）
    A. $\dfrac{\sum p_1 q_1}{\sum p_0 q_1}$
    B. $\dfrac{\sum p_1 q_0}{\sum p_0 q_0}$
    C. $\dfrac{\sum p_0 q_1}{\sum p_1 q_1}$
    D. $\dfrac{\sum p_0 q_1}{\sum p_0 q_0}$
    E. $\dfrac{\sum p_1 q_1}{\sum p_1 q_0}$

五、简答题

1. 什么是个体指数和总指数？

2. 什么是综合指数？它有什么特点？

3. 平均指数在什么条件下才能成为综合指数的变形？试列式证明二者之间的关系。

六、计算题

1. 某企业生产三种不同使用价值的产品,三种产品的产量和单价如下:

产品名称	计量单位	单价(元)		产量	
		基期	报告期	基期	报告期
甲	台	5	4	800	900
乙	架	4	3	1 000	1 200
丙	吨	3	2	1 200	1 400
合计					

计算:
(1) 三种产品产量总指数;
(2) 三种产品价格总指数。

2. 某厂生产情况如下:

产品	计量单位	产量		基期产值(万元)
		基期	报告期	
甲	台	1 000	920	650
乙	双	320	335	290

请根据资料计算该厂的产量总指数和因产量变动而增减的产值。

3. 某地区三种水果的销售情况如下：

水果品种	本月销售额（万元）	本月比上月价格增减（%）
苹果	68	−10
草莓	12	12
橘子	50	2

试计算该地区三种水果的价格指数及由于价格变动对居民开支的影响。

4. 某公司三种商品销售额及价格变动资料如下：

商品名称	商品销售额（万元）		价格变动率（%）
	基期	报告期	
甲	500	650	2
乙	200	200	−5
丙	1 000	1 200	10

计算三种商品价格总指数和销售量总指数。

5. 某商店两种商品的销售资料如下：

商品	单位	销售量		单价(元)	
		基期	计算期	基期	计算期
甲	件	50	60	8	10
乙	公斤	150	160	12	14

要求：

(1) 计算两种商品销售额指数及销售额变动的绝对额；

(2) 计算两种商品销售量总指数及由于销售量变动影响销售额的绝对额；

(3) 计算两种商品销售价格总指数及由于价格变动影响销售额的绝对额。

6. 已知两种商品的销售资料如表：

品名	单位	销售额(万元)		2017年比2016年销售量增长(%)
		2016年	2017年	
电视	台	5 000	8 880	23
自行车	辆	4 500	4 200	−7
合计	—	9 500	13 080	—

要求：

(1) 计算销售量总指数；

(2) 计算由于销售量变动,消费者增加(减少)的支出金额；

(3) 计算两种商品销售价格总指数。

7. 某市 2016 年社会商品零售额 12 000 万元,2017 年增加为 15 600 万元。物价指数提高了 4%,试计算零售量指数,并分析零售量和物价因素变动对零售总额变动的影响绝对值。

8. (1) 已知同样多的人民币,报告期比基期少购买 7% 的商品,问物价指数是多少?
(2) 已知某企业产值报告期比基期增长了 24%,职工人数增长了 17%,问劳动生产率如何变化?

9. 某公司下属三个厂生产某种产品的情况如下:

	单位产品成本(元)		产量(吨)	
	上月	本月	上月	本月
一厂	960	952	4 650	4 930
二厂	1 010	1 015	3 000	3 200
三厂	1 120	1 080	1 650	2 000

根据上表资料计算可变构成指数、固定构成指数和结构影响指数,并分析单位成本水平和产量结构变动对总成本的影响。

七、实践技能训练

1. 从图书馆或上网找一些有关物价指数和股票指数的资料,谈谈从这些资料中你有什么收获?

2. 在班里组织一个 8～10 人的学习小组,自选课题确定调查目的并展开统计调查,通过调查资料汇总,计算与分析,掌握总量指标指数体系的建立与计算分析方法,并能够准确地区分总量指标指数与平均指标指数分析方法。

3. 对小商品市场价格、销售量情况进行分析,研究其变动情况。
调查农贸市场三种商品的报告期和基期价格和销售量情况,计算价格总指数、销售量总指数和销售额总指数,并分析各因素的影响程度。

第十章 统计综合分析

一、填空题

1. 统计工作的全过程一般包括四个阶段：_____阶段、_____阶段、_____阶段和_____阶段。
2. _____是整个统计工作的一个重要阶段，是统计工作的最终环节，其好坏直接影响统计工作的质量。
3. 预测分析的要求是赖以预测的基础数据要准确，进行预测计算上要定量分析与定性分析紧密结合，提出预测的分析结果具有_____和_____。
4. _____主要是就社会经济现实状况某一方面或某一问题而进行的专题调查的研究分析。
5. 按统计分析在时态上的不同，可以分为_____和_____。
6. 统计分析报告的基本特色是运用大量的_____。无论是通过研究去认识事物，或通过反映去表现事物，都是要运用_____。
7. 作为一种文体，统计分析报告既要遵循一般文章写作的普遍规律和要求，同时，在_____、_____、_____等方面也有自身的特点和要求。
8. 统计综合分析报告的专业性和实用性都较强，语言表达应_____、_____、_____。
9. 无论采用哪种形式，一份完整的统计综合分析报告一般由_____、_____、_____、_____等部分组成。
10. 正文报告的主要部分。一般由_____、_____、_____三个部分组成。

二、判断题

1. 统计综合分析的实质就是一种以统计资料为主要依据的定量分析。（ ）
2. 统计分析的综合性是指在分析过程中运用大量的综合指标。（ ）
3. 静态比较是指同一时间（时期或地点）条件下不同总体间的比较。（ ）
4. 去尾计分法，就是为了减少人为主观因素的影响，去掉最低分，然后再汇总总分的一种方法。（ ）
5. 综合评价法的结果只能表现为排名次。（ ）
6. 经济景气监测预警系统是将一组敏感性指标所反映出的关于当前经济系统运行状况的信息通过类似于交通管制信号灯的标识发出信号，其中黄色表示经过发展"稍热"。（ ）

三、多选题

1. 统计工作的过程包括( )。
   A. 统计设计　　　B. 统计调查　　　C. 统计整理　　　D. 统计分析
   E. 统计采集

2. 按统计分析在数量上的不同,可分为( )。
   A. 绝对分析　　　B. 相对分析　　　C. 宏观分析　　　D. 微观分析
   E. 专题分析

3. 按统计分析对象范围不同,可分为( )。
   A. 绝对分析　　　B. 相对分析　　　C. 宏观分析　　　D. 微观分析
   E. 静态分析

4. 按统计分析内容的范围不同,可分为( )。
   A. 专题分析　　　B. 综合分析　　　C. 宏观分析　　　D. 微观分析
   E. 主题分析

5. 统计分析的步骤包括( )。
   A. 选定题目　　　　　　　　　　　B. 课题研究内容设计
   C. 收集和整理资料　　　　　　　　D. 进行分析,得出结论
   E. 撰写统计分析报告

6. 统计综合分析的方法有( )。
   A. 比较法　　　　B. 解剖法　　　　C. 平衡分析法　　D. 综合评价法
   E. 综合评分法

7. 一份完整的统计分析报告一般由( )组成。
   A. 标题　　　　　B. 摘要　　　　　C. 正文　　　　　D. 附件
   E. 引言

8. 统计综合分析的原则是( )。
   A. 实事求是　　　　　　　　　　　B. 定量与定性相结合原则
   C. 主题突出　　　　　　　　　　　D. 统计数据与具体情况相结合原则
   E. 观点与材料统计原则

9. 经济景气监测预警系统是将一组敏感性指标所反映出的关于当前经济系统运行状况的信息通过类似于交通管制信号灯的标识发出信号,下面正确的有( )。
   A. 红色——表示经济发展"过热"
   B. 黄色——表示经济发展"稍热"
   C. 绿色——表示经济发展"稳定"
   D. 浅蓝——表示经济在短期内"转稳"或"萎缩"
   E. 蓝色——表示经济处于"萎缩"或"萧条"状态

10. 统计综合评价的主要方法( )。
    A. 关键指标法　　B. 简易计分法　　C. 功效系数法　　D. 平均指数法
    E. 综合评价指数法

四、简答题

1. 什么是统计综合分析？进行综合统计分析有哪些基本步骤？

2. 什么是统计综合评价？有哪几种统计综合评价方法。

3. 撰写统计综合分析报告的原则有哪些？

五、实践技能训练

1. 随意抽取某高校某系两个班的学生，对连续三个月月生活费支出情况进行调查，要求写一份统计综合分析报告，反映当代大学生消费热点和消费观，研究学生学习生活需求。并对学生的消费观提出一些建设性的建议，让学生理性消费。

2. 某日用机械厂2016年、2017年各项主要经济指标及相对应的国内同行业先进水平的指标资料如下表所示。

指 标	单 位	该企业水平		同行业
		2016年	2017年	先进水平
1. 成本利润率	%	12.95	18.65	19.42
2. 资金利润率	%	10.72	14.19	20.66
3. 人均利润	元/人	2 400	2 500	2 550
4. 产品销售率	%	96.83	91.26	98.32
5. 销售成本率	%	79.22	75.2	75.53
6. 优质产品率	%	70.6	75.02	78.1
7. 新产品产值率	%	3.43	21.57	34.04
8. 流动资金周转次数	次	3.7	3.52	5.24
9. 资产比率	%	1.9	1.81	2.11
10. 支付能力系数	元/人	0.82	0.97	1.12
11. 全员劳动生产率	%	15 000	16 000	18 000
12. 生产能力利用率	%	92.32	95.08	98.02
13. 原材料利用率	标准煤吨	85.17	90.2	93.39
14. 万元产值综合能耗	元/百元	8	6	7
15. 资金产值率	%	110	115	115
16. 利润增长率(比上年)	%	24.01	23.74	37.96
17. 销售增长率(比上年)	%	11.41	11.03	27.55
18. 净产值增长率(比上年)	%	6.11	5.27	7.02
19. 品种更新换代率	%	5.15	4.27	6.24
20. 主要产品产量计划完成率	%	99.95	99.8	100
21. 上缴利税率	%	80.2	81.7	83.01

要求:根据表中资料,对该企业生产经营状况进行综合评价。

3. 某校根据制定的教师教学评价体系，请 100 名学生对某教师评分（百分法），所得结果的分级资料如下表。

评价指标	得票数					权数
	100 分	80 分	60 分	40 分	20 分	
教学态度	50	10	20	20	0	0.20
教学内容	45	25	10	15	5	0.25
教学方法	30	30	15	10	15	0.25
学生能力培养	35	20	25	10	10	0.30

要求：计算该教师的综合平均分。